Adolf Stern

Beiträge zur Literaturgeschichte des siebzehnten und achtzehnten Jahrhunderts

Adolf Stern

Beiträge zur Literaturgeschichte des siebzehnten und achtzehnten Jahrhunderts

ISBN/EAN: 9783743657731

Hergestellt in Europa, USA, Kanada, Australien, Japan

Cover: Foto ©ninafisch / pixelio.de

Weitere Bücher finden Sie auf **www.hansebooks.com**

Beiträge
zur
Litteraturgeschichte
des
siebzehnten und achtzehnten Jahrhunderts.

Von

Adolf Stern.

Leipzig.
Friedrich Brandstetter.
1893.

Vorwort.

Die nachstehenden „Beiträge zur Litteraturgeschichte des siebzehnten und achtzehnten Jahrhunderts", die teilweis (im „Historischen Taschenbuch" von Raumer und Riehl, Jahrgang 1876, 1878 und 1880; in der wissenschaftlichen Beilage zur Münchener „Allgemeinen Zeitung" und in den „Grenzboten") schon früher einzeln veröffentlicht, teilweis in dieser Sammlung zuerst gedruckt sind, hätte ich, in Betracht, daß sie sich vielfach, wenn auch nicht ausschließlich, auf bisher völlig unbekanntes oder doch unbenutztes und vergessenes Material gründen, wohl auch Forschungen taufen dürfen. Ich ziehe den schlichteren Namen „Beiträge" schon um deswillen vor, weil es mir zuerst und zuletzt doch viel weniger auf die besondere Hervorhebung und Betonung des in der That Neuen in diesen Studien, als auf die Belebung ihres Gesamtinhaltes, auf die möglichst anschauliche und eindringliche plastische Rundung der Bilder ankam. Die einzelnen Abhandlungen sind im Umfang, wie in der Bedeutung der dargestellten Vorgänge, der geschilderten Lebensläufe, bunt und verschieden genug. Hoffentlich wird man überall den gleichen Ernst des Anteils, das gleiche Streben nach tieferem Erfassen vergangenen Lebens, die gleiche Wirkung einer Grundanschauung wahrnehmen und empfinden.

Ich kann diese kleinen Arbeiten der Öffentlichkeit nicht übergeben, ohne einer Reihe von dankenswerten Förderungen zu gedenken, die mir vor Jahren wie neuerdings zu teil geworden sind. Ich habe leider die dankbare Erinnerung schon ins Reich der Abgeschiedenen hinüber zu richten, wenn ich die liebenswürdige Bereitwilligkeit rühme, mit der der nun verstorbene Oberbibliothekar Dr. Reinhold Köhler den Aufsatz über „Musäus", wie manchen anderen, durch Handschriften der Großherzoglichen Bibliothek zu Weimar bereichern half. Unter den Lebenden steht, wie billig, der Oberbibliothekar der Königlichen Bibliothek zu Dresden, Professor Dr. Franz Schnorr von Carolsfeld voran, dem ich, neben dem Danke für die seit Jahren und Jahrzehnten erfahrene Unterstützung durch litterarische Hilfsmittel jeder Art, auch den anderen für die mir gewährte Einsicht in den Schatz der ungedruckten Briefe von und an C. A. Böttiger, die der Arbeit über „Friedrich Rochlitz", der ungedruckten Briefe Chr. Gottfr. Körners an G. J. Göschen, die den biographischen Studien über den älteren Körner zu gute gekommen ist, zu zollen habe. Für die Abhandlung „Königin Christine und ihr Musenhof zu Rom" hat mich mein verehrter Freund, der schwedische Dichter und Oberbibliothekar der schwedischen Reichsbibliothek Graf Carl Snoilsky zu Stockholm, für die über „Chr. Otto von Schönaich" der gegenwärtige Besitzer der Schönaichschen Standesherrschaft Amtitz, Seine Durchlaucht Prinz Heinrich zu Schönaich-Carolath, der Professor am Gymnasium zu Guben Dr. H. Jentsch, sowie der Archivar der philosophischen Fakultät der Universität Leipzig, Geheimer Hofrat Professor Dr. Max Heinze freundlichst unterstützt. Die ihrer Zeit zuerst etwas Licht in das völlige Dunkel eines denkwürdigen Schriftstellerlebens bringende Arbeit: „Der Dichter der Insel Felsenburg" hat durch die fortgesetzten Forschungen eines jüngeren Gelehrten, Dr. Selmar Kleemann zu Quedlinburg eine wertvolle Ergänzung und Bereicherung erfahren. Mancher anderen dankenswerten Beihilfe habe ich in den Anmerkungen zu den ersten sechs Abhandlungen meiner „Beiträge" gedenken können.

Während die weitaus größte Zahl dieser Beiträge auf selbständigen Studien beruhen, bilden die fünf kleinen Lebensbilder „Aus den Tagen der Klassiker" am Schlusse des Buches eine Ausnahme. Sie sind in den „Grenzboten" veröffentlichte Besprechungen größerer biographischer Werke, die ich allerdings zu wirksamen Skizzen abzurunden gesucht habe. So wenig ich daran denke, meine Besprechungen bändeweis zusammenzustellen, so glaubte ich bei diesen fünf, die in mehr als einem Bezug zu den vorangegangenen größeren Beiträgen stehen, eine Ausnahme machen zu sollen, wäre es auch nur um die Erinnerungen an die vortrefflichen Bücher, die den Anlaß und Stoff zu diesen Miniaturbildern gegeben haben, frischer zu erhalten. Dürfen sich diese „Beiträge" überhaupt Leser versprechen, so werden eben diese Leser auch die anspruchslosen Beigaben zu den größer angelegten Studien und Bildern gern gelten lassen.

Dresden, 18. Oktober 1892.

Adolf Stern.

Inhalt.

	Seite
Der Untergang des altenglischen Theaters	1
Der Musenhof der Königin Christine von Schweden zu Rom	35
Der Dichter der Insel Felsenburg	61
Ein gekrönter Dichter. (Christoph Otto von Schönaich.)	95
Johann Karl August Musäus	129
Friedrich Rochlitz	175
Zur Biographie Chr. Gottfried Körners.	
1. Aus Christian Gottfr. Körners Reisetagebüchern	239
2. Chr. Gottfr. Körner und J. G. Göschen	248
Aus den Tagen der Klassiker.	
Karl von Dalberg, der Coadjutor und Fürstprimas	265
Amalie von Helwig	282
Charlotte von Kalb und Jean Paul	295
Johann Gaudenz von Salis-Seewis	305
Friedrich Hölderlin	315

Der Untergang des altenglischen Theaters.

Als von der Mitte des 18. Jahrhunderts an der große Dichtername Shakspeare's aus halber Vergessenheit und völliger Verkennung glänzend auferstand, erschien der gewaltige britische Dramatiker der damaligen deutschen Welt, die in immer weitern Kreisen regen und bewundernden Anteil nahm, wie ein riesiges Wunder, eine außerhalb alles Zusammenhangs der Kultur stehende Größe, bei der weder Vorangang noch Nachfolge in Frage kämen. Enthusiastisch lebte man sich in die Werke des Dichters hinein, ohne nach anderm zu fragen als nach ihrer ursprünglichen Gewalt und Lebensfülle, nach der unvergleichlichen Tiefe und der weltumspannenden Vielseitigkeit ihrer Charakteristik. Die eigentümliche Kompositionsweise der Shakspeare'schen Dramen wurde ohne Arg als Recht des Genius, ja als notwendige Konsequenz unmittelbar naturwahrer Dichtung gepriesen, und es bedurfte geraumer Zeit, bevor sich die Einsicht verbreitete, daß sie mit der eigentümlichen Existenz und Organisation des altenglischen Theaters in einem engen (wennschon zum Glück nicht unlöslichen) Zusammenhange gestanden hatte. Mit dem wachsenden Verständnis der Bedingungen, unter denen Shakspeare in seiner Zeit und für seine Zeit geschaffen, wuchs naturgemäß das Interesse an jener Bühne, auf der „Romeo und Julia", „Hamlet", „Lear", und „Macbeth" zuerst dargestellt worden waren. An die Stelle der naiven, den Dichter und seine Werke unmittelbar genießenden und bewundernden Empfänglichkeit trat eine historische Auffassung, die das Wunder aus den Bedingungen seiner Zeit, seines Landes, der Elisabeth'schen Aera im allgemeinen und des londoner Globetheaters im besonderen zu begreifen suchte. Schließlich gedieh diese Auffassung in Rümelin's geistvollen „Shakspeare=Studien eines Realisten" und verwandten Erscheinungen dahin, Shakspeares Genius an alle Schranken und Mängel der englischen Bühnenzustände um die Wende des 16. und 17. Jahrhunderts gebunden zu erachten und mit der vorausgesetzten Befangenheit des Dichters auch einen Teil der innern Größe und Gewalt seiner Dichtungen in Frage zu stellen. Mußte nun auch die Gemeinde des Dichters in aller Welt gegen die Einseitigkeit einer historischen Beurteilung protestieren, die die subjektiv=poetische und ewige Größe des Genius beinahe aus dem Auge verliert, so war doch durch die rein historische Betrachtung eine allgemeine und allseitige Teilnahme für die Geschichte des altenglischen Theaters erweckt worden. Auch wenn Shakspeare's große Gestalt nicht aus ihrer Mitte hervorragte, würden die phantasievollen und produktiven Dramatiker der englischen Bühne eine bleibende Anerkennung zu beanspruchen haben. Der poetische Reichtum, den das leichte Gerüst der londoner Theater des 16. und 17. Jahrhunderts getragen hat, vermöchte das Interesse an der Geschichte der ältern englischen Bühne an und für sich und selbst ohne den Bezug auf Shakspeare, der sich ja überall zwanglos ergiebt, zu rechtfertigen.

Abgesehen von ästhetisch-litterarischem Interesse besitzt diese Geschichte eine eigentümliche Anziehungskraft. Sie ist im Zusammenhang großer historischer Ereignisse selbst eine Art Drama. Nach einer kurzen glänzenden Ruhmes- und Siegeslaufbahn erlag das englische Theater der Shakspeare'schen Epoche einem finstern, hartnäckigen und energischen Gegner, der seine Existenz von Haus aus bestritten hatte. Es fiel in einem gewaltigen Bürgerkriege mit dem englischen Königtum und dem fröhlichen Altengland zugleich, um nie wieder zu erstehen. Der letzte Abschnitt seiner Geschichte ist sicher nicht der erfreulichste, noch der glänzendste, aber der schicksalreichste und wechselvollste. Als am 23. April 1616 William Shakspeare in der Zurückgezogenheit seines Heimatstädtchens Stratford aus dem Leben schied, war die englische Bühne, an deren Aufschwung er als Dichter den mächtigsten, als Darsteller mindestens einen gewissen Anteil gehabt hatte, äußerlich besser und sicherer gestellt als in den achtziger und neunziger Jahren des 16. Jahrhunderts. An Stelle der überzahlreichen Theater und Schauspielertruppen, die unter der Regierung der Elisabeth den Schutz der großen Lords gegen die Wirkungen der berüchtigten Kesselflickerakte[1]) gesucht hatten, waren größere, besser organisierte Gesellschaften getreten, die in bestimmten Theaterräumen (zumeist auf einer Winter- und einer Sommerbühne) in verschiedenen Teilen Londons regelmäßige Vorstellungen gaben, selten mehr die Provinzialstädte bereisten. Gegen das Jahr 1620, vier Jahre nach Shakspeares Tode, hatten sich die hervorragendsten Schauspielkräfte in den vier Truppen des Königs (the kings servants), des Prinzen (the princes servants), des Pfalzgrafen (the Palsgraves servants), der Königin von Böhmen (the Queens of Bohemia servants) konzentriert. Wirkliche Beziehungen zum Hofe hatten bekanntlich nur „des Königs Diener", ehedem die Truppe Burbadge's und Shakspeare's. Die Gesellschaft der Kapellknaben (the children of her Majestys revels), von Ben Jonson mit Vorliebe begünstigt und vorgezogen, bereitete namentlich in den speziell für den Hof bestimmten Aufführungen den eigentlichen Histrionen eine unliebsame Konkurrenz und trat bei einzelnen theatralischen Ereignissen durchaus in den Vordergrund.

Getragen wurde die Kunst der Schauspieler durch die unversiegte Kraft einer lebendigen dramatischen Dichtung. Die unerschöpfliche Fülle immer neuer dramatischer Gebilde, die der rege Wetteifer zahlreicher produktiver Talente den londoner Bühnen zuführte, zeigte sich auch nach Shakspeare's Abscheiden äußerlich unvermindert. Nur für einen kleinen Kreis Einsichtiger war es schon damals klar geworden, wie hoch der große — gefeierte und bewunderte, aber mit und gleich andern gefeierte und bewunderte —

Dichter über seine poetischen Zeitgenossen emporgeragt hatte. Und selbst diese durften bei Shakespeare's Tode in ihm nur den Ersten von Vielen betrauern und konnten den bedeutenden und frischen Talenten, die neben Shakspeare gestrebt hatten und auch nach ihm hervortraten, ihre Teilnahme nicht versagen. Von den Dichtern, die vor und seit 1600 als Dramatiker, als Mitbewerber und gelegentliche Rivalen Shakspeare's genannt wurden, war der einzige Beaumont, der poetische Zwillingsbruder John Fletcher's, Shakspeare im Tode vorangegangen. John Fletcher selbst, Thomas Heywood, George Chapman, Thomas Middleton, John Webster, Dekker, Rowley, Nathaniel Field, Marston, Peele, Lodge und andere standen in voller Thätigkeit und ungebrochener Schaffenslust und vertraten ebensowohl Richtungen des englischen Dramas, die vor Shakspeare's Thätigkeit in Geltung gewesen waren, Richtungen, die aus Shakspeare selbst stammten, als solche, die sich nach ihm und trotz ihm in die Gunst der Darsteller wie des Publikums gesetzt hatten. Ben Jonson, der bereits vor der Aufführung seines „Volpone" eine bevorzugte Stellung in dem Heere der londoner Dramatiker errungen hatte, war der Begründer einer eigenen Schule geworden, die auf dem Theater vorzugsweise durch die unmittelbare Spiegelung des londoner Tagestreibens, die Pflege der bürgerlichen Komödie ihre Erfolge errang. Denn der Anspruch, den Ben Jonson und seine Schüler daneben erhoben: die Repräsentanten eines höhern Stiles, einer Dichtkunst zu sein, die sich intimer Beziehungen zur klassischen Litteratur des Altertums und zur Welt der Wissenschaft rühmte, der die vermeintlich schärfere Charakteristik, der geistreichere Witz, die bewegtere Sprache zu Gebote stünden — hat nach allem, was wir darüber wissen, vor dem londoner Theaterpublikum jener Jahrzehnte wohl nur sehr fragmentarisch gegolten. Und in der Thatsache allein, daß die widerstrebenden Vertreter einer Auffassung der Poesie, die noch in den achtziger Jahren des 16. Jahrhunderts sich vom Drama überhaupt fern gehalten hatte, jetzt um die Wette für die londoner Theater schufen, lag ein Beweis wie stark der Zusammenhang der Bühne mit der englischen Dichtung überhaupt geworden war. Das Theater zog auch die frondierenden Kräfte an, der Erfolg guter Bühnenstücke ließ, wie überall, jeden andern litterarischen Erfolg hinter sich, und so kümmerlich dem tantièmesüchtigen Autorengeschlecht des 19. Jahrhunderts die damals üblichen äußern Belohnungen des Erfolgs erscheinen mögen, so übertrafen auch diese jedenfalls alle sonst vorhandenen Möglichkeiten des litterarischen Erwerbs.

Dabei ist denn freilich nicht zu vergessen, daß die Poeten aus der Schule Ben Jonson's und verwandte Naturen sich zwar den überlieferten und populär gewordenen Formen des englischen Dramas unterordneten, aber gleich dem genialsten und glücklichsten Vertreter des gleichzeitig blühenden spanischen Dramas, Lope de Vega[2]), eine entschiedene Reserve in ihrer Wertschätzung dieser Formen bewahrten. Durchdrungen von der Überzeugung, daß die regelmäßige Form des antiken Dramas die einzig mustergültige und des gelehrten Dramatikers würdige sei, vom sichern Instinkt geleitet, daß alle jene Vorzüge, die sie selbst am höchsten schätzten und aus den lateinischen Dichtern vorzugsweise heranslasen, alles was sie abwechselnd Witz und Geschmack, Scharfsinn und Beredsamkeit, Feinheit und Belesenheit tauften, sich in den allegorisch-lyrischen Spielen, die unter dem Namen von „Masken" am Hofe Jakob's I. und Karl's I. beliebt wurden, viel ausgiebiger entfalten ließen als in den eigentlichen Dramen, zeichnete sich die Mehrzahl der nachshakspeare'schen Dramatiker in der Erfindung und rednerischen Ausstattung dieser mehr lyrischen als dramatischen Spiele aus. Für arme und gunstbedürftige Poeten (was die Mehrzahl dieser Dichter trotz der begünstigten und angesehenen Stellung einzelner Genossen war) boten zudem die Masken mit ihren direkten Ansprachen an hervorragende und mächtige Persönlichkeiten, mit ihren von poetischen Bildern zumeist nur dürftig umhüllten nackten Schmeicheleien einen willkommenen Anlaß, sich Gönnern bei Hofe bestens zu empfehlen. Selbst der scenische Pomp und Kostümprunk, der bei der Aufführung der Masken üblich war und der im entschiedenen Gegensatz zu der Einfachheit, ja Dürftigkeit der eigentlichen Theaterausstattung stand, konnte gewisse Naturen mit der Vorstellung erfüllen, daß bei diesen Spielen, die oft genug nicht mehr waren als mit Deklamationen begleitete Prunkaufzüge, die Poesie eine höhere und edlere Rolle spiele als auf den Brettern der Fortuna oder des Globe.

So sicher jedoch in der Anschauung vieler Dichter, die für die Bühne schrieben, eine halbe Geringschätzung eben dieser Bühne lebte, eine Geringschätzung, die im Grunde nur der Nachklang jenes Bedauerns war, mit dem ehemals Thomas Nash beklagt hatte, daß der Dichter von „Venus und Adonis" und „Lucretia" seine Kraft und Zeit an „Plays" verschwende³), so erweisen alle Thatsachen, daß diese theoretische Schrulle zunächst nicht mehr zu bedeuten hatte als republikanische Theorien in einer wohlbegründeten festen Monarchie. Gleich einem Diplomaten oder Soldaten, der die Republik prophetisch für die ideale Staatsform des 4. Jahrtausends erklärt und inzwischen im 2. Jahrtausend der Sache seines Königs die besten Dienste leistet, stand der „gelehrte" Dichter der Tage König Jakob's I. der lebendigen Bühne gegenüber. Er schalt auf ihre unregelmäßige, unakademische Entwicklung und schuf dennoch Drama auf Drama, im Wetteifer mit den naiveren Talenten, die sich um die Bezüge ihrer Tragödien und Komödien zu Aristoteles' „Poetik", zu Seneca, Plautus und Terenz nicht kümmerten. Das Gefühl schöpferischer Kraft, die rasche Produktionslust ließen wenig Zeit zur Reflexion. Und der leidenschaftliche Drang und Wetteifer des Bildens und Hervorbringens blieb offenbar den nächsten Zeiten nach Shakspeare so eigen, wie denen des Dichters selbst. Eine Herabstimmung konnte um so weniger eintreten, als man ja des guten Glaubens lebte, eine wachsende in ihren Wirkungen gesteigerte Kunst zu besitzen. Wohl teilt heute niemand mehr die Überzeugung Ben Jonson's und seiner Schüler, erstrebte „Regelmäßigkeit" sei ein Fortschritt über Shakspeare hinaus gewesen, niemand zieht den „Alchymisten" und die

Tragödie „Sejanus" auch nur zum Vergleich mit Shakspeare's schwächsten Dramen heran. Bringt man jedoch in Anschlag, daß der Trieb zu einer Poesie auf Grund theoretischer Erkenntniß, einer Dichtung, deren Hauptvorzug in der Korrektheit besteht, das ganze 17. Jahrhundert erfüllt und schließlich im französischen Klassizismus nur gipfelt, so wird man einräumen müssen, daß sich dieser Trieb im Auftreten Ben Jonson's und Massinger's, namentlich des letzteren, in der bestmöglichsten Weise kundgab. Philipp Massinger, ohne Zweifel der bedeutendste Dramendichter der nachshakspeare'schen Zeit, schloß sich den Bestrebungen Ben Jonson's in Bezug auf größere Regelmäßigkeit und Einheit des Aufbaues der Dramen an. Aber welche Fülle lebendiger Phantasie, energischer Charakteristik wußte er in die gebundene Form hinüberzuretten und mit wie frischen Gestalten und Farben sprachen sein „Herzog von Mailand" und seine „Unselige Mitgift" zum schau- und hörlustigen Publikum. Massinger ist mehr als einmal mit Schiller verglichen worden. Der Vergleich hinkt stärker als mancher andere, und doch liegt ihm eine gewisse Einsicht in das Wesen der Massinger'schen Dichtung zu Grunde. Der Dichter war entschieden von der stets wachsenden Hinneigung zur Antike beeinflußt, vom Bewußtsein erfüllt, daß die Formen des neuen Theaters eine größere Geschlossenheit der Scene, eine stärkere Betonung der äußerlichen Einheit bedingten, als sie Shakspeare auf der altenglischen Bühne vorgefunden hatte. Indem Massinger diesem Einfluß und Bewußtsein nachgab, blieb er doch von der gestaltlosen Reflexionspoesie und jener akademischen Rhetorik, die vor lauter Würde keinen Naturlaut mehr zu treffen verstand, völlig entfernt — und hier ist der Punkt, wo der Vergleich mit Schiller trotz grundverschiedener Zeiten, Persönlichkeiten und Bestrebungen nicht ganz abzuweisen ist. Auf alle Fälle beweist auch Massinger's Auftreten, der Zug seiner Poesie, wie stark die nationale Kunstweise jeden echten Dichter ergriff, und wie vollkräftig die britische Bühne zur Zeit noch poetisches Leben weckte und Leben zu spiegeln wußte.

Auch waren die Zeiten vorüber, in denen die dramatische Dichtung als außerhalb der Litteratur stehend betrachtet worden war. Noch immer blieb allerdings die Mehrzahl der aufgeführten Dramen als Manuskript in den Händen der Bühnenunternehmer und Schauspielergesellschaften. Aber die zahlreicher werdende Gilde der Buchdrucker und Buchhändler von London hatte längst begriffen, daß der Herausgabe dramatischer Dichtungen eine oft nachhaltige Teilnahme entgegenkam, und so wuchs das Verzeichnis der gedruckten Stücke von Jahr zu Jahr. Die Folioausgaben der Shakspeare'schen Werke von 1623 und 1632, mit ihrer verhältnißmäßig reichen Ausstattung, ihren poetischen Panegyriken, zu denen sich von Ben Jonson bis zu Milton die Dichter dreier Generationen vereinten, durften als ein Symbol der veränderten Auffassung gelten. Die dramatische Dichtung wurde im Zusammenhange der geistigen und gesellschaftlichen Interessen nicht höher gewertet als damals alle Dichtung überhaupt, allein die Schranke der Geringschätzung, mit der man sie in Elisabeth's Tagen von der

Lyrik und Epik zu trennen suchte, war um diese Zeit gefallen. Die öftern Drucke beliebter Dramen, wie die beginnenden Gesamtausgaben erweisen zudem, daß auch außerhalb Londons und seiner Bühnenwelt Gönner und Verehrer der nationalen Dramatik vorhanden waren und daß die stärkern Wirkungen der Bühnenaufführung durch die bleibendern Wirkungen der Lektüre vielfach ergänzt wurden.

Solchergestalt trat das englische Theater aus dem zweiten in das dritte Jahrzehnt des 17. Jahrhunderts, als der Hauptmittelpunkt der nationalen Dichtung, gehalten und getragen von der schöpferischen Kraft zahlreicher poetischer Talente, von Darstellern, für deren Kunst das rege Interesse jener aristokratischen Kenner spricht, die durch Reisen in Frankreich und Spanien in den Stand gesetzt waren, die heimische Bühne mit der fremden zu vergleichen. Mit dem warmen Eifer der Dichter und Schauspieler hielt die Teilnahme des Publikums Schritt, auf das die englische Bühne bereits beschränkt war; die Theater waren an den Spieltagen zumeist gefüllt und bei außerordentlichen Aufführungen ließ der Zudrang der Schaulustigen nichts zu wünschen übrig. England hatte seit undenklichen Zeiten äußern Frieden. Während in Deutschland der unheilvollste aller Kriege entbrannte und die kurze Herrlichkeit des Winterkönigs und seiner schönen englischen Gemahlin zusammenbrach, fuhren die „Diener der Königin von Böhmen" fort, Tragödien und Komödien darzustellen. Während halb Europa in den großen Kampf verwickelt wurde, hielt sich König Jakob mit allem Aufwand seiner Königskunst (die freilich ein großer Teil seiner Unterthanen nicht rühmen wollte!) in einer Art Neutralität. Die natürliche Wirkung langjähriger ungestörter Ruhe kam der Litteratur und dem Theater zugute: die Phantasie weiter Lebenskreise, die von den nächsten Vorgängen nicht erregt, nicht befriedigt wurde, zeigte sich willig, Dichter und Darsteller über die ganze Erde und durch alle Zeiten zu begleiten.

Und doch — trotz dieses anscheinenden Gedeihens hing bereits seit Jahrzehnten eine dunkle Wolke über dem englischen Theater und wuchs von Jahr zu Jahr bedrohlicher. Der glänzende Aufschwung, den Dichtung wie Darstellung in den Tagen Shakspeare's genommen und seitdem behauptet hatten, war gleichwohl nicht im Stande gewesen, der Bühne die Teilnahme des gesamten Volkes zu gewinnen. Neben der (männlichen) Aristokratie bildeten hauptsächlich die untern Klassen der londoner Bevölkerung (man braucht dabei noch nicht an den eigentlichen Pöbel zu denken) das Publikum der Theater. Wenn jemals ein Teil der londoner Bürgerschaft, wenn die Rechtsgelehrten vom Tempel und die Kaufleute der City Wohlgefallen am bunten wechselnden Leben der dramatischen Kunst gehabt hatten, so lag dies zurück in der Zeit jenes merry old England, das während König Jakob's I. Regierung, trotz aller Maskeraden und lustigen Bankette bei Hofe, mehr und mehr eine Mythe zu werden begann. Als die Komödianten eben anfingen sich aus halbgeächteten Landstreichern in Diener der großen Lords der jungfräulichen Königin zu verwandeln, als Marlowe's „Tamerlan" und „Faust" und Shakspeare's erste Komödien und Historien über die Bretter gingen, war unzweifelhaft noch ein Teil der londoner Bürger der theatralischen Unterhaltung so wenig abgeneigt als Bärenhetzen und Hahnenkämpfen. Höher als letztere hatten die stattlichen Bürger die Darstellung bewegter Dramen schwerlich angeschlagen und eben deshalb in jenen Tagen nicht begriffen, warum ihre ernsteren Genossen mit so grollenden Mienen auf die neuerstehenden hölzernen Schauspielhäuser blickten. Doch ehe noch Elisabeth's Regierung zu Ende ging, waren die Dinge wesentlich verändert, die zahlreicher werdenden Anhänger der reinen Calvin'schen Lehre begannen als „Puritaner" ihre gewaltige und verhängnisvolle Rolle zu spielen. Je flacher, äußerlicher, bei Aufrichtung des königlichen Suprematts und der bischöflichen Kirche die Reformation in England aufgefaßt und durchgeführt worden war, je weniger sie im weltlichen Leben und Treiben des englischen Volkes umgestaltet hatte, um so tiefer war der Groll jener Naturen, die der Sturm Gottes, der durch das ganze 16. Jahrhundert brauste, im Innersten ergriffen hatte. Im Vergleich mit den Zuständen Deutschlands am Ausgang des 16. Jahrhunderts, mit der Atmosphäre wütender und zugleich armseliger theologischer Kämpfe, in der die kaum gewonnenen Anfänge weltlicher Bildung verkümmerten und erstickten, waren die Zustände Englands freilich glücklich erschienen. Aber die Vorteile seiner insularen Lage hatten dem Lande doch nur auf kurze Zeit die Vorteile einer insularen Entwickelung gewährt. Das Bedürfnis und der leidenschaftliche Drang, die Tiefen der Glaubensfragen zu ergründen, die die Massen ergriffen hatten, ließ sich mit den Edikten Elisabeth's und Jakob's so wenig unterdrücken, als mit Bacon's Philosophie und Shakspeare's Dramen ablenken. Das gleiche Verhängnis, das Frankreich die Bartholomäusnacht bereitet, Deutschland in den Dreißigjährigen Krieg gestürzt hatte, zog allmählich, aber unaufhaltsam auch über England herauf. Schritt für Schritt war seit 1580 der Puritanismus vorgedrungen. Die meisten Bürger der Städte, die Freisassen, zahlreiche Squires auf dem Lande, hatten sich den strengen Lehren und noch strengern Sitten der Kirche von Genf angeschlossen. Und wenn die Puritaner während Elisabeth's Regierung nur selten gewagt hatten, sich zu direkter politischer Opposition zu erheben, so hatten sie sich doch schon als gefährliche und unbeugsame Gegner aller Volkslustbarkeiten, aller Eitelkeiten erwiesen, mit denen nach ihrer Anschauung Gott gelästert und das Heil der Seelen gefährdet wurde. Die finstere Nüchternheit und herbe Freudlosigkeit, die Calvin den Genfern unter harten Kämpfen und Verfolgungen aufgezwungen hatte, konnte von den englischen Puritanern zunächst nur freiwillig und in ihren eigenen Kreisen angewandt werden. Inzwischen hatten sie bald entdeckt, daß die uralte Selbstverwaltung der englischen Gemeinde ihnen die Macht und tausendfache Gelegenheit bot, nach ihres Herzens Gelüst gegen die verhaßte heitere Weltlichkeit zu kämpfen. Dem puritanischen Friedensrichter, der einen armen umherziehenden Bärenführer oder Fiedler in den Block spannte, dem puritanischen Landedelmann, der seinen Pächtern bei Verlust der Pacht das Setzen von Maibäumen und den Erntetanz verbot, waren die puritanischen Aldermen der City von London gefolgt, die bereits vom Jahre 1575 mit wachsendem Groll und beständig größerem Erfolg die Existenz des Theaters bekämpften. Der berüchtigste erste Beschluß vom 6. Dezember 1575, in dem Lord-Mayor und Gemeinderat der Hauptstadt die Aufführung von Schauspielen wegen der daraus hervorgehenden Unordnungen und Inkonvenienzen untersagten, den Aufführungen Schuld an Tumulten, Zänkereien und Schlägereien aller Art gaben, sie für gefährliche Gelegenheiten zur Verführung von Mädchen, namentlich von Waisen und guten unmündigen Citykindern erklärten, sich gegen die Öffentlichkeit unkeuscher, unschicklicher, schamloser Reden und Handlungen verwahrten und schließlich behaupteten, daß die Schauspiele Ihrer Majestät getreue Unterthanen vom öffentlichen Gottesdienst und der Heiligung des Sonntags abzögen, enthielt im Grunde die Summe aller Polemik, die im folgenden Halbjahrhundert von puritanischen Kanzeln, aus geistlichen Versammlungen und zahllosen Schriften je länger um so schriller erklang.

Das Verdienst der Neuheit hatte, wie ersichtlich, die Auffassung der Puritaner von den Gefahren und Übeln der Schaubühne nicht in Anspruch zu nehmen. Seit die christlichen Kirchenväter des 3. und 4. Jahrhunderts ihre Verdammung gegen das Theater geschleudert, der heilige Tertullian dasselbe für das Eigentum des Teufels erklärt, Sankt-Cyprian und Sankt-Chrysostomus die Schauspiele als Schulen der Wollust und einer unziemlichen, des Christen unwürdigen Heiterkeit gebrandmarkt hatten, war jeder Angriff, der sich gegen die dramatische Kunst richtete, im Grunde genommen nur eine Wiederholung der alten Wahrheiten. Unzweifelhafte Wahrheiten für alle, die der Überzeugung lebten, daß in Verleugnung der Welt das Wesen des Christentums bestehe. Wem die Welt mit all ihren Erscheinungen lediglich als eine das ewige Heil gefährdende Prüfung galt, dem mußte jede verklärende Wiedergabe der Welt nur als bedenkliche Wiederholung und Verstärkung der Prüfung erscheinen. Wer die Freude am Dasein überhaupt ausschloß, der ließ auch der Freude an den Künsten keinen Raum. Die englischen Puritaner konnten sich, indem sie die Existenz des Theaters bestritten und verkümmerten, auf gefeierte Autoritäten der alten Kirche berufen. In Wahrheit aber folgten sie dem herben Fanatismus Calvin's und den Eingebungen ihrer eigenen Natur.

Dramatiker und Schauspieler hatten den Kampf, den die neuen Heiligen ihnen boten, unter der Regierung Elisabeth's mit trotziger ja fröhlicher Zuversicht aufgenommen. Dem puritanischen Gemeinderat zum Verdruß hatten sich die aus der City verdrängten Theatergebäude an exmirten Plätzen und Freistätten erhoben, über welche sich die Jurisdiktion des Lord-Mayors nicht erstreckte. Königin Beß, deren Politik es war, keine der großen protestantischen Parteien aufs äußerste zu treiben, die durch ihre Minister Mildmay und Knolles selbst eine gewisse Fühlung mit den Puritanern behielt, hatte nie daran gedacht, dem Ungestüm der finstern Sektierer zu genügen. Sie selbst hatte eine Art Wohlgefallen an den Darstellungen englischer Stücke gefunden, sich jederzeit bald von den Kapellknaben,

bald von der Truppe des Lord=Oberkammerherrn, bald von der des Lord=
Admirals ein und das andere Drama vorführen lassen. Sie hatte einzelne
Ausschreitungen der Theater, über welche die Puritaner wehklagten, rasch
beseitigt und doch nichts eingewendet, wenn die dramatischen Dichter ihre
Todfeinde, die Gottseligen, bald verspotteten, bald mit Pathos angriffen.
Noch spielten die strengen Frömmler im wesentlichen die Rolle des Haus=
meisters Malvolio in „Was ihr wollt". Aber mit prophetischem Blick
hatte Shakspeare auch bereits die Zukunft ins Auge gefaßt und in der
unheimlichen Gestalt des Lord Angelo (in „Maß für Maß") den Puritaner
dargestellt, der Macht gewonnen hat und seine finstere Strenge walten läßt,
bis ihn selbst die unterdrückte, mißleitete, aber unbesiegte Natur ins Ver=
derben reißt. Bei Elisabeth hätte allerdings keiner der Heiligen darauf
rechnen dürfen, die Vollmachten Lord Angelo's zu erhalten. Inzwischen
war sie auch weit davon entfernt gewesen, die große puritanische Partei
etwa nur mit den Augen der dramatischen Dichter anzusehen. Der fühlbare
Trotz ihrer letzten Parlamente und die Unternehmung des Essex hatten
ihr noch gegen das Ende einer glückumschimmerten Regierung zu Gemüte
geführt, daß die Puritaner zu einer politischen Macht heranwuchsen.
Dichtern und Darstellern war es demnach während Elisabeths Regiment
wie an einem Apriltag mit vorwiegender Kühle, einzelnen Sonnenblicken
und gelegentlichen eisigen Regenschauern zu Mut gewesen. Kein Wunder,
wenn sie sich trotz aller schier byzantinischen Schmeicheleien für die große
Königin insgeheim nach bessern, der Kunst günstigern Zeiten sehnten.

Mit König Jakob I., der die Truppe des Blackfriars= und Globe=
theaters zu seinen „Dienern" erhob, waren in gewissem Sinne diese bessern
Tage gekommen. Durch den ganzen Verlauf seiner Herrschaft zürnte er
den Puritanern und grollten ihm diese. Er zeigte keinerlei Neigung, den
Vorurteilen und Gewissensbedenken einer Partei, die seinem Königsbewußt=
sein und seinem theologischen Gelehrtendünkel gleich verhaßt war, besondere
Zugeständnisse zu machen. In dem wachsenden Zerwürfnis aber, das
zwischen den Ansprüchen des Königs und den Forderungen seiner puritanischen
Parlamente entstand und nach und nach die ganze Nation in Mitleidenschaft
zog, wurden die Theater mehr und mehr Mittelpunkte der streng roya=
listischen Gesinnung. Auf den Schutz des Hofes, die schwankende und un=
sichere Gunst der Aristokratie verwiesen, hegten Dichter und Schauspieler
vielleicht nicht immer die reinste Loyalität, aber jedenfalls die tiefste Ab=
neigung gegen die puritanische Partei, ihre Anschauungen und ihre politischen
Forderungen. Jeder Sieg der Puritaner, jeder Schatten eines Einflusses,
den sie erlangten, mußte der Kunst, und dem Theater vor allem, schweren
Abbruch thun. Keiner der Dichter, deren weltliche Muse von den Gott=
seligen befehdet ward, nahm sich die Zeit und besaß die Selbstüberwin=
dung, das gehässige Vorurteil der Puritaner seinen innersten Gründen
nach zu prüfen. Noch ferner lag den Poeten die Würdigung des mannhaften
und energischen Freiheitssinnes, mit dem die Puritaner für die beschränkte
Monarchie gegen das Haus Stuart und dessen Gelüst nach absoluter Herr=

schaft eintraten. Umgekehrt haben wir uns allzu sehr gewöhnt, bei der Beurteilung dieser Dinge den Maßstab historischer Entwickelungsgesetze anzuwenden, und vergessen darüber die lebendige Erinnerung. Der gepriesene und in seinen Folgen wohlthätige Freiheitssinn der puritanischen Commoners bedeutete nicht nur für Theaterdichter und Komödianten, sondern für Hunderttausende von Engländern in König Jakob's Tagen die Drohung des härtesten Drucks, des schwersten Zwanges. Welchen Wert sollte ein Geschlecht auf Selbstverwaltung, auf Recht der Gemeinden und Privilegien des freien Parlaments legen, dem in Aussicht stand, mit dem Eintritt all dieser Herrlichkeiten jeden freien unverkümmerten Daseinsgenuß, jedes Lebensbehagen und die ganze reiche Welt der Kunst zu verlieren?

Wie unmöglich dieser Verlust den Mutigern erscheinen mochte — er rückte dennoch näher. Die offen erklärte und unermüdliche Feindseligkeit der Puritaner wurde dem Theater schon in jenen Jahrzehnten drückend und verderblich, wo selbst chiliastische Schwärmer nicht wähnten, daß das tausendjährige Reich noch im 17. Jahrhundert beginnen sollte. Der König und der Hof mochten die Bühnen gegen direkte Unterdrückung schützen, die Dichter mochten unter dem Beifall der lustigen jüngern Hofherren und schöngeistiger Rechtsstudenten von Gray's-Inn den puritanischen Heuchler in hundert Varianten darstellen, die Schauspieler mit Malvolios gelben Kniegürteln oder dem näselnden Psalmierton der Kinder Gottes das erschütternde Gelächter aller Teerjacken erwecken, die den Hintergrund des Parterres erfüllten — mit völliger Sicherheit geschah beides nicht mehr. Die Fernhaltung der Mittelklassen machte sich empfindlich fühlbar. Auch wo sich diese noch nicht völlig zum Puritanismus gewendet hatten, wurden sie von dem finstern Geist der Sektierer beeinflußt. Tausende von wackeren englischen Männern begannen mit dem Apostel zu denken, daß sie lieber Kräuter essen und Wasser trinken, als durch sündlosen Fleisch= und Weingenuß ihren schwächern Mitbrüdern Ärgerniß bereiten wollten. Der Poesie geneigte Gemüter verzichteten auf die Freude, die Schöpfungen der Dichter lebendig darstellen zu sehen, um den Eiferern genugzuthun, die in politischen Fragen ihre Gesinnungsgenossen waren. Der dämonische Zwang des Parteilebens machte die Einzelnen in ihre Privatexistenz von den Fanatikern abhängig. Weite Kreise, die dem Theater nicht ungeneigt gewesen waren, begannen es mit Gleichgültigkeit und bald, da es trotz aller Angriffe fortfuhr zu existieren, mit unverhohlener Abneigung zu betrachten. Die Bühne war Zug für Zug in dem großen Kampf zwischen der weltlich royalistischen und puritanisch=parlamentarischen Partei, der in jedem Parlament König Jakob's heftiger entbrannte, ein wichtiges Element und zugleich ein Symbol geworden. Dem Anhänger des Hofes ward es in ganz anderm Sinne als unter der Regierung der Königin eine Ehrensache, das Theater zu besuchen und zu patronisieren. Die Puritaner und ihre Bundesgenossen im politischen Streite empfanden umgekehrt die Blüte und Wirksamkeit der Bühnen als einen Hohn auf ihre gesamte Anschauung, ihre heiligsten Überzeugungen, als das weithin prangende Zeichen ihrer Ohnmacht. Immer erbitterter, krampfhafter wurden sonach ihre Anstrengungen, wenigstens im Einzelnen die Theater zu schädigen. Mit echt englischer Zähigkeit hielten sie an dem Grundgedanken fest, daß das Schauspiel wie Spreu von der Tenne gefegt werden müsse.⁴) Aber bis die rechte Stunde schlug, blieb es eine Art Genugthuung, den verhaßten Poeten und Komödianten wenigstens Abbruch zu thun. — Von fanatischen Predigern angestachelt, erhoben sich in den letzten Regierungsjahren König Jakob's die puritanischen Handwerksburschen und Lehrlinge der City mehrfach zu offenen Exzessen. Unter Berufung auf ihr mittelalterliches Gewohnheitsprivilegium, schlechte Häuser zu zerstören, griffen sie mehr als einmal zugleich ein Bordell und eins der kunstlosen Theater an, zertrümmerten Galerien und Bühne, zersetzten Vorhänge und jene verhaßten Kostüme, deren Prunk einen unerschöpflichen Stoff zu puritanischen Predigten abgab und in Bezug auf welche schon dreißig Jahre früher ausgerufen war, daß zweihundert in Sammt und Seide stolzierende Komödianten unfehlbar den Zorn des Herrn auf London herabziehen müßten. Im Parlament wußten die puritanisch Gesinnten die längere Schließung der Theater bei Trauerfällen oder bei drohenden Seuchen durchzusetzen. Sie bestürmten die Regierung mit Petitionen um strenge Zensur der aufgeführten Schauspiele. Gebete, Fluchen und Schwören, selbst der Gebrauch des Wortes Gott auf der Bühne wurde untersagt. Da die Gemeinen ihre Wünsche und Forderungen mit Geldbewilligungsbills geschickt verbanden, fanden sich der König und seine Ratgeber öfters zum Nachgeben gestimmt, als es in ihren Wünschen lag. Theaterunternehmer, Schauspieler und Dichter empfanden mehr als einmal in bitterer Weise, daß ihre Existenz nötigenfalls einem Kompromiß zwischen der Regierung des Königs und dem puritanischen Unterhause zum Opfer fallen könnte.

Schlimmer noch als diese Unsicherheit der Zukunft war die direkte Einwirkung, die aus den geschilderten Verhältnissen auf die Theater hervorging. In naturnotwendiger Entwickelung hätte das englische Theater zu dieser Frist die Reste und letzten Überlieferungen der mittelalterlichen Bühne abstoßen müssen, wie es in Frankreich und Spanien geschah. Die Theaterräume, um beim Unwesentlichsten zu beginnen — zeigten noch immer eine Äußerlichkeit, die nicht nur schlicht, sondern in gewissen Beziehungen roh und unwürdig war. Die primitiven Zustände der ursprünglichen Bretterbude hatten sich bis auf den großen Bottich zur allgemeinen Bequemlichkeit, der das Parterre verunzierte, erhalten. Alle Einrichtungen der Bühne wie des Zuschauerraums trugen einen provisorischen Charakter, kein altenglisches Schauspielhaus zeichnete sich, soviel wir zu erkennen vermögen, durch festern Bau, durch geschmackvollere Einrichtung aus, die ja noch immer mit der höchsten Einfachheit zu vereinigen gewesen wäre. Abgesehen von diesen Dingen, die doch unter Umständen nicht so ganz unwesentlich waren, hatte das englische Theater in einem Hauptpunkt die mittelalterliche Überlieferung bewahrt. Noch immer wurden die Frauenrollen durch junge bartlose Männer dargestellt. Uns dünkt es unzweifelhaft, daß diese Sitte — einzelne ganz außerordentliche Begabungen und Zufälle abgerechnet — im wesentlichen zu einer halbkomischen Repräsentation aller Frauengestalten führen mußte, und wir vermögen keine Vorstellung zu gewinnen, wie Julia, Porzia, Cordelia und Imogen in dieser Art Darstellung den Gehalt und Zauber bewahrten, der den dichterischen Gestalten eigen ist. Und wie man auch bei Shakspeare's Lebzeiten darüber gedacht haben möge — bald genug nach seinem Tode empfand man den Widersinn dieser Beschränkung mehr und mehr. Die Aufführung einzelner besonders glänzender „Masken" bei Hof- und andern Festen, in denen die allegorischen Frauenrollen in der That durch Frauen dargestellt wurden, mußten den Wunsch immer drängender machen, die Schranke, die hier der vollen Entwickelung der Schauspielkunst gegenüberstand, zu durchbrechen. Gerade an diesem Punkte aber setzten die Puritaner — in ihrem Sinne mit Recht — die volle Kraft des Widerstandes ein. Schien ihnen die Bühne schon verderblich und verführerisch, ohne daß sie den gefährlichen Zauber der Geschlechtsreize besaß, galt ihnen das bloße Wort im Munde eines verkleideten Mannes für lockend und verfänglich, wie gefährlich mußte ihnen die Wirkung der Frauen von den Brettern herab dünken! Mit jener Inkonsequenz, die ein Kennzeichen aller fanatischen Feindseligkeit ist, schalten sie allerdings gelegentlich auf den Greuel, daß junge Burschen in Weiberröcken und mit verliebten Geberden vor dem Publikum agierten. Doch sobald sich eine Gefahr zeigte, daß diese Unnatur durch die Natur abgelöst werden sollte und das Auftreten weiblicher Darstellerinnen drohte, besannen sich die Eiferer besser auf ihren Vorteil und regten die Volksstimmung gegen das in England nie Erhörte in solchem Maße auf, daß die Theaterunternehmer an eine Änderung der bestehenden Zustände nicht denken durften.

Was der Darstellung versagt war, suchte auf bedenklichen Wegen die Dichtung zu leisten. Die stärkste und unter Umständen gefährlichste Wirkung auf die Phantasie, die mit dem Theater, dem Spiegel der Welt, wie mit dem Leben der Welt allerdings unlöslich verbunden ist, blieb trotz des Ausschlusses von Schauspielerinnen nicht in den Schranken ihrer Berechtigung. Die unvermeidlichen Mängel der Darstellung weiblicher Rollen reizten vielmehr zu stärkerer Betonung jener Momente, in denen der Zuschauer, dessen Sinnlichkeit entfacht ist, sich um die Lebenswahrheit, die Lebenswärme der Dichtung wie der Darstellung wenig mehr kümmert und mit Spannung und Anteil der kecken und breiten Ausmalung wüster Bilder und Fratzen folgt, die die Phantasie in dunkeln Stunden heimsuchen. Gewisse Szenen in John Ford's „Hexe von Edmonton" zum Beispiel oder in dessen Tragödie „Giovanni und Annabella" zeigen deutlich, wie einzelne Poeten ihr Publikum zu reizen suchten. Und man kann geradezu behaupten, daß auch der frivolste Dichter kaum gewagt haben würde, Dialoge wie jene zwischen dem in Blutschande lebenden Geschwisterpaar in der letztgenannten Tragödie einer Frau, einem Mädchen in den Mund zu legen. Ein Teil der immer wachsenden Kühnheiten, der herausfordernden Glut in Ford's und andern Dramen wurde unzweifelhaft durch die Sitte der Männerdarstellung von Frauenrollen verursacht. Ein größerer Teil erwuchs natürlich aus dem grollenden, erbitterten Gegensatz zu den Puritanern. Man trug auf der antipuritanischen Seite das lebendige Gefühl in sich, daß wer die Natur mit Füßen trete und verleugne, statt sie zu erheben, zu verklären, den Menschen verkümmere und den Geist verkrüppele. In diesem Gefühl, das bei Shakspeare und Massinger mit höchstem sittlichen Ernst verbunden war, scheute man jetzt von gewisser Seite die äußersten Konsequenzen der Üppigkeit, der Zweideutigkeit nicht und warf sich schlechthin zum Vertreter alles dessen auf, was mit Unrecht oder Recht den Puritanern tödliches Ärgerniß bereitete.

Es ist bemerkenswert, daß die großen und tiefgehenden Gegensätze im englischen Leben dieser Zeit in den obern Regionen noch künstlich verhüllt und mit unbestimmten Hoffnungen ausgeglichen wurden, während ihre Unversöhnlichkeit an einzelnen untergeordneten Punkten (und als untergeordnet wurde im Sinne jeder Partei jener Tage die vielgepriesene nationale Bühne denn doch angesehen) bereits zum unverhüllten Ausdruck kam. In König Jakob's Parlament von 1621 war die ganze Kluft zwischen dem Herrscheranspruch der Stuarts und der Entschlossenheit des puritanisch gesinnten Unterhauses, den König in die Bahnen populärer reformatorischer Politik zu drängen, blitzartig sichtbar geworden, im letzten Parlament von 1624 — dank Buckingham's momentanem Liebäugeln mit der presbyterianischen Parlamentsmehrheit — wieder umschleiert worden. In dem gleichzeitig wütenden Kampfe der puritanischen Geistlichen und Schriftsteller gegen das Theater gab die eine Partei offen zu erkennen, daß sie nicht eher zufrieden gestellt sein werde, als bis es ihr gelungen, das Leben jedes Engländers nach ihrem strengen Sittenkodex zu regeln. Die royalistisch gesinnten Schöngeister aber verhehlten schon längst nicht mehr, daß sie sich der goldenen Zeit entgegensehnten, in welcher die Majestät eines unumschränkten, kunstsinnigen Herrschers sie vor allen Anfechtungen heuchlerischer Sektierer und geschmackloser Kopfhänger sicherstellen würde.

Bei der Thronbesteigung Karl's I. (Mai 1625) atmeten die Gegner der Puritaner sicher auf. Karl genoß nicht die Popularität seines verstorbenen vielgerühmten und vielbeweinten Bruders, des Prinzen Heinrich. Aber seine königlichen und guten Eigenschaften wurden von dem loyalen Teile seiner Unterthanen mehr als anerkannt und zu dieser Zeit auch von den Puritanern nicht geleugnet, deren Hoffnungen er freilich durch seine Vermählung mit Marie Henriette von Frankreich — einer katholischen Prinzessin — augenblicklich niederschlug. Die Bildung König Karl's versprach den englischen Dichtern ein goldenes Zeitalter. Minder gelehrt als sein Vater, der sich rühmte ein ganzer Theologe zu sein, aber wohl unterrichtet, durch Belesenheit und seltenen Geschmack in den bildenden Künsten ausgezeichnet, der nationalen Dichtung in ganz anderm Sinne zugethan als Elisabeth mit ihren antikisierenden und italienisierenden Neigungen, vornehmern Sinnes als König Jakob, der eine gewisse altschottische Lust an derber Possenreißerei nie völlig verleugnet hatte, schien der unglückliche

König zum Schirmherrn der Kunst geboren. Bei der herrschenden Gewohnheit der damaligen Dichter, vor mächtigen Gönnern im Staube zu liegen oder doch alle edeln Qualitäten auf deren Ehrenscheitel zu häufen, würden die preisenden Gedichte Ben Jonson's und Cowley's auf König Karl wenig oder nichts beweisen, wüßten wir nicht außerdem, daß sie in diesem Falle die Wahrheit sprachen und Karl I. in der That eine großherzige und geschmackvolle Teilnahme für die englische Dichtung wie für alle Kunst bewährte.

Bühnendichtung und Bühnenwesen nahmen daher seit dem Regierungsantritt des Königs einen erneueten Aufschwung, die ältern Dichter schufen im Wetteifer mit neuauftauchenden Talenten eine stattliche Reihe neuer Tragödien und Lustspiele. Der Poet, der am höchsten in der Gunst des Tages stand, war noch immer Philipp Massinger, von welchem 1624 das Drama „Der Renegat", 1626 die Tragödie „Der römische Schauspieler", 1629 die Dramen „Das Bild" und „Der Großherzog von Florenz", 1631 die Tragödie „Der Herrscher des Ostens", 1632 das bürgerliche Lustspiel „Die Citydame", 1634 die Tragödie „Der Prinz von Tarent", 1636 das Lustspiel „Der verschämte Liebhaber" beinahe alle mit glänzendem Erfolg in Szene gingen. Der geniale und hochpoetische Dramatiker hatte zu dieser Zeit seinen Meister Ben Jonson weit hinter sich gelassen, dessen Stücke seit 1625 selten mehr eine Wirkung erzielten, der aber immer noch durch seinen alten Ruf, seine persönlichen Verbindungen als der erste unter den londoner Schöngeistern galt. Ben Jonson's seit 1625 aufgeführte Stücke (unter andern „Der Neuigkeitsmarkt", „Der neue Gasthof", „Die magnetische Lady") zeigten nach dem Urteil des londoner Theaterpublikums eine Abnahme seiner komischen Kraft. Weit stärkern Beifall fand daher gleichzeitig John Ford, dessen lüsterne, üppige, den sinnlichen Neigungen des ersten Ranges schmeichelnde Stücke durch den energischen, kräftigen Naturalismus ihrer Charakterzeichnung auch den ernster Gesinnten Teilnahme abnötigten. Gelegentlich schlug Ford, wie in seiner Tragödie „Warbeck" (von 1634), sogar einen andern, beinahe Shakspeare'schen Ton an, im ganzen aber blieb er bis in seine letzten Stücke hinein (das Drama „Frauenprüfung" wurde im Jahre 1639 gespielt) dem ursprünglichen Charakter seiner Leistungen getreu. Neben Ford gelangte seit dem Regierungsantritt König Karl's I. James Shirley, den ein wunderbares Geschick bestimmt hatte den Untergang des altenglischen Theaters zu über- und den Beginn der neuern englischen Bühne zu erleben, zu Ruf und Namen. In rascher Folge wurden Shirley's Stücke („Der junge Admiral", „Die Krönung", Der bedenkliche Erbe" und zahlreiche andere) dem Repertoire verschiedener Theater eingereiht. Und stärker als je schien die Bühne in diesem Zeitraum die jüngern Dichtertalente an sich zu ziehen. Im Jahre 1629 debutierte William Davenant mit der Tragödie „Alboin, König der Longobarden", der im nächsten Jahre das Trauerspiel „Der grausame Bruder" folgte, gleichzeitig wurde London mit der Kunde überrascht, daß Ben Jonson's ehemaliger Diener, Richard Brome, der wirklich damit begonnen hatte, die Kleider und Schuhe des Poeta laureatus zu reinigen, sich der poetischen Kunst seines Herrn als Schüler angeschlossen habe und bald genug erwiesen die Lustspiele „Die nordische Maid" und „Das fröhliche Schiffsvolk", daß der neue Bühnendichter mit einem kleinen Teil der Kunst Ben Jonson's auch eine Ader wirklichen drastischen Talents besitze. Selbst Puritaner, die wir später in den Schlachtreihen der Rundköpfe finden, wie Thomas May, verloren sich in dieser Zeit gelegentlich noch unter die dramatischen Dichter.[5])

Unter diesen günstigen Umständen wuchs auch die Zuversicht der Darsteller. Der König hatte das Patent der seitherigen Königsschauspieler, der Gesellschaft vom Blackfriars- und Globe-Theater (an deren Spitze noch immer Heming und Condell, die ersten Herausgeber Shakspeare's, standen) bald nach seiner Thronbesteigung (24. Juni 1625) erneuert und ließ die Truppe zu Vorstellungen bei Hof, öfter, als zuvor geschehen war, entbieten. Auch die andern Gesellschaften, deren Namen sich den veränderten Verhältnissen anpaßten (der Pfalzgraf, dessen pfälzische Kur ebenso wie sein böhmisches Königtum im Brande des Krieges aufgegangen war, sowie die „Königin von Böhmen" verschwanden aus der Gruppe der namengebenden Patrone, dafür traten die Königin Marie Henriette und in den dreißiger Jahren Prinz Karl, der spätere Karl II., mit ihren Namen zum Schutze darstellender Truppen ein), erfuhren mannigfache Begünstigungen.

Im Jahre 1629 wurde in Whitefriars ein neues Theater erbaut, das als Salisbury-Court-Theater in den letzten Jahren der altenglischen Bühnengeschichte zu einiger Bedeutung gelangte und neben den fünf altbewährten Schauspielhäusern rasch die Gunst des Publikums eroberte.[6]) Daß es an allen Theatern nicht an Zuspruch fehlte, ist durch ihre grimmigsten Feinde, die gern das Gegenteil bezeugt hätten, entscheidend bestätigt. Eine Petition, die 1631 an den Bischof von London gerichtet wurde, um die Aufhebung des Theaters in Blackfriars zu befürworten, erhob die bittersten Klagen über das Gedränge und den Lärm der Kutschen, welche Zuschauer zu den Schauspielvorstellungen heranbrachten.[7]) Und Prynne, der Verfasser des „Histriomastix", rief wenige Jahre später in der Dedikationsepistel seines berüchtigten Buches aus: „Kürzlich wurden zwei alte Theater neu aufgebaut und vergrößert, ein neues errichtet, auch hat sich die Menge unserer londoner Theatergänger so vermehrt, daß alle die alten Teufelskapellen (wie die Kirchenväter alle Schauspielhäuser bezeichnen), fünf an der Zahl, nicht mehr ausreichen, ihre Scharen zu fassen, weshalb wir denn ein sechstes neu hinzugefügt sehen, während doch selbst zu des lasterhaften Nero Zeiten nur drei stehende Theater im heidnischen Rom waren, und diese drei als zu viel sich erwiesen."[8])

Die Tage, nach denen sich Dichter und Schauspieler gesehnt hatten, waren gekommen. König Karl hatte im bittern Zorn sein Parlament von 1629 im Augenblick, wo es die große Remonstration gegen seine Willkür beriet, heimgeschickt und die Hauptsprecher der wesentlich puritanischen Opposition, voran den kühnen Sir John Eliot, ins Gefängnis geworfen.

Der König beschloß fortan allein zu regieren, und das bloße Verlangen nach einem Parlament galt in seinen Augen als aufrührerisch. Mit eiserner Faust und scharfem Blick waltete der kühnste und geistvollste Vorkämpfer des neuen königlichen Absolutismus, Thomas Wentworth Graf Strafford, über Irland und dem Norden Englands; mit argwöhnischer Bigoterie zog Bischof Laud, bald zum Erzbischof von Canterbury erhoben, die puritanisch Gesinnten und alle von der Staatskirche abweichenden vor die „Hohe Kommission", und mit unbarmherzigem Nachdruck gab das Gericht der Sternkammer den stärksten Willkürakten der Regierung einen gesetzlichen Schein. Man schien das wunderbare Schauspiel erleben zu sollen, daß ein großer Staat von der beschränkten Monarchie des Mittelalters zur absoluten Königsgewalt ohne alle militärische Machtentfaltung hinübergeführt wurde. Der volle Groll und die tiefe Erbitterung der Puritaner traten auf der Oberfläche nicht zu Tage, selbst die Briefe der Oppositionsmänner (Hampden's, Cromwell's u. a.) standen zu dieser Zeit unter dem Druck der allgemeinen Lage. England, im Frieden materiell gedeihend, bot in dem parlamentslosen Jahrzehnt äußerlich einen lachenden Anblick. Selbst ein Beobachter wie Rubens, der gewohnt war, noch andere Dinge als Gemälde und schöne Frauen gut zu sehen, täuschte sich über die wahre Sachlage bis zu dem Grade, daß er unter dem 8. August 1629 an Pierre Dupuy schrieb: er finde Ersatz für alle Mühseligkeiten seiner Reise in der bloßen Freude an dem Anblick, den England ihm darbiete. „Es scheint mir diese Insel ein Schauplatz würdig der Wißbegierde eines jeden Mannes von Bildung und zwar nicht bloß wegen der Anmut des Landes und der Schönheit des Volkes oder wegen des Glanzes und der Pracht des äußern Lebens, welches mir als das eines reichen und in den Genüssen des tiefsten Friedens schwelgenden Volkes auf das höchste gesteigert erscheint, sondern überdies wegen der unglaublichen Menge ausgezeichneter Malereien, Statuen und antiker Denkmale, die sich an diesem Hofe befinden."[*]) Erblickten scharfsichtige und erfahrene Politiker, wie Rubens, die Wolken nicht, die am Horizont heraufzogen, verzweifelte selbst eine große Zahl der Puritaner an der Zukunft ihrer Sache und suchten Zuflucht in den Waldwildnissen am Hudson und Delaware, so darf man nicht erstaunen, daß die lebensfrohen, im gegebenen Augenblick wirkenden Vertreter der Litteratur und der Kunst am wenigsten merkten, auf wie unsichern Grundlagen der neue Zustand ruhe, der ihnen so wohlthuend und wünschenswert erschien.

Gleichwohl hätten eben die Bühnendichter und Schauspieler am ehesten Zeugnis vom ungebrochenen Fanatismus und der geheim fortwirkenden Feindseligkeit der puritanischen Gesinnung ablegen können. Je weniger es möglich wurde, in Parlament und Gemeinderat, von der Kanzel und durch die Druckerpresse die wichtigsten und tiefsten Fragen zu erörtern, um so bitterer und schärfer richtete sich der Haß der Puritaner gegen die weltlichen Freuden und Sünden, die sich noch mit einiger Sicherheit befehden ließen. In demselben Jahre (1629), wo das willkürliche Regiment der Krone begann, ward in London ein längst geplanter Versuch gemacht, der im Falle des Gelingens entscheidende Folgen für die Entwickelung des Theaters gehabt haben würde. Am vierten November trat im Blackfriars=Theater eine Gesellschaft französischer Schauspieler auf, bei der sich weibliche Darstellerinnen befanden. Die Bretter einer englischen Bühne wurden unseres Wissens bei dieser Gelegenheit zuerst von Frauen betreten. Wäre die Sache gelungen, so würden alsbald auch die englischen Gesellschaften sich beeilt haben, Schauspielerinnen zu bilden. An der widerwilligen Verblüffung des Publikums, dem Geschrei der Puritaner, die kaum Schmäh=worte genug für „das unzüchtige, schamlose, unweibliche, gottlose Wagestück" fanden, und wie es scheint auch an Hetzereien der in ihrem Erwerb wie ihrer Geltung gefährdeten Darsteller der Frauenrollen scheiterte der Ver=such vollständig. Die öffentliche Meinung nahm Partei für die seit einem Jahrhundert geltende Praxis — die Stimmen der Einsichtigen vermochten nicht durchzudringen. Wer nicht blind war, mußte bei dieser Gelegenheit aufs neue erkennen, wie weit die Herrschaft der puritanischen Meinungen und Vorurteile bereits über die eigentlichen Kreise der Partei hinausreichte. Die Wahrnehmung, daß der puritanische Geist, zunächst mundtot gemacht in Staat und Kirche, die Gesellschaft immer stärker zu durchsetzen begann, verleitete die herrschenden Gewalten zu wunderlichen Ausschreitungen, wie der Erlaß, den der König in Übereinstimmung mit Erzbischof Land zu Gunsten unschuldiger Erholungen und Vergnügungen am Sonntag publi=zierte! Sie trieb zu direkten Herausforderungen, wie die Aufführung von Shakspeare's „Sommernachtstraum" (Sonntag, 27. September 1631) im Hause des Lord=Bischofs Williams von Lincoln eine war. Das Gefühl ihres wachsenden Einflusses in diesen Dingen reizte andererseits die Puri=taner, immer rigoroser und unduldsamer aufzutreten, und führte am Ende im Jahre 1633 zu der denkwürdigen Katastrophe des Buches „Histriomastix" und seines Verfassers William Prynne.

William Prynne, Baccalaureus der Rechte und Barrister von Lincoln's Inn, war seit Jahren eins der brennenden und scheinenden Lichter unter den Gottseligen. Seine Federfertigkeit hielt mit der engherzigen und dürftigen Starrheit seiner puritanischen Gesinnungen Schritt. Er hatte sich zuerst in dem Streit wider die Arminianer mit wütenden Streit=schriften namentlich gegen den Bischof Montague hervorgethan. Er hatte später einige im puritanischen Sittencoder wichtige Angelegenheiten ab=gehandelt und 1628 in einer besondern Schrift die ganze Verdammlichkeit der Schmachtlocken zu Gunsten des kurzen Haarschnitts der Puritaner (von dem sie bereits den bald geschichtlich gewordenen Namen „Rundköpfe" trugen) klärlich bewiesen. In seinen seitherigen Schriften hatte er das Theater gelegentlich gestreift, inzwischen aber alle Kräfte zu einem entscheidenden Hauptschlage gegen Bühne und Bühnendichtung gesammelt. Dieser Schlag erfolgte Anfang 1633 mit der Herausgabe eines gewaltigen Quartanten, der den Titel „Histriomastix, die Schauspielergeisel oder Darstellertragödie" führte und (die Dedikationsepisteln eingerechnet) auf 1038 Quartseiten umfassender und nach des Verfassers Meinung eindringlicher und überzeugender als je zuvor alle Argumente gegen die Existenz der Theater und der dramatischen Dichtung zusammenfaßte. Das Titelblatt trug vier Citate, führte Sankt-Cyprian, Sankt-Lactantius, Sankt-Chrysostomus und Sankt-Augustinus gegen die verhaßte Bühne ins Feld und bewies darüber hinaus „durch übereinstimmende Entscheidung biblischer Stellen, der ältesten Kirche, von 71 Vätern und christlichen Schriftstellern vor dem Jahre 1200, von mehr als 150 fremden und inländischen, protestantischen und papistischen Autoren späterer Zeit, von 40 heidnischen Philosophen, Historikern und Poeten, von vielen christlichen Nationen, Republiken, Kaisern, Fürsten und Magistraten, von apostolischen, kanonischen und kaiserlichen Konstitutionen, von unsern eigenen englischen Statuten, Magistraten, Universitäten, Schriftstellern und Predigern, daß die öffentlichen Schauspiele (der wahre Pomp des Teufels, dem wir in der Taufe entsagen) sündlich, heidnisch, liederlich, gottlos und höchst verderblich seien, daß man sie in allen Zeiten als unerträgliches Übel für Kirchen und Staaten, Sitten und Seelen der Menschen betrachtet habe, daß der Beruf der Schauspieldichter und Schauspieler, das Schreiben, Aufführen und Besuchen von Schauspielen gesetzwidrig, infam und jedes Christen unwürdig seien". Der Verfasser verhieß alle entgegengesetzten Behauptungen vollständig zu beantworten, die Ungesetzlichkeit des Aufführens und Anschauens auch von Schulkomödien (academicall Enterludes) darzuthun und zum Überfluß seine besondere Meinung über Tanzen, Würfelspielen und Gesundheittrinken bei Tisch abzugeben.

Der verhängnisvolle Quartband wurde der hochachtbaren juristischen Gesellschaft von Lincoln's Inn, der der Verfasser angehörte, zugeeignet.[10]) In seiner Dedikationsepistel berief sich Prynne darauf, daß sein Buch die Ausführung eines seit Jahren gehegten Planes sei. „Denn als ich kurz nach meiner ersten Ankunft in London in vier verschiedenen Schauspielen (zu deren Besuche mich einige üble Bekanntschaften wider Willen nötigten, da ich noch ein Neuling hier war!) solche Gottlosigkeit und Liederlichkeit gehört und gesehen hatte, daß seitdem mein reuiges Herz mit Ekel und mein Gewissen mit Abscheu vor dem Theater erfüllt ist, als ich gleichfalls an einigen jungen Männern meiner Bekanntschaft die unzüchtigen, unglückseligen Wirkungen der Schauspiele und Theater schmerzlich wahrzunehmen hatte, welche" (die Bekannten meint Mr. Prynne) „von Haus aus anständig und keusch, in einem Zeitraum von kaum einem halben Jahre so lasterhaft, verschwenderisch, unenthaltsam und liederlich wurden, daß zwei von ihnen durch ihre liebenden (!) Ältern aufgegeben und enterbt wurden (ein gutes caveat für alle jungen Studenten, sich fern von den Schauspielhäusern zu halten!) beschloß ich diese gemeinen lastererzeugenden Schaubstätten zu bekämpfen." „Da ich nun," fährt Mr. Prynne fort, „die Zahl der Schauspiele, Theaterschriften, Theatergänger und Schauspielhäuser noch zunehmen sah, wie z. B. über 40000 dramatische Schriften (play-books) innerhalb der beiden letzten Jahre gedruckt worden sind, die jetzt verkäuflicher sind, als die besten Predigten, so beschloß ich auch mein

Buch zu erweitern." Er empfiehlt sodann die Historiengeißel dem frommen Schutze der Lincoln's-Inn-Gesellschaft und wendet sich in einem zweiten Widmungsschreiben an die jungen Rechtsstudenten der vier Juristenkollegien der Hauptstadt, in einem dritten an die christlichen Leser überhaupt. In dem „Prolog" scheint ihn eine Ahnung zu überkommen, daß seine Gelehrsamkeit und fanatische Beredsamkeit stellenweis doch ohne Wirkung bleiben könne. „Es war immer und ist noch heute das Wesen des sündhaften Menschen, ein so verderbtes und jämmerliches, daß es weit leichter ist ihn seinen besten und höchsten Freuden zu entfremden, als ihn zu trennen von seinem wahrsten Elend, den Lüsten der Sünde, die nur eine kurze Zeit währen, aber der Anfang sind von endlosem Kummer. An seinen sinnenkitzelnden Sünden hält der Mensch so fest, daß man an seiner Bekehrung verzweifeln möchte, sodaß wenn irgendwelche Christen vom Mitleid mit der verlorenen Seele getrieben, den Versuch wagen, ihn von ihnen loszureißen, er gegen sie (die Christen nämlich) die Waffen ergreift, indem er ihnen keine andere Antwort giebt, als einst in einer viel bessern Sache Ruth der Naemi: «Der Herr thue mir dies und das, der Tod muß mich und sie scheiden, wo sie sterben, da sterbe ich auch, da will ich auch begraben werden», und so lebt er, ach nein, er stirbt und wird (wie so vielen täglich geschieht) mit und in seinen geliebten Sünden begraben."

Jedenfalls unterließ der puritanische Anwalt nichts, was in seinen Kräften stand, ein so trauriges Ende seiner theaterlustigen Mitbürger zu verhindern. In allen acht „Akten" seines ersten Teiles versucht er mit wüsten und fanatischen Behauptungen und mit sinnverwirrenden Citatenmassen den Nachweis zu führen, daß die Schaubühne ihren Ursprung vom Teufel selbst herleite, daß die Schauspiele für Ungläubige und Heiden geeignet und lediglich Stätten der Laster und Sittenverderbnis sind. Seite an Seite werden in endlosen Variationen die Flüche des Titels wiederholt, gelegentlich mit Anrufungen um die göttliche Gnade und Erleuchtung untermischt.[11]) Und eindringlich faßt der Zelot im „Chorus" seines sogenannten achten Aktes am Schlusse des ersten Teils seine endlose Beweisführung zusammen: „Weil alle volkstümlichen und üblichen Bühnenstücke, seien sie nun komische, tragische, satirische, mimische, oder ein buntes Gemenge von diesen, solch sündhafte, schädliche, verderbliche Vergnügungen sind, wie sie unter Christen ganz und gar unanständig, ja gesetzwidrig erscheinen, so möget ihr nun teilhaftig werden der beabsichtigten Wohlthat, ich selbst möge mich des langersehnten Ziels dieser meiner schwachen Versuche erfreuen, welches kein anderes war und ist als des höchsten Gottes Ruhm, euer geistliches und ewiges Wohl und die Wohlfahrt des Staates."[12]) Mit gleicher Kraft des Scheltens und ähnlichem Selbstgefühl, aber mit ein wenig kürzerm Atem verschreitet schließlich Mr. Prynne, nachdem er die Nichtswürdigkeit der Schauspielhäuser und Darsteller erwiesen, dazu, auch die dramatischen Dichter aus ihren letzten Schlupfwinkeln zu treiben und dem Einwand zu begegnen, als ob blos gedruckte Dramen minder sündhaft und verderblich wären als aufgeführte.

Das so pomphaft angekündigte und so sorgfältig vorbereitete Werk, welches das Henkeramt am Leben der Bühne übernehmen sollte, war trotz seiner theologischen, juristischen und historischen Gelehrsamkeit ein unglaublich dürftiges und armseliges Buch. Ohne geistiges Leben, ohne eigentliche Bildung, ohne jede tiefere Anschauung, als die Überzeugung von der Sündhaftigkeit der menschlichen Natur und die Verderbnis der Welt, ohne Fähigkeit der Unterscheidung und Kritik, ohne eine Ahnung davon, welche Kräfte und Neigungen des Menschen zur künstlerischen Gestaltung und Darstellung drängen, hatte Prynne eine Schmähschrift untergeordneter Natur, im geschmacklosen Jargon der alttestamentlichen Presbyterianer, in barbarischem Stil geschrieben, die sich hier mit den Federn der Kirchenväter, dort mit denen des Tacitus und der römischen Historiker schmückte, und von alle den geistlosen und weinerlichen Traktaten puritanischer Zionswächter nur durch ihre Länge und ihre endlosen, eintönigen Wiederholungen unterschied. Ein erschütterndes Gelächter der Angegriffenen wäre die einzig richtige Antwort auf „Histriomastix" gewesen. Aber die Verhältnisse waren bereits so gespannte, daß das Buch als eine Gefahr und eine bedrohliche Herausforderung gelten mußte. An sich nicht geeignet einen einzigen Menschen von der Sündhaftigkeit der dramatischen Poesie und der Schauspielkunst zu überführen, der die feste Überzeugung ihrer Berechtigung in sich trug, konnte die wüste Rhetorik der „Schauspielergeißel" auf die Zehntausende wirken, die unsicher in ihrer Empfindung und durch endlose vorausgegangene Mahnungen bereits in ihrem Gewissen beunruhigt waren. Gereizt und durch die rohen Schmähungen, mit denen sie der puritanische Jurist überschüttet hatte, aufs äußerste gebracht, durchspähten Dramatiker, Darsteller und hochstehende Theaterliebhaber das Libell, um etwas in demselben zu finden, was dem Autor schwerere Ahndung zuziehen müsse, als ihm in noch so scharfen Gegenschriften und spottenden Epigrammen zuteil werden konnte. In unglücklicher Stunde entdeckten sie einige Stellen, die sich auf die Teilnahme der Königin an der Aufführung einzelner „Masken", auf die Leidenschaft einiger Lords des Geheimrats für das Theater ohne Zweifel beziehen ließen. Mitglieder der Hohen Kommission, denen der puritanische Eiferer schon längst ein Dorn im Auge war, fanden Anspielungen auf die jüngsten kirchlichen Erlasse, und so wurde der Beschluß gefaßt, William Prynne vor das Gericht der Sternkammer zu fordern. Der Angeklagte, dem bei dem Getös, das sein Buch hervorrief, anfänglich ganz wohl zu Mute gewesen war, erschrak jetzt doch vor der Gefahr, die er sich heraufbeschworen. Sein Buch hatte die vorgeschriebene Zensur passiert, weil die Zensoren entweder in dem Wust des Tausendseitenquartanten die verfänglichen Stellen übersehen oder noch wahrscheinlicher die puritanische Auffassung von der Verwerflichkeit der Schaubühne geteilt hatten. Jetzt eilte Prynne sich die tüchtigsten Rechtsbeistände zu sichern. Die Herren Atkyns, Jenkins, Holborne, Herne und Lightfoot thaten ihr Bestes, den unglücklichen Kollegen zu rechtfertigen. Sie erklärten, daß er seine Angriffe auf die Schaubühne in gelehrter Weise vollführt habe, ohne an hinterlistige Anspielungen auf Hochgestellte zu denken, daß das Buch den Vorschriften des Zensurgesetzes genügt hätte und daß, wenn sich einige Stellen in ihm fänden, die auf Ihre Majestät oder Mitglieder der Regierung bezogen werden könnten, der Angeklagte unterthänig um Verzeihung bitte. Der Generalanwalt der Krone, Noy, erging sich in den schärfsten und heftigsten Ausfällen und hielt die Anklage wegen boshaften und gefährlichen Libells in allen Punkten aufrecht. Die Richter der Sternkammer waren gegen Prynne gestimmt, einer von ihnen, der Earl von Dorset, erklärte dem Angeklagten ins Gesicht hinein, daß er ihn für einen Sektierer in der Kirche, einen schändlichen Unruhstifter im Gemeinwesen, einen Wolf in Schafskleidern halte und die härtesten Strafen noch zu mild finde. Über Prynne brauste der ganze Strom des Zornes, den die weltlich Gesinnten gegen die jahrzehntelangen, endlosen Angriffe auf ihre Anschauungen, Neigungen und Vergnügungen empfanden, mit einem male zusammen. Die Sternkammer sprach ihm demgemäß das Urteil, daß sein Buch von Henkershand verbrannt werden, er selbst von der Barre verstoßen, unfähig zur fernern Ausübung seines Berufes erklärt, aus der Gesellschaft von Lincoln's Inn ausgeschlossen, seines Universitätsgrades entkleidet werden, daß er zweimal, in Westminster und Cheapside, am Pranger stehen, beide Ohren, eins an jedem Orte, verlieren, eine Geldbuße von 5000 Pfund bezahlen und auf unbestimmte Zeit eingekerkert werden sollte.[13])

Das Urteil ward in seiner ganzen Härte, barbarischer selbst als Prynne's Stil, vollstreckt und rief in den weitesten, auch nichtpuritanischen Kreisen, Entrüstung und Entsetzen hervor. Der beschränkte Fanatiker wurde damit zum Märtyrer der englischen Freiheit, sein verworrenes und geistloses Buch zu einer kühnen Geistesthat erhoben. An diesem Triumph konnten die Bessern unter den Anhängern des Hofes, die Weiterschauenden unter den Vertretern der angegriffenen Kunst keine Freude haben. Mit noch feindseligern Gefühlen als vorher schritt der Citybürger an den Schauspielhäusern vorüber, noch unbedingter als je zuvor wurde der Besuch der Theater, selbst die Lektüre dramatischer Dichtungen, als ein Zeichen gottloser Freigeisterei und höfischer Servilität zu gleicher Zeit angesehen. Der Prynne'sche Fall verstärkte lediglich die Opposition in den Kreisen der Landgentry und des städtischen Bürgertums. Dem Theater nützte er nur insoweit, als in den nächsten Jahren die puritanische Verdammung weniger laut und geräuschvoll zu Tage trat, während sie im stillen tiefere Wirkungen erzielte.

Allerdings schien, sobald der zelotische Sachwalter „um ein Paar Ohrlappen kürzer" (wie es mit unedler Anspielung in einem Spottgedicht der Zeit hieß) im Dunkel des Kerkers verschwunden war, für Schauspiel und lustiges Gepränge die rechte Zeit erst aufzugehen. Wie bittere Ironie nahm sich gegenüber der Zuversicht, mit der Prynne bei der Herausgabe seines Buches hauptsächlich auf seine Standesgenossen gerechnet hatte, schon im nächsten Jahre die große Maske „Der Triumph des Friedens" aus, die James Shirley gedichtet hatte und die mit einem angeblichen Kostenaufwande von über 20 000 Pfund von den vier Juristenkollegien des mittlern und innern Tempels, von Lincoln's Inn und Gray's Inn in Szene gesetzt wurde. Die Dichtung war dabei Nebensache, die Pracht der Aufzüge, die Inigo Jones, der berühmte Architekt, entworfen hatte und leitete, blendete das Volk auf den Straßen (die Teilnehmer zogen in Prozession von Ely und Hattonhouse aus nach Westminster) und errang den Beifall des Königs und der Königin, vor denen die Maske im Bankettsaal von Whitehall dargestellt ward. Die Aufführungen glänzender Masken bei Hofe, an denen König und Königin als Darsteller Anteil nahmen, währten bis zum Jahre 1639 fort, Christfest und Karneval bildeten die äußern Anlässe dazu und setzten die Leiter und Darsteller der begünstigten Schauspielertruppen von Zeit zu Zeit in ein noch engeres Verhältnis zur Hofgesellschaft, als es durch die üblichen alljährlichen Aufführungen einer Anzahl von Dramen bei Hofe geschah. König Karl zeigte nach wie vor der Dichtung und Schauspielkunst huldvolle Teilnahme, wenn er auch gelegentlich im Gefühl seiner Würde und Selbstherrlichkeit gewisse Einschränkungen der Theaterfreiheit eintreten ließ und einzelne Stellen selbst seines Lieblingsdichters Massinger zu „insolent" fand.

Im Jahre 1634, wie es scheint in unmittelbarer Folge des Prynne'schen Prozesses besuchte die Königin Marie Henriette das Theater zu Blackfriars, das bis dahin selten vom Fuß nur anständiger, geschweige denn vornehmer Frauen betreten worden war, und nahm damit einen Teil des moralischen Bannes, der auf der Bühne lag, hinweg. Seit 1635 erschien eine zweite französische Schauspielergesellschaft in London und wagte von neuem ihre Actricen dem Publikum vorzuführen. Mit besserm Erfolg als 1629! Die eingeschüchterten Gegner des Greuels regten sich diesmal nicht und künstlerische wie bedenklich unkünstlerische Hoffnungen wurden an die allmähliche Einführung der Neuerung geknüpft.

Während solchergestalt die Genüsse des tiefsten Friedens andauerten, sich steigerten, stand der Krieg vor der Thür. Mit dem Jahre 1638, in dem der König mit dem Versuche, die englische Liturgie seinem presbyterianischen Volke von Schottland aufzuzwingen, schmählich scheiterte, gingen die Tage der absoluten Gewalt reißend schnell zu Ende. Bis zu diesem Zeitpunkt war eine Willkürmaßregel der andern gefolgt und die unbeugsame Opposition der Puritaner mit immer stärkern Mitteln bekämpft worden. In den zahllosen Libellprozessen vor der Sternkammer war unter anderen auch der unglückliche Prynne im Jahre 1637 wieder aufgetaucht und wegen einer Schrift wider die Bischöfe abermals zum Verlust beider Ohren verurteilt worden. Der Henker konnte ihm natürlich nur die Stümpfe abschneiden, die die erste Exekution übriggelassen, dafür wurde die Kerkerstrafe durch den Transport Prynne's nach der Insel Guernsey verschärft. Sowie jedoch die schottischen Wirren begonnen hatten, stiegen die Hoffnungen der Opposition auf einen Tag der Abrechnung hoch. Das Jahr 1639 rückte mit den wachsenden Verlegenheiten des Königs das unvermeidliche Parlament und die Rechenschaft näher. Die Opposition hatte ein langes Register von Männern, Maßregeln und Dingen, an denen Rache genommen werden sollte — die Bühne stand darin von alter Zeit her und namentlich seit Prynne's Martyrium in erster Reihe.

Aber selbst als im Herbst 1640 das Lange Parlament zusammentrat und in unerhörter Heftigkeit die seitherige Regierung König Karl's angriff, fühlte man in den Kreisen der Bühnenliebhaber, dramatischen Schriftsteller und Schauspieler zwar das volle Unbehagen über die Wirren der Zeit, besaß jedoch keine klare Einsicht, wie nah das Verderben ihren Beschützern und ihnen selbst sei. Noch lag ihnen die Trauer um Einzelnes näher als die Sorge um das Ganze. Ein Zusammentreffen von Umständen, das sich in ähnlichen geschichtlichen Vorgängen beobachten läßt, fügte es, daß die ihrem Fall zuneigende Sache unmittelbar zuvor eines großen Teils ihrer besten Vertreter beraubt wurde. Im Jahre 1633 waren Thomas Heywood und Marston aus dem Leben geschieden, 1634 starb George Chapman, 1637 endete der alte Ben Jonson sein vielbewegtes und unermüdlich thätiges Dasein, 1640, unmittelbar am Vorabend der großen Katastrophe, starben John Webster, Dekker und Philipp Massinger. Manche andere, die der Tod verschonte, fühlten den kommenden Sturm vorahnend und stellten die fröhliche poetische Thätigkeit ein. Seit 1640 verschwand John Ford von den londoner Theatern in unaufgehelltes Dunkel. William Davenant, nach Ben Jonson's Tode als gekrönter Dichter patentiert, hatte sich noch im Frühjahre 1639 ein neues Theaterprivilegium erteilen lassen — er verzichtete im Herbst desselben Jahres auf die Errichtung eines Schauspielhauses in Fleetstreet. Der Winter von 1640—41 war der letzte, in welchem Schauspielvorstellungen vor König und Königin in Whitehall stattfanden und den Schauspielern die üblichen königlichen Belohnungen dafür gewährt wurden. Zwar fuhren die Theater der Hauptstadt fort zu spielen, aber die Teilnahme des Publikums erlahmte, seit auf der Staatsbühne so aufregende und großartige Tragödien begannen, wie der Sturz der königlichen Minister, die Verhaftung des seither allmächtigen Erzbischofs Laud, die peinliche Anklage, der erschütternde Prozeß und die Hinrichtung des gewaltigen Strafford.

Als eine Prophetie des Geschickes, das sie demnächst erwartete, durfte die englische Bühne den Triumphzug ihres berufensten Feindes ansehen. Die puritanische Majorität im Unterhause beeilte sich, die Opfer der Härte der Sternkammer und alle Gesinnungsgenossen, die als Libellisten verurteilt waren: Prynne, Bastwick, Burton, Lilburn, Leighton und wie sie alle heißen mochten, aus ihren Kerkern zu befreien. Ihre Landung an der englischen Küste, ihre Reise nach London fand unter demonstrativen Freudenbezeigungen statt, die puritanisch gesinnten Lehrburschen der City zogen zu Tausenden Prynne meilenweit entgegen, und der rehabilitierte Anwalt trat alsbald in das Unterhaus ein.

Während des Jahres 1641 und bis in den Sommer 1642 hinein versuchten die Theater inzwischen mit allen Mitteln noch ein Publikum festzuhalten. Während des Winters zu 1642 überwog die düstere unheilahnende Stimmung am Hofe König Karl's, gleichwohl wurden einige schwache Anläufe zu den altgewohnten Lustbarkeiten gemacht und noch am Tage nach dem verhängnisreichen Versuche des Königs, die Häupter der Opposition, die er durch den Generalanwalt des Hochverrats angeklagt hatte, persönlich im Unterhause zu verhaften (4. Januar), wurde in Whitehall Beaumont-Fletcher's altbeliebte „Übermütige Lady" vor dem jungen Prinzen von Wales aufgeführt, der in seinem besondern Wohlgefallen an dem graziös-liederlichen Stück den spätern Karl II. verriet. In den Theatern fanden auch nach der Abreise des Königs und des Hofes, die die unmittelbare Folge des mißglückten Handstreiches war, noch Vorstellungen statt. Es wurde selbst versucht, die Zeiterignisse dramatisch zu verwerten. Der blutige irische Aufstand, der im Herbst 1641 ausgebrochen war, ward der Hintergrund eines Dramas von Kirke, des letzten, das unter dem 8. Juni 1642 Sir Henry Herbert, der „master of the revels", in seiner Rolle der Schauspiele verzeichnete. Unmittelbar darauf mußte er seiner Niederschrift hinzufügen: „Hier endete meine Vollmacht für Schauspiele, denn der Krieg begann."[14])

Nach mehrmonatlichen fruchtlosen Verhandlungen mit seinem Parlament, das unter allen Formen der Ehrfurcht jetzt völlig entschlossen war ihn jeder Macht zu berauben, ließ König Karl am 22. August 1642 seine Standarte zu Nottingham erheben. Es war nach den Schilderungen der Augenzeugen ein regentrüber Nachmittag, an dem die königliche Proklamation gegen die aufrührerischen Häuser unter der Standarte verlesen ward — die geringe Macht, die um den König versammelt war, das düstere sorgenvolle Gesicht des Kriegsherrn, das uns aus den letzten Königsbildern Van Dyck's so wohlbekannt ist — dämpften den Enthusiasmus der loyalen Gentry. Doch sammelten sich zu Karl's Banner rasch alle Anhänger und Verteidiger der königlichen Gewalt, gleichviel, ob sie von Haus aus dem Könige näher gestanden als dem Parlament, oder ob sie zur Opposition gezählt hatten. Wem an der Existenz und Würde des Königtums lag, wer ein Stück anderes Leben für England retten wollte, als unter dem Druck der Presbyterianer und zelotischen Pfarrer in Schottland gedieh, der stand jetzt zur Sache des Königs und erschien mit den „Kavalieren" gegen die „Rundköpfe" im Felde. Die Puritaner des Parlaments griffen nicht minder beherzt zu den Waffen — sie boten die Miliz auf und warben mit dem Ertrage der Steuern und Zölle in den großen Städten und Häfen des Königreichs Regiment auf Regiment. Vor allem aber richtete das Unterhaus, jetzt von jeder Rücksicht auf König, Hof und Jahrhunderte alte Gewohnheit befreit, sein Augenmerk darauf, die lange ersehnte Unterjochung des Privatlebens, die man emphatisch „Heiligung" taufte, gründlich durchzuführen.

Unterm 7. September 1642, eine Woche nach der Schilderhebung des Königs, erließ das Parlament ein Verbot aller Schauspiele. „In Anbetracht," hieß es in derselben, „daß die traurigen Zustände Irlands, welches in seinem eigenen Blute schwimmt, sowie die zerrütteten Verhältnisse Englands, das durch Bürgerkrieg von einem Blutbade bedroht wird, uns gebieten, mit allen Mitteln den Zorn Gottes zu beschwichtigen und zu besänftigen, welcher sich uns in diesen Prüfungen kund thut — in Anbetracht, daß Fasten und Beten sich in solchen Fällen schon oft wirksam erwiesen haben und auch in letzter Zeit wieder angewendet wurden — in Anbetracht ferner, daß mit dieser allgemeinen Trübsal weder öffentliche Lustbarkeiten verträglich sind, noch die Aufführungen von Schauspielen in eine Zeit der Kasteiung passen — in Anbetracht, daß das eine ernste und fromme Bußübungen, das andere Vergnügungen sind, welche nur zu oft leichtfertiger und üppiger Lust dienen, so haben die Lords und Gemeinen, versammelt im Parlament, beschlossen und verordnet, daß, solange wir in diesen unglücklichen Zuständen und traurigen Zeiten leben, alle öffentlichen Schauspiele aufhören sollen und verboten sind. Anstatt dessen wird der Bevölkerung unsers Landes anempfohlen, sich erbaulichen, den Verhältnissen angemessenen Betrachtungen hinzugeben und Versöhnung und Frieden mit Gott zu suchen, damit daraus äußerer Frieden und Gedeihen hervorgehe und der Nation Zeiten des Glücks und der Freude wiederkehren."

Es ist uns nicht bekannt, welches der sechs londoner Theater das letzte war, das infolge dieses strengen Verbots seine Vorstellungen schloß, jedenfalls fanden selbst im Laufe des Jahres 1643 noch vereinzelte Aufführungen statt. Schon vor der Suspensionsverordnung des Parlaments aber waren einzelne Dichter und zahlreiche Schauspieler nach York geeilt, um sich dem Könige anzuschließen. Jetzt füllten sich die königlichen Lager im Norden und Westen Englands mit den Vertretern der Kunst, für welche die unter der Herrschaft der düstern Puritaner stehende Hauptstadt keine Anziehungskraft mehr hatte. Zumeist waren es ehrliche Anhänger des Königs und wackere Männer, die sich Karl's Fahnen anschlossen; einige mochten den Vorwurf verdienen, daß sie in den königlichen Schlachtreihen hauptsächlich um der daselbst herrschenden Zügellosigkeit willen zu finden seien. Denn der Gegensatz in der Lebensanschauung und Sitte beider ringenden Parteien übertrug sich natürlich auch ins Lager, obschon im Anfange auch im Parlamentsheere die Heiligen nicht zu zahlreich zu finden waren. Nicht alle brotlos gewordenen Schauspieler hatten die Mittel, York oder Oxford zu erreichen, manche suchten Unterstand, wo sie ihn finden konnten, nahmen Dienste in der Armee der Häuser. So konnte es geschehen, daß sich, wie Cromwell später mit Entrüstung dem Unterhause erzählte, in manchem parlamentarischen Regiment neben Kellnern und dienstlosen Lakaien auch „verlaufene Komödianten" fanden, die begreiflicherweise nicht mit Enthusiasmus und Heldenmut gegen ihre höher stehenden Kameraden in Prinz Rupert's Schwadronen fochten. Für poetische und künstlerische Naturen mußte die Persönlichkeit des pfälzischen Prinzen, des kühnen, abenteuerlich wilden Reiterführers, des Neffen König Karl's, der durch wunderlichen Schicksalslauf als böhmischer Königssohn auf dem prager Hradschin geboren war und jetzt im Exil auf englischem Boden dafür focht, daß sein Oheim nicht wie sein Vater als flüchtiger König durch die Welt irre — eine besonders starke Anziehungskraft ausüben. Unter Rupert's ungestümen Reitern, mit denen er die Siege von Edgehill und Newbury erfocht, die absitzend die Thore von Bristol stürmten, dienten auch eine Anzahl ehemaliger Helden vom Globe- und Cockpit-Theater und schlugen sich so tapfer, als man den Königlichen überhaupt nachrühmte. Eine Reihe wundersamer Memoiren und Stoff zu unendlichen Romanen müßten die persönlichen Schicksale aller Einzelnen abgeben, die sonst in den Klubs der Poeten oder auf den Bühnen Londons geglänzt hatten. William Davenant, der sich frühzeitig den königlichen Streitkräften im Norden angeschlossen, zeichnete sich bei der Belagerung von Gloucester aus, erhielt den Ritterschlag und wurde dem Gefolge der Königin Marie Henriette beigegeben, als dieselbe nach Frankreich ging. Thomas Alleyne vom Cockpit-Theater diente als Generalquartiermeister der königlichen Armee solange es eine solche gab. Burt, Hart, Chatterel und andere wurden treffliche Reiteroffiziere.[15]) Keiner von ihnen kehrte der königlichen Sache feig den Rücken, auch als das Glück derselben vor Cromwell's Kürassieren bei Marston Moor und Naseby zusammenbrach. In dem Kleinkriege, welchen die Parlamentsarmee nach Fairfax' und Cromwell's entscheidenden Siegen zu führen hatte, bei der hartnäckigen Verteidigung alter Feudalschlösser, den vergeblichen Versuchen, neue königliche Heerhaufen zusammenzuscharen, den einzelnen tollen Wagestücken der besiegten Royalisten, zeigten sich auch die leichtlebigen Künstler bis zum Tode und zum bürgerlichen Untergang getreu.[16])

Begreiflicherweise lag das Schauspiel, während seine Dichter und Helden auf der weltgeschichtlichen Bühne agierten, völlig darnieder. Zwar fehlte es nicht an einzelnen Aufführungen in Provinzialstädten im Machtbereich des königlichen Heeres und selbst im Lager, denn nicht alle Schauspieler hatten zu den Waffen gegriffen und kleine Histrionenbanden durchzogen ratlos und hülflos das Land. Eine Hoffnung besserer Tage schien aufzugehen, als seit 1646 mit dem blutigen Siege des Parlaments der eigentliche Kampf endete. Zwar durfte niemand, der die herrschende puritanische Partei kannte und ihr Thun und Treiben klar sah, sich dem Wahne hingeben, als könne die „momentane" Suspension der Theater, die 1642 ausgesprochen war, jetzt bei der Wiederkehr friedlicherer Zeiten wieder aufgehoben werden. Dafür aber waren die Dinge in England überhaupt in eine Verwirrung geraten, die der Willkür und dem Wagemute der Einzelnen ziemlichen Spielraum ließ. Ein starker Widerstand der Volksmassen gegen das von Staatswegen angeordnete Beten und Fasten, gegen die Einmischung der Geistlichen nach genfer Muster in das Leben des Hauses, machte sich in Tausenden von Zeichen bemerkbar. In diesen Tagen begannen in London und den Provinzialstädten neue Schauspielvorstellungen. Und je unwürdiger die Situation des damals erst halb gefangenen Königs sich gestaltete, um so begreiflicher war es, daß der gepreßte Royalismus in diesen Vorstellungen Befriedigung suchte und fand. Der Mangel nötigte in eben dieser Zeit die ehemaligen Schauspieler, ihre lange bewahrten Manuskriptschätze im Druck zu verwerten (wie denn die erste Gesamtausgabe von Beaumont=Fletcher's Werken und zahlreiche Einzeldrucke von Dramen aus den Jahren 1647 und 1648 stammen) und das Erscheinen so zahlreicher play-books sachte in den alten Schauspielliebhabern das Verlangen nach lebendigen Vorstellungen wiederum an. So schien sich mitten in der Verwirrung und aller Ungewißheit der Zukunft Englands das Theater von dem Schlage, der es vor wenigen Jahren getroffen, wieder emporzurichten. Noch aber herrschte die asketische Stimmung im Parlament vor. Während des Bürgerkrieges und bei den Versöhnungsverhandlungen, die fruchtlos zu Uxbridge zwischen den Kommissaren des Königs und des Parlaments stattfanden, war es eine der Hauptbedingungen der presbyterianischen Gemeinen gewesen, daß die Bühne unterdrückt bleiben müsse. Und auch jetzt, beim unerwarteten Wiederaufleben der Theaterlust und einzelner Vorstellungen, welche selbst in Privathäusern stattfanden, schritt das Parlament mit einer energischen Verordnung „zur bessern Unterdrückung der Schauspiele, Possen und Komödianten" ein. Am 22. Oktober 1647 ward dem Lord=Mayor, den Friedensrichtern und Sheriffs von London und Westminster sowie der Grafschaften Middlessex und Kent befohlen, in die Häuser und alle Orte, wo Schauspiele, Possen oder „andere öffentliche Mummereien" dargestellt werden sollen, einzudringen, „die Komödianten soviel ihrer sind" ins Gefängnis zu werfen. Aufsässigen Schauspielern, die in dieser Akte wieder (wie in den ersten Tagen der Elisabeth) Schurken und Landstreicher hießen, ward selbst der Staupenschlag angedroht, kurz jedes Mittel zur Beseitigung der verhaßten Bühne in Bewegung gesetzt.[17]) Eine Wiederholung und Verschärfung erfuhr diese Verordnung unter dem 11. Februar 1648.

Kaum waren inzwischen die neuen strengen Verbote in Kraft, so zeigte sich ein trügerischer Lichtblick für Altengland und wie man meinte auch für die altenglische Bühne. Die Presbyterianer, seit lange mit Mißtrauen die mächtig aufstrebende Partei der Independenten, der Radikalreformer betrachtend, als deren Haupt Oliver Cromwell galt und die sich auf die Armee der Heiligen stützte, gerieten in offenen und immer unversöhnlichern Zwiespalt mit ihren seitherigen Bundesgenossen. Am Ende erfolgten die Katastrophen: die Empörung der Armee gegen die Parlamentsregierung, die Ausstoßung der elf hervorragendsten presbyterianischen Mitglieder, die Unterwerfung des Unterhauses unter die Truppen, welche sich von Gott selbst inspiriert wähnten, der Prozeß des Königs gegen den Willen der Nation. In den beiden denkwürdigen Jahren von 1647—49 geschah nun, was niemand noch wenige Monate zuvor für möglich gehalten hätte. Die presbyterianischen Puritaner verwandelten sich in Anhänger, ja in Lobredner des gefangenen Königs, den sie hunderttausendmal einen Tyrannen und Heiden gescholten hatten. Nun ward erlebt, daß die mannhaftesten litterarischen Vorkämpfer der puritanischen Sache plötzlich gegen ihre eigene Vergangenheit stritten, daß beispielsweise Kapitän Nedham, der Herausgeber des „Mercurius Britannicus", in seinem „Mercurius Pragmaticus" die ganze Schärfe seines Witzes, mit dem er seither die Kavaliere verfolgt hatte, gegen die neuesten Heiligen im Kürassierpanzer und der Musketieruniform wandte. Während der Kämpfe zwischen Presbyterianern und Independenten, an denen sich William Prynne als einer der Hauptvorfechter des Presbyterianismus beteiligte und noch unmittelbar vor dem Prozeß des Königs ein „Kurzes momento an die gegenwärtige unparlamentarische Junta in betreff ihrer Absicht Karl Stuart ihren gesetzmäßigen König von England abzusetzen und hinzurichten" veröffentlichte, konnte eine so kühne und in gewissem Sinne heitere Fälschung gewagt werden, wie sie eine angeblich vom Verfasser des „Histriomastix" herrührende „Verteidigung der Schauspiele" war, die plötzlich mit Prynne's Namen in der Flut der Flugschriften einherschwamm.

Prynne dachte nicht daran, seine Lebensauffassungen zu ändern und seine Partei, die jetzt umsonst den Stein, den sie selbst ins Rollen gebracht, vor dem Sturze noch anzuhalten suchte, würde das Theater nicht restauriert haben. Karl II. erfuhr, als er ein Jahr später an der Spitze der Presbyterianer stand, wie sich diese Männer einen Hof nach ihrem Herzen vorstellten. Ebenso wenig war von den Independenten zu hoffen. Welche Anschauungen vielleicht auch einige der siegreichen Independenten über die Freiheit des Individuums und die daraus folgende notwendige Freiheit litterarischer und künstlerischer Produktion hegen mochten — die Mehrzahl von Pride's und Rainsborough's Heiligen hielt die tiefe Abneigung gegen weltliche Zerstreuungen und Vergnügungen für die einfache Voraussetzung der innern Wiedergeburt. Welche tiefen Zerwürfnisse zwischen den Männern der fünften Monarchie und den ältern Presbyterianern über politische und religiöse Fragen obwalten mochten — in der trüben Verdammung der weltlichen Kunst trafen beide zusammen.[16]) Längst nachdem auch das Rumpfparlament von einigen Kompagnieen gottbegeisterten Fußvolks auseinandergetrieben war, zur Zeit, wo der Offizierrat und in ihm der Lord-General und später der Lord-Protektor geboten, erneuerten sich fort und fort die Szenen militärischer Unterdrückung von Volksvergnügungen und vor allen von Schauspielen. Generalmajors und Obersten vom Schlage derer, die ein Jahrzehnt später Butler im „Hudibras" zu schildern unternahm, Korporale und Soldaten begegneten einander im Suchen des Herrn und im Haß gegen künstlerischen Götzendienst. Cromwell's kältere und klügere Beurteilung dieser Dinge änderte wenig. Dieselben seiner „Eisenseiten", die vor Jahren im heiligen Zorn tanzende Bären erschossen und die Zuschauer mit der blanken Klinge auseinandergesetzt hatten[19]), drangen mit nicht minderm Eifer auf provinzielle Schauspielvorstellungen ein. Wachtmeister „Heilsame Trübsal" und Sergeant „Kämpfe den guten Kampf" wußten in solchen Fällen besser was dem Heil der Seele zieme, als ihr Herr und Meister, und es gab einen bestimmten Punkt, in dem der große Despot den Sympathieen und Antipathieen seiner Rotröcke unbedingt nachgeben mußte. Der Kampf, den die Not und der Thatendrang der umherirrenden Schauspieler, die alte Gewohnheit und Neigung des Volkes mit den militärischen Heiligen und ihren Kaplanen führten, war lang und hartnäckig; noch im Winter von 1653 zog in kleinen Städten von Oxfordshire, in Moore, Stanlake, Southleig eine Schauspielertruppe herum, die am 3. Februar während einer Vorstellung der alten Tragödie „Mucedorus" in Witney auseinandergetrieben wurde.

Einen Mann gab es in den Reihen der siegreichen Partei, der die Unterdrückung der nationalen Bühne vielleicht hätte verhindern können, den wenigstens keine Menschenfurcht abgehalten haben würde seine Stimme für die Theater zu erheben, wenn er von ihrer Bedeutung überzeugt gewesen wäre: John Milton, der gewaltige Dichter und Publizist, dem es mit der Freiheit tiefster Ernst war, der schon 1644 in seiner „Areopagitica" sich mit leidenschaftlicher Beredsamkeit gegen die Zensurkommission des presbyterianischen Unterhauses erhoben und mit wahren Keulenschlägen die Kleinigkeit und Armseligkeit der Zensurverordnungen getroffen hatte. Mit schneidenden Worten hatte seine berühmte Schrift die Zensur als entehrend für die Nation verworfen. Jeder seiner Sätze: „Ein Gesetz, das Dingen Gewalt anthut, die ebenso leicht eine gute als eine schlimme Wirkung haben können, ist ein leichtfertiges Gesetz" — „Wird denn das Böse nur aus Büchern gelernt? Sind nicht auch Gesänge, Musik, Trinkgelage, Gespräche, ja die Kleidertracht die Quelle vieler Übel und Unsittlichkeiten? Sollen darum auch Kommissionen ernannt werden, welche die Volkslieder und Balladen der Bänkelsänger prüfen, sollen sie die Lauten, die Zithern, die Violinen untersuchen, daß nicht eine verbotene Sehnsucht, eine lüsterne Regung geweckt werde?" — „Darin besteht die große Regierungskunst, zu unterscheiden, wo Zwang und Strafe am Platz ist"[20]) — hätte unschwer zu Gunsten der Bühne und des Schauspiels in den Kampf geführt werden können. Aber Milton besaß, trotz seiner privaten Verehrung Shakspeare's, für die altenglische Bühne als Ganzes, für die Eigenart ihrer Dichtung nicht nur kein Verständnis, sondern eher eine tiefreichende Abneigung. Wer Milton's Dichtungen kennt und die Richtung seiner Bildung in Betracht zieht, wird es vollständig begreifen, daß er für das englische Theater seiner Zeit kein Pathos entwickelte. Der Dichter des „Allegro und Penseroso" und des „Verlorenen Paradieses" (das bereits zu dieser Zeit in seiner Phantasie lebte) war der Kunstanschauung, die seit dem Ende des 16. Jahrhunderts mehr und mehr auf eine gelehrte akademische Poesie hindrängte, zwar nicht völlig untergeordnet, aber doch zuviel nahe verwandt, um die heimatliche Bühne zu bewundern. Sofern er überhaupt an ein Theater dachte, mußte sein Ideal eines solchen der Opernbühne des damaligen Italien und der emporwachsenden französischen Tragödie näher stehen als der eigentümlichen Kunstweise Shakspeare's, Fletcher's und Massinger's.

Und hier berühren wir ein Moment, das im Untergang des altenglischen Theaters schließlich entscheidender geworden ist, als die Verordnungen des Langen Parlaments und die Schwerter von Cromwell's

Reitern. Die theoretischen Bedenken gegen die besondere Eigentümlichkeit des altenglischen Theaters, die in der Seele so vieler geschlummert oder sich nur gelegentlich geregt hatten, Bedenken, deren Spuren wir doch selbst bis in die erbitterten theaterfeindlichen Schriften hinein verfolgen können, hatten verhältnismäßig wenig bedeutet, solange die alte Bühne aufrecht stand und in lebendiger täglich wiederkehrender Wirkung Dichter, Darsteller und Publikum gleichmäßig fortriß. Als aber durch die äußere brutale Gewalt der Strom frischer, zu unmittelbarer Darstellung bestimmter Schöpfungen plötzlich gehemmt wurde, traten die alten und neuen Zweifel, die akademischen Theorieen, mächtig verstärkt hervor. Es mochte zunächst Furcht vor der militärischen öffentlichen Meinung sein, die Sir William Davenant, als er unter Cromwell's Protektorat 1656 die Erlaubnis erhielt, eine Art Theater zu errichten, bestimmte, mit seiner „Belagerung von Rhodus", Opernvorstellungen (die zur Not „Musikaufführungen" heißen konnten) an die Stelle der Schauspiele treten zu lassen. Es wirkte aber sicher jener innerste geheime Zug ästhetischer Zeitstimmung mit, der in aller Litteratur und Kunst so viele Rätsel erzeugt und lösen hilft. Davenant hatte inzwischen in Frankreich gelebt und übertrug das Wesen der kontinentalen Bühnenkunst nach seinem Vaterlande. Als im Jahre 1660 König Karl II. nach London zurückkehrte, wurde jene Bühne, welche die Puritaner des Langen Parlaments geschlossen hatten, nicht restauriert, sondern eine völlig neue mit andern Idealen und Mitteln gegründet.

Eingangs ward das altenglische Theater mit einem Helden verglichen. Ein echter Held bewährt Kraft auch im Untergange und sein Gedächtnis äußert Wirkungen nach seinem Tode. Für die ganze Macht und Kraft des altenglischen Dramas zeugt, nächst Shakspeare, der Einfluß, den die altnationale Kunstweise auf die englischen Dichter der Folgezeit ausübte. Fast ein halbes Jahrhundert mußte vergehen, ehe das neuhergestellte englische Theater, obwohl von Anfang an mit Energie falschen Idealen zustrebend, bis zur Regeldürre und rhetorischen Armseligkeit von Addison's „Cato" herabkam. Und die halbverschütteten Reste dieses alten Dramas erwiesen sich noch keimkräftig genug, um früh im 18. Jahrhundert jenes bürgerliche Schauspiel hervorzubringen, von dem aus der rhetorisch-akademische Stil aufs neue und nicht bloß für England überwunden wurde.

Anmerkungen.

1) Die Akte von 1572, welche die Schauspieler den Kesselflickern und Vagabunden gleichstellte, bei J. P. Collier, The History of English Dramatic Poetry and Annals of the Stage (London 1831), I, 203.

2) „Mir ist hinderlich, daß ich so viele Komödien wider die Kunstregel geschrieben. Glaubt nun zwar nicht, daß dies von mir geschehen, weil ich die Regeln nicht gekannt — nein, Gott sei Dank! schon als Schulknabe, der noch Grammatik trieb, las ich die Bücher, die hiervon handeln, ich that es vielmehr, weil ich die Komödie in Spanien so beschaffen fand, wie Barbaren, die das Volk allmählich an ihre Roheiten gewöhnten, sie gestaltet hatten, und weil ich diese Weise so eingewurzelt sah, daß wer sich den Gesetzen der Kunst bequemt, ohne Lohn und Ruhm stirbt; denn mehr vermag die Gewohnheit als das Gesetz." Lope de Vega, Neue Kunst in jetziger Zeit Komödien zu machen. Schad, Geschichte der dramatischen Kunst und Litteratur in Spanien (2. Ausg., Frankfurt a. M. 1854), II, 217.

3) Die bekannte in allen Shakspeare-Biographien citierte Stelle: „Der Verfasser dieses Stückes ist ein gewisser William Shakspeare, ein Mann, dem es keineswegs an Talent fehlt. Die Kenner geben indes seinen Gedichten den Vorzug vor seinen Theaterstücken. Denn ein Theaterstück ist nur ein eitles Vergnügen. Die Menge ist danach begierig, hält aber nichts von den Verfassern solcher Stücke u. s. w."

4) Refutation of the Apology for Actors (London 1615).

5) Massinger, Plays. Ed. W. Gifford (London 1839). — Ben Jonson, Works. Ed. W. Gifford (London 1816). — Ben Jonson und seine Schule. Von Wolf Grafen Baudissin (Leipzig 1836). — John Ford, Dramat. Works (Lond. 1827). — R. Brome, Works (London 1874).

6) Die fünf ältern Theater waren das Blackfriars- und Globetheater, das Cockpit-, Fortuna- und Red-Bulltheater. Sir Henry Herbert's Aufzeichnungen. Ed. Malone, Historical Account of the Rise and Progress of the English Stage (Basel 1800).

7) Der Wortlaut der Petition bei Collier, II, 27 (fälschlich 31).

8) Histrio-Mastix. The Players-Scourge or Actors Tragoedie. By William Prynne, an Utter Barrester of Lincolnes Inne. London, printed by E. A. and W. J. for Michael Sparke. 1633. Dedicat. VI.

9) Rubens an Pierre Dupuy. Ernst Guhl, Künstlerbriefe (Berlin 1856) II, 182.

10) Histrio-Mastix: „To his much honoured friends Masters of the bench of the honourable flourishing Law-Society of Lincolnes Inne", IV.

11) Histrio-Mastix, p. 720.
12) Histrio-Mastix, p. 832.
13) Daniel Neal, History of the Puritans or Protestant Non-Conformists from the death of Queen Elizabeth to the beginning of the civil war in the year 1642 (London 1733), II, 262.
14) Malone, S. 303. Collier, II, 104.
15) Doran, Their Majesties Servants. Annals of the English Stage from Thomas Betterton to Edmund Kean (London 1864), I, 44.
16) Laws, der Musiker, fiel bei der Belagerung von Chester für die königliche Sache. Sir Robert Peak, der Hofmaler, verteidigte noch mit Entschlossenheit Schloß Basing=House in Hampshire gegen Cromwell, als schon alles verloren war. W. Davenant wollte nach dem Fall der königlichen Sache in England versuchen, Virginien für Karl II. zu behaupten, und wurde auf der Überfahrt gefangen, nach England zurückgebracht und mehrere Jahre eingekerkert. Die Einzelbeispiele ließen sich weit ausdehnen.
17) Wortlaut der Verordnung vom 22. Oktober 1647, sowie jener vom 11. Februar 1647/48 nach Scobell, Collection of Acts and Ordinances 1640—1656, bei Collier II, 110 u. 114, der Verordnung vom 11. Febr. 1648, bei Hazlitt, „English Drama and Stage" (Roxburgh Library 1867) Doc. XXXII.
18) H. Weingarten, Die Revolutionskirchen Englands (Berlin 1868), S. 294.
19) Macaulay, History of England, Bd. 1, Kap. 2.
20) John Milton, Areopagitica. In: Complet Collection of the historical, political and miscellaneous Works of John Milton (Amsterdam 1698), I, S. 423, 431, 439.

Der Musenhof der Königin Christine von Schweden zu Rom.

Die Kunst- und Kulturgeschichte aller modernen Völker ist reich an Wechselwirkungen der eigentümlichsten und oft der verborgensten Art, reich an wundersamen Episoden, die jener Historiker geradezu zu spotten scheinen, die alles individuelle Leben, ohne Ausnahme, aus dem umgebenden Volkstum, aus den realen Verhältnissen eines Landes, ja zuletzt einer Stadt, wie den Ast aus dem Baum, den Zweig aus dem Ast, erwachsen lassen. Es gab und giebt Existenzen und Lebensläufe, bei denen die Gesetze der natürlichen Entwickelung gleichsam aufgehoben scheinen, historische Seltsamkeiten, die nur aus einem Zusammentreffen fremder, ja feindlicher Elemente, einer Verschmelzung ursprünglicher Gegensätze entstehen konnten und die uns dann allerdings die vollste Freiheit, ja beinahe die Willkür begabter Individuen vorspiegeln.

Wer in den Wochen nach der Schlacht bei Lützen, als die Klagen um den ritterlichen Vorkämpfer und Schirmherrn des Evangeliums, den Schwedenkönig Gustav Adolf, hohen Tones durch das gesamte protestantische Europa erschollen, die Prophezeiung ausgesprochen hätte, daß die einzige Tochter des nordischen Helden, die Erbin seiner ruhmumschimmerten Krone, für welche die schwedischen Heere sich auf dem deutschen Boden behaupteten, den „ihr König fallend sich erobert" — das letzte Ziel ihres vielbewegten Daseins darin finden werde: in der Hauptstadt der katholischen Christenheit eine Akademie der italienischen Sprache und Poesie zu errichten und zu leiten, eine Akademie, die in jedem Jahre ihre feierlichste Sitzung am Tage der Thronbesteigung des jeweils regierenden Papstes hielt — der wäre auch in jenen wundergläubigen Tagen als ein wahnsinniger Prophet erachtet worden! So naiv und so hoch die Menschen des 17. Jahrhunderts von der Freiheit des Einzelnen und von den wundersamen Wegen Gottes dachten, sie würden dennoch eine Entwickelung wie die der Tochter Gustav Adolfs, ehe sie eintrat, für unmöglich erklärt haben. Und umgekehrt — wer um das Jahr 1650, als Giambattista Marini der gefeiertste Dichter Italiens war und die Hunderte von Poeten und Tausende von Dilettanten, welche die Halbinsel erfüllten, sich zu seiner manieristischen Unnatur und schwülstigen Eleganz erfolgreich emporzubilden suchten, als nur einzelne bevorzugte Naturen, wie Salvator Rosa, der Fratze, die sich für poetische Schönheit gab, einen scharfen Spiegel entgegenhielten, wer es da ausgesprochen hätte, daß der damals einzig mögliche Aufschwung italienischer Litteratur, der Gewinn neuer, wennschon recht dürftiger Ideale, unter den Auspicien einer Barbarenkönigin aus dem Norden vor sich gehen müsse, er wäre verlacht worden in allen Tonarten des reichen italienischen Lachens! Die Tochter Gustav Adolfs — und das päpstliche Rom, — die Königin von Schweden — und der italienische Parnaß, — das protestantische Fürstenkind aus skandinavischem und deutschem Blut — und die Monsignori, Cavalieri und Abbati, die in den italienischen Akademien Sonette und Oden drechselten — was gab es, das sich ferner stand, das sich ewig fremder und gleichgültiger bleiben mußte?

Nun alle diese Gegensätze gleichwohl in der innigsten Verbindung erscheinen und eine interessante Episode der neueren italienischen Litteraturentwickelung für immer mit dem Namen Christine's von Schweden verknüpft ist, gilt es auch hier die natürlichen Ursachen so wundersamer Resultate zu ergründen. Daß die Wurzeln dieser historischen Erscheinung tiefer liegen und sich seiner verschränken, als es dem platten Sinne behagen will, der alle geschichtliche Notwendigkeit auf eine Alltäglichkeit zurückführen möchte, läßt sich nicht verkennen. Und immer werden wir uns bescheiden müssen, daß, so klar auch die Thatsachen gestellt, so innig sie mit den Eigentümlichkeiten der Menschennaturen, um die es sich hier handelt, verknüpft erscheinen — dennoch ein Rätsel, ein unerklärtes Etwas übrig bleibt. Mitten durch das Interesse, das uns der römische Musenhof der schwedischen Königin einflößt, klingt der Zweifel hindurch, ob der reichbegabten Frau, die solchergestalt ihren Namen für immer mit dem Geistesleben Italiens verknüpft hat, nicht eine andere viel größere, viel fruchtreichere Entwickelung möglich gewesen wäre. So müßig allem wirklich Geschehenen gegenüber solche Fragen sind, sie tauchen überall da auf, wo wir über den Ursprung, die Anfänge eines eigenartigen und gleichsam unnatürlichen Geschickes im Dunkeln sind. Für die flüchtigste Betrachtung ist es klar genug, daß die römische Wirksamkeit der Königin von Schweden mit ihrem Übertritt zur katholischen Kirche im engsten Zusammenhang steht, aber fraglich dünkt schon vielen, was hier Ursache, was Wirkung geheißen werden soll?

Denn jene denkwürdigen Vorgänge, die die großen Ereignisse der ersten stillen Jahre nach dem Westfälischen Frieden bildeten und die damalige Welt in atemlose Spannung versetzten: die Thronentsagung der Tochter Gustav Adolf's und ihr unmittelbar darauf folgender Glaubenswechsel (1654 und 1655) sind uns wohl in ihrem Verlauf bis ins einzelnste geschildert, sie sind von den Beteiligten selbst und der nachfolgenden Geschichtschreibung mannigfach motiviert worden. Aber die besten und einsichtigsten Erklärungen der Schritte, durch welche Königin Christine von Schweden über ihr Leben entschied, können doch nur unzulängliche Andeutungen über den Ursprung und das Anwachsen jener Stimmungen geben, in denen die Abdankung und der Glaubenswechsel der jungen Königin reifte. Wir sehen die letzten Gründe, die — wie die bedeutende und rätselvolle Frau gegen die Mitte des Jahrhunderts unabänderlich geartet war — ihre weltkundigen Handlungen herbeiführten. Sie selbst und Männer aus ihren Umgebungen haben uns einiges über die Empfindungen mitgeteilt, die dem Entschluß zur Niederlegung ihrer schwedischen Krone unmittelbar vorausgingen.

Ihre italienischen Bekehrer haben sich ausführlich über das große durch göttliche Gnade und die vielbewährte Suada demütiger Glieder der Gesellschaft Jesu zu stande gebrachte Werk des Glaubens vernehmen lassen. Wir überschauen dann klar und sicher den weitern Lebensweg der Königin, der ihr zuletzt die Ewige Stadt als die einzig mögliche Zuflucht und das Leben in Wissenschaft und Kunst des neuen Heimatlandes als einzig noch übriges Ziel ihres Ehrgeizes anwies. Und doch — mit alledem stehen wir nach wie vor einem kaum halbgelösten Rätsel gegenüber. Die unbeantwortete Frage bleibt: welche tiefere und alles überwältigenden Jugendeindrücke wirkten in Christines Seele nach, um sie der Welt, in der sie geboren, erzogen, zu hoher Stellung und Wirkung berufen war, innerlich völlig zu entfremden? Welche äußerlich vielleicht unscheinbaren Erlebnisse wurden so entscheidend für sie, um sie überhaupt für die Belehrungen und Inspirationen der Patres Macedo und Casati empfänglich zu machen? Neigungen und Anwandlungen, wie sie die Königin Christine empfunden, tauchen in jeder begabten Menschennatur auf. Was mußte demnach vorangegangen sein, diese Neigungen gegen den ganzen ungeheuren Einfluß einer großen und festgegliederten Umgebung, einer von Jugend auf geübten Herrschgewalt, wider jede Tradition und jede Gewöhnung ihrer Stellung siegreich zu machen? Kein Historiker hat eine Antwort hierauf! Jene Jugenderlebnisse und frühesten Gedanken, die so oft Gehalt und Gestalt eines ganzen spätern Lebens bestimmen helfen, entziehen sich in den meisten Fällen der aktenmäßig beglaubigten Beobachtung. Ein Dichter würde es leicht haben, die Keime, aus denen die eigenartige Psyche der Königin Christine erwuchs, in bestimmten Situationen deutlich und anschaulich zu machen. Die Geschichte kann — selbst wo sie schließlich die innere Wahrheit der poetischen Erfindung zugeben müßte — diese Erfindung dennoch nicht brauchen. Und wir wissen von dem Leben der jungen Schwedenfürstin, wie es sich in der Zeit zwischen ihrer Geburt und dem Heldentode ihres Vaters, zwischen ihrer nominellen Thronbesteigung und ihrer weiblichen Reife gestaltet hat, offenbar das Wesentlichste, Ausschlaggebende und Entscheidende nicht!

Geistvoll und fein, in jedem einzelnen Zuge fesselnd, hat der Meister deutscher Geschichtsdarstellung, Leopold von Ranke, das Bild Christines gezeichnet, wie es sich unmittelbar vor ihrer Thronentsagung (1653) darstellt.[1]) Christines Erscheinung hat ihm „etwas Gespanntes, Angestrengtes, es fehlt ihrem Zustand das Gleichgewicht der Gesundheit, die Ruhe eines natürlichen und in sich befriedigten Daseins. Es ist nicht Neigung zu den Geschäften, daß sie sich so eifrig hineinwirst: Ehrgeiz und fürstliches Selbstgefühl treiben sie dazu an, Vergnügen findet sie daran nicht. Auch liebt sie ihr Vaterland nicht, weder seine Vergnügungen noch seine Gewohnheiten; weder seine geistliche noch seine weltliche Verfassung, auch nicht seine Vergangenheit, von der sie keine Ahnung hat; die Staatsceremonien, die langen Reden, die sie anzuhören verpflichtet ist, jede Funktion, bei der sie persönlich in Anspruch genommen wird, sind ihr

geradezu verhaßt: der Kreis von Bildung und Gelehrsamkeit, in dem sich ihre Landsleute halten, scheint ihr verächtlich. Hätte sie diesen Thron nicht von Kindheit an besessen, so würde er ihr vielleicht als ein Ziel ihrer Wünsche erschienen sein, aber da sie Königin war, so weit sie zurück=
denken kann, so haben die begehrenden Kräfte des Gemüts, welche die Zukunft eines Menschen ihm vorbereiten, eine von ihrem Lande abgewendete Richtung genommen. Phantasie und Liebe zu dem Ungewöhnlichen fangen an ihr Leben zu beherrschen."

In dem Ausdruck „die begehrenden Kräfte des Gemüts," betont Ranke eben das, was oben angedeutet wurde. Christines offenbar un=
gleichmäßige Erziehung, den Beginn des Widerwillens, den sie früh gegen gewisse nordische Zustände und Sitten in sich gesogen haben muß, das Erwachen einer traumhaften Vorstellung von den Herrlichkeiten des Südens, die wahrscheinlich ausschlaggebend für ihr späteres Leben wirkte, können wir nur in einzelnen Momenten verfolgen. Die ganz individuellen Züge ihrer Jugendentwickelung bleiben uns verhüllt und es ist gefährlich, die allgemeinen Erscheinungen, mit denen sie sich allerdings verknüpfen, schlicht=
hin als entscheidend hinzustellen. Nur um daran zu erinnern, daß auch dies wunderbare, in seiner Weise einzige Menschenschicksal nicht völlig los=
gelöst von den Bewegungen und den geheimwirkenden Kräften seiner Zeit war, soll hier an einige solcher historisch verbrieften Allgemeinheiten erinnert werden.

Königin Christine war die Tochter Gustav Adolfs. Wie leiden=
schaftlich sich die neuere katholische Kritik bemüht haben mag, den kalten, ehrgeizigen, selbstbewußten Eroberer und Politiker, der der Schwedenkönig zu einem Teile war, aus der beinahe mythischen Umhüllung des protestan=
tischen Glaubenshelden gleichsam nackt herauszuschälen, so bleibt es dennoch unbestreitbar, daß in König Gustav Adolf die ganze Kraft der jungen protestantischen Überzeugung, das Vertrauen auf die unmittelbare göttliche Hülfe, der Stolz auf die gereinigte Glaubenslehre, sich, wie bei so vielen evangelischen Fürsten und Kriegern der Zeit, mit den weltlichen An=
trieben des um sein Land und Volk bemühten Regenten, des selbst=
herrlichen Fürsten, des glücklichen Feldherrn, geheimnisvoll und unlös=
lich verbanden. Kein Wunder, wenn in der Phantasie der protestantischen Volksmassen und jener Kreise, in denen (wie bei den englischen Puri=
tanern) noch die Vorstellung vom unbedingten Siege des gereinigten Glaubens lebte, Königin Christine als die erhabene Patronin des streiten=
den Protestantismus erschien, um so mehr erschien, als ja Schweden im Westfälischen Frieden eine Großmachtstellung zu teil geworden war. Die dumpf hinlebenden Massen wußten weder noch ahnten sie, daß der Sieger von Breitenfeld und Lützen die letzte Gestalt seiner Art gewesen war, daß der Protestantismus, vereinzelte Ausnahmen abgerechnet, aus den Greueln des großen deutschen Krieges verkümmert oder im tiefsten erschüttert her=
vorging. Verkümmerung gegenüber dem gläubigen Schwung und der elastischen Kraft des Reformationsjahrhunderts war ebensowohl die öde,

tote, geistlose, von der Tradition allein zehrende Orthodoxie nach Wittenberger oder Genfer Muster, die sich herrschsüchtig, breit und alles Leben erstarrend über die Gebiete hinlagerte, die deutsche und schwedische Waffen für die evangelischen Kirchen behauptet hatten, als der weltscheue Separatismus, der hier und dort eben dieser Orthodoxie einen Streif Landes und ein paar hundert Menschenseelen abgewann. Tiefe Erschütterung aber hatte, angesichts des Dreißigjährigen Krieges und seiner Folgen, die feiner gearteten Naturen, die Menschen von einigermaßen überschauender Bildung ergriffen. Sie waren unsicher geworden in der Überzeugung, daß Leib und Seele, Blut und Wohlfahrt an jeden Satz des Glaubensbekenntnisses zu wagen sei, sie fühlten sich in der Rückerinnerung an den frevelhaften Fanatismus und Parteigeist, mit welchem der große Krieg heraufbeschworen worden war, gebeugt, sie empfanden Abneigung gegen jede Fortsetzung des alten Streites und träumten von der Möglichkeit einer Wiederaussöhnung der alten und der neuen Kirche auf gemeinsamer christlicher Grundlage. Das Thorner Religionsgespräch von 1645, die Bemühungen des Kurfürsten Schönborn von Mainz und Leibnizens um eine Basis wirklicher Ausgleichung, die vom Helmstädter Calixtus und seinen Schülern litterarisch vertretene, von den alten Zionswächtern als „Synkretismus" gebrandmarkte Anschauung, tausend andere Vorgänge und Erscheinungen waren ebenso viel Zeugnisse, daß die weltverachtende Glaubenssicherheit der Zeit vor dem Dreißigjährigen Kriege einer mildern, ja reuigen Stimmung über die lange genährte Verblendung gewichen war. Der Triumph rein weltlich-politischer Interessen im Frieden von Münster und Osnabrück kam der versöhnlich friedlichen Anschauung wesentlich zu Hülfe. Die innerliche Gesinnung wurde von der Rechtsnotwendigkeit, neben- und miteinander zu leben, unterstützt und selbst wo man den „Synkretismus" theoretisch verdammte, war man am Ende gezwungen, sich desselben praktisch zu befleißigen.

Die bezeichnete, in ihrem Zusammenhange und ihren einzelnen Lebensäußerungen noch nicht dargestellte Wandlung der Anschauung und Stimmung hatte früh auch die Königin Christine ergriffen und beeinflußt. Ihr Religionslehrer Johannes Matthiä, Professor am Collegium illustre zu Stockholm, Hofprediger Gustav Adolfs und nachmals Bischof zu Strengnäs, war von jenen Gesinnungen durchdrungen, die man synkretistische Ruchlosigkeit schalt und die Matthiä späterhin, nach Christines Abdankung nötigten, einer schimpflichen Absetzung durch Verzichtleistung auf seinen Bischofssitz zuvorzukommen.[2]) Wie stark die Einwirkung dieses Mannes gewesen, wie weit er überhaupt in seinen Anschauungen gegangen sei, ist leider nicht nachweisbar, daß er aber den Grund zur Gleichgültigkeit, ja Abneigung seiner königlichen Schülerin gegen den lutherischen starren Zelotismus gelegt, kann nicht bezweifelt werden. Vermögen wir nicht in das Werden der Grundstimmung Christines hineinzublicken, so tritt uns deren Wirkung klar und deutlich genug während der spätern Königsjahre und zuerst schon während der langwierigen Friedensverhandlungen entgegen. Sie förderte den endlichen Abschluß des Friedenswerkes aus allen Kräften,

sie war, wo nicht Schwedens Ehre, nicht das vitale Interesse ihrer Bundes=
genossen auf dem Spiele stand, sondern wo es sich um ein Mehr oder
Minder kaiserlicher Konzessionen an den Protestantismus handelte, zur
äußersten Nachgiebigkeit bereit. Sie legte unmittelbar nach den Verträgen
von Münster und Osnabrück den entschiedensten Willen an den Tag, mit
den großen katholischen Mächten in gutem Einvernehmen zu stehen, und
bezeigte, bei unbezweifeltem Ehrgeiz, starke Abneigung gegen die Rolle einer
unversöhnlichen Gegnerin der katholischen Fürsten und Staaten, eine Rolle,
die ihr die Traditionen ihres Reiches und die politischen Kombinationen
auswärtiger Mächte gleichmäßig aufdrängen wollten.³)

Es war zunächst nur die neue, duldsame, dem dogmatischen Fanatis=
mus abgewandte Geistesrichtung, der Christine folgte. Tausende teilten
ihre versöhnliche Stimmung, ohne gleichgültig gegen ihren ererbten Glauben
zu werden. Unverkennbar aber trat schon zu dieser Zeit hervor, daß neben
der unkirchlichen weltlichen Bildung der Katholicismus die Vorteile dieser
veränderten Stimmung zu genießen haben werde. Die Kirche hätte eben
nicht die Kirche sein müssen, um nicht alsbald zu erkennen, daß sie die
veränderte Anschauung der Protestanten zum Ausgangspunkt einer Reihe
von Bekehrungen nehmen könne. Und es unterliegt keinem Zweifel, daß
die zweite Hälfte des 17. Jahrhunderts eine Gruppe von Konvertiten auf=
zuweisen hat, die ein so gemeinsames Gepräge zeigen, als die ästhetischen
Konvertiten in den Tagen unserer Romantiker, die politischen in der
Umkehrperiode nach 1850.

Mit der Gleichgültigkeit der Königin Christine gegen das spezifische
Luthertum traf von früh auf eine andere Empfindung zusammen, die gleich=
falls allgemeiner Natur, obschon bei ihr von besonderer individueller Stärke
war. In der ungeheuren Not und dem Elend des großen Krieges, der
das blühende Deutschland nahezu zur Wüste herabgebracht, der alle nordischen
Länder verarmt und verödet hatte, erschienen der Phantasie beweglicher
Naturen die Gebiete jenseit der Alpen von einem doppelten Glanze um=
leuchtet. Scheinbar lag der tiefste Friede über ihnen; unverbrannt, un=
verwüstet, ungeplündert schimmerten die goldenen Städte Italiens; alle Werke
und Künste des Friedens, die im Norden erstarben oder unter dem Druck
der Not sich armselig hinfristeten, wurden dort frei geübt, ein reiches
Genußdasein, auch voll geistiger Anregungen, warf seine Strahlen bis nach
dem Norden. Der uralte germanische Zug zu den Herrlichkeiten des Südens
erhielt durch den Gegensatz besondern Schwung, eigentümliche Spannkraft;
eine geheime, selten eingestandene Sehnsucht erfüllte damals nicht bloß die
junge unbefriedigte Fürstin in ihren Schlössern am Mälarsee, sondern
Tausende von nordischen Naturen, die dann Italien nie geschaut haben.

Ein drittes Moment brennender Unzufriedenheit mit den schwedischen
Zuständen ist allbekannt und traf gleichfalls mit einer in Europa nach
dem Dreißigjährigen Kriege weitverbreiteten allgemeinen Erscheinung zu=
sammen. Das übersteigerte fürstliche Selbstgefühl, das Gottgefühl der
Herrschenden, das bald genug in Ludwig XIV. seinen glänzendsten und

glücklichsten Repräsentanten finden sollte und das aus zahlreichen Quellen floß, war auch in Christine von Schweden so stark lebendig als in irgend= einer der fürstlichen Naturen ihrer Tage. Wenn sie noch in spätern Jahren zu der einfachen Bemerkung Chanuts „sie vergaß selten, daß sie Königin war" die hochfahrende Bemerkung schrieb: „sie vergaß es nie!"⁴), wenn sie sich in eine so phantastische Vorstellung fürstlicher Geburtswürde und Herrschergewalt hineinlebte, daß sie die angeborene Majestät als etwas an ihrer Person Haftendes, vom königlichen Amt und der realen Macht völlig Trennbares erachtete, wenn sie wie König Lear nur die Würde, aber nicht den Glanz und die Gnadenfülle der Krone abzuwerfen gedachte, so wurde sie wohl von klügern und kältern Politikern belächelt, aber sie traf im großen und ganzen doch den Sinn und die Überzeugung ihrer Zeitgenossen — nur gerade nicht die ihrer Unterthanen.

Ein Teil der widerspruchsvollen Launen, die bei Christine früh hervor= traten und ihre Umgebungen in Unruhe und Mißbehagen setzten, mochten zumeist auf den Widerspruch ihres Geschlechts und ihrer Wünsche zurück= geführt werden können. Gefiel sich die schwedische Königin darin, im Kreise ihrer Räte, auf wilden Ritten und Jagden, bei Ceremonien und Festen, völlig wie ein Mann aufzutreten, ihre Verachtung aller weichlichen Empfindungen und kleinen Eitelkeiten an den Tag zu legen, imponierte sie durch die energische Natur ihrer Kenntnisse und ihres Gesprächs selbst hervorragenden Männern, so war nichtsdestoweniger die Anlage ihres Geistes eine weibliche. Ihre Empfänglichkeit und sichere Feinfühligkeit, ihr Be= dürfnis, selbst ernste und wichtige Angelegenheiten in der Form einer Intrigue zu leiten oder zu treiben — ihre unüberwindliche Neigung die Personen in erste, die Dinge in zweite Linie zu stellen, verleugneten ihr Geschlecht nicht. Stolz auf die Kälte ihres Blutes und von früh auf entschlossen keinem Manne Herrschaft und Gewalt über sich einzuräumen, versagte sich die Königin die gewöhnlichen Künste der Koketterie, um die feinern desto unbeschränkter zu üben.

Indem man sich jedoch alle diese Momente aus Christines Jugend= leben und Charakterentwickelung vergegenwärtigt, alle Einwirkungen der Zeit und der allgemeinen Zustände noch so hoch veranschlagt, kommt die ungeheure Lücke zwischen diesen Anfängen und den nachmaligen Resultaten nur empfindlicher zum Bewußtsein. Die Beweise ähneln einigermaßen den in der vergleichenden Sprachforschung beliebten. So einleuchtend und zu= treffend es klingt, daß alle ersten Worte aus Schallnachahmungen hervor= wachsen, so giebt es von diesen Schallnachahmungen bis zur Existenz von bestimmten Lauten für alle Erscheinungen und Thätigkeiten eine dunkle Kluft und gilt es einen gewaltigen Sprung. So liegen auch zwischen jenen unbestreitbaren allgemeinen Eindrücken, die wir in der Natur und der Entwickelung der Königin Christine deutlich erkennen, und zwischen den endlichen Schicksalen und Lebensresultaten dieser Fürstin noch große und völlig im Dunkel bleibende Partien ihrer Geschichte.

Dies um so mehr, als ja ein starker Widerhalt gegen die früh erweckte

Gleichgültigkeit der jungen Königin gegenüber dem Leben des Nordens, in der tiefgehenden und fast leidenschaftlichen Teilnahme vorhanden war, die sie für jene Wissenschaft, jene geistigen Bestrebungen an den Tag legte, durch welche eben damals der Norden Europas sein wissenschaftliches Übergewicht über den Süden zu erreichen begann. Die Leistungen des Hugo Grotius wie Pufendorfs, die beide in schwedischen Diensten standen, wurden von ihr voll gewürdigt; die Philologen Isaak Vossius und Nikolaus Heinsius vermittelten ihre leidenschaftliche Beschäftigung mit der römischen Litteratur; Salmasius und René Descartes, der Begründer der neuern Philosophie, waren geehrte Gäste ihres Hofes und Hauses. Die Gelehrten Deutschlands, Hollands, Englands wetteiferten der Königin ihre Huldigungen zu bringen, und es hätte damals wenigstens ebenso möglich erscheinen müssen, daß die Königin eine Anhängerin der nordischen über alle kirchlichen Formen hinausstrebenden Geistesrichtung werde, als daß sie sich der alleinseligmachenden Kirche unterordnete.

Dem scharfen Geiste, der stolzen Wahrheitsliebe Christines konnte es ferner unmöglich entgehen, daß in der klassischen Litteratur Italiens, die sie so hoch hielt und hoch pries, gar vieles des Besten im völligen Gegensatz zur oder in entschiedener Abwendung von der kirchlichen Autorität entstanden war. Allerdings hatten sich um die Mitte des 17. Jahrhunderts die tiefen Wunden geschlossen, die dem Geistesleben Italiens durch die Gegenreformation und den neuerweckten kirchlichen Fanatismus beim Ausgang des 16. Jahrhunderts geschlagen worden waren. Es lebten wenige Menschen mehr, welche die Scheiterhaufen Giordano Brunos und Lucilio Vaninis noch lodern gesehen hatten und sich der Verfolgung erinnerten, die über zahlreiche Bücher verhängt worden war. Man nahm jetzt in Rom im allgemeinen die Miene an, als sei die Entwickelung der italienischen Bildung nie unterbrochen gewesen, als wäre die archäologische und philologische Gelehrsamkeit in den Jesuitenkollegien nur eine Fortsetzung der Studien der Humanisten des 15. und 16. Jahrhunderts, als habe alle italienische Dichtung gleich dem „Befreiten Jerusalem" des Tasso den kirchlichen Tendenzen gedient, als wären die Stimmen der Fanatiker vom Schlage Caraffa's niemals im Vatikan erklungen, jener Fanatiker, die für die volle Wiederherstellung der kirchlichen Allgewalt alle geistigen Schöpfungen, die außerhalb der Klöster gediehen waren, ohne Bedenken geopfert haben würden! Man suchte um 1650 in Rom vieles vergessen zu machen und ins Dunkel zu rücken, was fünfzig Jahre zuvor offenkundig genug gewesen war. Schwerer jedoch ist es zu glauben, daß Königin Christine nicht alles gesehen und unterschieden haben sollte!

Wenn demnach die Teilnahme der Königin an den geistigen Bestrebungen im Norden Europas, wenn ihre unzweifelhaft vorauszusetzende Einsicht in das eigenartige Wesen der italienischen Kultur sie ebensowenig vom Glaubenswechsel zurückzuhalten vermocht hat als die Rücksicht auf ihre Krone, ihre Herrschaft, wenn der Gedanke eines ganz neuen Lebens mit unwiderstehlicher Anziehungskraft auf sie wirkte, so fühlen wir uns immer wieder zu dunkeln, unenthüllbaren Ursachen zurückgewiesen. Christines Freude und Teilnahme an der italienischen Litteratur würde ohne ihren Übertritt zur katholischen Kirche fraglos in gewissen Schranken geblieben sein und hätte an sich niemals den Übertritt herbeiführen können. Wer dabei beharrt, daß Christine von Schweden durch ihre Begeisterung für die italienische Litteratur und Poesie zur Konversion getrieben worden sei, der verwechselt allerdings die Wirkung mit der Ursache. Erst infolge des Übertritts zur römischen Kirche und der daraus resultierenden Lebensumstände wurde Christine wie mit magnetischer Gewalt zum Geistesleben Italiens hingezogen und schließlich an dieses Leben gefesselt.

Selten vermag man zu sagen, welche Lebenserfahrungen und Lebenseindrücke eines Kindes bestimmend für den Charakter und die spätern Schicksale desselben geworden sind. Aber fast immer läßt sich klar erkennen, welcher Moment und welches Ereignis den stärksten Einfluß auf die Phantasie und das Leben erwachsener gereifter Menschen gewonnen haben. Der entscheidende und maßgebende Tag (nächst demjenigen ihrer Abdankung in Schweden) für die Zukunft der Königin Christine war nicht der Weihnachtstag von 1654, der Tag ihres geheimen Übertritts zur katholischen Kirche zu Brüssel, nicht der 3. November 1655, der Tag ihres feierlichen katholischen Glaubensbekenntnisses zu Innsbruck, sondern jener denkwürdige 21. Dezember 1655, an dem sie unter dem Donner der Geschütze, dem Läuten der Glocken, unter Entfaltung alles kirchlichen und künstlerischen Pompes, der dem päpstlichen Hofe zu Gebote stand, in die Ewige Stadt eingezogen und von der Porta del Popolo bis zum Dom von Sanct-Peter vom Freudenjauchzen des enthusiasmierten römischen Volkes begleitet worden war! Unvergeßlich blieben fortan Christine die Triumphembleme, die Dekorationen, die pomphaften lateinischen Inschriften, mit denen Bernini die Porta del Popolo geschmückt hatte, unvergeßlich der Eintritt in die Peterskirche, wo sie die höchsten Würdenträger des Klerus empfangen und zum Heiligen Vater an den Hochaltar geleitet hatten! Unvergeßlich die überschwengliche Ansprache Papst Alexanders VII., der verkündet hatte, daß ihre Bekehrung zur wahren Kirche im Himmel mit Festen gefeiert werden würde, wie sie die Erde weder gesehen habe noch bieten könne, und der ihrem Namen den Namen „Alessandra" hinzugefügt hatte! Als dauernde Zeugen des glänzenden Tages und der Wochen, die ihm unmittelbar gefolgt waren, existierten die goldenen Medaillen, die Alexander VII. auf dies größte Ereignis seines Pontifikats hatte prägen lassen, blieb jene wunderbare Festschrift des Giuseppe Francesco Mostraba, in der die Anreden verzeichnet standen, die die Zöglinge der Propaganda fidei in 22 Sprachen an Christine gehalten hatten, blieben die zahlreichen italienischen Publikationen, in denen das Leben und die glorreiche Bekehrung der erlauchten Konvertitin, der „heiligen Majestät" geschildert war; die weihrauchdampfenden Gedichte von Macedo und Alessandro Pollini (der Kleopatra aus dem Grabe beschwor, um Christine anzureden), die Sonette, Oden und Panegyriken, in denen Giuseppe Maraviglia, Nicola Pallavicini und zahllose Akademiker ihre poetisch-rhetorischen Künste entfaltet hatten, blieben die Strophen, in denen Jost van den Vondel, der größte Dichter der Niederlande, selbst Konvertit, den „fröhlichen Einzug" („Blyde Incomst") der Königin in Rom verherrlichte!⁵) Kein Wunder, daß dieser Tag mit seinen Erregungen, mit der Vollbefriedigung jedes phantastischen Ehrgeizes, jeder seinem Eitelkeit, die er Christine Alessandra brachte, leuchtend in der Erinnerung der entthronten Königin stand und ihr ferneres Geschick bestimmen half.

Unmittelbar wie sie den ersten Anlauf nahm, sich in Rom dauernd niederzulassen, und den Palast Farnese bezog, den ihr Herzog Manuccio von Parma zur Verfügung gestellt hatte, dachte sie ihren Weltruf als geistreiche Fürstin, als Schützerin und Kennerin der Wissenschaften und der Künste in der in Italien landüblichen Weise zu bethätigen. Sie begründete sogleich eine Art „Akademie", zu deren wöchentlich stattfindenden Versammlungen sie eine Reihe der litterarisch gebildetsten Männer Roms einlud. Die ersten Mitglieder waren nach Arckenholtz' Aufzeichnungen⁶): Don Pompeo Colonna, der Fürst von San-Gregorio, der Marchese Scipio Santa-Croce, der Marchese Federigo Miroli, die Grafen Luis Sentinelli, Francesco Maria Sentinelli und Ulrico Fiumi, die Herren Carlo Rappaccioli, Ottavio Falconieri, der Marchese Francesco Ricci, der Abbate Francesco Ceji, die Herren Giovanni Lotti, Sebastiano Baldini, Giovanni Francesco Melosio, Antonio Abbati, Camillo Rubiera, Tiberio Cevoli, der Abbate Vincenzo Maculani, der Cavaliere Marc Antonio Meniconi, Don Cesare Colonna und Francesco Cinibaldi. — Die einfache Andeutung, daß man in den wöchentlichen Zusammenkünften dieser Akademie Gegenstände der „Moral" theoretisch erörterte, Gedichte vorlas und zur Abwechslung ein Konzert hörte, erhellt zur Genüge, daß es sich zunächst ganz und gar um eine belletristisch-rhetorische Akademie im Stile der Zeit handelte. Die italienische Litteratur war auf ihrem tiefsten Niveau angelangt, das höhere Geistesleben unter dem doppelten Druck des spanischen Despotismus und der Tridentinischen Conzilsbeschlüsse fast erstorben, die lebendige Regsamkeit eines noch immer wißbegierigen und künstlerisch gestimmten Geschlechts auf Nichtigkeiten und kleinliche Ziele abgelenkt. Christine aber fühlte sich in diesen Zuständen vorderhand als eine Fremde, übersah zur Zeit vielleicht noch nicht vollständig, wie hohl alle akademische Beredsamkeit und rhetorische Poesie war, der sie in ihren Gemächern lauschte. Und wenn wir auch annehmen dürfen, daß sie mit ihrer gewohnten Entschiedenheit und Selbständigkeit sehr früh ketzerische Meinungen über den Wert der italienischen Modedichtung gewonnen hat, so war doch der Verlauf ihrer nächsten Jahre nicht dazu angethan, umbildend und fördernd in die Entwickelung der italienischen Litteratur einzugreifen.

Denn wenn der Tag ihres Einzuges in Rom der entscheidende ihrer zweiten Lebenshälfte wurde und sie schließlich an Italien und die Ewige Stadt fesselte, so schien es doch in den nächsten Jahren, als ob der Norden, den Christine soeben entschieden verleugnet hatte, sie mit geheimem Zauber wiederum anzöge. Die königliche Abenteurerin begann von Rom aus eine

Reihe von Reisen, die sie nach Frankreich, den Niederlanden, Deutschland und — Schweden führten. Sie fand für sich und andere Vorwände ihrer Rückkehr in ihr verlassenes Königreich. Ihre Angelegenheiten wurden schlecht verwaltet, ihre vertragsmäßig festgestellten Einkünfte lässig gezahlt. Aber nicht das war es, was sie nordwärts trieb. Mit einer ganz natür=
lichen Reaktion ihrer Empfindungen würdigte sie jetzt die Bedeutung der Krone, die sie von sich geworfen hatte, besser als zuvor, und in ihrer phantastischen Sinnesweise sah sie plötzlich Möglichkeiten vor sich, diese Krone wieder zu ergreifen. Es bedurfte Jahre, um ihr klar zu machen, daß das schwedische Volk zwar fortfuhr in ihr das Andenken Gustav Adolfs zu ehren und mit wehmütiger Teilnahme ihrer eigenen Regierung zu gedenken, — aber daß ihr Übertritt für immer eine unübersteigliche Schranke zwischen ihr und den Schweden aufgerichtet hatte. Der greise Bischof Laurelius von Westerås gab der allgemeinen Stimmung Ausdruck, als er auf dem stürmischen Reichstage von 1660, während dessen Christine in Stockholm verweilte, ausrief: „Sie sei nicht mehr Christine, sondern Christina Alexan=
dra!"⁷) Alle geheimen Hoffnungen, die sie an den unerwartet schnellen Tod ihres Nachfolgers Karl Gustav, an die Minderjährigkeit Karls XI. geknüpft haben mochte, zerschellten an der eisernen protestantischen Gesin=
nung ihres Volkes. Rücksichtslos gaben ihr die Stände kund, daß sie für alle Fälle dem Throne Schwedens entsagt habe, unduldsam zwang man sie ihre katholischen Hofleute nach Italien zurückzuschicken und selbst ihre Privatkapelle zu schließen; mitten im Winter von 1661 mußte sie den heimatlichen Boden verlassen, weil man den letzten französischen Priester, der ihr in Norköpping Messe gelesen, aus Schweden auswies. Von 1661 bis 66 trug sie sich ununterbrochen mit dem Gedanken ihrer Rückkehr, erschreckte den schwedischen Regentschaftsrat mit jeder Annäherung an den Norden und bereitete sich mit ihrer letzten Reise nach Schweden, die sie im Jahre 1667 unternahm, dennoch nur empfindliche Demütigungen. Erst als man sie gezwungen hatte, auf halbem Wege nach Stockholm umzukehren, erst als bei einer Illumination, die sie im protestantischen Hamburg zu Ehren der Thronbesteigung Giulio Rospigliosis, Papst Clemens IX., ver=
anstaltete, betrunkene und fanatisch=protestantische Matrosenhaufen ihr Haus gestürmt hatten, als selbst die Verwendung der Generalstaaten und Frank=
reichs keine Änderung im Verhalten des schwedischen Reichsrates hervorrief⁸) — begann ihr aufzugehen, daß ihre Rolle im Norden für immer aus=
gespielt sei und daß sie den Sternen, die sie zu den Pforten der Ewigen Stadt geführt hatten, nun widerstandslos folgen müsse.

In den Schmerzen und Kämpfen ihrer spätesten schwedischen und deutschen Erlebnisse vollzog sich die letzte entscheidende Wendung des aben=
teuerlich bewegten Daseins der Königin Christine. Indem sie erkannte, daß sie da keine Heimat mehr habe, wo sie einst heimisch gewesen, indem die Sehnsucht nach Ruhe ihre Seele beschlich, tauchte auch die Erkennt=
nis empor, daß ihre einzige Zuflucht auf römischem Boden zu suchen sei. Wohl hätte sie fortfahren können, wie zwischen 1657 und 1668 ein

Wanderdasein zu führen. Aber es war unvermeidlich, daß ihr überall hier Abneigung, dort Gleichgültigkeit begegnete, in Rom und nur in Rom durfte man einen großen Tag ebensowenig vergessen, als sie selbst ihn vergaß. In Rom allein mußte ihr die Verleugnung ihres väterlichen Glaubens, die Niederlegung ihrer irdischen Kronen, die im ganzen protestantischen Europa mit Schmerz oder Groll beurteilt wurde, über die das gesamte katholische Europa außerhalb Roms, offen und insgeheim die Achseln zuckte, für immer als Verdienst angerechnet werden! Unmerklich, aber unwiderstehlich lernte sie sich als Italienerin fühlen, da nur Italiener mit ihr und wie sie empfanden!

Am 22. November 1668 kehrte die Königin endgültig nach Rom zurück.⁹) Auch diesmal feierlich empfangen und vom Kardinal Franz Barbarini geleitet, hielt sie ihren zweiten Einzug und richtete sich im Palazzo Riario an der Lungara (gegenüber der Farnesina, in spätern Zeiten Palazzo Corsini) auf großem Fuße häuslich ein.¹⁰) Ihr fürstlicher Hofhalt, ihre verschwenderische Freigebigkeit bereiteten ihr und der päpstlichen Kammer in den folgenden zwei Jahrzehnten fortdauernd um so größere Verlegenheiten, als ihre Einkünfte aus Schweden immer unregelmäßiger und zögernder einliefen. Niemals aber scheinen diese materiellen Bedrängnisse die Königin ernstlich berührt und die freie Heiterkeit ihres Geistes getrübt zu haben. Ihrem fürstlichen Selbstgefühl konnten die Sorgen gelegentlich peinlich sein, ihr Interesse an den Erscheinungen der Kunst und der Wissenschaft wurde durch Geldmangel nicht gemindert und selbst in seinen werkthätigen Äußerungen kaum berührt.

Hatte Königin Christine der Natur ihrer Bildung und Entwickelung nach jederzeit ein starkes Interesse an der italienischen Litteratur und Dichtung genommen, so war doch die Haltung und Färbung ihrer litterarischen Bestrebungen, wie ihres litterarischen Patronats bis hierher eine gleichsam kosmopolitische gewesen. Allerdings würden sich bemerkenswerte Uebergänge und Wandlungen auch hier nachweisen lassen; mit der Abdankung der Königin hatte sich die Zahl der Widmungen und Panegyriken nordischer Philologen, unter denen die Pressen von Upsala einst gestöhnt hatten, auffällig gemindert, während ihrer Abenteuer in Frankreich hatten sich ihr französische Autoren von Geist und Ruf genähert, die Huldigungen Le Fèvre Daciers, Scarrons, der Scudéry¹¹) und anderer sind uns erhalten. Auch war die Königin weit entfernt, etwa von der Zeit ihrer zweiten Niederlassung in Rom an ihre außeritalienischen Beziehungen und Verbindungen abzubrechen. Aber je mehr sie sich als beständige Angehörige Roms fühlen lernte, je lieber und unentbehrlicher ihr die Verhältnisse ihres Wohnorts und ihrer Umgebungen wurden, um so stärker geriet sie unter den Zwang dieser Verhältnisse. So vielen Anstoß sie auch jetzt noch gelegentlich dem römischen Hofe und der römischen Gesellschaft durch die Freiheit ihres Auftretens gab, sie hätte doch seit 1668 weder einen Monaldeschi ermorden lassen, noch einer Ninon de l'Enclos ihren Besuch abgestattet. Sie mußte, wollte sie ihre Geltung voll behaupten, auf die

Sitten ihrer Lebenskreise eingehen. Sie fand daher jetzt sehr bald den Punkt, an dem sie selbstthätig, gebietend und in gewissem Sinne schöpferisch in die italienischen Litteraturzustände eingreifen konnte.

Für die Königin waren allerdings Interessen der Wissenschaft und der Litteratur im engern Sinne, der Dichtung, von gleicher Bedeutung, sie widmete beiden eine gleich ehrliche und rege Anteilnahme; das akademische Jahrhundert, dem ihre Bildung angehörte, gestattete ja das Wesen und die Aufgaben beider in wunderlicher Weise zu vermischen und gelegentlich zu verwechseln. Indeß von allem, was man ehedem als Verdienst Christines in wissenschaftlicher Beziehung pries, steht wenig mehr in Geltung und die Bedeutung ihres wissenschaftlichen Patronats fällt unendlich leichter ins Gewicht als die Förderung, die sie der italienischen Dichtung ihrer Zeit zugewandt hat. Ganz offenbar war Christine auf wissenschaftlichem Gebiete abhängiger von äußern Verhältnissen, unselbständiger, unklarer, als auf rein litterarischem Terrain. Es ist wahr, daß sie bahnbrechende wissenschaftliche Arbeiten förderte, daß sie Giovanni Borellis klassisches Werk „De motu animalium" zum Druck brachte, daß sie Marcello Melphigi's mikroskopische Untersuchungen schätzte, daß sie Francesco Rebis Studien über Insekten und Vipern mit ähnlichem Interesse begleitete, als die Entwickelung seines lyrischen Stils[12] — aber nicht minder wahr, daß sie, in einer Zeit wo Robert Boyle die Grundlagen der wissenschaftlichen Chemie schuf und bereits allerorts die Skepsis gegen den Schwindel der Alchemisten erwachte, sich von dem mailändischen Abenteurer Borro zu kostspieligen, lange fortgesetzten Versuchen in der Goldmacherkunst bestimmen ließ[13], daß sie verworrene theosophische und völlig wertlose polyhistorische Werke einer gleichen Beachtung würdig fand als wahrhaft wissenschaftliche Leistungen.[14])

Ganz anders gestaltete sich das Verhältnis der Königin Christine zur poetischen Litteratur ihres zweiten Heimatlandes. Ihr männlicher und trotz aller Launen ehrlicher Geist hatte bald genug begriffen, daß der in Italien herrschende „Stil" des viel- und hochgepriesenen Cavaliere Marini den Gipfel barbarischen Ungeschmacks und inhaltsloser Verskunst erstiegen habe. Sie war in der Lage, die Gesamtentwickelung der italienischen Dichtung des 17. Jahrhunderts zu übersehen, und schätzte den hohlen Bombast, der elegante Dichtung hieß, nach Verdienst. Wäre beim Erscheinen des „Bethlehemitischen Kindermordes", des „Adone" und der „Epithalamien" Marini's wirklich noch eine Täuschung möglich gewesen, hätte man gegenüber seiner unzweifelhaften descriptiven Begabung und sprachlichen Virtuosität glauben können, daß die sinnlose Bilderfülle, die überhitzte Rhetorik, die mit Hunderten von Beiworten doch nicht eine charakteristische Vorstellung zu erwecken vermag, daß das Schwelgen in grausamen oder lüsternen Bildern einen „Fortschritt" der Poesie, eine Erhöhung der Darstellungs- und Wirkungskraft bedeute, so war durch das Heer der Nachahmer dieser irrige Glaube längst zum Spott geworden. Die italienische Dichtung bewahrte um die Mitte des 17. Jahrhunderts aus ihren bessern Tagen eigentlich nur noch den Schein schöner Form. In Wahrheit hatten die Nichtigkeit, die hohle, ja schlechthin sinnlose rhetorische Phrase, das geschmacklose Bild samt der vermeinten Musik der Verse die ganze Dichtung so überwuchert, daß die plastische und korrekte Form mehr in der Tradition lebte, als in Wirklichkeit vorhanden war. Soviel sich einem Achillini oder Preti gegenüber überhaupt noch von Gehalt reden ließ, gaben byzantinische Lobpreisungen für kleine italienische Fürsten, kirchliche Würdenträger und große Edelleute, Weihrauchwolken um die wenigen Tagesvorgänge, die öffentlich besprochen werden durften: also um Aufrichtung von Säulen und Statuen, um Hochzeiten und Trauerfälle in großen Familien, dazu Beschreibung von Gärten und Bildern die Stoffe, beinahe könnte man sagen die Vorwände der Gedichte ab. Der Bild- und Wortschwall der Marinisten war auf den Grad gestiegen, daß beispielsweise Claudio Achillini über seinen Sonnetten und Oden den angeblichen Inhalt der Gedichte in schlichter Prosa mitteilte, weil er sich allerdings aus der gespreizten Rhetorik der Verse nur mit Mühe oder gar nicht erraten ließ.[15] Und indem die Poeten, nach neuen Bildern haschend, einander in „Wirkungen" überboten, gerieten sie immer tiefer in wahrhaft beleidigende Geschmacklosigkeit hinein. Marinis „Strage degli Innocenti", der bethlehemitische Kindermord, der in Bildern des Ineinanderfließens von Milch aus den Brüsten der Mütter, dem Munde der Säuglinge und des grausam vergossenen Blutes förmlich geschwelgt oder die erschlagenen Unschuldigen mit den Resten eines Schiffbruches, das vergossene Kinderblut mit einer roten See und die abgehauenen Glieder mit Trümmern von Segeln, Masten und Tauen verglichen hatte[16], war längst derart überboten worden, daß die poetische Form gewissermaßen zum Freibrief für alle spitzfindigen und alle hirnlosen Einfälle geworden war, deren sich keine wirkliche Dichterphantasie je schuldig gemacht hat.

Was dies poetische Elend ins Unabsehbare steigerte, waren die Dichtergesellschaften, die Dutzendakademien. In Kollegialsitzungen und Rathäusern können wir noch täglich erfahren, daß hundert Verkehrtheiten und klägliche Anschauungen, gegen die sich jeder Einzelne leicht wehren würde, in Gemeinsamkeit fröhlich gedeihen. Die italienischen poetisch-rhetorischen Akademien des 17. Jahrhunderts zeigten die herabziehende Wirkung der Gemeinsamkeit in noch weit stärkerm Maße. Barbarismen, deren sich selbst die Dilettanten im Gedächtnis Ariostos und Tassos — die ja nicht gleich Dante vergessen und ungelesen waren! — geschämt haben müßten, fanden den Beifall akademischer Genossenschaften und erweckten eifrige Nachahmung. Von Jahrzehnt zu Jahrzehnt wurde das echte Gold der klangvollen italienischen Rede zur erbärmlichen Scheidemünze hohler Phrasen verwandelt und die Grenzlinie, die die elegante Roheit der italienischen akademischen Poesie von der plumpen Roheit der gleichzeitigen deutschen Dichtung schied, wurde immer dünner und unsichtbarer.[17]

Diese Zustände fand Königin Christine vor, ihnen trat sie entschlossen entgegen. Sie erblickte in der Herrschaft des Marinismus, des überschwenglichen Stils den einzigen Grund des Übels und war überzeugt, daß wenn man die italienische Litteratur ihrer bauschenden, geschmacklos prunkenden Gewänder entkleiden könnte, die ursprüngliche Schönheit wieder zu Tage treten würde. Daß eben diese Gewänder einen kraftlos siechenden Leib bedeckten, daß der italienischen Dichtung überhaupt die Beziehung auf das Leben und dem italienischen Leben am Ende des 17. Jahrhunderts jene Fülle der Erscheinungen und jene Bewegung mangelte, die echte Poesie hervorrufen — das mußte der Königin, ihrer ganzen Art und Bildung nach, verborgen bleiben.

Die Beziehungen, die sie zur italienischen Litteratur in frühern Tagen gehabt hatte, trugen mehr den Charakter eines Patronats, wie es viele Monarchen ausübten. So freigebig und großartig Christine blieb, so gestatteten ihre Verhältnisse doch nicht länger, daß sie goldene Gnadenketten erteilte, wie sie Ottavio Ferrari für Überreichung seiner Schriften einst von ihr erhalten[18]), oder Pensionen gewährte, ohne dafür irgendwelche Dienste in Anspruch zu nehmen. Auch hatte die Mehrzahl derer, mit denen sie nach 1668 im litterarischen Verkehr stand, Gnadenerweisungen dieser Art nicht unmittelbar nötig. Die ersten ständigen Mitglieder ihres litterarischen Kreises waren die Kardinäle Albizi und Borra, die Bischöfe Soarez und Ottavio Falconieri, Abbate Favoriti, Niccolo Maria Pallavicino, Abbate Grabi, Michel Angelo Ricchi, die Patres Cottone und Viera, die Herren Lorenzo Magelotti und Stefano Pigniatelli — ein Teil von ihnen Hausgenossen des erstgenannten Kardinals.[19]) Unter den litterarischen Freunden der Königin fanden sich ferner jene hohen Würdenträger der Kirche, die in der Poesie ihrer Zeit mit mehr oder weniger Grazie und Geschick dilettirten: Kardinal Francesco Rappaccinoli, Kardinal Virginio Orsino, der den Heiligen Stuhl als Nuntius in Polen und Portugal vertreten hatte und sich als Dichter eines musikalischen Dramas „Das heilige Jahr" feiern ließ, der Prior Orazio Rucellai, Girolamo Graziani, als Dichter der Epen „Kleopatra" und „Die Eroberung von Granada" über die Normalerscheinung italienischer Poeten seiner Tage ein wenig hinausragend, Christine überdies durch ein zu ihren Ehren verfaßtes Pastorale „La Calisto" verbunden. Diesen Poeten gesellte sich die Zahl der hochgestellten Kommentatoren und Archäologen hinzu, die mit einer Sammlung von Inschriften oder einer poetisirenden Erklärung von Vasen und Gemmen akademische „Unsterblichkeit" suchten und fanden. In den meisten dieser Männer, welche die Königin, im Verein mit bloßen „Kennern", ohne eigene litterarische Betätigung, zu Konversations- und Vorlesungsabenden in ihrem Palast vereinigte, lebte ein dunkles Gefühl von der Erbärmlichkeit der italienischen Modedichtung, eine elegische Erinnerung an bessere Tage italienischer Poesie. Bei Christine war dies Gefühl längst klare Erkenntnis. Mit einem Eifer, der einer weit bessern Sache würdig gewesen wäre, aber doch nicht gerade an eine schlechte verwendet wurde, begann sie ihre Reform der italienischen Litteratur.

Im Jahre 1674, sechs Jahre nach ihrer dauernden Niederlassung in Rom, gestalteten sich die litterarischen Unterhaltungen in ihrem Hause, der Sitte der Zeit gemäß, in allen Formen zu einer wirklichen Akademie mit ständigem Sekretariat, eigener Zensur und eigenen litterarischen Publikationen. Christine wurde bei Errichtung derselben namentlich von den Kardinälen Giovanni Francesco Albani und Niccolo Robolovich unterstützt — doch hätte ihre feste Thatkraft und ihre gereifte Einsicht jeder Beihülfe entraten können. Die Statuten ihrer Akademie, die erst einige Jahre später (1680) abgefaßt wurden, als die Gesellschaft schon Bedeutung erlangt hatte und die Augen des ganzen litterarischen Italiens auf sie gerichtet waren, lassen erkennen, daß sie die Bestrebungen ihrer Akademiker von vornherein zweckbewußt auf ein bestimmtes Ziel zu lenken verstand und dieses Ziel unverrückt im Auge behielt.[20]) Zwar hieß es im Eingang der spätern „Konstitutionen" schlechthin und üblicherweise, daß „der Königin Majestät, um ein edles Beispiel und eine rühmliche Aufmunterung zu geben, in ihrem Palast eine Akademie von Männern der Litteratur gestiftet und bei Auswahl dieser Männer lediglich deren Verdienst in Betracht gezogen habe", und ganz ebenso ward im hergebrachten Stil als die Hauptaufgabe der Mitglieder bezeichnet: „die wahre Wissenschaft zu fördern". Klar und scharf aber ließ der achtzehnte Paragraph des Statuts den Grundgedanken der Königin, die Besonderheit ihrer Akademie erkennen, in dem sie es als ihre ausdrückliche Absicht bezeichnete, daß die Akademie in ihren öffentlichen und privaten Verhandlungen von der „Autorität der klassischen Autoren" geleitet werde. „In dieser Akademie sollen die Reinheit, die Fülle und die Majestät der toskanischen Sprachen herrschen. Nachgeahmt sollen nur die Meister der wahren Beredsamkeit aus dem Zeitalter des Augustus und dem Leos X. werden — ausgeschlossen ist der moderne schwülstige Stil." In direkter Verbindung mit dieser Festsetzung stand die weitere, daß alle Vorträge in italienischer Sprache stattfinden sollten, daß es aber den fremden Gästen der Akademie gestattet sei, sowol Vorträge in lateinischer Sprache zu halten, als sich bei den Diskussionen des Lateinischen zu bedienen, „weil Ihre Majestät diese Universalsprache nicht von ihrer Akademie ausschließen wollen". Indirekt aber wirksam auf eine der nötigsten Umwandlungen italienischer Poesie und Rhetorik zielte der elfte Paragraph der „Konstitutionen", der lakonisch besagte: „Alle Akademiker haben sich aller Schmeichelein und Lobgedichte für die Königin zu enthalten."

In diesen Festsetzungen tritt Verdienst wie Schranke der von Christine beabsichtigten „Reform" deutlich vor Augen. Gegenüber dem hohlen Bombast, der in Marini und Girolamo Preti seine klassischen Muster erblickte, konnte ein Zurückgreifen auf die einfache und edle Sprache der Dichter des Cinquecento von wirklicher Bedeutung werden und es fragte sich nur, ob die lebenden poetischen Talente Italiens geneigt waren, sich in die Zucht dieser Akademie nehmen zu lassen. Die Eitelkeit, im großen und ganzen die gefährlichste Feindin aller künstlerischen Entwickelung, kam hier ausnahmsweise der Königin zu Hülfe. Der Ruf ihrer Akademie verbreitete sich rasch, das Verlangen nach der Ehre der Mitgliedschaft wurde durch

die große Zahl hochstehender Edelleute und kirchlicher Würdenträger, die
der Gesellschaft von Haus aus angehörten, durch ganz Italien getragen.
Viele kleinere Akademien hegten den Wunsch, mit der Akademie der Königin
von Schweden in Verbindung zu stehen, und in der That fand es Christine
geraten, mit den Schöngeistern der römischen Provinzen zu korrespondieren
und selbst der Akademie der „Misti" von Orvieto ihre Anerkennung nicht
zu verweigern.[21]) Da aber der erstrebte Beifall der Königin absolut nur
um den Preis erworben werden konnte, daß man sich des Marinischen
Stils entledigte, so schickten sich Hunderte von Poeten und Belletristen
seufzend an zu andern Göttern als den „Concetti„ zu beten. Man muß
sich die friedliche Ruhe des damaligen Italien vergegenwärtigen, den ge=
zwungenen allgemeinen Müßiggang der Tausende von Patriziern und
Klerikern, denen doch gewisse Bildungstraditionen nicht fehlten, das unab=
weisbare Bedürfnis, wenigstens die Fiktion des Lebens und der Bewegung
zu haben, um zu begreifen, daß ein starker Wille und die Geschmackrichtung
einer hervorragenden Ausländerin einen entschiedenen Anstoß zu einer
Regeneration der italienischen Litteratur geben konnten.

Aber wie günstig diese Sachlage, wie günstig die persönliche Stellung
der Königin sein mochte, so darf man nicht vergessen, daß ihr von Haus
aus der Umstand zu Hülfe kam, daß die toscanischen Poeten des 17. Jahr=
hunderts im allgemeinen dem Marinismus Widerstand geleistet hatten.
Wie die politische Lage Toscanas unter seinen mediceischen Großherzögen
noch immer die verhältnißmäßig günstigste war, die in der ganzen Halb=
insel existierte, so hatten sich hier wenigstens einzelne Überlieferungen, Ge=
schmackrichtungen und Ehrenpunkte aus der großen Epoche der florentinischen
Bildung behauptet. Hier hatte Galilei seine Kreise gehabt und Salvator
Rosa die Freunde gefunden, die seinen bittern Satiren gegen Marini in
der Poesie und Bernini in der bildenden Kunst freudig zugejauchzt hatten.
Und hier war der Kern eines festen Widerstands gegen die künstlerische
Unnatur und Willkür bereits vorhanden, die Königin Christine aus der
italienischen Poesie verdrängen wollte. Es ließ sich voraussehen, daß die
Königin mit den toscanischen Schriftstellerkreisen in Verbindung treten
mußte, wenn sie ihrer Akademie eine größere als lokale Bedeutung geben
wollte.

Denn so wenig tiefere Einsicht die Zeit und mit ihr Königin Christine
in das Wesen der poetischen Phantasie und in den Zusammenhang von Leben
und Kunst hatten, so konsequent die Patronin der „königlichen Akademie"
fortfuhr die Aufgaben der Dichtung und der Beredsamkeit als identische zu
betrachten, so entging doch der Königin keineswegs, daß mit der Reinigung
der Sprache wenig gewonnen sein werde, wenn die Poesie fortfahre aus=
schließlich die byzantinische Huldigungsode, das Gelegenheitsgedicht im
schlimmsten Sinne des Wortes zu kultivieren. Sie faßte demgemäß auch
die Stoffe, die in geläuterter Sprache behandelt werden sollten, ins Auge,
und indem sie zu dem Resultat gedieh, daß der mythologisch=heroische
Stoffkreis, den die Operndichtung und das heroische Idyll vorzugsweise als

den ihrigen betrachteten, der Poesie um so förderlicher sein würde, als Dichtungen aus diesem Stoffkreise beinahe immer eine vergleichende Prüfung mit den lateinischen Dichtern der ersten römischen Kaiserzeit wie mit den italienischen der Renaissance zuließen, traf sie in dieser Erkenntniß mit den Neigungen und poetischen Überlieferungen der toscanischen Poeten zusammen. Je fester, selbstbewußter und zuversichtlicher also die Königin die letzten Ziele ihrer Reform ins Auge faßte, um so näher traten ihr die Toscaner, denen es unter den herrschenden Zeitverhältnissen immerhin für etwas gelten mußte, von dem weltberufenen Geschmack der Königin von Schweden gestützt und gepriesen zu werden.

Im letzten Jahrzehnt ihres Lebens sah sonach Königin Christine gedeihen, was sie seit Jahren ausgesäet hatte. Während die Sitzungen ihrer Akademie ihren regelmäßigen Fortgang nahmen, die Zahl der Mitglieder sich erweiterte, wuchs die Bedeutung der Publikationen, die von der Akademie ausgingen oder mit ihr im Zusammenhang standen. Es gelang, einige der toscanischen poetischen Talente, die die Aufmerksamkeit der Königin erregten und deren Bestrebungen entweder mit den litterarischen Grundsätzen Christine's zusammentrafen oder die sich diesen Grundsätzen anzubilden und anzuschmiegen vermochten, nach Rom zu ziehen. Mit mehreren anderen trat die Königin in Briefwechsel und wurde auf diese Art die Ermunterin und Lobspenderin jeder Schöpfung, die dem erstrebten „reinen" oder „neuen" Stil huldigte.

In Rom selbst war Christine natürlich unendlich mehr beschränkt und den Verhältnissen unterworfen als nach auswärts. Der Schutz, den die regierenden Päpste, sowohl Clemens X. (Emilio Altieri), als Innocenz XI. (Benedetto Odescalchi), der Akademie der Königin angedeihen ließen, zwang zu mancherlei Rücksichten gegen die vatikanischen Kreise, und nicht nur die Strenge der Zensur, die in der Akademie geübt werden mußte, sondern auch die beständige Aufnahme von Kardinälen und Kardinalnepoten, von päpstlichen Hausbeamten aller Art, zeigten hinlänglich, daß Christine das Prinzip völliger Unabhängigkeit und den Vorsatz, nur auf das litterarische Verdienst ihrer Akademiker zu achten, nicht konsequent durchführen konnte. Gleichwohl wußte sie die hervorragenden Naturen, auch wenn dieselben von keiner äußern Stellung unterstützt wurden, entschieden aus dem Troß herauszuheben. Der geistvolle römische Advokat Giambattista Zappi und seine poetische Gemahlin Faustina gehörten zum Beispiel zu ihren begünstigten Schützlingen, und Zappi erwarb durch die Königin eine so hervorragende litterarische Stellung, daß er später den Gründern der „Arkadia" hinzugesellt wurde.[22])

Unter den Toscanern, die Christine nach Rom zog, stand der Florentiner Benedetto Menzini allen andern voran. Als er 1685 nach Rom kam, war er durch den Kardinal Decio Azzolini und noch viel wirksamer durch sein poetisches Talent und seine künstlerischen Anschauungen der Königin empfohlen. Gleich seinem berühmtern Zeitgenossen Boileau versuchte er in einem Lehrgedicht der italienischen Poesie die Bahnen vorzuzeichnen, die sie künftig zu wandeln habe. Seine fünf Bücher „Dell arte poetica"[23]) trugen in klangvollen Terzinen und selbstredend in der Anlehnung an Virgil (an der es ja auch die „art poétique" Boileau's nicht fehlen ließ) unter fortwährender Berufung auf die Poeten des Altertums, die Anschauungen vor, die sich im Kreise der Königin gebildet hatten und deren Keime Menzini schon früher (in seinen „Zwölf Satiren") gepflegt hatte. Menzini vertrat gewissermaßen die natürliche Verbindung zwischen den Bestrebungen der Königin von Schweden und der toscanischen Dichter. Mit viel größerer Gewaltsamkeit mußte sich der eigentliche poetische Liebling der Königin, Alessandro Guidi aus Pavia, der, gleichfalls 1685, aus den Diensten des Herzogs von Parma in die der Königin übertrat und Mitglied ihrer Akademie wurde, in die neue Richtung hineinzwingen. Guidi hatte bereits eine gute Anzahl lyrischer Gedichte und das musikalische Drama „Amalasunta in Italia" veröffentlicht, die von den Manieristen freudig und mit Recht als gute Poesie in ihrem Sinne begrüßt worden waren. Königin Christine hatte dagegen das wirkliche Talent des Poeten aus dem Bilderprunk und rhetorischen Bombast dieser Erstlingsdichtungen herausgefühlt und zeigte sich, seit Guidi in ihre Dienste getreten war, so eifrig, die Fortschritte des gelehrigen Schülers im reinen Stil zu fördern und zu überwachen, daß der nimmer rastende Klatsch der römischen Gesellschaft an dem Verhältnis der sechzigjährigen Königin zu dem sechsunddreißigjährigen poetischen Abbate und Akademiesekretär einen letzten Anhaltepunkt zu finden beliebte. Nicht nur, daß Christine ihrem Lieblingsdichter die poetische Repräsentation bei den großen Feierlichkeiten ihrer Akademie überließ (so bei dem Feste, das 1687 zu Ehren der Thronbesteigung eines gekrönten Konvertiten, Jakobs II. von England, veranstaltet wurde), sie nahm auch teil an seiner poetischen Entwickelung, und Guidi's Gedicht „Endymion" war insofern das gemeinsame Produkt des Poeten und der Königin, als die letztere dem Dichter den Gang und die Behandlung der Fabel in einem (von ihm getreu ausgeführten) Entwurfe vorgezeichnet hatte.[24])

Hervorragender als ihre Hauspoeten waren jene Toscaner, mit deren poetischer Richtung die Königin übereinstimmte und zu denen sie nur in einen brieflichen Bezug trat. Hier erregte vor andern Francesco Redi von Arezzo ihr tieferes Interesse. Der geistvolle und vielseitige Naturforscher, der Freund Menzinis und Filicaja's und in der That aller bessern italienischen Schriftsteller seiner Tage, hatte zeitlebens neben seinen wissenschaftlichen Untersuchungen die Kunst gepflegt, und seine Dithyrambe „Bacco in Toscana"[25]) erachtete die Königin mit Recht als eine der besten Schöpfungen der neuern italienischen Poesie. Noch höher und verdientermaßen höher stand ihr freilich der größte Dichter, den Italien im Wendepunkt des 17. und 18. Jahrhunderts besaß: Vincenzio Filicaja. Dieser edle Florentiner, der erste erlauchte Name in der Reihe derer, an die die wahrhafte politische wie litterarische Wiedergeburt Italiens sich knüpft, lebte Anfang dieser achtziger Jahre in einer Zurückgezogenheit, aus der ihn erst später der persönliche Wunsch des Großherzogs in hohe Staatsämter rief. Eben jetzt trugen seine berühmten Oden an Johann Sobieski von Polen und Karl von Lothringen, bei Gelegenheit der Befreiung Wiens von den Türken, seinen Namen durch Italien und halb Europa. Mit dem Instinkt, der sie befähigte, das Große und Hervorragende anderer Naturen zu erkennen, sah Christine in Filicaja die Erfüllung ihrer Wünsche für die italienische Litteratur. Sie fühlte die Überlegenheit dieses Talents über alle andern und sie scheute sich nicht, ihrer Empfindung den bestimmtesten Ausdruck zu geben. „Könnten edle Werke", schrieb sie 1684 an Filicaja, „anders als in sich selbst und in Gott ihren Lohn finden, so würde es wenig würdigere Belohnungen geben, als die aus Ihrer Feder, die nur erhabenes und wahres Lob spenden kann. Wenn der große Alexander heute lebte, würde er die Fürsten unserer Zeit mehr um Sie beneiden, als er Achill um Homer beneidet hat. In Ihnen scheint mir der unvergleichliche Petrarca wiederstanden zu sein. Von Ihnen allein darf unser Jahrhundert ein heroisches Gedicht, dem des Tasso vergleichbar, erwarten." Und als Filicaja diese Begeisterung mit erfreuter Dankbarkeit aufnahm, sich der Königin näherte, dabei aber ganz richtig geltend machte, daß sein Talent engere Grenzen habe, als die Königin zugeben wollte, daß ihm, nicht der poetische Schwung und die Phantasie, wohl aber das Leben fehle, aus dem Gestaltungskraft erwächst und sich stählt, fuhr sie fort, mit liebenswürdigem Eifer in ihn zu bringen. „Da es Ihnen nicht mißfällt, von mir angespornt zu werden, so erweisen Sie mir den Dienst, unser Zeitalter mit Ihren Werken zu bereichern. Das sind Sie Gott, Italien, sich selbst schuldig — auch mir — da Sie es so wollen. Und ich werde stolz darauf sein, daß man einst sage: ‚Christine, obgleich eine Fremde, hat des großen Filicaja Werke gelesen und geschätzt.‘"[26])

Das Auftreten Filicaja's, der Beifall, den er fand, erfüllte die Königin mit der höchsten Genugthuung. Sie sah, während dieser letzten Lebensjahre, einen Umschwung im litterarischen Geschmack, von dem sie hoffen mochte, daß er noch weit schneller zum Ziele: zu einem neuen glänzenden Zeitalter lebendiger und kraftvoller italienischer Dichtung führen würde, als es in Wahrheit geschah. Sie täuschte sich nicht darüber, daß ihre Akademie, ihr unabläßiges persönliches Anregen einen günstigen Erfolg hatten, aber sie täuschte sich, wie es in ihren Umgebungen kaum anders möglich war, über die Tragweite dieses Erfolgs. Sie ermaß nicht, welche ungeheuern Umwälzungen der gesammten italienischen Zustände erfolgen mußten, bevor eine Erscheinung wie die Filicaja's mehr als eine Ausnahme werden konnte, und ahnte nicht, warum Filicaja selbst wohl seine unsterblichen Sonette auf Italien, aber kein heroisches Epos im Stil des „Befreiten Jerusalem" zu dichten vermochte. Aber wenn man dies alles nicht verschweigen darf, so wäre es dennoch ungerecht, ihrer Akademie, ihren Bestrebungen und deren Nachwirkungen alle Bedeutung abzusprechen und mit de Sanctis und andern italienischen Schriftstellern von heute, in der litterarischen Gesellschaft der Königin von Schweden, aus welcher die „Arcadia" hervorwuchs nur einen müßigen Zeitvertreib zu erblicken.²⁷) Die wenigen bessern italienischen Autoren des 18. Jahrhunderts und selbst ein Metastasio wären ohne die Bestrebungen der Kreise, deren Mittelpunkt Christine zwei Jahrzehnte hindurch war, nicht zu denken gewesen!

Die Königin lebte in ihren letzten Jahren recht eigentlich nur in diesen Bestrebungen. Selbstthätig nahm sie nur einen bescheidenen Anteil an den Produktionen ihrer Akademie. Ihre geistvollen „Maximes et Sentences" wurden wohl nur den Vertrauten mitgeteilt und gaben allenfalls Aufgaben zu den moralphilosophischen Debatten ihrer Akademiker ab. Die „Réflexions diverses sur la vie et sur les actions d'Alexandre le Grand" dürfen zu den rhetorischen Stilübungen gerechnet werden, denen die königliche Akademie nur allzu viele Zeit widmete. Christines eigene Poesien endlich erhoben sich in keiner Weise über den Durchschnitt jener poetischen Leistungen, deren Unzulänglichkeit die Königin erkannte und bekämpfte. Sie entstanden zudem fast regelmäßig bei unglücklichen Veranlassungen, noch zuletzt schrieb sie einen Panegyrikus auf den Einzug des Carl von Castelmaine, Gesandten Jakobs II. von England in Rom²⁸) und die Beschämung blieb ihr nicht erspart, ihre Prophezeiungen vom Anbruch eines glücklichen, glaubensvollen Zeitalters für England durch die englische Revolution vom November und Dezember 1688 beantwortet zu sehen.

Christines Akademie stand in voller Blüte, sie selbst in voller Geistesfrische und Regsamkeit, als der Tod sie am 19. April 1689 in ihrem Palast zu Rom ereilte und allen fernern Bestrebungen entriß. Die Trauer, die ihr die Schriftsteller Italiens widmeten, war jedenfalls aufrichtiger und nachhaltiger als die des päpstlichen Hofes, der es an äußerm königlichen Trauerpomp für die erlauchteste und berümteste Konvertitin der alleinseligmachenden Kirche im 17. Jahrhundert allerdings nicht fehlen ließ. Aus Christines Akademie ging schon im nächsten Jahre nach ihrem Tode die Gesellschaft der Arkadier (Gli Arcadi) hervor, die alle Prinzipien und Bestrebungen, denen die Königin ihren Schutz geliehen, aufrecht erhielt und weiter führte.

Wie hoch oder wie gering man von den Resultaten denken mag, die der Musenhof der Königin von Schweden für Italien und seine Litteratur gehabt: es waren die einzigen bleibenden Resultate eines vielbewegten Lebens und einer zweifelsohne groß angelegten Natur. Vermochte die Nachwelt nicht in die Panegyriken einzustimmen, die unmittelbar nach Christines Hinscheiden erklangen, so hat sie der entthronten Königin doch den Platz in der italienischen Litteraturgeschichte nicht mißgönnt, von dem ihr an ihrer Wiege nicht gesungen worden war und den sie um so hohen Preis hatte erkaufen müssen!

Anmerkungen.

1) Leopold Ranke, die römischen Päpste in den letzten vier Jahrhunderten (6. Aufl., Leipzig 1874). III, Buch 8, S. 56 fg.

2) E. G. Geijer, Geschichte Schwedens (Hamburg 1836), III, 360.

3) Hochinteressant und viel zu wenig beachtet sind in dieser Beziehung die Berichte des Gesandten der englischen Puritanerrepublik in: A Journal of the Swedish Embassy in the years 1653 and 1854. Impartially written by the ambassador Bullstrode Whitelocke. New edition by Henry Revel, Esq. (London 1855). Vgl. namentlich I, 247 fg, 285 fg..

4) Chanut, Négociations en Suède. Bei Ranke, III, 8, 53. Vgl. auch Whitelote, I, 226.

5) Guiseppe Francesco Mostraba, Testoni applausi fatti nella Sapienza, Collegio romano e altri luoghi di Roma alla Serenissimae Regina di Suetia (Rom 1656); Blyde Incomste van Koniginne Christina Maria Alexandra te Roma. 1656. In den Werkens van Vondel door J. vann Lennep (Amsterdam 1862), VII, 3. — Viele Einzelheiten auch in: Ardenholz' Mémoires concernant Christine, reine de Suède, pour servir d'éclairissement à l'histoire de son règne et principalement de sa vie privée et aux événements de l'histoire de son tems civile et littéraire (Amsterdam und Leipzig, 1751, I und II).

6) Ardenholz, Mémoires concernant Christine, reine de Suède etc., I, 502.

7) Geijer, Geschichte Schwedens, IV, 397.

8) Geijer, Geschichte Schwedens, IV, 518.

9) Ardenholz, Mémoires, II, 114.

10) Platner und Bunsen, Beschreibung der Stadt Rom (Stuttgart und Tübingen 1830—42), III, 3, 604.

11) Scarron, Dernières Oeuvres (Amsterdam 1713), I, 16, 29 — Lettres de Mesdames de Scudéry (Paris 1806).

12) Borelli, De motu animalium (Rom 1680—81). Fr. Rebi, Opere (Venedig 1762) II, 87.

13) Ein Denkmal ihrer Goldmacherei, zu welcher ein mailändischer Abenteurer, Borro, der in der Engelsburg starb, sie verleitete, ist das mit magischen Zeichen und Inschriften bedeckte Gartenthor der vormaligen Villa Palombara am Wege Santa-Maria Maggiore nach dem Lateran, deren Besitzer zu ihrem Gesellschaftskreise gehörte. Alfred Reumont, Geschichte der Stadt Rom (Berlin 1867—70) III, 638.

14) Vgl. die zahlreichen Briefe an italienische Gelehrte dieser Art bei Arden=

holß, Mémoires concernant Christine, reine de Suède, III und IV.

15) Marini, Opere (Paris 1650). — Claubio Achillini, l'oesie (dedicate al Grande Odoardo Farnese, duca di Parma) (Bologna 1632). — Girolamo Preti, Poesie (Venedig 1670).

16) Marini, Strage degli Innocenti, Buch 3, Stanze 55, 82 fg.

17) Crescimbeni, Storia della volgar Poesia (Rom 1814).

18) Ferrari betrieb den goldenen Erwerb systematisch, er erlangte Pensionen von Christine, von Ludwig XIV. und der Republik Venedig. Le Clerc, Bibliothèque ancienne et moderne. VI. 117.

19) Ardenholß, Mémoires etc., IV, 31. Ranke, die römischen Päpste, III, Buch 8, S. 62.

20) Constituzioni dell' Academia reale. Ardenholß, Mémoires etc, IV., 28.

21) Brief Christines an den Grafen Paul Antonio Monaldeschi vom 23. März 1680. Ardenholß, Mémoires, IV, 27.

22) Die Gründung der eigentlichen „Arcadia" fand erst nach dem Tode Christine's, 5. Oktober 1690, statt. Vgl. Catalogo degli Arcadi (per ordine del alfabeto cet.) in Crescimbeni (Custode d'Arcadia), Commentarii intorno alla sua storia della vulgar Poesia (Venedig 1730).

23) Dell Arte poetica di Benedetto Menzini, accademico della Real Maestà di Cristina regina al Suezia (Florenz 1687).

24) Poesie d'Alessandro Guidi. Con la sua vita novamente scritta dal Canonico Crescimbeni (Verona 1726). Darin: „L'Endimione", S. 213. Lobgedichte auf die Königin: „A Cristina regina oct.", S. 62. „Educacione di Cristina per l' armi (al Signor Principe Lodovico Pico della Mirandola)", S. 68.

25) Redi, Poesie (London 1782). Darin: „Bacco in Toscana."

26) Die Briefe Christines an Filicaja bei Ardenholß, Mémoires etc., IV, 412. Vincenzio Filicaja, Poesie (Florenz 1707).

27) De Sanctis, Storia della letteratura italiana (2. Aufl., Neapel 1873): „Che faceva l'Italia innanzi a quel colossale movimento di cose o d' idee? L'Italia creava l' Arcadia. Era il vero prodotto della sua esistenza individuale e morale. I suoi poeti rapprentavano l' età dell oro o in quella nullità della vita presente fabbricavano temi astratti e insipidi amori tra pastori e pastorelle. — Letteratura e scienza erano Arcadia, centro Cristina di Suezia, povera donna, che non comprendendo i grandi avvenimenti, de quali erano stati tanta parte i suoi Gustavo e Carlo, si era rifugitta a Roma co' suoi tesori e si sentiva tanto felice tra quegli Arcadi ch' ella proteggeva, e che con dolce ricambio chiamavano lei immortale e divina. Felice Cristina! e felice Italia!" II, 308.

28) Macaulay, History of England (London 1849), II, Kap. 7, S. 265.

Der Dichter der „Insel Felsenburg".

In jenen weit zurückliegenden Tagen, in denen die deutsche Litteratur minder romangesegnet war, als sie sich von der Sturm= und Drangperiode an bis zu einer Gegenwart rühmt, in der ihr denn doch gelegentlich des Segens zu viel wird, erfreuten sich beliebt werdende Romane eines zähern und längern Lebens als in späterer Zeit. Anselm von Ziegler's „Asiatische Banise oder blutiges doch mutiges Pegu" hatte schon zwei Generationen entzückt, als im vierten Jahrzehnt des 18. Jahrhunderts ein Roman hervortrat, der das Interesse der deutschen Lesewelt von Beginn an im höchsten Maße fesselte, da er in jahrelang auseinanderliegenden Fortsetzungen veröffentlicht wurde, aufs äußerste spannte und nach seiner Vollendung lange Jahre hindurch befriedigte. „Die Insel Felsenburg" oder wie der anmutig barbarische Originaltitel lautete: „Wunderliche Fata einiger Seefahrer, absonderlich Alberti Julii eines gebornen Sachsens, welcher in seinem achtzehnten Jahre zu Schiff gegangen, durch Schiffbruch selbviert an eine grausame Klippe geworfen worden, nach deren Übersteigung das schönste Land entdecket, sich daselbst mit seiner Gefährtin verheiratet, aus solcher Ehe eine Familie von mehr als dreihundert Seelen erzeuget, das Land vertrefflich angebauet, durch besondre Zufälle erstaunenswürdige Schätze gesammelt, seine in Deutschland ausgekundschafteten Freunde glücklich gemacht, am Ende des 1728ten Jahres als in seinem hunderten Jahre annoch frisch und gesund gelebt und vermutlich noch zu dato lebt, entworfen von dessen Bruders Sohnes Sohn Monsieur Eberhard Julio", mit ihrer in drei Bänden fortgesetzten „Geschichtsbeschreibung Alberti Julii und seiner auf der Insel Felsenburg errichteten Colonieen" gehörte ohne Frage zu den gelesensten und allbekanntesten Büchern der ersten, ja noch der zweiten Hälfte des 18. Jahrhunderts.

Von 1731, wo (Nordhausen, bei Joh. Heinrich Groß, privilegirtem Buchhändler) der erste Band hervortrat, bis 1743, in welchem Jahre der vierte und letzte Teil herausgegeben wurde, waren bereits verschiedene Neu= und Nachdrucke des Romans nötig geworden, in langer Folge durchziehen die berechtigten und unberechtigten Ausgaben der „Insul Felsenburg" die Buchhändlerregister der nächsten Jahrzehnte und erstrecken sich bis zum Jahre 1768.[1] Das eigentümliche Buch gewann eine Verbreitung, wie sie heute Romanen kaum mehr gegönnt ist, es scheint sich in den Hausbibliotheken der Wohlhabenden wie im Besitz zahlreicher solcher Familien befunden zu haben, deren ganzer Bücherschatz aus wenigen Bänden bestand. Die Beliebheit des Hauptwerks wie der Fortsetzungen erlitt selbst durch den unerquicklichen letzten Teil des Romans keinen Abbruch, sie wird ausdrücklich durch eine ganze Reihe vollgültiger Zeugnisse bestätigt. Goethe hebt bei Erwähnung seiner Jugendlektüre (im ersten Buch) von „Wahrheit und Dichtung") hervor: „daß Robinson Crusoe sich zeitig angeschlossen liegt wohl in der Natur der Sache, daß die Insel Felsenburg nicht gefehlt habe, läßt sich denken." Karl Philipp Moritz erzählt im „Anton Reiser" sehr bezeichnend: „Demungeachtet bekam Anton durch seine Base, die schöne Banise, die Tausendundeine Nacht und die Insel Felsenburg in die Hände, die er nun heimlich und verstohlen in der Kammer las und gleichsam mit unsättlicher Begierde verschlang. — Die Erzählung von der Insel Felsenburg that auf Anton eine sehr starke Wirkung, denn nun gingen eine Zeit lang seine Ideen auf nichts Geringeres als einmal eine große Rolle in der Welt zu spielen und erst einen kleinen, dann immer größern Zirkel von Menschen um sich herzuziehen, von welchem er der Mittelpunkt wäre: dies erstreckte sich immer weiter und seine ausschweifende Einbildungskraft ließ ihn endlich sogar Thiere, Pflanzen und leblose Kreaturen mit in die Sphäre seines Daseins hineinzuziehen und alles mußte sich um ihn als den einzigen Mittelpunkt umherbewegen, bis ihn schwindelte."[2])

Es wäre leicht, aus den Biographien und Autobiographien des 18. Jahrhunderts zahlreiche ähnlich lautende Belege für die starken Eindrücke des Buches beizubringen. Berücksichtigt man jedoch nur, in welchen Umgebungen und häuslich geselligen Verhältnissen Goethe, in welchen Karl Philipp Moritz aufwuchs, so hat man schon einen Maßstab dafür, über welche Breite des deutschen Lebens jener Zeit die denkwürdige Robinsonade mehrere Jahrzehnte lang wirkte. Eine solche Haltung und lange nachhaltige Wirkung könnte kaum bei einem völlig gehalt- und wertlosen Buche stattgefunden haben. Jedenfalls aber würde einer bloßen Modeschrift gegenüber die völlige Vergessenheit rasch genug eingetreten sein. Anstatt dessen läßt sich bei der „Insel Felsenburg" die zäheste Lebenskraft und eigentümlichste Nachwirkung leicht erweisen. Sowie der im letzten Viertel des vorigen Jahrhunderts eingetretene Umschwung der Litteratur auch die Durchschnittsdarstellungen zu beeinflussen begann, der plumpere und rohere Vortragston der „Insel Felsenburg" unleidlich wurde, bemühten sich eine Reihe von Schriftstellern, entweder das Werk neu aufzustutzen oder wenigstens den eigentlichen Kern desselben zu retten. Unter den Neuherausgebern finden wir Ch. K. Andre, welcher dem alten Roman die Eigenschaften eines „sittlich unterhaltenden Lesebuchs" vindizierte, Karl Lappe, der ihn lediglich unter dem Gesichtspunkte einer Robinsonade neu bearbeitete, endlich Ludwig Tieck, der mit gerechter Vorliebe für das interessante Buch dasselbe vollständig neu veröffentlichte; unter den poetischen Nacherzählern Achim von Arnim, der in seinem „Wintergarten" unter dem Doppeltitel „Das wiedergefundene Paradies" und „Albert und Concordia" den Hauptinhalt des ersten Bandes der „Insel Felsenburg" zum Teil wörtlich benutzte, und Adam Oehlenschläger, der aus dem alten Roman einen neuen (zuerst in deutscher Sprache veröffentlichten): "Die Inseln im Südmeer", herstellte.³) Die Thatsache, daß das alte einst allverbreitete und gelesene Buch fort und fort wieder auflebte, daß seine Erfindung so poetische Naturen wie Tieck, Achim von Arnim und Oehlenschläger fast ein Jahrhundert nach dem ersten Erscheinen interessierte und fesselte, mag als Beweis gelten, daß es sich hier in der That um eine in ihrer Art außergewöhnliche Erscheinung handelte. Die litterarhistorische Beurteilung ist dem eigentümlichen Werte der alten Phantasieschöpfung und der Bedeutsamkeit ihrer zähen Lebenskraft nicht überall und nicht gleichmäßig gerecht geworden, ein Teil der Beurteiler scheint Lessing nachgefolgt, der allerdings gerade für die Vorzüge der "Insel Felsenburg" kaum ein Organ besaß und bei gelegentlicher Erwähnung des in seiner Zeit allverbreiteten und allgepriesenen Romans sich geringschätzig genug über denselben äußerte.⁴) Die größere Anzahl indes ließ, namentlich seit der Wiederherausgabe der "Insel Felsenburg" durch Tieck, dem in mehr als einer Beziehung denkwürdigen, in all seiner Unbeholfenheit und Roheit ohne Frage gehaltvollen Buche Beachtung, zuletzt vielleicht selbst etwas mehr als Beachtung widerfahren. Gern wird man Hettner, der noch in jüngster Zeit im dritten Teil seiner "Litteraturgeschichte des achtzehnten Jahrhunderts" sehr entschieden für die Vorzüge der deutschen Robinsonade eingetreten ist, darin beistimmen, daß in diesem Roman "ein erfrischender Hauch echter Poesie" vorhanden sei, "der uns hier wie aus keinem andern Dichtwerk jenes Zeitalters entgegenweht", und muß von vornherein zugeben, daß der Verfasser der "Insel Felsenburg" das Verdienst hat, dem innern Gehalt der überkommenen Szenerie der Robinsonaden "in gewissem Sinne sogar eine tiefere Fortbildung gegeben zu haben".⁵)

Auf alle Fälle ist dem Lieblingsromane der ersten Hälfte des 18. Jahrhunderts nicht allein dieses poetische Verdienst zuzusprechen (was freilich die Hauptsache bleibt), er darf vielmehr auch als ein kulturgeschichtlich in hohem Maße denkwürdiges Buch betrachtet werden, in welchem sich Ideale, Vorstellungen, Vorurteile und Lebensgewohnheiten eines guten Teiles der damaligen deutschen Welt in charakteristischer Weise widerspiegeln.

Gegenüber einer so weitreichenden Wirkung, einer so zähen Lebenskraft, wie sie die Geschichte von der "Insel Felsenburg" bewährt, gegenüber dem vielstimmigen und hohen Lobe, mit welchem sie direkt und indirekt (durch die wiederholte Erneuerung) bedacht worden ist, muß es wundernehmen, daß die Persönlichkeit des Verfassers von vornherein völlig in den Hintergrund getreten scheint. Zunächst zwar hätte es kaum auffallen dürfen, wenn die deutsche Leserwelt sich bei der Fiktion beruhigte, durch die der unbekannte pseudonyme Herausgeber seinem Roman den Anstrich größerer Glaubwürdigkeit, den Schein einer gewissen Realität zu verleihen gesucht hatte. Nach dem Titel der "Wunderlichen Fata" oder der "Geschichts=Beschreibung Alberti Julii" war das Buch von keinem Geringern als von dem Bruders=Sohnes=Sohne des ehrwürdigen

Gründers der auf der „Insul Felsenburg in vollkommenen Stand gebrachten Colonien" von Monsieur Eberhard Julio entworfen. Immerhin aber fungierte als Herausgeber, der die Geschichtserzählung des Julius „curieusen Lesern zum vermuthlichen Gemüthsvergnügen ausgefertigt, auch par comission dem Druck übergeben", ein Deutscher, der den Kriegsnamen „Gisander" führte, die Vorreden des dritten und vierten Teils dieses Buchs von „Raptim an der Wilde" aus datierte und im allgemeinen wenigstens kein Hehl daraus machte, daß er mitten in Deutschland lebe und das deutsche Publikum bei Gelegenheit mit andern Werken seiner Feder zu erfreuen gedenke.⁶) Unter dem gleichen Namen Gisander veröffentlichte der Verfasser der „Insel Felsenburg" denn auch während der Jahre, in denen die einzelnen Bände seines Hauptbuchs erschienen, noch eine kleine Reihe verschiedener Schriften, die freilich nicht über einen sehr eng gezogenen Kreis hinausgedrungen scheinen, die aber wenigstens zeigen, daß er nicht eben ängstlich bemüht war, den Schleier seiner Pseudonymität dicht um sich zu ziehen. Denn während unser Dichter und Autor auch seine „Lebens=, Helden= und Todesgeschichte des berühmtesten Feldherrn bisheriger Zeiten Eugenii Francisci, Prinzen von Sabohen rc." (Stolberg 1737) unter dem klangvollen Namen „Gisander" erscheinen ließ, unterzeichnete er sich in einer an seine allergnädigsten Grafen und Herren die Grafen Gottlob Friedrich und Friedrich Botho von Stolberg gerichteten Dedikationsepistel dieses Büchleins als deren „unterthänigst gehorsamster Knecht" Johann Gottfried Schnabel.⁷) Der wirkliche Name des Verfassers der „Insel Felsenburg" ist demnach an gewissen Stellen bekannt gewesen, ehe das vielberühmte Buch seinen Abschluß gefunden hatte und solange das Interesse noch vollkommen frisch war. Gleichwohl scheint sich weder das große Publikum, welches den Roman begierig kaufte und las, noch irgendeiner der zahlreichen litterarischen Kreise der Zeit um den Dichter und seine Verhältnisse gekümmert zu haben. Wo in jenen Tagen Tagen litterarische Kritik geübt wurde, ließ man sich eben nicht träumen, daß irgendeine der zahlreichen und größtenteils erbärmlichen deutschen Nachahmungen des Defoe'schen „Robinson" der deutschen Dichtung im engern Sinne zugehöre und daß eine phantastische Unterhaltungsschrift für blos „neugierige" Leser mehr wirkliche Poesie enthalten könnte als die sämtlichen Belustigungen des Verstandes und Witzes, die von den um Gottsched vereinigten Magistern und französischen Tragödienübersetzern unternommen wurden. Der Zug der Zeit ging mit Recht zunächst nach Gewinnung von klaren und festen Formen, nach sprachlicher Wiedergeburt und, wo es hoch kam, nach der Wiedergabe der sittlichen Gesinnung in poetischer Darstellung — ein Schriftsteller vom Gepräge des Dichters der „Insel Felsenburg", der auf so besondere Weise Wirkungen suchte und auch das Beste, was er zu geben hatte, in unfertiger Gestalt und rohem Ausdruck gab, paßte weder in die Reformbestrebungen hinein, die vom Gottsched'schen Kreise ausgingen, noch in jene weiter greifenden, die etwas später in den „Bremer Beiträgen" zu Tage traten. So erklärt es sich einigermaßen, daß auch die fleißigsten Sammler der Gelehrtengeschichte des vorigen Jahrhunderts nichts vom Verfasser unsers Romans wissen. Jöcher's großes „Allgemeines Gelehrten-Lexikon" führt weder den bürgerlichen Namen Schnabel, noch den pseudonymen Gisander auf. Meusel's „Lexikon der vom Jahre 1750—1800 verstorbenen Schriftsteller" kennt nur einen sächsischen Pfarrer Salomo Gottfried Schnabel, der als Pfarrer zu Skassa und zu Dame gelebt, 1796 verstorben ist und „Moralische Regeln zur feinern Bildung des Landvolks" verfaßt hat, übrigens mit dem Poeten, dessen Schicksale so vielfach im Dunkel liegen, recht gut verwandt sein könnte. „Das gelehrte Sachsen oder Verzeichnis der in den Churfürstlich sächsischen und incorporirten Ländern jetzt lebenden Schriftsteller" von Fr. Aug. Weiz, das 1780 abgeschlossen ward, schweigt von Schnabel gänzlich, was übrigens weniger auffallen darf, da der Romandichter zu dieser Zeit aller Wahrscheinlichkeit nach nicht mehr unter den Lebenden weilte. Auch der „Grundriß einer Geschichte der Sprache und Litteratur der Deutschen von den ältesten Zeiten bis auf Lessing's Tod", des berliner Predigers Erduin Julius Koch, das reichhaltigste und fleißigste Kompendium, das nach Standesgebühr von minder fleißigen Schriftstellern weiter ausgebeutet wurde, zählt in seinem (1798 abgeschlossenen) zweiten Bande wohl in dem ausführlichen Verzeichnis der Robinsonaden und robinsonartigen Dichtungen die „Insel Felsenburg" und ihre verschiedenen Ausgaben mit besonderer Auszeichnung auf, nennt auch einen andern Roman Gisander's: „Der aus dem Monde gefallene und nachher zur Sonne des Glücks gestiegene Prinz", gedenkt aber des eigentlichen Namens des Verfassers nicht.[8]) Die spätern Litterarhistoriker konnten aus diesen Quellen nicht schöpfen. Und in der That scheint die erste öffentliche Aufklärung darüber, daß der Dichter der „Insel Felsenburg" im bürgerlichen Leben Schnabel geheißen und zu Stolberg am Harz gelebt habe, erst im zweiten Jahrzehnt unsers Jahrhunderts erfolgt zu sein. Der gothaische „Allgemeine Anzeiger der Deutschen" enthielt im Oktober 1811 eine Anfrage nach dem Verfasser dieses einst beliebten und noch immer nicht völlig vergessenen Romans. Diese Anfrage wurde in derselben Zeitschrift im Februar des nächstfolgenden Jahres von einem sonst unbekannten Kopler in Frankfurt am Main dahin beantwortet: „Der Verfasser des Romans „Die Insel Felsenburg" ist ein Kammersekretär Schnabel in Stolberg am Harz gewesen, welcher gegen Ende der siebziger Jahre daselbst gestorben ist. Sein Roman ist eine Darstellung der dortigen Gegenden und seine Personagen eine Kopie von den damals dort herum lebenden Menschen. Ich habe diese Auskunft von einem meiner Freunde, welcher noch lebt und den Verfasser persönlich gekannt, auch dieses aus dessen eignem Munde hat."[9])

Obschon diese Auskunft so viel unsichere Angaben als Zeilen in sich schloß, wurde sie doch offenbar der Ausgangspunkt für die verschiedenen spätern Mitteilungen über den Verfasser der „Felsenburg". In Raßmann's „Kurzgefaßtem Lexikon pseudonymer Schriftsteller" wird die bezeichnete

Notiz kurz wiederholt. Weller's „Index Pseudonymorum" hingegen kennt „Gisander" unter dem Namen Ludwig Schnabel, der auch durch eine Reihe von Litteraturgeschichten hindurchgeht. Überall aber, soweit die Lebensumstände des Poeten erwähnt sind, herrscht die Annahme vor, daß wir es mit einem friedlich und stillbescheiden dahinlebenden Hausbeamten einer halbsouveränen Familie zu thun haben, der ohne litterarischen Ehrgeiz, lediglich um sich und andere zu vergnügen, die beste auf deutschem Boden entstandene Nachahmung des Defoe'schen „Robinson" geschrieben habe. Nur Tieck, der im ganzen von dem Autor, dessen Werk er herausgab, eben auch nichts Sicheres gewußt zu haben scheint, macht doch in der dialogisierten Vorrede zu seiner Ausgabe der „Insel Felsenburg" die Bemerkung: „Dieser Autor, welcher in jenen Jahren viele Bücher geschrieben hat, zeigt eine vielseitige Kenntnis seines Zeitalters und des damaligen Wissens, auch Chemie, Astrologie und die Goldmacherkunst sind ihm nicht fremd, er hat die Menschen mit scharfem und sicherm Auge beobachtet. Vorzüglich interessant sind die mannichfaltigen Lebensbeschreibungen der Colonisten, von denen fast alle den echten Beruf eines Schriftstellers beurkunden."[10]) Er deutet gewissermaßen darauf hin, daß wir es bei „Gisander" mit einer litterarischen Persönlichkeit von mannichfacher Welterfahrung zu thun haben, und in der That erweist sich, daß die „Insul Felsenburg" von einem litterarischen Abenteurer des eigentümlichsten Gepräges geschrieben ist, dessen Leben und Schicksale, wenn sie je voll aufzuhellen wären, wahrscheinlich einen mehr denkwürdigen als sonderlich erfreulichen Beitrag zur deutschen Sittengeschichte des 18. Jahrhunderts abgeben müßten und auch in dem verhältnismäßig kurzen, durch die Abfassung des Hauptwerks immerhin wichtigsten Zeitraum, den wir genauer darzustellen vermögen, wahrlich ein starkes und sehr besonderes Interesse gewähren.

Doch weil es sich so gefügt hat, daß das Buch bekannt genug ward und der Autor unbekannt blieb, scheint es billig, zuerst von dem einst allgelesenen Romane zu sprechen und klar zu stellen, worin der Reiz und die nachhaltige, an grundverschiedenen Naturen bewährte Anziehungskraft dieser Robinsonade liegt. Es ist nicht nötig, hier des Breitern der Wirkungen zu gedenken, die das Erscheinen des Defoe'schen „Robinson" im ganzen Europa hervorgebracht hatte. Die romanhaft gestaltete Geschichte eines schottischen Matrosen fesselte ganz offenbar nicht nur durch ihre Originalität, durch den kernfrischen Realismus der Darstellung, die eigentümlich lebendige Art, mit welcher einem einzelnen Menschen die Kraft und Fähigkeit geliehen wurde, alle Errungenschaften der Kultur von Jahrhunderten für sich allein noch einmal zu erringen, sondern auch durch einen in Defoe's Buch versteckt liegenden, von der Mehrzahl der Leser heraus empfundenen und aus eigenem innern Bedürfnis verstärkten sentimentalen Grundzug. Die Friedseligkeit, mit welcher Robinson nach gethanem Tagewerk den Abend genießen kann, die gänzliche Freiheit von allen schlimmen Einflüssen der Gesellschaft, die Sicherheit vor jenen

Kämpfen und Leiden, die aus jedem bürgerlichen Zustande und jeder privaten Umgebung erwachsen und auch in Zeiten bitter empfunden wurden, welche keine pessimistischen Philosophen kannten — alles dies sprach die Welt im ersten Viertel des 18. Jahrhunderts in eigentümlicher Weise an. Es lebten Hunderttausende, die wenigstens im Traum den heimischen Zuständen mit ihrer Qual und ihrem Druck gern entflohen wären und sich an Robinson's friedlicher Insel — friedlich bis zur Entdeckung der Spuren der Kannibalen und bis zu den Kämpfen mit diesen — recht innerlich weideten. Defoe in seiner Robustizität legt bekanntlich auf diese Seite seines Buchs kein zu starkes Gewicht und läßt vielmehr seinen Robinson lebhaft nach der Gesellschaft anderer Menschen, ja nach der Heimkehr verlangen. Aber die Freude an der Weltflucht und einer friedlichen Einsamkeit, die durch sein Buch so gut genährt wurde, als die Lust an fremden Zuständen und bedeutenden Abenteuern, trat natürlich alsbald in den zahlreichen Nachbildungen und vermeinten Verbesserungen des „Robinson" zu Tage. Sowie sich unter den Robinsonaden eine ganze Gruppe unterscheiden läßt, in denen die Verarbeitung von Land- und Seereisen, die Schilderungen fremder Gegenden und Menschen vorwiegen, so giebt es eine zweite Gruppe, in welcher das Hauptmotiv in der glückseligen Trennung vom Kampf und Drang der Welt, in der beliebigen Ausmalung eines idealen Daseins liegt, womit denn die Robinsonaden wieder an die alten Utopienromane anknüpften. Der wesentliche Unterschied bleibt immer der, daß in den letztern die abstrakte Idee, die Durchführung politisch-sozialer Prinzipien, die vermeinte Lösung gewisser Probleme vorwaltet, während die robinsonähnlichen Erzählungen, die wir hier im Auge haben, zunächst durch die Darstellung eines wundersamen Einzelschicksals, das denn allenfalls auf mehrere ausgedehnt wird, zu fesseln und zu befriedigen suchen. Sie sind offenbar da am wirksamsten, wo der Verfasser sich selbst zu befriedigen getrachtet hat, und wenn das von einem Buche der ganzen Gattung gilt, so ist dies die „Insul Felsenburg".

Der angebliche Berichterstatter über die wunderbaren Fata und Abenteuer einiger Seefahrer, Monsieur Eberhard Julius, stellt sich in der einleitenden Erzählung des Buches als ein im Mai 1706 geborener junger Sachse, Sohn eines wohlbemittelten Kaufmanns Franz Martin Julius dar, welcher von Ostern 1723 an die Rechte zu Kiel und nach dem im nächsten Jahre erfolgenden plötzlichen Ableben seiner Mutter zu Leipzig studiert hat. Hier erreicht ihn im Frühling des Jahres 1725 die Trauerkunde von einem plötzlichen Bankbruch seines Vaters, der den Verlust seines Wohlstandes nur dadurch überleben kann, daß er nach Ost- oder Westindien aufbricht und dort den Kampf um Glück und Güter wieder aufnimmt.

Der junge Eberhard Julius aber ist bereits entschlossen, das Studium der Jurisprudenz mit dem der Theologie zu vertauschen (man merkt, wie allgemein dies letztere als die Domäne armer Teufel angesehen wurde), als dem ersten schicksalsschweren Brief des flüchtigen Vaters rasch ein zweiter eines unbekannten Schiffskapitäns Leonhard Wolfgang folgt, der als ein Deutscher von Geburt „anjetzo" in holländischen Diensten steht und die Mitteilung macht, daß er in Ermangelung des Vaters ihm, dem Sohne, ein wundersames Geheimnis zu vertrauen habe, den ihm unbekannten jungen Mann aufs dringendste nach Amsterdam einlädt und ihm einen Wechselbrief auf 150 holländische Dukaten für die Reisekosten beilegt. Natürlich zögert Eberhard Julius nicht lange, begiebt sich stracklich nach der holländischen Hauptstadt und findet hier bald genug seinen Schiffskapitän, nachdem er sich zuvor über den guten Leumund vergewissert, den Kapitän Wolfgang genießt. Unter einigen umständlichen Vorbereitungen händigt der Seemann dem jungen Juristen einen „im Namen der heiligen Dreifaltigkeit" versiegelten Brief ein, welcher an jeden adressiert ist, der den Geschlechtsnamen Julius führt und von dem im Jahre 1633 „unschuldig enthaupteten Stephano Julius" erweislich und ehelich abstammt. An die Nachkömmlinge des Julius'schen Geschlechts richtet nun „Albertus Julius" von der Insel Felsenburg aus „im 78. Jahre seiner Regierung und im 97. seines Alters" eine Zuschrift, worin er sie beschwört, zu ihm zu kommen und ihm vor seinem Tode noch das Glück zu gönnen, Blutsfreunde zu umarmen, zugleich versprechend, daß er in der Lage sei, diesen Anverwandten für sich und die Seinigen unnütze, aber beträchtliche Schätze zuzuwenden. Wenn Eberhard Julius auch schwören kann, daß er rechtmäßig und unmittelbar dem Geschlecht des hingerichteten Stephanus Julius entstammt, so versteht er von der ganzen Zuschrift natürlich kein Wort, bis sich Kapitän Wolfgang niedersetzt und dem Staunenden jene wunderbarste Begebenheit von der Welt erzählt, welche im Buche selbst dem „curieusen" Leser erst nach und nach enthüllt wird. Lassen wir jedoch die nicht ungeschickte, ja in einigen Punkten vorzügliche Inszenierung beiseite, so erfahren wir Folgendes:

Jener Stephanus Julius, der mitten in der Not des Dreißigjährigen Krieges im Jahre 1633 wegen seiner Treue gegen einen gewissen Prinzen heimlich hingerichtet ward (der Jahreszahl nach scheint es nicht, daß dieses Ereignis mit der Wallenstein'schen Katastrophe in Verbindung gebracht werden soll, obschon Achim von Arnim Veranlassung zu haben glaubte, seine neubearbeitete Geschichte „Albert und Concordia" mit dem „Amtsberichte vom Tode des Generals Grafen von Schaffgotsch" [1635] aufzuputzen)' hat zwei Söhne, deren älterer Albert 1628 geboren ist, hinterlassen, die früh auch die Mutter verlieren und sich durch das kriegsverwüstete Deutschland hindurchbetteln müssen. Nach allerhand Jugendabenteuern, mittellos, aussichtslos und bedrängt, macht dieser Albert Julius 1645 zu Bremen die Bekanntschaft eines jungen holländischen Edelmannes, Karl Franz van Leuben, welcher ihn in seine Dienste nimmt, mit ihm nach England geht und dort mit Albert Julius' Hilfe eine schöne junge Dame, Concordia Plürs, deren Hand ihm vom Eigensinne des Vaters verweigert wird, entführt. Leuben, seine junge Gattin nebst einem von deren Brüdern und der junge Sachse, der bereits mehr als Freund denn als Diener angesehen wird, schiffen sich im Mai 1646 auf einem Ostindienfahrer nach Ceylon ein, leiden aber auf dieser Fahrt im August mitten im Atlantischen Ozean grausam Schiffbruch, sodaß von der ganzen großen Schiffsgesellschaft sich lediglich Leuven und seine Gattin, Albert Julius und der Schiffskapitän Lemelie auf einer öden Sandbank gerettet finden, „hinterwärts einen grausamen Felsen, seitwärts das Hinterteil vom zerscheiterten Schiff, sonst aber nichts als Sandbänke, Wasser und Himmel" sehen. Nach einigen Tagen auf der Sandbank, in denen Concordia in Fieberhitze ihre thörichte Leidenschaft zu Leuven verwünscht und dann wieder zärtlichglücklich ist, ihren geliebten Gemahl erhalten zu wissen, setzen sie in einem aus dem Schiffbruch geretteten Boote nach dem großen Felsen, der mitten aus dem Weltmeer gewaltig hoch und steil aufragt, über, finden am Fuß desselben ein wirtlicheres Ufer als die Sandbank und wenigstens klares Wasser, bergen von den Trümmern und umherschwimmenden Vorräten des Wracks, was sie können und fangen eben an, sich am Ufer häuslich einzurichten, als Albert Julius sich gedrungen fühlt, die Höhe der Felsen zu erklimmen. Sobald er diese erreicht, entdeckt er, daß die hohen schroffen Felsen mit ihren fast unzugänglichen Spitzen den natürlichen unübersteiglichen Wall einer mehrere Meilen großen Insel, die ein anmutiger fruchtbarer Thalkessel ist, bilden. Die Insel hat kleine Hügel und prächtige Wiesen, Wälder, Fruchtbäume, aber auch Weinstöcke und Gartengewächse, eine reiche Tierwelt und wenige Spuren, daß sie vor Zeiten von Menschen bewohnt gewesen ist. Jubelnd eilt Albert Julius zu seinen Unglücksgefährten zurück, die Felsen werden von ihnen allen überstiegen und der neue Wohnsitz im Thale aufgeschlagen, wo der Überfluß einer üppigen Natur die besten Tage zu verheißen scheint.

Doch fehlt die Schlange im Paradiese nicht: mit den Frommen und Getreuen, den beiden Leuven und Albert Julius, ist auch der Böseste der Bösen, der Schiffskapitän Lemelie mit gerettet worden. Und kaum haben unsere Einsamen von der schönen Insel Besitz ergriffen, so bricht die wilde Begierde, die in Lemelie's Brust wohnt, los: er fordert, daß die schöne Concordia das Weib der drei Männer sei, die sich mit ihr in diese Einsamkeit gerettet haben, wohin so leicht kein Schiff gelangen wird. Concordia empfindet erst in diesem Augenblicke das ganze Unglück, das über sie gekommen ist; Karl Franz van Leuven setzt dem frechen Begehren des wilden Seemannes den strengsten Ernst und drohende Abweisung entgegen, Lemelie geht scheinbar in sich. Aber die Lage der Schiffbrüchigen ist so, daß es zu einem wirklichen Bruch mit Lemelie nicht kommt, ja die in die nächsten Wochen fallende Entdeckung, daß die Insel schon einmal von Verschlagenen bewohnt gewesen ist, und die Auffindung des Leichnams ihres letzten langjährigen Alleinbesitzers, des Don Cyrillo de Valaro, welcher denen, die seine Gebeine zur Erde bestatten, ungeheure Schätze und seine lateinisch geschriebenen Lebenserinnerungen vermacht, drängt das Bewußtsein der von Lemelie drohenden Gefahr in den Hintergrund. So wird der arme Leuven, ehe er noch das Kind erblickt, welches Concordia unter ihrem Herzen trägt, das Opfer eines Mordanschlags Lemelie's, welcher den Verhaßten von den hohen Felsen, die die Insel umgeben, heimtückisch hinabstößt, um bald nach seinem Begräbnis die junge Witwe mit seinen Bewerbungen bestürmen zu können. Concordia empfindet vor der Roheit, die mitten in ihrer Trauer Besitz von ihr ergreifen will, den tiefsten Abscheu, obschon sie gleich Albert Julius noch ohne Ahnung ist, in welcher Weise ihr Mann geendet hat. Sie widersteht Lemelie, der von Forderungen zu Drohungen und von Drohungen zu Gewaltthaten schreitet. Gegen diese steht ihr Albert entschlossen bei, und Lemelie, der in seiner rasenden Begier keinen Widerstand achtet, rennt sich in ein Stilet, das er selbst wenige Wochen zuvor dem jungen Sachsen geschenkt hat. Vergebens suchen ihm Albert und Concordia jetzt beizustehen und den Todwunden wenigstens zur Reue und Buße zu bekehren, ingrimmig stößt er alle Menschenhülfe zurück, übergiebt sich nach einer furchtbaren Beichte seiner Verbrechen zu Land und zur See und dem Eingeständnis, daß er van Leuven ermordet, um zum Besitz Concordia's zu gelangen, dem Teufel und haucht seine schwarze oder (wie Gisander am liebsten sagt) „durchteufelte" Seele in lauter Schrecken und Verzweiflung aus. — Erschüttert, fast rat= und trostlos, finden sich die junge Witwe und der Jüngling auf dem Ei= land allein — um Concordia's stürmisch wogende Seele in etwas zu be= ruhigen, schwört Albert Julius einen Eid, daß er sie behüten, beschirmen und ihr nie mit frevelnden Gedanken nahen will. Concordia wird in dieser Einsamkeit von einer Tochter Leuven's entbunden, Albert Julius ist ihr treuer Versorger und Beistand und hält ihr, freilich unter schweren innern Kämpfen, seinen Schwur. Aber die Situation ist eine schwüle: der eben ins Leben tretende, von glühenden Wünschen erfüllte junge Mann, der vielleicht selbst mitten im Getümmel der Welt eine Leiden= schaft für die anmutige junge Witwe gefaßt haben würde, mit ihr allein auf der Felsenburg, ohne Aussicht je befreit zu werden, täglich und stünd= lich in der Gesellschaft der geliebten Frau! Concordia empfindet, welche Überwindung ihm die treue Erfüllung seines Gelübdes kostet, sie faßt herzliche Neigung für den wahren, treuen, jungen Mann und bricht das Schweigen, indem sie ihm schreibt und sich selbst Albert Julius zur Gattin anträgt. Die Hochzeit, welche die Einsamen feiern, die süße Zu= friedenheit, mit welcher sie ihrem Liebesglück und ihren fröhlich und kräftig gedeihenden Kindern leben, stillt alle Sehnsucht nach der Welt, von der sie durch den Ocean getrennt sind. Erst wie die Kinder des schönen und treufleißigen Paares heranwachsen — und den Eltern zum Bewußtsein kommt, daß sie um der Kinder willen nicht allein bleiben können und dürfen, drohen dem stillen Frieden der Insel schwere Gefahren. Ein rechtzeitiger Schiffbruch in der Nähe der Felsenburginsel führt im Jahre 1664 einen alten und einen jungen Mann an den beglückten Strand, zwei Engländer, Amias und Robert Hulter, von denen die Einsiedler von Felsenburg die ersten Nachrichten aus Europa seit 1646 erhalten. Robert Hulter wird nach kurzer Zeit der Gemahl der jungen Concordia, Leuven's nachgeborener Tochter. Amias Hulter aber setzt sich vor, eine Art Schiff zu bauen, um bis zu den nächsten Stätten der Menschen hinüberzu segeln, und würdige Ehegatten für Albert Julius' schöne Töchter und gleichermaßen Frauen für die inzwischen zu Männern gewordenen Söhne herbeizuschaffen. Noch einmal interveniert die Vorsehung selbst: auf der Sandbank, auf die einst Albert Julius und seine damaligen Begleiter zuerst geworfen worden, scheitert ein Schiff, von dessen auf die Insel geretteten Insassen einige den Nachwirkungen des Skorbuts und des Hungers erliegen, die andern aber durch die Pflege der Felsenburger gerettet werden. Es sind Frauen dabei, die durch ein höchst abenteuerliches Schicksal ihrer holländischen Heimat entführt wurden, und Liebhaber dieser Frauen, die sich nur zu bereitwillig zeigen, ihre Neigung jetzt auf die Julius'schen Töchter zu übertragen und die Damen Judith und Sabine an Albert Julius den Jüngeren und Stephan Julius zu überlassen. So vergrößert sich die glückliche Familie auf der weltfernen Felseninsel mehr und mehr, sie fängt schon an ein Gemeinwesen zu bilden, das in Albert Julius dem Ältern sein Haupt und im Laufe der Jahre seinen Patriarchen zu ehren hat. Um aber alle Ungleichheiten auszugleichen und die „Colonie" vollends in erwünschten Stand zu setzen, wird einige Jahre später das Schiff, zu dem Amias Hulter ermutigt, doch gebaut, die Fahrt nach der Richtung von Sanct Helena angetreten. Wie in alten Heldengeschichten, giebt es bei dieser Fahrt Seesturm, Kämpfe mit Korsaren und schließlich Frauenentführungen: die Argonauten von Felsenburg treffen auf einer namenlosen „wüsten Insel" mit einem holländischen Ostindienfahrer zusammen, dem sie entführen, was sie von allen Schätzen der Welt allein suchen: eine anmutige junge Witwe mit einer emporblühenden Stieftochter und einem angenehmen Kammermädchen.

Nach den zahlreichen Heiraten, die dann auf der Insel stattfinden, erfolgt eine Trennung der heranwachsenden Familien, es entstehen eine Reihe kleiner, vom Fleiß ihrer Bewohner bald stattlich emporgebrachter Ortschaften, und da sich die Zustände mehr und mehr denen eines kleinen Staates nähern, so wird in der Mitte von Felsenburg die Albertsburg erbaut, das massive hochgelegene Wohnhaus des Altvaters und Herrschers. Natürlich tritt auch in diesen Frieden, in dies ungetrübte Glück eines stillen Verlaufs der Tage der Tod herein.

Mit dem Beginn des 18. Jahrhunderts scheiden eine Anzahl von Familiengliedern aus dem irdischen Paradies, um in das himmlische einzugehen. Im Jahre 1715 stirbt, im 89. Jahre ihres Alters, die ehrwürdige Stammmutter Concordia, nachdem sie gleich einer biblischen Patriarchin zahlreiche Enkel und Enkelinnen, Urenkel und selbst Ururenkel um sich heranwachsen sah. Albert Julius aber lebt zunächst in wundersamer Alterskraft und Frische weiter, nur daß bei ihm leise und allmählich eine Sehnsucht nach Kunde vom Schicksale seines Geschlechts in Deutschland und der Wunsch, ein und das andere Glied desselben zu beglücken, anwacht. Wieder zur rechten Zeit ist der Kapitän Wolfgang, derselbe, der mit dem jungen Eberhard Julius zusammentrifft, an der Insel Felsenburg gescheitert oder vielmehr diesmal durch eine Meuterei seiner Mannschaft an dem vermeintlich wüsten Felseilande ausgesetzt worden. Kapitän Wolfgang faßt zwar hier, wie es nicht anders sein kann, eine tiefe Neigung für Sophie, eine anmutige, schon ein wenig altjungferliche Enkelin des Altvaters, läßt sich aber trotz dieser Neigung bereden, für Albert Julius nach Sankt Helena und von da nach Europa zu gehen. Denn noch immer ist die Zahl der Frauen auf der Insel größer als die der Männer, und der Patriarch von Felsenburg meint ganz richtig, daß noch einige zum Ehestand tüchtige Handwerker und Künstler anher gebracht werden könnten, welches dem gemeinen Wesen zum sonderbaren Nutzen und manchem armen Europäer, der sein Brot nicht wohl finden könne, zum ruhigen Vergnügen gereichen würde. Daneben beunruhigt den wackern Albert Julius (man sollte meinen nach 60 Jahren ein wenig spät) die That= sache, daß kein ordinierter Geistlicher auf der Insel ist, er und die Seinen „des heiligen Abendmahls nebst anderer geistlicher Gaben beraubt bleiben müssen". Kurz, Kapitän Wolfgang bricht auf, erreicht mit den Felsen= burgern, die Europa nie betreten wollen, Sankt Helena, findet ein eng= lisches Schiff, das ihn nach den Kanarischen Inseln, und daselbst ein holländisches, das ihn nach Amsterdam mitnimmt. Hier entledigt er sich seiner Aufgaben rasch, entdeckt, wie wir wissen, in dem Studiosus Eber= hard Julius den gewünschten Verwandten des Dynasten von Felsenburg, gewinnt in der Person des braven Magisters Schmelzer den ersehnten Pfarrer für die Insel, treibt auch sonst noch einige europamüde, aber tüchtige Leute auf, die sich ohne weiteres entschlossen zeigen, ihn über See zu begleiten und auf der glücklichen Insel ihre heimischen Erlebnisse, die zumeist Leiden und Kümmernisse sind, zu vergessen.

Die glückliche Wiederankunft des Kapitäns mit seinen Begleitern und europäischen Vorräten ist das nächste große Ereignis für die Felsenburg, es folgen eine Reihe von gottesdienstlichen Handlungen (darunter die Grundsteinlegung zu einer Kirche), von Verlobungen und Hochzeiten, durch die sich die Felsenburg vollends in das irdische Paradies umwandelt. Auch „Monsieur" Eberhard Julius verliebt sich in eine noch sehr jugend= liche Felsenburgerin, Cordula, und entscheidet sich damit auch seinerseits, sein Leben auf der Insel zu verbringen. Nur das Schicksal seines Vaters und seiner einzigen Schwester bekümmert ihn von den europäischen Dingen noch und veranlaßt ihn, den Plan einer Rückreise nach Europa zu fassen, sobald das dem Kommando eines Kapitäns Horn anvertraute Schiff, das ihn und seine Begleiter nach Felsenburg geführt hat, bei der Rückkehr aus Ostindien dort vorüberkommt. Der Altvater ist trotz seines hohen Alters damit einverstanden, die Erzählungen des jugendlichen Verwandten haben eben die Teilnahme an den Schicksalen seiner ungekannten Bluts= verwandten in ihm erhöht.

So erscheint denn im Herbst 1728 das Schiff Kapitän Horn's, der inzwischen freilich ein bewegteres Dasein geführt als die Idylliker auf

Felsenburg, und nimmt, nach gehaltenem feierlichem Abschiedsmahle, den jungen deutschen Rechtsgelehrten an Bord, der als Chronist und Geschichtschreiber des patriarchalischen Inselstaates fungiert. In Europa gelingt es Eberhard Julius überraschend schnell, Kunde von den Seinigen zu erlangen, er muß jedoch, um ihrer persönlich habhaft zu werden, nach Schweden reisen, wo er wegen einiger seinem Vater geleisteten Vorschüsse die Schwester in den Krallen eines ungestalteten schwedischen Kaufmanns, Petersen, und als die gezwungene Verlobte dieses Herrn vorfindet. Die mitgebrachten felsenburger Schätze (die Albert Julius aus dem Nachlaß des ersten Inselbewohners, des Don Cyrillo de Valaro, sowie aus einer gescheiterten spanischen Silbergallione gewonnen) setzen den jungen Mann leicht in Stand, Herrn Petersen die „kahle Summe" von 70—80000 Thalern vor die Füße zu werfen und seine Schwester davonzuführen. In Deutschland wird endlich auch der Vater wiedergefunden, der inzwischen seine Handlung neu aufgerichtet hat, die nun der Sorge eines zum Kompagnon erhobenen wackern Verwandten mütterlicherseits anvertraut wird, da sich der ältere Julius ebenso wie Eberhard's Schwester zur Reise nach Felsenburg entschließen. Im November 1729 segelt Kapitän Horn mit allen für die glückliche Insel erkauften Vorräten, mit verschiedenen für die Niederlassung dort gewonnenen Persönlichkeiten (darunter abermals zwei lutherischen Geistlichen, Magister Schmelzer's Bruder und ein Kandidat Hermann) wiederum von Amsterdam ab und erreicht mit seinem Schiffe die einsam liegenden Inseln Groß- und Kleinfelsenburg (von denen die letztere zur Unterbringung der Schiffsmannschaften dient, die hinter das Geheimnis der Kolonie nicht kommen dürfen) im Juni 1730.

Die ersten Nachrichten, welche die Ankömmlinge von den bewillkommnenden Felsenburgern hören, lauten gut genug: der Altvater lebt noch und ist im Stande, sich der Ankunft neuer Angehöriger seines Geschlechts zu erfreuen. Freilich finden ihn Eberhard Julius und Kapitän Horn, die einzigen der neuen Ankömmlinge, die ihn früher gekannt, um starke Schritte dem Grabe näher, seine sonstige Frische ist verflogen und er beginnt vielen irdischen Dingen und Sorgen seinen Anteil zu versagen und dieselben seinem ältesten Sohne Albert Julius II., der ihm in der Regierung der „Insel" nachfolgen soll, zu überlassen. Die weitere Erzählung von den Schicksalen der Kolonie beschränkt sich nun naturgemäß auf einige mit großer Solennität begangene Kirchenfeste, auf eine Menge von Verbesserungen, Vervollkommnungen, durch welche sich das Emporblühen des wundersamen Gemeinwesens dokumentiert. Dann folgt der Tod des Altvaters, der in seinem 103. Lebensjahre am 8. Oktober 1730 abscheidet. Nach seinem stattlichen Leichenbegängnis tritt in dem kleinen Staate, welcher bisher patriarchalisch-absolutistisch regiert worden, ist eine Art konstitutionellen Regiments ein, indem der neue Beherrscher nach seines Vaters Testament an die Mitwirkung eines Senats gebunden wird, zu dem alle Stämme und Pflanzstätten des Julius'schen Geschlechts je ein Mitglied ernennen. Im nächstfolgenden Jahre giebt es wieder Trauungen und

Verlobungen. Auf der Insel Kleinfelsenburg werden demnächst allerhand wunderbare Entdeckungen gemacht, im Jahre 1734 aber Kapitän Horn abermals nach Europa entsendet und ihm von Eberhard Julius natürlich auch ein weiteres Stück der in Deutschland zu publicierenden felsenburgischen Geschichte mitgegeben. Offenbar war es die Absicht des Verfassers gewesen, mit diesem letzten Bericht und der eröffneten Perspektive endlosen Weitergedeihens, das sich jeder selbst ausmalen mochte, sein Buch zu schließen. Denn der vierte Teil, der weitere Schicksale der Insel berichtet, fällt mit seinen abenteuerlichen Erzählungen von Erdbeben, Geistererscheinungen, von einem beabsichtigten Angriff der Portugiesen auf das glückselige Eiland, dessen Bewohner bei aller Friedfertigkeit entschlossen sind, mit den Waffen ihre Unabhängigkeit zu behaupten, ganz aus dem eigentlichen Tone der ursprünglichen Erzählung heraus und giebt die hauptsächlichste Voraussetzung der ganzen Geschichte, daß Felsenburg eine völlig unbekannte, allen Händeln und Kämpfen, allem Elend der europäischen wie der sonstigen Welt fern liegende Insel sei und bleibe, ohne weiteres auf. Im Sinne der wüsten Erfindung dieses letzten Teils, den Erich Schmidt kurzer Hand, aber völlig gerecht eine „böse Sudelei" nennt, und der noch mit der breiten und abenteuerlichen Lebensgeschichte einer „persisch-candaharischen" Prinzessin Mirzamanda verunstaltet wird, hätte sich das Buch ins Unendliche fortspinnen lassen, um schließlich immer wieder in längst Bekanntes einzulenken.

Freilich ist hier der Ort hervorzuheben, daß auch in den ersten Teilen gelegentlich eine Abenteuerlichkeit waltet, die mit der Stimmung, die der Autor mit seiner Robinsonade hervorbringen will, in scharfem, aber beabsichtigtem Gegensatze steht. Indem alle Persönlichkeiten, die das Eiland nach und nach betreten und daselbst zu bleiben begehren, die Geschichte ihres vergangenen Lebens erzählen, erreicht der Dichter neben der bunten und wechselnden Unterhaltung (auf die es denn doch wohl auch abgesehen war) seinen Hauptzweck: das Gefühl des Elends einer drangvollen Zeit, einer unfertigen Civilisation und verworrener und leidvoller Einzelverhältnisse im Leser zu wecken und ihm in der Vorstellung einer ganz glückseligen, ganz kampffreien und nur den Bedingungen der Natur unterworfenen Existenz eine innere Erquickung zu geben. Die größte Bedeutung des Romans „Die Insel Felsenburg" beruht darauf, daß sein Verfasser das tief Unbefriedigende, Bedrohliche, Unwahre der Zustände, in denen er lebt, mit vollem Bewußtsein erkannt und geschildert hat (und das in einer Zeit, wo nur rhetorisch-schönfärbende Darstellung des Lebens existierte, wenn es überhaupt zu solcher kam), und daß er andererseits mit einer rührenden Treuherzigkeit und einer fast kindlichen Hingabe an seine bescheidene Erfindung ein irdisches Paradies für möglich hielt und nach seiner Weise ausmalte. Die Wirkung des Romans auf die Zeitgenossen zeigt, daß der Verfasser wenigstens von einem Teil seiner Leser verstanden worden war.

Man muß sich die sozialen Zustände Deutschlands in der ersten Hälfte des 18. Jahrhunderts, den dumpfen Druck, die Härte und Roheit des Herkommens, die Armut und Verkümmerung, die vom Dreißigjährigen Kriege her in den bürgerlichen Kreisen noch vorwalteten, ins Gedächtnis rufen, um den eigensten, geheimsten Reiz nachzuempfinden, der im Schaffen und Genießen eines Buchs wie „Die Insel Felsenburg" gelegen hat. Der Verfasser hat durch die eingeflochtenen Novellen, die Lebensgeschichten von Kandidaten und Sprachlehrern, ehemaligen Soldaten, von Handwerkern der verschiedensten Zünfte, dafür gesorgt, daß diese ganze bürgerliche Welt, mit ihrer innerlichen Unfreiheit, ihrer Anbetung äußerlicher Götzen, ihrer unschönen Sitte und ihrem naiven und doch so beschränkten Egoismus, andererseits aber auch mit ihrer schlichten innerlichen Frömmigkeit, mit der rasch erweckten Teilnahme an fremdem Leid und Elend, mit der unverwüstlichen tapfern Arbeitskraft, die nach jedem Hagelschlag ihr kleines Feld immer wieder aufzuräumen und fruchtbar zu machen sucht, uns deutlich vor Augen tritt. Wir haben hier das Deutschland des Westfälischen Friedens und der Kaiser Leopold I. und Karl VI. glorreichen Gedenkens, mit seiner aus fremder Überfeinerung und landwüchsiger Roheit, aus formvoller Steifheit und brutaler Ungebundenheit wunderbar gemischten Gesellschaft, mit seinen verdorbenen Studenten, seinen Kriegsgurgeln und Abenteurern, Goldmachern und Gaunern, mit seinen gottseligen Schelmen und ruchlosen Mördern, mitten unter den dürftigen, ehrbaren, mit harter Arbeit sich durchs Leben schlagenden Bürgern. Wie viel auch der Verfasser von seinen Einzelerzählungen aus andern Autoren entlehnt haben mag — er ist mit all diesem Leben nur zu vertraut und hat offenbar gut gesehen und beobachtet.

Das ideale Leben nun, das im Roman „Die Insel Felsenburg" dem realen Dasein, seinen Kämpfen und trostlosem Unfrieden gegenübergestellt wird, und zu dessen Schilderung der Dichter alles aufbietet, was von Sehnsucht nach ungetrübtem Frieden, nach stillem Genuß und Gedeihen in ihm wie in Tausenden lebte, aber in ihm mit einem darstellenden Talent gepaart war, entbehrte der Wurzeln in der Wirklichkeit nicht ganz. Seit dem Ende des 17. Jahrhunderts hatte der pietistische Separatismus eine ganze Reihe von Anläufen genommen, ein selbständiges, weltabgeschiedenes, glückliches Dasein in kleinen besondern Gemeinwesen zu gewinnen. Am Taunus und Westerwald, in der Wetterau waren zu verschiedenen Zeiten unter geistlichen Führern und gelegentlich unter dem Schutz der kleinsten Reichssouveräne Separatistenkolonien entstanden; in Schnabel's eigener Zeit begann (von 1722 an) Zinzendorf seine Brüdergemeinde in Herrnhut zu vereinigen und weitere Gemeinden in Hessen und Schlesien zu gründen. Unzweifelhaft schwebte dem Dichter der „Insel Felsenburg", soviel er auch sein reines Luthertum betont und sich gegen alle Sektiererei verwahrt, die friedfertige und gedeihliche, von den herrschenden Kastenvorurteilen und Standeshärten bis zu einem gewissen Grad befreite Existenz der Separatisten vor, als er die Schilderung des Lebens der Felsenburger unternahm. Seine sehnsüchtigen Wünsche und besten Vorstellungen treffen mit dem zusammen, was die Stillen im Lande von ihrem Leben rühmten. Wenn Hettner meint, gewisse Partien der Insel Felsenburg seien „Rousseau vor Rousseau", so ist daran zu erinnern, daß eben auch Rousseau mit seinen Idealen dem Leben kleiner, zurückgezogener frommer Gemeinden näher stand als mit seiner persönlichen Existenz.

Der Wert der „Insel Felsenburg" beruht wesentlich, fast möchte ich sagen ausschließlich, auf der Phantasie und poetischen Stimmung, auf der mannigfaltigen Lebenskenntnis der ersten Teile. Will man den Roman den politischen oder religiös pädagogischen Phantasien der Staatsromane hinzurechnen, so wird man zwischen den eigentlichen, ursprünglichen Überzeugungen des Verfassers und den Einwirkungen unterscheiden müssen, die von dem frommen Stolberger Grafenhofe her auf ihn ausgeübt wurden. Im übrigen gilt, was Philipp Strauch vortrefflich hervorhebt: „Die Lösung sozialpolitischer Probleme wird im Felsenburger Staatsidyll freilich nicht versucht, vielmehr ein wohlgeordnetes Staatswesen geschildert, das dadurch seinen Bürgern Glück und Wohlfahrt zu verleihen in der Lage ist, weil diese vermöge ihrer sittlichen Erkenntnis die Selbstsucht in Vermögensangelegenheiten und überhaupt im gegenseitigen Verkehr überwunden haben, wie ein Stand, wie eine Familie leben, jeder im Besitz gleicher Rechte, und willig sich wie Kinder dem Vater, dem ersten Ansiedler als ihrem Staatsoberhaupt beugen, dessen Weisheit und sittliche Vollkommenheit einstimmig anerkannt ist. Schade nur, daß die Menschheit nun einmal nicht auf dieser hohen Stufe der Erkenntnis steht; diese wird einfach vorausgesetzt, anstatt daß die Mittel und Wege angegeben werden, die zur Erlangung des Wünschenswerten führen. Aber abgesehen von diesem Mangel muß man zugestehen, daß Schnabel seinen Friedensstaat verständig und glaubhaft gestaltet hat." Den Einfluß des deutschen Pietismus und Separatismus erkennt auch Strauch an, und macht noch darauf aufmerksam, daß, wenn auf Felsenburg im großen Maßstabe Bibelverteilung stattfindet, für die besten Köpfe der dortigen männlichen Jugend ein besonderes Institut gegründet wird, in dem sie unter sorgfältiger Aufsicht wohnen, so liege für jene Zeit der Gedanke an August Hermann Franckes und von Cansteins verwandte Bemühungen und Stiftungen so nahe, daß man ihn ungerne abweisen werde.[11]) Auf alle Fälle konnte Schnabel diese Hallischen Gründungen aus eigner Anschauung kennen.

Ob die romanhafte Idylle (die bei alledem da am poetischsten erscheint, wo von dem kleinen patriarchalischen Staate noch nicht die Rede ist, wo Albert und Concordia erst ganz allein und dann mit ihren emporblühenden Kindern auf dem einsamen Eiland leben) ohne das Vorbild des Defoë'schen „Robinson" je hätte geschrieben werden können, steht dahin. In dem Verfasser der „Insel Felsenburg" sind selbständig erfindender und nachahmender Geist in so seltsamer Mischung lebendig, daß sich die Frage wenigstens nicht ohne weiteres verneinen läßt. Gewiß aber ist, daß J. G. Schnabel seinen Robinson gut kannte — es giebt sogar Einzelzüge in Erzählung und Vortrag, von denen man meinen sollte, sie seien den durch Defoe der gesamten Welt vermittelten Abenteuern Robinsons direkt nachgeschrieben. Indes hat man alle Ursache, sich vor der modisch gewordenen Ableitung jeder poetischen Erfindung aus bestimmt nachweisbaren Quellen zu hüten. Ein aufmerksamer Leser, der sich genugsam für die „Insel Felsenburg" interessiert, hat dieselbe südwestlich von der Insel Sankt Helena zu suchen. Nun ist auffällig, daß kurze Zeit nach dem Erscheinen der „Insel Felsenburg" Prevost d'Exiles, der Dichter der (damals noch nicht entstandenen) „Manon Lescaut", seinen einst vielgelesenen, jetzt noch mehr als das deutsche Buch vergessenen Roman „Le Philosophe anglois ou histoire de Cleveland, fils naturel de Cromwell" (Utrecht 1732) veröffentlichte, in dessen erstem Bande sich die Schilderung einer idyllischen Republik hugenottischer Flüchtlinge auf einer Insel des Atlantischen Weltmeeres westlich von Sankt Helena vorfindet.¹²) Sicher aber haben beide Autoren nichts von einander gewußt und mit einem einfachen Blick auf die Karten gleichzeitig die Wahrnehmung machen können, daß zwischen Sankt Helena und den amerikanischen Küsten, zwischen Sankt Helena und den Falklandsinseln, oder den Ländern um den ganz unbekannten Südpol, von denen man sich mit geschäftiger Phantasie damals noch Wunderdinge erzählte, ein mächtiges Stück Meer, ohne Inseln, ein beinahe nie befahrenes, zu keinem Handelswege dienendes Stück lag, wo sich sehr leicht ein paar mäßig große, der ganzen Seefahrerwelt nicht geläufige Eilande befinden konnten. In ähnlicher Weise mögen sich manche verwandte Züge erklären, die in gewissen Episoden des Schnabel'schen und Prevost'schen Romans vorhanden sind.

Denn wie unerfreulich, ja beleidigend roh „Die Insel Felsenburg" vielfach im Ausdruck ist, wie dicht triviale und in ihrer Trivialität rein komische Momente, die vom Verfasser gleichwohl sehr ernst gemeint sind, neben den erfreulichen Situationen dieses Romans stehen mögen, wie unfertig die Erzählungskunst des Verfassers noch sei (obschon sie jede damals in Deutschland geübte überragt), so müssen wir doch empfinden und zugeben, daß in diesem Lieblingsunterhaltungsbuch unserer Vorfahren ein Stück Leben und ein dichterischer Geist sich zeigen, die Interesse und Achtung auch der Nachlebenden verdienen. Erweist es sich vorderhand leider als unmöglich, die Lebensumstände des Verfassers dieses denkwürdigen Buches vollständig aufzuhellen, so können wir uns wenigstens die Situation, in der „Die Insel Felsenburg" geschrieben ward, vergegenwärtigen. Die zuverlässigsten und genauesten Nachrichten, die über die Persönlichkeit, Stellung und Lebensarbeit des Autors aufzufinden sind, beziehen sich gerade auf das Jahrzehnt, in welchem er die deutsche Leserwelt mit den Fata einiger Seefahrer und absonderlich seines Albert Julius entzückte.

Weder Geburtsjahr noch Geburtsort des Dichters der „Insel Felsenburg", Schnabel's, waren, als 1860 diese Studie in Raumer-Riehl's „Historischem Taschenbuch" zuerst veröffentlicht wurde, festzustellen. Ich mußte mich auf die Vermutung beschränken, daß Johann Gottfried Schnabel im letzten Jahrzehnt des 17. Jahrhunderts geboren sei; denn im Leben des Prinzen Eugen hebt er hervor, daß er 1696 die Kapitalbuchstaben erlernt und sich beim großen E den Namen des Prinzen Eugen eingeprägt habe.[18]) Aus dem vielgenannten Roman aber geht mit ziemlicher Sicherheit hervor, daß er ein geborener Sachse war. Das kursächsische meißnische Selbstgefühl, in jenen Jahrzehnten aus verschiedenen Ursachen (unter denen das Bewußtsein, momentan die Führung der deutschen Litteraturentwickelung zu haben, nicht fehlt) doppelt und dreifach wirksam, nimmt in verschiedenen Stellen der „Insel Felsenburg" gelegentlich ganz ergötzlich das Wort. Auch gewisse Einzelheiten der Sittenschilderung, vor allem die Gewohnheit, bei „einigen Schalen Kaffee" anstatt bei einem guten Trunke Biers oder Weins zu sitzen, eine Gewohnheit, die den felsenburger Mustermenschen vom Verfasser beigelegt wird, deutet auf sächsische Abstammung. Die Forschungen, die Dr. Selmar Kleemann in Quedlinburg unternommen und in den „Blättern für Handel, Gewerbe und soziales Leben" (Beiblatt zur Magdeburgischen Zeitung vom 16. November 1891) veröffentlicht hat, bestätigten diese Vermutungen. Darnach wurde Johann Gottfried Schnabel am 7. November 1692 als Sohn des Pfarrers M. Johann Georg Schnabel und seiner Ehefrau Hedwig Sophie, geborene Hammer zu Sandersdorf bei Bitterfeld geboren. Er verlor schon 1694 seine Eltern, lernte nach Kleemann die Barbierkunst und Chirurgie und studierte dann „vielleicht in Leipzig, vielleicht aber auch in Helmstedt" etwas Medizin. Kleemann nimmt an, daß die Lebensgeschichte des Chirurgen Kramer im zweiten Bande der „Insel Felsenburg" mancherlei Einzelzüge aus Schnabels eigener Geschichte enthalte. Jedenfalls darf es als unzweifelhaft angesehen werden, daß Schnabel eine Lateinische Schule besuchte. Bei Herausgabe seiner später zu erwähnenden Zeitschrift fügte er dieser lateinisch geschriebene Beiblätter hinzu, versuchte sich mannigfach in lateinischen Hochzeitkarmen und witzigen oder witzig sein sollenden Wortspielen und läßt auch in seinem Romane in Citaten, in pomphaften Inschriften u. dgl. sein lateinisches Licht hier und da leuchten. Die Mehrzahl seiner Schriften legt gute historische Kenntnisse an den Tag, alle deuten darauf hin, daß ihr Verfasser in früher Jugend etwas von Welt und Menschen gesehen habe. Wenn es früher zweifelhaft war, in welcher Eigenschaft und wann der strebsame Mann an Feldzügen des spanischen Erbfolgekrieges Anteil genommen hatte, während doch die Vorrede zur „Lebens-, Helden- und Todesgeschichte Eugenii Francisci's ausdrücklich bezeugt: „Nachhero fügte es mein Schicksal, daß in drei Brabandischen Campagnen das Original dieses Helden fast täglich zu sehen, auch zum öftern mündliche Ordres von ihm zu erhalten ich das Glück hatte. Der Himmel hatte mir doch schon damals so viel gesunde Vernunft geschenkt, zu begreiffen: daß des Prinzen Eugenii Veranstaltungen ganz unvergleichlich, zumalen da ich den glückseligen Effekt derselben, nicht selten, mit meinen eignen Ohren angehöret, über dieses mit meinen eigenen Augen angesehen und dadurch in die allergrößte Verwunderung gesetzt worden"[14]), müssen wir nach Kleemann's Nachweisen entschieden annehmen, daß Schnabel als „Feldscheer" und zwar in den Jahren 1710—12 den Krieg in den Niederlanden gesehen hat und in die Nähe des gefeierten kaiserlichen Feldherrn gelangt ist. Erwähnt Schnabel in seiner Vorrede noch, daß er in den bemeldeten „brabantischen Campagnen" eine Art Tagebuch, ein Diarium, ordentlich geführt habe, so bleibt mit dem Verlust beinahe aller sicheren Nachweise aus seinem Leben der Verlust auch dieses Kriegstagebuches zu beklagen.

Jedenfalls tritt der verabschiedete Feldscheer nach 1712 und bis 1724 in das Dunkel zurück; aus den Geschichten der „Insel Felsenburg" schließt Kleemann, „daß er sich in den letzten Jahren dieses Abschnitts in Hamburg aufgehalten hat, ist höchst wahrscheinlich". Im Jahre 1724 taucht er (nach Kleemann) plötzlich in Stolberg am Harz als „Hofbalbier" auf. Wie er dahin gekommen, bleibt unklar, obschon unser Poet in der Widmung der mehrerwähnten Schrift über das Leben des Prinzen Eugen an die jungen Grafen Gottlob Friedrich von Stolberg, Kapitän im kaiserlichen Infanterieregiment Herzog von Braunschweig-Wolfenbüttel, und Friedrich Botho, Graf von Stolberg, Kapitän im kursächsischen Infanterieregiment Sulkowsky, sich einer gewissen Bekanntschaft mit diesem Sohn und Neffen des regierenden Grafen rühmt. Ganz entschieden aber erklärt er in einer spätern Widmung seiner Zeitschrift an den regierenden Grafen Christoph Friedrich, daß er durch „Intercession" dessen ältesten Sohnes, „des Grafen Christoph Ludwigs Gnaden", in Stolbergsche „Dienste" gekommen sei. Im Bürgereibuch des Stolbergischen Ratsarchivs hat Kleemann den Eintrag gefunden, daß Herr Johann Gottfried Schnabel, hiesiger Hofbalbier, am 4. August 1724 den Bürger-Eydt abgeschworen habe und zum Bürger aufgenommen worden sei. Aus dem Stolberger Kirchenbuche geht ferner hervor, daß er verheiratet nach der Grafenresidenz am Harze gekommen war und daß ihm dort 1725, 1727 und 1731 Kinder geboren wurden, und daß er als „Chirurgus" in der Nähe des Marktes in Stolberg wohnte.

Wie und unter dem Einfluß welcher Umstände der „Hofbalbier" und Chirurgus J. G. Schnabel sich sieben Jahre nach seiner Niederlassung in Stolberg in einen Litteraten und Zeitungsherausgeber verwandelte und von Seiten des regierenden Grafenhauses den Auftrag erhielt, „das gänzlich darniederliegende" stolbergische Zeitungswesen durch Herausgabe einer eignen politisch litterarischen Zeitschrift „in die Höhe und in Flor zu bringen", würde völlig unerklärlich sein, wenn man sich nicht einerseits der Thatsache erinnerte, daß J. G. Schnabel ein darstellendes Talent in sich verspürte und litterarischen Ehrgeiz besaß, daß er um diese Zeit schon den ersten Band seines Romans „Die Insel Felsenburg" geschrieben haben muß, und daß anderseits bei den kleinen Halbsouveränen der Grafschaft Stolberg-Stolberg das Verlangen vorwaltete, alles zu besitzen und aufzuweisen, was andere „Residenzen" von sich rühmen konnten. Eine eigene Zeitung schien den Glanz des regierenden Hauses nur vermehren zu können, und da sie J. G. Schnabel auf eigne Kosten unternehmen wollte, so ist man ihm insoweit förderlich gewesen, daß man ihm gestattete, sein neues Blatt mit dem Wappentier des gräflichen Hauses, dem Hirsch, zu schmücken. Um diese Zeit nahm unser Poet sein Quartier in dem am Schloßberg gelegenen Hause des gräflichen Hofbuchdruckers Ehrhardt, ließ am 30. Juli 1731 die erste Nummer seiner „Stolbergischen Sammlung neuer und merkwürdiger Weltgeschichte", wöchentlich einmal, in späterer Zeit (von 1738 an) zweimal hinausgehen. Die Zeitung scheint als offizielles Blatt der Grafschaft gegolten zu haben und zerfiel in politische, ekklesiastische, sonderbare und gelehrte Nachrichten. In ihrem innern Wert ragte sie weit über ein heutiges Provinzialwochenblatt hervor, schon ein flüchtiger Blick in das (auf dem Schlosse Stolberg selbst) erhaltene Exemplar sämtlicher Jahrgänge des Blattes lehrt, daß der Herausgeber nicht mit der Schere, sondern mit der Feder arbeitete, sich die Mühe nicht verdrießen ließ, den ganzen Stoff, der ihm zu Gebote stand, nach seiner Weise umzuarbeiten und für den Leser anziehend zu gestalten.

J. G. Schnabel wurde einige Jahre später zum „Hofagenten" ernannt, seine Aufgabe als solcher scheint gewesen zu sein, die litterarischen Bedürfnisse des stolberger Grafenhofes zu befriedigen, Bücher und Zeitschriften zu verschreiben, und man gestattete ihm jedenfalls hieran einen kleinen Gewinn zu machen, wie man ihm andererseits erlaubte, auch als Kommissionär für das Publikum (in dem kleinen Harzstädtchen gab es damals keine Buchhandlung) aufzutreten. Die „Stolbergische Sammlung" enthält zahlreiche Ankündigungen und Notizen des Herausgebers, aus denen erhellt, daß er einen Teil seines Unterhalts auf diesem Wege gewann. Ob er für seine Hofagentschaft besondere Besoldung erhielt, ist nicht klar zu ersehen, wahrscheinlich erfreute er sich freien Quartiers und gelegentlicher Emolumente, wie sie damals häufiger waren als gegenwärtig. In der Hauptsache blieb er auf den Erfolg seiner Zeitung angewiesen, von dem er freilich 1735 nicht viel mehr zu rühmen vermochte, als daß er „dem gemeinen Sprichwort nach von der Hand ins Maul habe" und sich mit seiner Familie, „obschon zuweilen etwas kümmerlich" ernähren konnte. Auch kann ihm zur Errichtung der Zeitung kein nennenswerter Beistand geleistet worden sein, denn unser Herausgeber betont in der schon erwähnten Widmung seiner Sammlung an des regierenden Grafen Erlaucht neben unterthänigstem Dank für empfangene Gnaden doch zugleich, daß er zum Beginn seines schweren Werkes, welches zu unternehmen von ihm „ein starker Hazard" gewesen, wenig bar Geld in den Händen, als Fremder noch weniger Kredit gehabt habe und selbst „seine halbentbehrlichen Meubles um halb Geld" losgeschlagen habe, „um nur die neuangenommenen Boten zu soulagieren und gleich anfänglich bei dem ganzen Werke eine gute Ordnung zu stiften".

Es war ein eigentümlicher Winkel deutschen Landes, den sich J. G. Schnabel erlesen hatte, um eine politische Zeitung zu begründen. Der obersächsische Kreis zeichnete sich bekanntlich unter allen Kreisen des Heiligen Römischen Reiches dadurch aus, daß er die größten geschlossenen Territorien hatte. Neben Kursachsen und Kurbrandenburg hatten sich in ihm verhältnismäßig wenige souveräne Reichsstände behaupten können. Nur im Süden, wo die sächsischen Herzogtümer lagen, und im Westen des Kreises wiederholte sich auch hier das dem alten Reiche eigentümliche Bild der seltsamsten Mannichfaltigkeit kleiner zerrissener Gebiete, wirr durcheinandergestreuter Voll-, Halb- und Viertelssouveränetäten. Da lagen im und neben dem sächsischen Thüringen (das um diese Zeit noch unter der Regierung einer Nebenlinie Sachsen-Weißenfels stand) die sequestrierten Lande der Grafen von Mansfeld, die Grafschaften Stolberg und Wernigerode, die Abtei Queblinburg, die zwar von einem preußischen Stiftshauptmann regiert wurde, aber doch für ein selbständiges Gebiet galt, da grenzte kurmainzisches Gebiet, „das Eichsfeld", an den Kreis, da ragten kurbraunschweigische, herzoglich braunschweigische Landesteile herein, da lagen, wenn auch nicht zum Kreise gehörig, in nächster Nähe die Freien Reichsstädte Mühlhausen und Nordhausen. Mit einem Worte, hier war klassischer Boden der alten Reichszustände — und die Harzgrafschafen Stolberg-Stolberg und Stolberg-Wernigerode mit ihren wenigen Quadratmeilen standen eigentlich nur dem Namen nach unter kursächsischer Landeshoheit. In Wahrheit stellten sie (die bis heute ein Restchen der alten Sonderstellung bewahrt haben) damals selbständig regierte Ländchen vor. Verglichen mit andern vollsouveränen Reichsgrafschaften, waren hier Regierung und Hof auf einem für die paar tausend Unterthanen nur allzu großen Fuße eingerichtet, doch scheint der Ertrag des Bergbaues (die regierenden Grafen hatten einen eigenen Berghauptmann) die Entfaltung besonderen Glanzes gefördert und veranlaßt zu haben. Es gab Kanzler und Räte, Oberforst- und Jägermeister, Kammeradvokaten und gräfliche Sekretäre — einen Hof mit allem Zubehör, eine kleine Welt voll anspruchsvoller Menschen auf dem engsten Raume — die alle nicht versäumt haben werden, auf den armen litterarischen Abenteurer und Zeitungsschreiber mit gebührendem Hochmut herabzusehen, so gut und eifrig sich dieser angelegen sein ließ, sie wöchentlich bestens zu unterhalten.

Das Blatt, das J. G. Schnabel herausgab, kennzeichnet vortrefflich den Kreis der damaligen Interessen. Der Ort, an dem es erschien, trat nur bei besondern Veranlassungen in den Vordergrund, einen „Premier-Stolberg" enthält die „Sammlung neuer und merkwürdiger Weltgeschichte" nur in einigen Nummern. Die Einwirkung der kleinen Residenz macht sich gleichwohl in der mannichfaltigsten Weise geltend und vergegenwärtigt uns einigermaßen die Nöten des Redakteurs. Zunächst gehörte der Stolberg'sche „Hof" zu den frommen Grafenhöfen Deutschlands, nicht gerade zu jenen, die sich zu Beschützern der eigentlichen Separatistenführer aufgeworfen hatten, aber doch zu denen, welche die geistlichen Interssen besonders pflegten, mit der gesamten orthodox-theologischen Litteratur der Zeit und den herrnhutischen Bewegungen beständig in Kontakt blieben, sodaß eine Vernachlässigung der kirchlichen Nachrichten in Schnabel's Zeitung nicht wohl eintreten konnte. Sodann scheint die tiefste Submission des Hofagenten Voraussetzung gewesen zu sein, wenigstens fließt er von Huldigungen über.

Wenn er in poetischen Neujahrsansprachen der höhern Landesherrscher, des Römischen Kaisers und des Königs in Polen und Kurfürsten von Sachsen Majestät wohl gedenkt, so klingen doch die Ansprachen an den eigentlichen Landesherrn und Landesvater so überschwänglich, daß man deutlich spürt, daß diese allein an ihre Adresse gelangten. Aber auch sonst war Schnabel offenbar in der Lage eines offiziösen Journalisten. Bei jeder Gelegenheit kann man die Bestätigung davon in irgendeinem Aufsatz seiner Zeitung finden. Diese pflegt sich mit Kritik und Antikritik selten zu befassen, sodaß ein derartiger Artikel immer sehr in die Augen fällt. Die Nummer der „Stolbergischen Sammlung" vom 5. Mai 1738 bringt plötzlich einen Artikel gegen den „Hamburgischen Korrespondenten" (der, nebenbei gesagt, eine Hauptquelle für das Blatt unsers Autors abgab) zu Gunsten der „Ernst=Scherzhafften und satyrischen Gedichte von Picander". Fragt man sich aber, wie die stolbergische Zeitung dazu kam, für die platten und schlüpfrigen Gedichte des Chr. Fr. Henrici, der sich Picander nannte, einzutreten, so braucht man die Gedichte nur aufzuschlagen, um verschiedene Huldigungs= und Hochzeitscarmen auf und für das gräflich Stolberg'sche Haus in denselben zu finden.[18]) Man kann aus diesem kleinen Beispiel ermessen, wie es um die Unabhängigkeit des unter hochgräflicher Protektion arbeitenden Zeitungsschreibers im ganzen bestellt gewesen sein mag.

Soweit unser Autor Gelegenheit hat, eigene Meinungen auszudrücken, stellt sich seine „Sammlung" als eine der bessern in jener Zeit dar. Zwar unterliegt natürlich auch der Dichter der „Insel Felsenburg" dem allgemeinen Geschick der damaligen Zeitungsschreiber, sich mehr mit den Völkern, die hinten weit in der Türkei aufeinanderschlagen, als mit näher liegenden und vor allem mit vaterländischen Angelegenheiten zu beschäftigen. Und so wenig wie die andern Journalisten seiner Tage, vermag er nichtigen Klatsch und wirkliche Neuigkeiten glücklich auseinanderzuhalten; es sieht ergötzlich naiv aus, wenn beispielsweise die Nachrichten aus England in der ersten Nummer des Blattes mit der Notiz erledigt werden: „In London hat sich ein Barbier mit seinem Scheermesser die Kehle abgeschnitten und selbigen Tages auch ein Schneider sich selbst erhenkt."

Bei alledem ist ein gewisser Blick für politische Verhältnisse, eine lebhafte Teilnahme an den wichtigsten Vorgängen und hervorragendsten Persönlichkeiten der Zeit nicht zu verkennen. Im Mittelpunkt der politischen Interessen jener Jahre stand nach dem Tode König August's des Starken von Polen=Sachsen der Polnische Erbfolgekrieg. Schnabel nimmt natürlich eifrig Partei für August III. von Sachsen gegen Stanislaus Leszczynski, von dem er nichts weiß, der ihm aber schon als Schwiegervater des französischen Königs verdächtig ist. Er feiert in Prosa und Vers den greisen Feldherrn des deutschen Heeres, den Prinzen Eugen, unter dessen Augen auch Friedrich der Große damals als junger Prinz seine militärische Laufbahn begann. Die polnischen Konföderationen und die Belagerung von Danzig geben ihm Anlaß zu allerlei Ausfällen gegen König Stanislaus (den er nach dem Muster König Friedrich Wilhelm's I. von Preußen im

Tabakskollegium vertraulich „Stenzel" nennt), und das stolbergische Welt=
blatt versteigt sich selbst zu einem ironischen „Gregoriusspiel" mit der
Schlußwendung: „Vivat Augustus und Pereat Stenzel!" — Daneben
stehen in den ersten Jahren die Schicksale der salzburger Emigranten, in
den letzten die des abenteuerlichen Königs Theodor von Corsica (Baron
Neuhof) im Vordergrunde. Bei den mannichfachen Mitteilungen, die er
giebt, bemüht sich der Verfasser doch, seine Leser über die bloße Kanne=
gießerei zu erheben. Als im Sommer 1732 die Zusammenkunft Kaiser
Karl's VI. und Friedrich Wilhelm's I. von Preußen in Prag stattfand, zer=
brach sich das bürgerliche Publikum im Reiche die Köpfe, wie sich denn der
preußische Aar in die Nähe der kaiserlichen Sonne habe wagen können.
Mit gutem politischen Urteil kommt J. G. Schnabel in einem Sinngedicht
zum Satz: „das Licht muß freundlicher, der Adler größer sein", und so
viele mal er Gelegenheit hat, dieser Verhältnisse zu gedenken, spricht er
die gleichen Anschauungen aus. —

Indes — die Herausgabe einer wöchentlich einmal erscheinenden
Zeitung konnte unmöglich alle Zeit unsers Schriftstellers in Anspruch
nehmen und noch weniger mit ihrem Ertrag seine Lebensbedürfnisse decken.
Den Absatz dürfen wir wohl nur auf wenige hundert Exemplare ver=
anschlagen, und von den ersten Jahrgängen an bilden die Klagen über
unregelmäßigen Eingang der Abonnementsgelder und allerhand Verluste
an denselben eine stehende Rubrik der „Stolbergischen Sammlung". Fort=
gesetzt muß der arme Herausgeber die rückständigen Gelder einfordern oder
seine Abnehmer ersuchen, „die Quartal=Gelder nicht in Batzen oder andern
devalvirten Münzsorten einzusenden". In der Widmung seiner gesammelten
Zeitungen an den regierenden Grafen zu Stolberg vom 28. September
1735 beklagt er sich, daß ihm durch betrügerische Agenten und Boten in
mehr als einem Quartal sein „verhoffter Profit zu Wasser geworden sei".
Es hat etwas Rührendes und beinahe Tragisches, wie der talentvolle Mann
in diesen kleinen armseligen Verhältnissen sich abquält, nicht zur Einsicht
gelangt, daß die hochgräfliche Residenz für sein Unternehmen viel zu klein
ist, und durch verdoppelte Geschäftigkeit den ihm zugefügten Schaden aus=
zugleichen und sich über Wasser zu halten sucht. Er benutzt jeden Anlaß,
das Interesse seiner Leser aufzufrischen und sich nebenbei zu einer be=
scheidenen Einnahme zu verhelfen. Als im Jahre 1732 ein Zug jener
salzburger Auswanderer, die damals die Blicke und die Teilnahme der
gesamten protestantischen Welt auf sich zogen, unsers Poeten Harzstädtchen
passierte, ließ er sofort eine kleine Flugschrift: „Nachricht, welchergestalt
die Salzburgischen Emigranten in Stolberg am 2. bis 4. August 1732
empfangen wurden" (Stolberg, druckts der gräfl. Hofbuchdrucker Ehrhardt),
erscheinen. Im Jahre 1736 giebt ihm der Tod des Prinzen Eugen An=
laß zu der historischen Schrift: „Lebens=, Helden= und Todesgeschichte
des berühmtesten Feldherrn bisheriger Zeiten Eugenii Francisci, Prinzen
von Savoyen u. s. w., aus verschiedenen glaubwürdigen Geschicht=Büchern
und andern Nachrichten zusammengetragen von Gisandern" (Stolberg, auf

Kosten des Editoris). Und vor allem — er schreibt während dieser Jahre den zweiten und dritten Teil der „Fata und Abenteuer einiger Seefahrer", deren Erscheinen er in seiner "Sammlung" mit schlichtester Bescheidenheit und gleichsam nur nebenher ankündigt.

Bei alledem haben wir den Eindruck, als ob unser Poet am unverhofften Erfolge seines Romans wenig Freude habe gewinnen können. Daß er kein glänzendes Honorar für diesen erhalten, lag in den damaligen Zuständen des Buchhandels überhaupt — die Nachdrucker lauerten auf allen Wegen und Stegen, aus Schnabels öffentlichen und bei dieser Gelegenheit sehr bittern Erklärungen erfahren wir, daß selbst ein so unbedeutendes und wahrlich nach keiner Richtung besonders anziehendes Schriftchen wie die in seinem Verlage erschienene Eugen-Biographie sofort in Magdeburg nachgedruckt wurde. Wie stand es erst um einen Roman, der rasch große Verbreitung erlangte und bald von allen Seiten begehrt werden mußte!

Offenbar hatte der Dichter die Art, wie er sich für den Augenblick durchs Leben schlug, als vorübergehende Auskunft betrachtet und der Hoffnung gelebt, daß seine Hofagentschaft sich in eine feste, wohlbesoldete Stellung verwandeln werde. Doch der Erfolg, dessen sich die „Insel Felsenburg" erfreute, verhalf ihm ebenso wenig zu einer solchen, als die Dienstbeflissenheit und Ergebenheit, mit der er dem regierenden Hause in der „Sammlung" huldigte. Einmal müssen bereits sehr ernsthafte Differenzen ausgebrochen sein. Von Anfang Januar 1636 bis zum 14. Februar desselben Jahres fehlt das Stolbergsche Wappen, der aufgerichtete Hirsch, auf dem Kopfe der „Sammlung". Von Nr. 8 an erscheint es wieder. Im nächstfolgenden Jahre fand der Herausgeber Gelegenheit, seine Loyalität in besonders glänzendem Lichte zu zeigen. Die Vermählung des Erbgrafen Christoph Ludwig mit einer jungen Gräfin des nahe verwandten Hauses Stolberg-Roßla gab ihm Gelegenheit, als officieller Berichterstatter mit einer besondern Schrift: „Das höchst erfreute Stolberg bei den hochgräflichen Vermählungsfesten des hochgebornen Grafen und Herrn Christoph Ludwig, mit der hochgebornen Gräfin Louise Charlotte — entwarf mit flüchtiger Feder und beförderte solches nebst umständlicher Nachricht von allen dabei vorgegangenen Solennien, gemachten Illuminationen auf Verlangen vieler Einheimischen und Auswärtigen zum Drucke Johann Gottfried Schnabel, Gräflich Stolbergischer Hofagent" (Stolberg, druckts Chr. Ehrhardt, gräflicher Hofbuchdrucker, 1737). Das Ganze ist, wenn man will, ein Kabinetsstück aus der Rococozeit, die Schilderung des Aufgebots aller Kräfte, die der kleinen Harzresidenz zu Gebote standen, des wirklich fürstlichen Prunkes, namentlich in Galawagen, Pferden und glänzenden Livreen, der beim Einzug der gräflichen Braut entfaltet wurde, die Miniaturwiedergabe aller bei königlichen Vermählungen üblichen Feierlichkeiten sind an sich wahrlich nicht uninteressant. Da uns indessen hier nur das Schicksal unsers Poeten kümmert, müssen wir den gräflichen Hofkapellmeister Herrn Schmeerbauch und sein „wohlcomponirtes" Singspiel „Das Fest der Diana", die große Bürgerparade und die jedenfalls malerische Bergparade, unter Führung

des gräflich Stolberg'schen Berghauptmanns Herrn von Arnswald, beiseite-
lassen. Den Hofagenten und Herausgeber der „Sammlung" haben wir
uns aber mitten im Gewühl und außerdem eifrig mit den Vorbereitungen
zur großen Illumination beschäftigt zu denken. Am Abend, als ganz
Stolberg erglänzte, that es der Dichter der „Insel Felsenburg" in seinen
sechs erleuchteten Fenstern allen andern mit sinnreichen Emblemen und
Sprüchen zuvor.

Wir können leider nicht berichten, daß diese poetischen Freudenbezeigungen und die erwähnte Schrift über die fürstliche Vermählungsfeier
Schnabels Lage in Stolberg wesentlich günstiger gestaltet hätten. Das
gewaltige Hagelwetter, das nach Bericht der „Sammlung" am 7. August
1738 die stolberger Gegend verwüstete, hatte keine Felder unsers Poeten
zu verderben, aber seine Hoffnungen, die er noch immer hegte, scheinen
wenig später empfindlich getroffen worden zu sein. Im November 1738
starb der regierende Graf Christoph Friedrich. „Über welchen schnellen
Todesfall eines so liebreichen, gütigen Herrn, Hof, Stadt und Land, alle
getreuen Bedienten und Unterthanen in solches jammervolles Schrecken
und Klagen versetzt worden, welches die matte Feder eines wehmütigen
Zeitungsschreibers auf diesem kleinen Blatte vor ißo nicht ausdrücken kann."
Der eigentliche und ursprüngliche Gönner Schnabel's, Graf Christoph Ludwig, trat die Regierung des Ländchens an. Und mit dem Schlusse des
Jahres 1738 hört die „Stolbergische Sammlung neuer und merkwürdiger
Weltgeschichte" plötzlich auf, wenigstens sind keine weitern Blätter derselben
vorhanden. Dürfen wir annehmen, der neue regierende Herr habe die
Wünsche des bedürftigen Schriftstellers nunmehr erfüllt und den Viel-
gewandten in ein nahrhaftes (wie man damals sagte) Amt eingesetzt?
Aber dem steht entschieden der einzige erhaltene Originalbrief des Dichters
der „Insel Felsenburg" entgegen, der sich im Stolberg'schen Archiv bei
den Bänden der „Sammlung" befindet. Er ist an Graf Christoph Ludwig gerichtet, vom 3. Januar 1739 datiert und legt es kläglich und be-
weglich dem regierenden Grafen ans Herz, daß deren Gnaden „allen dero
Bedienten" Trauerkleider geschenkt habe, Schnabel aber „entweder vergessen"
oder vielleicht durch Feinde und Neider angeschwärzt worden sei, „daß sich
dero Gnade nicht auch über mich erstreckt hat". Der Petent hat nichtsdestoweniger sich auf seine Kosten und „Sr. Hochgräflichen Gnaden zu
Ehren, das Trauergeräte auf die Art angeschafft, wie es die Sekretärs
tragen", und bittet um Wiedererstattung der aufgewendeten Summe.[16])

Es findet sich keine Andeutung, in welcher Weise die Bitte beschieden
worden sei. Aus der Thatsache des Briefes selbst geht ziemlich klar hervor, daß der Hofagent nicht aufs beste bei Hofe empfohlen war. Es hat
sich bis jetzt unmöglich gezeigt, Gewißheit über J. G. Schnabel's weitere
Schicksale zu erlangen. Daß er Stolberg nicht alsbald nach dem Aufhören seiner Zeitschrift verließ, dafür bürgt die „Raptim an der Wilde"
am 2. Dezember 1742 unterzeichnete Vorrede des vierten und letzten
Teiles der „Insel Felsenburg". In derselben heißt es ausdrücklich:

„Wenn mein Stilus von dem einen oder dem andern nicht so rein, lauter und fließend erachtet werden sollte, wie es heutigen Tages die Mode mit sich bringt, ersuche dienstfreundlich mir vor diesesmal in die Gelegenheit zu sehen, weilen viele beschwerliche Reisen, Unpäßlichkeiten, und sonsten andere Sorten von Verdrusse die eilende Feder zuweilen irrig gemachet." Das klingt eben nicht, als wäre dem Autor inzwischen jenes bescheidene Glück als Kammersekretär, das ihm spätere, wenigstens nicht ausreichend begründete Notizen zuschreiben, zu teil geworden, und verrät ein Bewußtsein davon, wie tief dieser vierte Teil unter den ersten Teilen des Buches stand. Die Spuren seiner litterarischen Thätigkeit, auf die er vermutlich auch weiterhin allein angewiesen war, lassen sich noch einige Jahre hindurch verfolgen. In der stolberger „Sammlung" wurden von Zeit zu Zeit für gewisse Werke Verleger gesucht, sodaß man sich der Vermutung nicht entschlagen kann, J. G. Schnabel habe mancherlei geschrieben und, vom Bedürfnis gedrängt, veröffentlicht, was den Namen Gisander nicht trug. Bestimmt auf ihn weisen zwei Romane hin, von denen der eine: „Der im Irrgarten der Liebe herumtaumelnde Cavalier oder Reise- und Liebesgeschichte eines vornehmen Deutschen von Adel" (Warnungsstadt? 1740), Schnabel um deswillen zugeschrieben werden darf, weil sich am Schlusse des ersten Teiles der „Fata und Abenteuer einiger Seefahrer" eine Ankündigung findet, daß ein aus Gisander's Feder verheißener Soldatenroman für sich nicht erscheinen werde, aber vieles in den Traktat „Der im Irrgarten der Liebe herumtaumelnde Kavalier" übergegangen sei. „Der im Irrgarten herumtaumelnde Kavalier" bewies in ebenso trauriger Weise als der vierte Teil der Felsenburgischen Geschichten, daß der Verfasser sich ausgeschrieben hatte. Es ist „ein Schandbuch, wie damals viele herauskamen" und dieses wie fast alle sogenannten „Erotica" recht langweilige Werk häuft Abenteuer auf Abenteuer, Brief auf Brief, um besonders die Buhlereien eines Herrn von Elbenstein in Italien teils auszumalen, teils anzudeuten, denn in den verfänglichsten Situationen soll der Leser durch Abbrechen gekitzelt werden. Ein nüchterner Abschnitt behandelt die Merkwürdigkeiten Venedigs. Der weitere Verlauf spielt sich in Deutschland ab und lehrt an Elbenstein und Sohn, daß Gott den Menschen sinken, doch nicht ertrinken lasse. Lasciven Novellen und galanten Gedichten sollen Bußlieder aus dem Stegreif entgegnen; im Titel hängt das beliebte Schild der Warnung vor dem Laster aus. Das Ganze ist ruschelig im Modestil hingeschrieben und gehört inhaltlich wie formal zu den Nachläufern des 17. Jahrhunderts, da doch der Verfasser alles Zeug gehabt hätte, nur auf neuer eigner Bahn auszuschreiten." (Erich Schmidt.[17]) Ich fürchte, daß er um diese Zeit das Zeug nicht mehr besaß. Angesichts des Berichts über diesen Roman kann man sich selbst des Verdachtes nicht erwehren, daß die Ungnade, die Schnabel vom Stolberger Hofe später unstreitig bezeigt worden ist, mit dem unerquicklichen Buche in Zusammenhang gestanden habe. Ein zweiter Roman, unter dem Titel: „Der aus dem Monde gefallene und nachhero zur Sonne des Glücks gestiegene Prinz oder Sonderbare Geschichte Christian Alexander Lunari, alias Mehemet Kirili und dessen Sohnes Francisci, ausgefertigt durch Gisandern, welcher die Felsenburgischen Geschichten gesammelt hat" (Frankfurt und Leipzig 1750), trat weit später hervor. Will man den naheliegenden Verdacht beiseite schieben, daß an diesem Titel und dem Gebrauch des populären Namens Gisander eine Buchhändlerspekulation Anteil habe und J. G. Schnabel vielleicht nicht mehr lebte, als dieser Prinz aus dem Monde fiel, so würde der gedachte Roman (den ich trotz aller Bemühungen nicht zu Gesicht bekommen habe) beweisen, daß der Dichter der „Insel Felsenburg", in was immer für Verhältnissen und wo immer, bis zum Jahre 1750 gelebt habe. — In Stolberg finden sich aus dieser Zeit keine Spuren von ihm. Wohl aber taucht, während Johann Gottfried Schnabel ins Dunkel verschwindet, der Name Johann Heinrich Schnabel auf, dem wir zuerst mit einem gedruckten Gedicht, einem poetischen Glückwunsch am heiligen Ostertage des Jahres 1742 begegnen, wo die regierende Gräfin, Luise Charlotte, nach ihrer glücklichen Entbindung von einem jungen Grafen ihren ersten Kirchgang hielt. Dieser Johann Heinrich Schnabel erscheint seit 1772 als Hof- und Stadtkirchner in Dienst und ist laut den Sterberegistern der Stadt Stolberg, in denen er der einzige seines Namens ist, im August 1782 gestorben.[19]) (Er wird jener Sohn des Dichters der „Insel Felsenburg" gewesen sein, der am 12. Juni 1725 zu Stolberg geboren und dort zurück geblieben war, als der Vater wahrscheinlich auf gut Glück wieder in die Welt gezogen und irgendwo verdorben und gestorben ist. Oder sollte man gar an eine Namensverwechselung denken und dem Journalisten und Romanschriftsteller für seine spätesten Tage (er müßte dann das Alter von fast neunzig Jahren erreicht haben) das friedliche Amt eines Kirchners im stillen Stolberg zuweisen? Es wäre jedenfalls ein freundlicheres Ende, als man nach allem Vorliegenden im Grunde vermuten darf.

Möglich bleibt es immerhin noch, daß wir bessere Auskunft über die letzten Schicksale des Schriftstellers erhalten. Die Tradition, die in seinem vielberufenen Romane von der Insel Felsenburg Porträtierung von stolberger Persönlichkeiten und Zuständen behauptete, war nicht so ganz im Unrecht, wenn wir betrachten, wie stark die Verhältnisse und Lebensrichtungen des kleinen Grafenhofes, in dessen Nähe er lebte, die spätern Bände der deutschen Robinsonade beeinflußt haben. In dieser Beziehung muß es gestattet sein, nochmals an die denkwürdige Menge der Kirchenfeste in den spätern Bänden der Felsenburg, an die unwillkürliche Umwandlung des Lebens auf der Albertsburg in eine Art Hofhaltung, der nur die Jägermeister, Stallmeister und Pagen der gräflich Stolberg'schen fehlen, an jene kleinen Züge zu erinnern, die allerdings beweisen, daß die frischern Empfindungen und größern Anschauungen, mit denen Johann Gottfried Schnabel seinen in gewissem Sinne unverwüstlichen Roman begonnen hatte, den Einflüssen und minder glücklichen Eindrücken seines langjährigen Wohnortes in etwas gewichen waren.

Immerhin bleibt es ein echt deutsches Poetenschicksal, daß ein begabter Dichter im schreibseligen 18. Jahrhundert einen vielgefeierten, von aller Welt gelesenen Roman publicieren, ein offenbar bewegtes und mannigfach wechselndes Leben führen und dabei in eine solche Vergessenheit sinken konnte, daß sich zur Zeit lediglich ein Teil seines persönlichen Schicksals aufhellen und schließlich nur die Hoffnung aussprechen läßt, daß dasselbe in den noch im Dunkel liegenden Partien ein freundlicheres gewesen sein möge, als es, alle Umstände verglichen, den Anschein hat!

Anmerkungen.

1) Außer der ersten angeführten Ausgabe (Nordhausen 1731—43) sind mir von den rechtmäßigen Ausgaben die von 1736, 1744, 1751 und 1768 zu Gesicht gekommen. Außerdem einige Nachdrucke (Magdeburg 1736 und 1752; Halberstadt 1768; Helmstedt 1768). Nach Bibliotheks- und Auktionskatalogen müssen sehr viel mehr erschienen sein.

2) Anton Reiser. Ein psychologischer Roman, herausgegeben von Karl Philipp Moritz (Berlin 1785), I, 44.

3) Ch. K. André, „Felsenburg", ein sittlich unterhaltendes Lesebuch (3 Bde., Gotha, Ettlinger, 1788—89). — Die Insel Felsenburg. Eine Robinsonade, neu bearbeitet von Karl Lappe (Nürnberg, Haubenstricher's Verlag, 1823). — Die Insel Felsenburg oder wunderliche Fata einiger Seefahrer. Eine Geschichte aus dem Anfange des achtzehnten Jahrhunderts. Eingeleitet von Ludwig Tieck (6 Bde., Breslau, Joseph Max u. Comp., 1828). — Der Wintergarten. Novellen von Ludwig Achim von Arnim (Berlin, Realschulbuchhandlung, 1809: „Albert und Concordia", S. 50—108). — Die Inseln im Südmeer. Ein Roman von Ad. Oehlenschläger (4 Bde., Stuttgart, Cotta, 1826).

4) Lessing gedenkt der „Insel Felsenburg" in einer Besprechung des Romans: Der mit seiner Dame Charmante herumirrende Ritter Don Felix (Frankfurt und Leipzig 1754):

„Wenn dieser Titel nicht schon einen elenden Roman verriete, so dürften wir nur sagen, daß es ungefähr eine Nachahmung der bekannten „Felsenburg" sein solle. Sie ist, welches wir zugestehen müssen, unendlich elender als das Original; aber ebendeswegen, wenn wir uns nicht irren, weit lesbarer." Aus der Berlinischen Privilegierten Zeitung vom Jahre 1754 (4. Julius). Lessing's Sämtliche Schriften. Herausgegeben von K. Lachmann. Aufs neue durchgesehen und vermehrt von W. von Maltzhan (Leipzig, Goeschen, 1854), IV, 508.

5) Vgl. G. G. Gervinus, Geschichte der deutschen Dichtung (5. Aufl., Leipzig 1872), der in Bd. 3, S. 512 nur erwähnt, daß die Robinsonaden die exotischen Romane, die Insel Felsenburg die Banise verdrängten. — Goedeke, Grundriß der Geschichte der deutschen Dichtung (Hannover 1859), Buch 5, § 192, S. 511. — H. Kurz, Geschichte der deutschen Litteratur (4. Aufl., Leipzig 1865), II, 410 und 654. — A. Koberstein, Geschichte der deutschen Nationallitteratur; fünfte umgearbeitete Auflage, von Karl Bartsch (Leipzig 1873), III, 87. („Den meisten Ruf unter den Romanen der ersten Art erlangte und wurde auch am meisten gelesen: Die Insel

Felsenburg. Verfasser dieses in der Erfindung mannichfaltigen, an lebhaften Schilderungen reichsten und überhaupt besten Romans der ganzen Klasse war Ludwig Schnabel.") A. C. J. Vilmar, Geschichte der deutschen Nationallitteratur (11. Aufl., Marburg 1866), S. 372. ("Eine der denkwürdigsten und bedeutendsten Nachahmungen des englischen Robinsons, die in Deutschland erschienen sind, war das noch jetzt wohlbekannte Buch Wunderliche Fata u. s. w.") — Herm. Hettner) Litteraturgeschichte des achtzehnten Jahrhunderts. 3. Tl. Geschichte der deutschen Litteratur im achtzehnten Jahrhundert (Braunschweig 1562 fg.), 1. Buch, 2. Abschnitt, 3. Kap., S. 323. ("Wir stehen nicht an, die Insel Felsenburg für eins der merkwürdigsten und wichtigsten Bücher des ganzen Zeitalters zu halten. Merkwürdig und wichtig sowohl durch seinen innern Gehalt wie durch die überraschende Kraft und Reinheit seiner dichterischen Gestaltung.")

6) Die Vorrede sowohl des dritten Teils, vom 2. Dezember 1735, sowie die des vierten Teils, vom 2. Dezember 1742 datiert, sind beide Raptim „an der Wilde" geschrieben. Die Wilde heißt ein Bach oder Flüßchen bei Stolberg.

7) Nur die Widmung der genannten Schrift an die beiden Grafen, Stolberg vom 25. Mai 1736 datiert, nennt am Schluß den bürgerlichen Namen des Verfassers. Für den „geneigten Leser" bleibt er auch unter der Vorrede dieses Büchlein „des geneigten Lesers dienstfertiger Gisander".

8) Grundriß einer Geschichte der Sprache und Litteratur der Deutschen, von den ältesten Zeiten bis auf Lessing's Tod, von Erd. Julius Koch (Berlin 1798), II, 273.

9) Allgemeiner Anzeiger der Deutschen (Gotha, von R. Zach. Becker). Nr. 268, vom 5. Oktober 1811. „Anfrage." — Allgemeiner Anzeiger, Nr. 50, vom 20. Februar 1812. „Antwort auf die Anfrage vom 5. October 1811." Datiert Frankfurt a. M., 28. Januar 1812. Unterzeichnet: Kopler.

10) Tieck's Ausgabe der „Insel Felsenburg", Vorrede, S. LII.

11) Philipp Strauch, Eine deutsche Robinsonade. Deutsche Rundschau 1888. Band 56. S. 392 und 393.

12) Le Philosophe anglois ou histoire de Monsieur Cleveland, fils naturel de Cromwell; écrite par lui-même. Et traduite de l'Anglois, par l'auteur des mémoires d'un homme de qualité (4 Tle., Utrecht 1732), I, 72 fg. Die auffälligste Ähnlichkeit mit der Insel Felsenburg ist die Beschreibung der unzugänglichen schroffen Felsen, die das Eiland umgeben; doch lag die Erfindung einer gleichen Schutzwehr für solche Weltabgeschiedenheit nahe genug.

13) „Ich meines Orts habe dieselben (die Heldengeschichten) jederzeit mit dem größten Vergnügen durchgelesen, zumahlen da mir schon in meiner Kindheit bei Erlernung der Capital-Buchstaben und zwar bei dem großen E das Bildniß dieses großen Helden (der damals 1696 nach Eroberung der Festung Casal aus Italien zurückkam und sofort gegen die Türken, über die Römisch-Kayserl. Armee das Hauptcommando in Ungarn übernehmen sollte) sehr tief eingeprägt worden." Vorrede zur Lebens-, Helden- und Todes-Geschichte des berühmtesten Feld-Herrn bißheriger Zeiten EVGENII FRANCISCI, Printzen von Savoyen und Piemont ꝛc. (Stolberg, auf Kosten des Editoris), S. 25, 26.

14) Lebens-, Helden- und Todes-Geschichte des berühmtesten Feld-Herrn ꝛc., S. 26.

15) Picander's Ernst=Scherzhaffte und Satyrische Gedichte (Leipzig, bey Friedrich Matthias Friesen, 1737), IV, 477 fg.

16) Sämtliche Anführungen aus der „Stolbergischen Sammlung neuer und merkwürdiger Weltgeschichte" (gedruckt beim Gräflichen Hofbuchdrucker Ehrhardt in Stolberg) sind dem in vier Bände gebundenen Exemplar der Jahrgänge 1731 — 38 dieser Zeitschrift, welches sich im Archiv des Schlosses Stolberg befindet, entnommen. Dem letzten Bande ist oder war (Juli 1877) das angeführte Originalschreiben J. G. Schnabel's einfach beigelegt.

17) Allgemeine deutsche Biographie. Bd. 36. Art.: Schnabel von Erich Schmidt. S. 75 f.

18) „In den Sterberegistern der Stadt Stolberg findet sich nur Johann Heinrich Schnabel, Hof= und Stadtkirchner, zuerst im Dienst 1772, gestorben im August 1782." Handschriftliche Mitteilung des Herrn Superintendenten Albrecht zu Stolberg am Harz.

Ein gekrönter Dichter.
(Christoph Otto von Schönaich.)

Im Kreise Guben der ehemals sächsischen, seit 1815 preußischen Markgrafschaft Niederlausitz, erhebt sich, zwischen Feldern und weitausgedehnten Wäldern, ein alter Herrensitz, das Schloß Amtitz, der, gegenwärtig im Besitz der gefürsteten Linie der alten Grafen und Freiherren von Schönaich, im vorigen Jahrhundert Geburtsstätte, langjähriger Wohnort und schließlich Eigentum eines deutschen Dichters war, der erst in unserm Jahrhundert, zwei Jahre nach dem Tode Schillers, an der kleinen, wenige Schritte vom Schlosse gelegenen Kirche zur letzten Ruhe gebettet wurde. Über der Thoreinfahrt des alten Schloßhofs prangt mit der Jahreszahl 1734 und zum Zeichen, daß um jene Zeit eine Erneuerung des stattlichen Baus vorgenommen wurde, das Doppelwappen der Eltern des Dichters, des Freiherrn Otto Albrecht von Schönaich und der Freiin von Wambold=Umbstädt aus einem alten süddeutschen Geschlecht. In dem schönen und geschmackvollen weitausgedehnten Park, der auf den ersten Blick verrät, daß er eine Schöpfung neuester Zeit ist, erinnern doch einige hochstämmige und gradlinige Hecken in der nächsten Umgebung des Schlosses daran, daß auch im vorigen Jahrhundert Schloß Amtitz einen stattlichen Garten im französischen Geschmack der Zeit besessen haben muß und schon damals seinem glücklichen Besitzer ein Landleben in aller denkbaren Fülle und Behaglichkeit gestattet haben würde. Wie uns ein Bild aus den Tagen des Dichters belehrt, war Amtitz vor zahlreichen Schlössern, die sich aus der Asche des dreißigjährigen Krieges als nüchterne, regelrecht viereckige Steinkästen wieder erhoben hatten, vielfach ausgezeichnet. Über das Dach des Haupthauses erhob sich ein weithin sichtbarer Turm mit vergoldetem Kugelknopf, aus dem Mittelbau sprangen zwei hochgiebelige Flügel hervor, zwischen denen damals wie heute Auffahrt und Haupteingang lagen; die Dürftigkeit der schlimmen Periode nach dem großen Kriege verriet sich nur darin, daß die Säulen, die die Langseite des Schlosses zierten, grünlichweiß auf rotem Grunde gemalt waren. Drängten sich in vergangenen Tagen die Wirtschaftsgebäude und Ställe dichter an Schloß Amtitz heran, als heute, so blickte man doch über Graben und Hofmauer hinweg auf üppige Weiden und das dunkle Grün des zum Gute gehörigen Forstes und wären die Verhältnisse sonst dazu angethan gewesen, so hätte sich neben dem Besitzer auch der Erbe dieser Standesherrschaft unter die Glückbegünstigten zählen dürfen. Wer in einem kurzen Abriß der deutschen Litteraturgeschichte nur liest, daß der von Gottsched gekrönte Dichter Christoph Otto von Schönaich als Erbe

dieses Hauses und dieser Herrschaft geboren war und den größten Teil
seines Lebens in diesem Weltwinkel zubrachte, der meint unwillkürlich, daß
das Schicksal diesem Poeten eine mehr als ausreichende Gegengabe für das
Danaergeschenk eines zweifelhaften und rasch vergänglichen Ruhms zu=
gebilligt hatte und hält wohl gar die Mauern eines solchen Stammschlosses
für eine gute Schutzwehr gegen alle Pfeile des litterarischen Spottes
und der kritischen Geringschätzung, sollten diese selbst so scharf ausfallen
wie Kästners Verszeilen:

> Ihr, die ihr Witz und Ehre richtet,
> Sagt, wer ist schimpflicher gehöhnt,
> Der Held, von dem ein Schönaich dichtet,
> Der Dichter, den ein Gottsched krönt?

Leider erweist die Lebensgeschichte auch dieses Poeten die alte Wahr=
heit des Märchens von der bösen Fee, die jede Gabe ihrer guten Schwestern
durch einen verwünschenden Zusatz in ihr Gegenteil zu verkehren weiß.
Der Dichter des „Hermann", der in früher Jugend einen der letzten
feierlich verliehenen Lorbeerkränze würdevoll trug, mußte diesen Kranz
mit einer Unsterblichkeit bezahlen, die ihn als Typus eines langweiligen
Reimschmiedes von Litteraturgeschichte zu Litteraturgeschichte überliefert.
Der Erbe der schönen Standesherrschaft Amtitz gelangte in diesen Besitz
erst im fünfundsechzigsten Jahre seines Lebens, nachdem Alter, Krankheit
und Blindheit ihn der Freude und Genußfähigkeit für irdische Dinge fast
vollständig beraubt hatten. Die trübe Weisheit des orientalischen Dichters,
daß Ruhm wie Besitz beim Zorn Allahs zweischneidige Schwerter sind,
tritt uns aus allem entgegen, was wir vom Freiherrn von Schönaich
wissen. Eine charakteristische Gestalt aus den Anfängen unsrer lebendigen
Litteratur, deren für ihre Zeit hervorragende und seltne Eigenschaften,
wie deren schlimme Schicksale uns noch heute eine Teilnahme erwecken
kann, die wir den litterarischen Leistungen freilich versagen müssen, hat
dieser getreueste Schüler Gottscheds so gut Anspruch auf eine Erinnerung
als sein Meister, den man neuerdings in eben dem Maße zu überschätzen
und zu „retten" geneigt scheint, als ihn die Geschlechter unmittelbar nach
Lessing unterschätzt und verdammt haben. Es giebt eine Betrachtungs=
weise für Dichter und Dichtungen, nach der die Forderung eines künst=
lerischen Genusses und das ästhetische Urteil überhaupt als unberechtigt
gelten, kraft dieser Anschauung würden Schönaichs „Hermann" und
„Hunnias" Werke eines bestimmten Stiles sein, so viel und so wenig
wert, als alle Werke der Zeitgenossen. Doch sprechen gegen eine derartige
Würdigung gewichtige Gründe. Es läßt sich nicht sagen, daß der Anschluß
an die von Gottsched verfochtene formale Regelrichtigkeit die Atmosphäre der
Zeit gewesen sei, der keiner entrinnen konnte und daß der Freiherr von
Schönaich die Wege betreten mußte, die er in seinen poetischen und
kritischen Schriften einschlug. Die Männer der Bremer Beiträge waren
insgesamt Gottscheds Schüler und die Moral auf welche Lessing seine
Fabel „Der Sperling und der Strauß" zuspitzte: „Der leichte Dichter

eines fröhlichen Trinkliedes, eines kleinen verliebten Gesanges ist mehr ein Genie als der schwunglose Schreiber einer langen Hermanniade" lag bereits in den vierziger Jahren des achtzehnten Jahrhunderts in der Luft. Wohl aber erscheint die poetische Thätigkeit des Lausitzer Edelmannes, seine Feindschaft gegen alle über Gottsched hinausstrebenden Geister und Werke und die verbitterte Hartnäckigkeit, mit der er durch ein langes Leben an seinen ersten Eindrücken und Irrtümern festgehalten hat, in einem anderen und besseren Lichte, wenn wir uns ein scheinbar glückliches und äußerlich reiches, in Wahrheit seltsam bedrücktes und dürftiges Leben vor Augen stellen, das allerdings nur unter den eigentümlichen Voraussetzungen des achtzehnten Jahrhunderts und geradezu unseliger Familienverhältnisse möglich war.

Der vielgescholtene Dichter des Hermann entstammte einem Geschlecht deutscher Freiherrn, das sich rühmte seine Ahnen bis zur Römerschlacht im Teutoburger Walde zurückführen zu können. Nach einer Haus=Tradition, von der Gottsched und seine Myrmidonen in der kurzen Glanzzeit unsres Poeten fleißig Gebrauch machten, hatte der erste Schönaich an der Besiegung der Legionen tapferlichen Anteil genommen und „war mit dem damals gewöhnlichen Ehrenzeichen einem Kranz von grünen Eichen gekrönet worden". Nachweislich saßen die Schönaich seit dem dreizehnten Jahrhundert und der Liegnitzer Mongolenschlacht in Schlesien und den Lausitzen. Bald nach der Reformation sehen wir den Haupt=stamm auf den Herrschaften Carolath und Beuthen, später einen Zweig der Familie auf der 1613 zu einem Majorat erhobenen Herrschaft Amtitz in der Niederlausitz, die während des dreißigjährigen Krieges den Herren wechselte und von der Krone Böhmen an das Kurhaus Sachsen überging. Die schlimmen Nöte des siebzehnten Jahrhunderts waren von dem alten Herrengeschlecht bestanden und überwunden worden, mit verhältnismäßig reichem Besitz traten die Schlesischen wie die Lausitzer Schönaichs in die goldene Zeit des bedeutungslosen aber anspruchslosen Hof= und Landadels hinüber. Noch im ersten Viertel des achtzehnten Jahrhunderts war der Freiherr Otto Albrecht von Schönaich, Baron von Beuthen, Ritter des herzoglich Würtembergischen großen Jagdordens, schon seit seinem sechsten Lebensjahr Besitzer der Herrschaft Amtitz und der zu ihr gehörigen Güter und Dörfer. Er war mit einer Dame aus dem Hause der Freiherrn von Wambold=Umbstadt vermählt, das sich mit Stolz jenen süddeutschen Familien hinzurechnete, die dem heiligen römischen Reiche einen Kurfürsten gegeben hatten. Der Erzbischof von Mainz und Erzkanzler, der vor Schweden und Franzosen wiederholt flüchten und im Exil zu Frankfurt am Main sein Leben beenden mußte, blieb eine der großen Überlieferungen auch des Schönaichschen Hauses, nicht ohne Ironie bemerkt der Dichter gegen Gottsched (Amtitz 29. Juli 1752): „sind doch ein paar hundert Dukaten mit seinem Wappen in unsrem Münzkabinet und sein Bild unsere Augenweide". Dem reichsfreiherrlichen Paare wurde Otto Christoph von Schönaich als erster Sohn am 11. Juni 1725 geboren, er scheint

jene schlechteste Erziehung genossen zu haben, die damals so vielen Junkern
zuteil wurde. An einem „Informator" wird es ihm ja wohl nicht gefehlt
haben, daß er französisch sprechen und leidlich schreiben lernte, dafür sorgte
die gnädige Frau Mutter, im übrigen geschah so viel wie nichts und er
mußte in seinem sechsundzwanzigsten Jahre beschämt eingestehen: „Denn
weil doch meine Eltern Alles an mir versäumen wollten, so hatten sie
mich (außer etwas Reiten bei dem Schwager von meinem Vater, dem
Staatsminister und Oberjägermeister Grafen von Schmettau) auch die
edle aber sehr nötige Raufkunst nicht lernen lassen." Der gemeinsame
Grundzug beider Eltern des Dichters muß neben einem Standesdünkel,
der selbst zu dieser Zeit schon für lächerlich galt, ein alles beherrschender
Geiz gewesen sein. Obschon Schönaich angiebt, daß sein Vater jährlich
sechstausend Thaler und mehr zu verzehren hatte, scheute er jede Ausgabe für
die Söhne und lebte lange vor Figaro der Überzeugung, daß ein Edel=
mann genug für seine Kinder gethan habe, wenn er sich die Mühe gab
sie zu erzeugen. Dem Geiz gesellte sich eine Überschätzung der väterlichen
Gewalt, eine Lust, jeden Schritt und beinahe jeden Atemzug der Kinder
zu bestimmen, die auch in der harten autoritätssüchtigen Welt von damals
ziemlich ungewöhnlich waren. Um die Söhne beständig unter Augen zu
haben, und nichts für sie anzuwenden zu müssen, ließ man sie auf dem
väterlichen Schlosse und bei spärlichem Verkehr mit der Nachbarschaft auf=
wachsen. Ein ganz klares und deutliches Zeugnis hierfür haben wir
außer den halb bittern halb beschämten Klagen, die Schönaich in seinen
(auf der Leipziger Universitätsbibliothek bewahrten, von Th. Danzel in
„Gottsched und seine Zeit", Leipzig 1848, auszugsweise veröffentlichten)
Briefen an Gottsched richtet, allerdings nicht. Aber der Rückschluß von
Späterem auf das Frühere gestattet kaum einen Zweifel an den herz=
bedrückenden Aussagen des jungen Freiherrn.

Otto Christoph von Schönaich stand in seinem siebzehnten Lebens=
jahre als dem in Schlesien ansässigen Teile seiner alten Familie, zunächst
dem Grafen Hans Carl von Schönaich die Ehre wiederfuhr von Friedrich
dem Zweiten von Preußen, zur Feier der Huldigung der schlesischen
Stände, am 7. November 1741 in den Fürstenstand erhoben zu werden.
Die bisherige freie Standesherrschaft Carolath=Beuthen verwandelte sich
in ein Fürstentum „unseres souveränen Herzogtums Nieder=Schlesien",
eine Rangerhöhung, die zwar die Lehnsvettern auf Amtitz nicht unmittel=
bar berührte, aber ihren Ahnen= und Standesstolz nur erhöhen konnte.
Es scheint daß sich Baron Otto Albrecht und seine Gemahlin für ver=
pflichtet erachteten den Aufwand und Glanz ihres Hauses zu steigern, der
Dichter erzählt wenige Jahre später, daß sein Vater vierundzwanzig
Pferde im Stall, achtzehn Schmeichler an seiner Krippe habe, daß er
fahre, gehe, esse und trinke „wie ein Minister". Aber für die Erziehung
der Knaben geschah nicht mehr als vorher und Christoph Otto und sein
jüngerer Bruder mußten es schon als eine große Befreiung und aussichts=
reiche Förderung ansehen, als ihnen im Jahre 1745 gestattet wurde als

Junker in die Armee ihres Landesherrn, Sr. Majestät des Königs von Polen und Kurfürsten von Sachsen Augusts III., einzutreten. Der zweite schlesische Krieg war eben im vollen Gange, die beiden jungen Schönaichs, die beim Schlichtingschen Dragonerregiment Aufnahme fanden, lernten sogleich den vollen Ernst ihres Berufes kennen. Am 11. Mai wurde Christoph Otto Offizier, am 4. Juni fand die Schlacht bei Striegau und Hohenfriedberg statt, in der die vereinigten Österreicher und Sachsen von Friedrich dem Großen entscheidend geschlagen wurden. Schönaichs Regiment kam zu spät zum Treffen, hatte aber alle Gefahren des verlustvollen Rückzugs zu teilen. Die Friedensaussichten, die sich im September aufgethan hatten, verschwanden alsbald, da König August und sein Minister Brühl sich noch immer von dem durch Österreich in Aussicht gestellten Erwerb des Herzogtums Magdeburg und der brandenburgischen Besitztümer in der Niederlausitz (Cottbus, Peitz u. s. w.) verblenden ließen. So kam es zum Winterfeldzug von 1745, zum Einbruch eines zweiten preußischen Heeres unter dem alten Dessauer in Sachsen und zur Kesselsdorfer Schlacht, in der unser Fähndrich und Poet nun wirklich die Feuertaufe empfing. Schlichtings Dragoner gehörten zu jenen Reiterregimentern des kleinen sächsischen Heeres, die sich um die Mitte jenes blutigen Dezembertages und nachdem der erste Sturm der preußischen Kolonnen auf Kesselsdorf abgeschlagen war, in voreiliger Siegeshoffnung auf die sich sammelnden preußischen Bataillone warfen und blutig abgewiesen wurden. Die Schwadron, die der Rittmeister von Schenkendorf anführte, prallte vor der ehernen Geschlossenheit ihrer Gegner zurück und ließ mit Toten und Verwundeten auch unsern Dichter, dem beim Einbruch in ein preußisches Regiment das Pferd unter dem Leibe erschossen worden war, als Gefangenen in den Händen der Blauröcke. Seine Kriegsgefangenschaft war von sehr kurzer Dauer, der Schlacht vom 15. Dezember folgte am 25. Dezember der Dresdener Friede und vor Beginn des neuen Jahres wurden die Gefangenen ausgewechselt, Schönaich konnte zu seinem Regiment zurückkehren. Sei es nun, daß seine Eltern den Militärdienst im Frieden überflüssig oder wahrscheinlich zu kostspielig fanden, sie verschlossen sich eigensinnig den Bitten und Vorstellungen des Sohnes und der junge Edelmann mußte am 11. Januar 1747 seinen Abschied nehmen. „Kränklicher Leibesumstände halber" hieß es im Abdankungsdokument, „dem unbeweglichen Willen meiner Eltern zu folge" sagte der Lieutenant — dem es nach Jahren noch schwer auflag, daß er die fröhliche Kameradschaft und das bewegte Leben mit der Stille des väterlichen Schlosses hatte vertauschen müssen. Es scheint, daß der junge Freiherr einige Duelle gehabt hatte, die vielleicht den Grund oder Vorwand seiner Heimberufung abgaben.

Und nun, da der elterliche Wille den Sohn im Hause zu behalten, unabwendbar schien und der junge Edelmann seine Hoffnungen auf eine kriegerische Laufbahn so rasch vereitelt sah, da ihn die Langeweile eines leeren und zwecklosen Daseins angähnte, versenkte er sich in litterarische

Studien, zu denen er von früh auf eine gewisse Neigung gehabt hatte. Die Abwechslungen, die sein ländlicher Aufenthalt versprach, waren gering, jeder Schritt, den er aus den Höfen und Gärten des Schlosses Amtitz heraus that, wurde von der gnädigen Frau Mama überwacht, selbst Besuche bei nahewohnenden Verwandten, bei abligen Gutsnachbarn und umwohnenden Landpastoren konnten ohne mütterliche Einwilligung nicht ausgeführt werden. Da er noch fünf Jahre später eingestand „übrigens darf ich nicht die Augen aufschlagen, den Mund nicht aufthun, keinen Schritt setzen, wenn mir es die Frau Mama nicht erlaubet" (Schönaich an Gottsched, Amtitz, 18. März 1752) so kann man sich vorstellen, in welch strenge Zucht der verabschiedete Fähnrich genommen wurde und wie es ihm nur wohl in seinem etwas düsteren Stübchen im Erdgeschoß des väterlichen Schlosses und zwischen seinen Büchern war. Baron Otto Christoph entschloß sich „ein Virgil zu werden, da er kein Cäsar werden konnte" und der Ausruf „Wenn Apollo nur nicht so feindselig würde als mir Mars war!" stammte sicher mehr aus einer überlieferten Schicklichkeit, als aus einer Vorahnung, wie traurig es auch mit seiner poetischen Unsterblichkeit beschaffen sein sollte.

Im Ernst — wie hätte Schönaich an sich zweifeln sollen, nachdem er einmal den Vorsatz gefaßt hatte, seine ländliche Muße, die ihm nur allzureichlich zu Gebote stand, der aufstrebenden aber doch erst wenige Flüge über den Schwulst der zweiten schlesischen Schule erhobnen deutschen Litteratur zu widmen? Er trug das Gefühl in sich ein Bahnbrecher zu sein, denn noch war es unter seinen Standesgenossen durchschnittlich nicht Brauch sich mehr als der Verkehr mit Reitknechten und Handwerkern erforderte, der deutschen Sprache zu befleißigen. Noch aus lebendiger Anschauung heraus durfte er 1754 in der Widmung seines „Versuchs in der tragischen Dichtkunst" an seinen Vater es als ein besondres Glück bezeichnen, daß er einen Vater in ihm verehre, dem des Sohnes Bemühungen sich dem deutschen Parnasse zu nähern nicht ganz gleichgiltig seien, „ein Glück, welches zur Schande des menschlichen Verstandes und unsres aufgeklärten Deutschlandes nicht allzugemein ist. Kann nämlich in unsern Zeiten ein junger Mensch, dem seine Eltern das Recht gegeben haben ein Edelmann zu sein, ein verworren Gallisch auf ein Gerathewohl daher schnattern, so ist er artig: und das wäre ein Atheist, der daran zweifelte. Kann er gar Englisch buchstabieren, denn in der That setzt man sich dadurch in Verdacht eben so tief denken zu können, als wir von den Engländern glauben, so erfreuet sich Alles einen neuen Milton in seinem Geschlecht zu haben. Ob der Junge Deutsch kann? darnach fragt man nicht. Er hat es ja von seinen Ammen gelernt, warum sollte er es nicht können? Daher kommt es, daß unsere schöne deutsche Sprache in die Stuben der Gelehrten verbannt bleibet; daher geschieht es, daß Ausländer sie verachten, wenn diejenigen, die mit ihnen umgehen, selber nichts davon halten, ja wohl gar die Nasen rümpfen, wenn von den Bemühungen der Deutschen die Rede ist." Doch wenn es im allgemeinen sich verhielt, wie Schönaich hier darlegt, so gab es außer ihm selbst schon Ausnahmen und gerade in jenem Jahrzehnt, in dem sich der junge kursächsische Offizier gezwungenermaßen in seiner Niederlausitzer Einsamkeit begrub, nannte man zwischen Pleiße und Oder bereits eine kleine Zahl von jüngeren Standespersonen, die es gern versuchten mit den Leipziger Magistern um die Wette „einen guten deutschen Vers zu machen". Selbst der allmächtige Brühl scheint als Kammerjunker diesem Zeitvertreib gelegentlich gehuldigt zu haben, die Herren von Loß, von Bose, ein junger von Rakeniß und andre Dresdner Hofleute verschmähten es schon in den zwanziger und dreißiger Jahren des Jahrhunderts nicht im Schatten Ulrich Königs und Gottscheds sich in der bisher so unaristokratischen Kunst zu üben. Man ging eben der Zeit entgegen, in der die meißnische Mundart zur maßgebenden deutschen Sprache, zur eigentlichen Litteratur- und Bildungssprache wurde. Da war es am Ende nur natürlich, wenn feine und vielseitig gebildete sächsische Edelleute sich auch mit deutscher Poesie flüchtig befreundeten und solchergestalt erwiesen, daß sie den Leuten, die ihr Leben mit dieser Kunst zubrachten, völlig gewachsen seien. An eine eigentliche litterarische Laufbahn hatte vor dem Lausitzer Schönaich keiner gedacht.

Nahezu ein Vierteljahrhundert war bereits verstrichen, seit der lange Königsberger Theolog und Magister Johann Christoph Gottsched, vor dem blauen Rock und der Muskete aus seiner Heimat flüchtend, sich an der Leipziger Universität habilitiert und mit großer Energie und Überzeugungskraft, mit rastlosem Fleiß und einem unleugbaren Scharfblick für Stimmungen, Neigungen und Schwächen der einflußreichen Menschen seiner Zeit, mit sichrer Erkenntnis, dessen was zunächst Not that, die Regeneration des deutschen Schrifttums auf Grund einer durch Regeln begründeten Korrektheit und mit der (für seine Eigenliebe nebenbei ersprießlichen) Gewißheit, daß zur Einführung dieser Korrektheit eine entscheidende Instanz, eine Geschmacksdiktatur unerläßlich sei, sein Lebenswerk in Angriff genommen hatte. Längst wird es nicht mehr bestritten, daß Gottsched etwas Großes nicht bloß gewollt sondern bis auf einen gewissen Punkt auch Großes erreicht hat und vollständig begriffen, wie bedeutend dem Zeitalter Gottscheds seine Anschauung und seine vielseitige Thätigkeit erscheinen mußte. Gehen doch neuere Beurteiler weit über Danzel hinaus, der so kurz als erschöpfend schon vor länger als vierzig Jahren geltend gemacht hat: „Wie überall, so ist auch in Gottscheds Falle die Kleinheit nichts anders als die Verkehrung der Größe selbst. Alles was sich Gottsched später hat zu Schulden kommen lassen, läßt sich auf einen Grundfehler zurückführen er hat die abstrakte Regel auf das engherzigste demjenigen gegenüber geltend zu machen versucht, was über die bloße Regel hinaus war. So läuft es mit Gottscheds spätern Mißgriffen auf eine bloße einseitige Festhaltung desjenigen Prinzips hinaus, durch dessen kraftvolle und beharrliche Vertretung er sich ein weltgeschichtliches Verdienst erworben hat."

Von dieser Einseitigkeit war in den Jahren, in denen sich Otto Christoph von Schönaich im Herrenhaus von Amtitz und auf Waldspaziergängen in Gottscheds „Versuch einer kritischen Dichtkunst vor die Deutschen" vertiefte, seine Lust sich als deutscher Dichter auszuzeichnen und die natürliche Richtung seines Talents an diesem Kanon stärkte, allerdings in Streitschriften und Spaltgedichten schon genug die Rede. Der theoretische Kampf zwischen Gottsched und den Zürichern war seit Bodmers „Critischer Abhandlung von dem Wunderbaren, in der Poesie und dessen Verbindung mit dem Wahrscheinlichen, in einer Verteidigung des Gedichtes Joh. Miltons von dem verlohrenen Paradiese" (1740) im Gange, die Streitschriften hagelten um so dichter je nichtiger ihr Inhalt im allgemeinen war, Rosts „Vorspiel" und verwandte Spottgedichte wurden mit großem Behagen von allen Feinden und wer weiß wie zahlreichen sogenannten Freunden Gottscheds gelesen und herumgetragen. Noch aber hatten alle diese Anfechtungen die Autorität des Leipziger Professors wenig erschüttert und hinderten den Lausitzer Baron nicht ein unbedingter Bewunderer und ein getreuer Schüler des „deutschen Boileau" zu werden. Er berichtete lautere Wahrheit, wenn er an Gottsched (Amtitz den 31. Juli 1751) über die kritische Dichtkunst schrieb: „Sie wissen, wie lieb ich dies Buch habe. Ich nähere mich ihm niemals, daß ich nicht einen heiligen Schauer empfinde, den man vor allen Heiligtümern haben soll. Es ist mein Heiligtum! Und wer mich böse machen will, darf es nur antasten. Ich habe dem Buche fast alle meine poetische Geschicklichkeit zu verdanken, und ich gehe so zärtlich mit ihm um, wie ein Verliebter mit dem Bilde seiner Geliebten!" Jedes Urteil und jede Fordrung Gottscheds schienen so klar, so überzeugend, jeder Satz entsprach so völlig dem eignen Gefühl von der Poesie, daß der junge Mann in sich trug, daß er mit voller Zuversicht seine eignen um diese Zeit weder zahlreichen noch umfänglichen Versuche nach dieser kritischen Dichtkunst zu regeln begann. Dem in der französischen Litteratur noch besser als in der deutschen bewanderten Schönaich entging natürlich die Übereinstimmung der kritischen Maximen Boileaus mit denen Gottscheds nicht, und eben diese Übereinstimmung mußte ihn im Glauben an die Wunderkraft einer erleuchteten Theorie, einer einsichtigen litterarischen Gesetzgebung bestärken. Waren doch weit über die Hälfte des achtzehnten Jahrhunderts hinaus nur zu viele Bewunderer Racines und Molieres davon überzeugt, daß deren Schöpfungen zum guten Teil aus der Befolgung der von Boileau verkündeten Regeln erwachsen wären. Zu diesen Lesern der französischen Klassiker gehörte offenbar auch Schönaich, er rühmte sich mit Recht die französischen Meisterwerke wieder und wieder zu genießen und zu studieren, aber was er an ihnen genoß und aus ihnen studierte, war immer nur die logische Regelmäßigkeit des Aufbaus, das Gleichmaß der Ausführung und die Würde und Reinheit der Sprache. Unser Dichter und mit ihm Tausende von gebildeten Menschen seiner Tage übersahen es vollständig, daß sich bei den hervorragendsten Dichtern des französischen Klassizismus lebendige Einbildungskraft, gewaltige Lebenskenntnis, gehaltnes aber echtes Pathos, überfließender Humor und geistvolle Satire in die Enge einer unwandelbaren Form, hatten bannen laßen. Unſer Dichter würde, wenn er überhaupt die positiven Elemente dieſer franzöſiſchen Meiſter- und Musterdichtung erkannt hätte, mit Gottſched überzeugt geweſen ſein, daß alle dieſe Elemente erſt aus der Befolgung der alleingiltigen Regeln, der einen und unteilbaren Vernunft ſelbſt entwickelt und hervorgegangen wären. Nichts aber ſpricht dafür, daß Schönaich außer der Regelmäßigkeit und Klarheit des Vortrags, der ſprachlichen Klarheit und Korrektheit bei den Franzoſen noch etwas andres empfunden habe, man müßte denn den Hauch der Vornehmheit, der höfiſchen Sitte ausnehmen wollen, für die der Edelmann des achtzehnten Jahrhunderts angeborene und anerzogene Empfänglichkeit beſaß. Während unter den in St. Afra gebildeten und auf der Leipziger Univerſität von der leiſeſten litterariſchen Strömung und Gegenſtrömung berührten jungen Magiſtern, die zu Gottſcheds Füßen geſeſſen hatten, ſich ſeit dem Beginn der vierziger Jahre ein leiſer Zweifel regte, ob die unmittelbare Nachbildung franzöſiſcher Tragödien und Komödien, Virgiliſcher Epopöen und Horaziſcher Oden zum erwünſchten Ziele einer großen und ſelbſtändigen deutſchen Litteratur führen werde, blieb Schönaich in ſeiner ländlichen Einſamkeit von ſolchen Zweifeln unangefochten. Ihm galt Gottſched nicht blos als untrüglicher Geſetzgeber, ſondern auch als Pfadzeiger der deutſchen Poeſie. Und ſchließlich hatte ja nicht der Leipziger Geſchmacksbeherrſcher allein die Notwendigkeit eines deutſchen Heldengedichts verkündet. Ausnahmslos meinte man mit dem Beſitz einer großen epiſchen Dichtung den vollen Tag der Litteratur anbrechen zu ſehen; die vielberühmte Rede, mit der Klopſtock 1745 von der Schulpforta Abſchied genommen hatte war vom Pathos der gleichen Überzeugung belebt, die auch Schönaich beſeelte. „Durch die That, durch ein großes und unſterbliches Werk müſſen wir zeigen, was wir vermögen". Lagen doch gleichſam die Stoffe in der Luft, von denen man zunächſt Wirkung erwartete. Derſelbe Klopſtock, der das bibliſche, das heilige Epos über das weltliche hinausſetzte, hatte ſich längere Zeit mit einem Heldengedicht auf Heinrich I. den Vogler, den Städtegründer getragen, das Schönaich ſpäter ausführte und huldigte, lange nach Schönaich, in einer dramatiſchen Trilogie dem patriotiſchen Stoffe, zu deſſen Ausführung unſer Niederlauſitzer unverzagt vorſchritt. Die Hermannsſchlacht lag ihm, wie ſchon erwähnt, aus Familienüberlieferungen nahe, ſein erſter Ahn hatte ruhmreich unter den Schaaren des Arminius gefochten und dem Urenkel ſchien es zu ziemen eine ſolche Begebenheit vor jeder andern vaterländiſchen Erinnerung zu feiern. Bei der Verwirrung, in die die damaligen politiſchen Verhältniſſe das deutſche Nationalgefühl, ſo viel oder ſo wenig davon vorhanden war, geſetzt hatten, ſah man ſich ohnehin in die dunkelſten Zeiten der deutſchen Geſchichte, auf jene Überlieferungen zurückgewieſen, die allen Religionsparteien, allen Partikularmächten heilig waren. Mit einem gewiſſen vaterländiſchen Hochgefühl ſetzte Schönaichs „Hermann" ein und erhob

sich zur energischen Wendung gegen den überrheinischen Feind, der seit
einem Jahrhundert viermal ins heilige Reich eingebrochen war und
Deutschland seiner Grenzprovinzen beraubt hatte. Bis heute prangen die
Anfangszeilen des epischen Gedichtes „Hermann" in Vilmars Litteratur=
geschichte:

> Von dem Helden will ich singen, dessen Arm sein Volk beschützet,
> Dessen Schwert auf Deutschlands Feinde für sein Vaterland geblitzet,
> Der allein vermögend war des Augustus Stolz zu brechen
> Und des Erdenkreises Schimpf in der Römer Schmach zu rächen,
> Hermann! dich will ich erheben und dem sei mein Lied geweiht,
> Der einst Deutschlands Unterdrücker, Galliens Geschlecht zerstreut.
> Der dem ersten Hermann gleich unser schnödes Joch zerschläget
> Und der stolzen Lilien Pracht vor dem Adler niederleget.

Hier sang oder sprach vielmehr der Deutsche, der in der Abneigung
gegen das Frankreich Ludwigs XIV. erzogen worden war. Aber ach, als
kein Jahrzehnt später, Friedrich der Große bei Roßbach wirklich die
Lilien vor dem Adler in den Staub legte, war unser Lausitzer Poet
zur Ändrung seiner deutschen Wallung gezwungen, die Franzosen standen
ja jetzt als Verbündete der Kaiserin=Königin, des römischen Reiches und
Kursachsens im Felde und so wandelte sich denn der frische und ver=
heißungsvolle Eingang der Epopöe in die nichtssagenden, wässrig all=
gemeinen Zeilen um:

> Und dem sei mein Lied geweiht,
> Der dem ersten Herrmann gleich freyer Völker[1]) Joch zerschläget,
> Und die Zwietracht niedertritt, die noch manche Glut erreget!

Man darf annehmen, daß Schönaich zwischen den Jahren 1748 und
1750 seine große Dichtung aus= und glücklich zu Ende geführt hat, da er
die Handschrift des „Hermann" am 6. März 1751 an Gottsched sendete.
An Zeit und Ruhe gebrach es ihm nicht, seine Eltern hatten gegen die
litterarischen Neigungen des Sohnes um so weniger zu erinnern, als diese
nichts kosteten. Die Zuversicht, mit der er den großen Plan sorgfältig
entwarf und „nach den epischen Regeln" so genau ausführte, daß er sich
rühmen durfte, „sogar im Reimen" in einer Menge von mehr als vier=
tausend Versen, sie (die Regeln) nicht über ein Dutzendmal übertreten zu
haben, war groß. Er gab zu, der Geschichte zu nahe getreten zu sein und eine
Menge von Schlachten geliefert zu haben, „die mein Tage nicht geliefert
worden," berief sich aber auf das Recht der epischen Fabel und Handlung.
„Hätte es dem Milton freigestanden in einer so ehrwürdigen Geschichte
Wahrheit mit Fabeln zu vermengen, so würde sein Held auch noch etwas
Weihrauch zu riechen bekommen und übrigens wäre sein Hermann ein
rechtschaffnerer Kerl als Miltons Teufel", schrieb er bei der Über=
sendung der Handschrift an den Leipziger Geschmacksrichter.[2]) Er band
bei dieser ersten Annäherung an Gottsched die Maske eines Ungenannten
vor, unterzeichnete sich als des „hochedelgeborenen Herrn Professors unter=
thänigster Knecht und Verehrer der Meistersinger", half aber, indem er
seine eigne Adresse (A Monsieur le Baron de Schönaich, Lieut. de la

Cavallerie au Service du Roi par Guben a Amtitz) als die seines guten Freundes und nächsten Vetters bezeichnete, seinem Leipziger Aristarchen alsbald auf die rechte Spur. So bescheiden er auch dem Gefeierten, dem er „alle Tage in seiner Stube einen Altar errichtet" gegenübertritt, so lebt doch die frohe Zuversicht etwas Vortreffliches „Rechtschaffenes" mitzuteilen, in ihm. Für uns liegt nichts Erstaunliches darin, daß der junge Mann, der eine solche Arbeit aus dem Nichts hervorgerufen, der sich bewußt war die strengen Maßstäbe der Korrektheit an seine Erfindungen und seinen epischen Vortrag gelegt zu haben und der der Stilreinheit seines Heldengedichts sicher genug war, nach der Vollendung seines „Hermann" gute Erwartungen hegte „unter die Chapelains, St. Armands, ja wohl gar Miltons mit unterzulaufen". Wunderbarer deucht uns schon, daß der Baron und Exlieutenant während der langwierigen Arbeit an dem breitgesponnenen epischen Gewerbe nicht einmal zu einem schärferen Vergleich seines Unternehmens und seiner Kräfte und Mittel gedrängt wurde. Er lebte in einer weit nach Osten und ziemlich abseits liegenden Provinz und man kann sich wohl vorstellen, daß vieles von dem, was gegen Gottscheds Auffassung der Litteratur und seine Autorität anderwärts erklang und grollte, noch nicht in die Niederlausitz gedrungen war. Aber doch war gerade Schönaich Anschauung und Thätigkeit eines der ersten entschiedensten und geistvollsten Gegner der Gottschedschen Poetik durch persönliche Verhältnisse nahe genug gerückt. Auf den Gütern seines Vaters bekleidete J. Pyra aus Kottbus eine Predigerstelle, der Bruder jenes Jakob Immanuel Pyra, der nur neunundzwanzig Jahre alt, schon 1744 als Konrektor am Kölnischen Gymnasium zu Berlin gestorben war, der in seinem Lehrgedicht von 1737 „Der Tempel der wahren Dichtkunst" die Klopstockische und die gesamte seraphische Poesie ein Jahrzehnt vor ihrem Beginn voranf verkündet hatte und dessen letzte Flugschrift „Erweis, daß die Gottschebianische Sekte den Geschmack verderbe" mit Lessingscher Schärfe vor Lessing den wunden Punkt der Leipziger Litteraturtheorie aufgezeigt hatte.³) In Pyras letzten Schriften standen Sätze, die der Dichter des „Hermann" unmittelbar auf sich hätte beziehen können; wenn es hieß: „Daß einer schlechtweg und knechtisch einigen dürren Regeln dem Wortverstande nach, ohne der poetischen Begeisterung, ohne Hoheit und Anmut gehorchet, das giebt ihm nicht den geringsten Vorzug. Wen die Dichtkunst nicht selbst, sondern nur ein Lehrbuch erleuchtet, der kann nicht ihr Priester sein. Aristoteles selbst kann aus einem Klotze nichts weiter als einen regelmäßigen oder vielmehr handwerksmäßigen Bav und Reimschmied, aber keinen Maro bilden." Freilich ging in der engern Heimat wie es scheint bei den eignen Verwandten und in den kleinstädtisch-klatschsüchtigen Litteratenkreisen von damals die Sage, daß die Schlange an ihrem Gift gestorben sei und es scheint in der That, daß die durch die Entbehrungen der Armut geschwächte Natur Pyras der rücksichtslosen und gehässigen Art der Polemik, wie sie in den Hallischen Bemühungen zur Aufnahme der Kritik und in dem unsaubern Schwabeschen „Volleingeschanktem Tintenfäßl" gegen ihn geführt wurde, nicht gewachsen war. Leicht möglich, daß sein Bruder Pastor und die Gruppe der lausitzischen Landsleute, mit denen Schönaich in Berührung kam, sämtlich in der Furcht der Herren erzogen, den Braven im Lichte eines Rebellen sahen, der in einer verunglückten Empörung gefallen ist. Unsrem Musensohn aber, der sein Leben an die Poesie setzen wollte, hätten Pyras Schriften und die handschriftlichen Anmerkungen zur „Kritischen Dichtkunst" Gottscheds, die J. J. Pyra in einem durchschossenen Exemplar der Ausgabe von 1737 hinterlassen und die Schönaich durch den Bruder Prediger kennen lernte, unter allen Umständen zu denken geben müssen. Es ist mehr als wahrscheinlich, daß er vor Beendigung seines Epos die Anfänge des Klopstockschen „Messias" sah und las. Möglich, daß sich der unerschütterliche Anhänger Gottscheds um die „Bremer Beiträge" in denen im Frühling 1748 die drei ersten Gesänge der Klopstockschen Schöpfung erschienen, gar nicht bekümmerte, aber die ersten Hemerbischen Drucke von 1749 konnte ihm, bei dem Aufsehen, das diese Anfänge durch ganz Deutschland erregten, selbst in Amtitz nicht entgangen sein. Empfand auch er dabei nur die thörigte Geringschätzung der lebendigen Phantasie und des begeisterten Schwunges, die zwischen Gottscheds stattlicher Wohnung im Leipziger „Goldnen Bären" und den Dachstuben der dichtenden und kritisierenden Magister hin- und hergetragen wurde, fühlte sich sein Ohr von dem ungewohnten Klang der Hexameter nur verletzt, sprach keines des gewaltigen und rührenden Bilder zu ihm und machte ihn an der nüchternen Klarheit seines Plans und Vortrags irre? Wir müssen es voraussetzen, denn sein Werk selbst wie sein erster Brief an Gottsched bezeugen, daß Schönaich voll unerschüttern Glaubens an die Kraft der alleinseligmachenden Regel seine Epopöe zu Ende führte.

Sie traf in einem Augenblick in Leipzig ein, wo Gottsched im vollen Zorn über den Galimathias der biblischen Dichtung und die hereinbrechende Flut geschmackloser, dunkelschwülstiger, undeutscher und überstiegner, rauhtönender und holpriger Verse war, die den langjährigen Minos des „guten Geschmackes" und der „vernünftigen Litteratur" eben um das zu bringen drohte, was er jahrzehntelang als seinen besondern und unbestreitbaren Vorzug betrachtet hatte. Die Dichtung des Niederlausitzer Landedelmanns hätte ihm — wie er die Poesie nun einmal ansah — unter allen Umständen als eine entschiedene Talentprobe gelten müssen. Das Maß von Erfindungs- und Zusammenfassungskraft, von übersichtlicher Entwicklung, von klar zu Tage tretender Moral („als den Zweck des Heldengedichts"), von bewußter Erfüllung aller epischen Regeln, was er in der Handschrift des „Hermann" wahrnahm, überstieg alles, woran ihn seine poetischen Schüler, die Benjamin Ephraim Krüger und Johannes Joachim Schwabe, die Schmaling und Pantke gewöhnt hatten. Er würde mit Lob freigebig gewesen sein, auch wenn er das langatmige Gedicht des wendischen Virgil zu andrer Zeit und bei mehr Seelenruhe kennen gelernt hätte. In diesem Jahre des Heils 1751 aber, wo Klopstock am Kopenhagener Hofe mit Auszeichnung aufgenommen wurde, der Druck neuer Gesänge der Messiade bevorstand, wo Bodmer die drei ersten Gesänge seines „Noah" hinausgesandt hatte, wo der Gottschedschen abfälligen Kritik von Kleists „Frühling" zwei Züricher und ein Berliner Neudruck dieses Gedichts antworteten, war Gottsched geneigt in dem Versuch des jungen Edelmannes ein Geschenk des Himmels zu erblicken. Er sah die Erfüllung seiner theoretischen Forderungen und Schönheiten aller Art: „die Anmut des Ausdrucks, die nach allen Umständen und Vorfällen sich schickende Schreibart, den sowohl majestätischen als lieblichen Wohlklang der Verse" (Gottscheds Vorrede zum „Hermann") er beeilte sich dem erwartungsvollen aber zur Zeit noch völlig bescheidnen Verfasser schmeichelhaftes, verschwendrisches Lob zu erteilen, ihm seine Vermittlung für einen Verleger, die Einführung des Werkes in die Litteratur, seinen mächtigen Schutz und alle Ehren zu verheißen, über die gelehrte Gesellschaften und Zeitschriften zu verfügen hatten. Er muß das Gedicht mit so gespanntem Anteil gelesen haben, daß er schon im ersten Brief, den er nach Amtitz richtete, im Stande war eine ganze Reihe von „Verbesserungen" vorzuschlagen und das volle Zutrauen des Dichters zu erwecken, der sich mit begreiflichem Entzücken bald mit Virgil, bald mit Voltaire, dem gefeiertsten Dichter der Zeit, verglichen sah. Nur allzuwillig ging Schönaich auf jede von seinem Leipziger Aristarchen vorgeschlagene Änderung ein. Er schwor im engsten Sinne des Worts in verba magistri, gab Gottsched schon in seinem zweiten Briefe (vom 30. März 1751) „völlige Gewalt taillandi, secandi, purgandi" und setzte sich sogleich an die Arbeit die zehn Gesänge seines ursprünglichen Gedichts auf zwölf zu erweitern, um mit der Episode der Mathildis, die am Hofe König Marbods den Helden zu fesseln, zu verführen sucht und schließlich vom Eifer des eignen Vaters hingeopfert wird, sich dem Virgil und seiner Didoepisode noch sklavischer anzuschließen, als es ohnehin durch die ganze Erfindung des „Hermann" hindurch geschehen war. In so bescheidnen Grenzen sich Fabulierlust und Stimmungsbedürfnis des jungen Dichters von vornherein gehalten hatten, Gottsched entdeckte dennoch Ausschreitungen und bemängelte „allzurüstige" Situationen und Bilder des Epos. Er veranlaßte Schönaich verschiedene an sich unbedeutende, in ihrer Art aber charakteristische Züge seines Gedichts ins allgemeine zu verwischen; Schönaich hatte ursprünglich die Velleda ganz richtig als die Priesterin und Zauberin bezeichnet, die ihre Weissagungen aus dem blutgefüllten Opferkessel schöpfte. Gottsched fand dies seiner eignen und der Aufklärung des Jahrhunderts so wenig angemessen, daß er nicht ruhte, bis Schönaich sie in die höchst unbestimmte und vom Helden Hermann mit zweifelvollen Blicken angesehene Gestalt umgemodelt hatte. Sowohl die paar Zeilen, die in Danzels Gottsched aus den Briefen Schönaichs vom Frühling und Sommer 1751 ausgehoben sind, als die ausführlichern Erörterungen, die handschriftlich in der Gottschedschen Briefsammlung der Leipziger Universitätsbibliothek bewahrt sind, belegen diese Einwirkung Gottscheds. Voll besten Willens und Eifers entsprach der vor der Ruhmespforte harrende Poet schier allen

Verbesserungsvorschlägen seines Meisters. Dafür war dieser eifrig bemüht schon jetzt und ehe die Welt eine Zeile von Schönaich gesehen hatte, Ehren und Anerkennung auf den Scheitel seines neuentdeckten Dichters zu häufen. Er ließ ihn schon im Mai zum Ehrenmitgliede der königlich deutschen Gesellschaft zu Königsberg, die unter Professor Flottwells Vorsitz und Gottscheds Einfluß stand, ernennen, er versprach um seiner rühmlich gedenken zu können eine neue (vierte) Auflage der „Kritischen Dichtkunst" zu veranstalten, er schrieb an seine zahlreichen litterarischen Korrespondenten und verkündete das neue Wunder, er empfahl Schönaich bei seinen vornehmen Gönnern und während er von sich aus dem Landgrafen Wilhelm von Hessen das Heldengedicht widmete (der Verfasser „hatte ihm mit dem größten Vergnügen die Erlaubnis erteilet durch die Erstgeburt seiner heroischen Muse ein durchlauchtes Haupt zu verehren, welches dem von ihm gepriesenen Hermann in allen schätzbaren Eigenschaften eines Fürsten und Helden an die Seite gestellet zu werden verdienet") suchte er auch die Teilnahme der geistreichen Kurprinzessin Maria Antonia für den jungen Dichter aus der Lausitz zu gewinnen. Fast möchte man sagen Schönaichs Mißgeschick wollte, daß es Gottsched so redlich mit ihm meinte. Noch war er bescheiden genug und empfand es mit Abneigung, daß der Leipziger Mentor so gar laut seine reichsfreiherrliche Würde und seine Verwandtschaft mit den Fürsten Carolath in alle Welt posaunte, wehrte sich gegen die Veröffentlichung seines Namens (sogar unter Berufung auf den Messiasdichter „hat Klopstock so viel Mäßigkeit besessen, sollte ich denn stölzer thun?") und bat mit den Anfangsbuchstaben vorlieb zu nehmen, noch sprach er ganz schüchtern von seinen tragischen Versuchen und seufzte, da von einer Antrittsrede für die Königsberger deutsche Gesellschaft gemunkelt wurde „ich gestehe es meine Prosa ist noch nicht in der Ordnung, daß ich mich sehr breit damit machen dürfte. Ein Mensch wie ich dessen Fähigkeit unter einer bei unsersgleichen sehr gewöhnlichen und nachlässigen Erziehung beynahe (und ohne E. H. gewiß) erstickt wäre, kann unmöglich gleich in alle Sättel gerecht sein" (Schönaich an Gottsched, Amtitz den 24. August 1751), noch setzte er voraus, daß er manchem Pfeil der Kritik zu trotzen haben werde. Gottsched betrieb indessen den Druck bei Breitkopf in Leipzig mit Feuereifer, Anfang Oktober 1751 war dieser beendet und der Verfasser erhielt die gewünschten wenigen Exemplare des ungewöhnlich elegant ausgestatteten „Hermann oder das befreite Deutschland". Er mußte eine gewisse Genugthuung empfinden sich in so stattlicher Weise in die Litteratur eingeführt zu sehen, war übrigens klug genug um neben aller Genugthuung, daß Gottsched in diesem Versuch eines Heldengedichts „eine deutsche Henriade" sah, doch auch zu merken, daß er in dem Streit der Leipziger und Züricher zum Prügeljungen werde dienen müssen. Er prophezeite, daß gar mancher Züricher zu seinem Gedicht sagen werde „Freund rücke herunter" und klammerte sich dann doch wieder gläubig an Gottscheds Einsicht und Ruhm.

Kein Zweifel, daß man ohne Gottscheds Vorrede und ohne die

gewaltigen Trompetenstöße, mit denen er ein Publikum für Schönaichs
Epos zusammenrief, dem Verfasser allerseits Lob gezollt haben würde.
Noch war man, trotz Klopstock, unverwöhnt genug, um die mäßigen Vor=
züge, die dieser „Hermann" wirklich in Anspruch zu nehmen hatte, voll=
kommen zu würdigen. Vor der Breite erschrak das damalige Geschlecht
nicht so leicht und im Vergleich mit der Trivialität andrer gepriesener
Dichtungen der Zeit hatte die „Hermanniade" immer noch Schwung und
Kolorit genug und die Energie, mit der Schönaich seinen Plan durch=
geführt hatte, erschien unverächtlich. Selbst der schärfste und rücksichts=
loseste Gegner, Wieland, in seiner „Ankündigung einer Dunciade für die
Deutschen", ließ sich ein paar Jahre später und mitten in der Hitze des
Streites noch zu dem Zugeständnis herbei, daß, obschon er den „Hermann"
als unzeitige Geburt eines Geistes ansehen müsse, der selbst noch ein
Embryon sei, er doch weit entfernt wäre, das Gedicht in die Krämerbuden
zu verbannen.[4])

Das Auftreten Gottscheds, sein Anlauf, Schönaichs Versuch über sämtliche
epische Gedichte der Deutschen hinauszusetzen, das Aufgebot einer Parteikritik,
die den „Hermann" nicht loben konnte, ohne Keulenschläge gegen den
„Messias", die Schweizer und alles, was ihnen anhing, zu führen, die
höhnische Herausforderung der zahlreichen Gegner, die der „große Duns"
sich schon geschaffen hatte — alles zerrte den jungen Lausitzer Baron,
trotz seiner ländlichen Zurückgezogenheit, in die Arena der litterarischen
Faustkämpfe. Selbst der eben erwachende deutsche Bürgerstolz nahm An=
stoß an der „hochfreiherrlichen Feder", auf die Gottsched immer wieder
hinwies und es zeigte sich, wie völlig richtig der noch unberauschte
Schönaich gewesen war, als er seinem Gönner angeraten hatte „so wenig
als möglich" Nachrichten von seiner Person zu geben. „Es ist unnöthig
hier einige Weitläufigkeiten zu machen. Kurz wir wollen uns mit unsrer
Familie gar nicht zu breit machen" (Schönaich an Gottsched, Amtitz,
18. September 1751). Als die Herausgeforderten nun nach ihrer Weise
Kritik übten, die gepriesene Epopöe ein langweiliges Schulexercitium
schalten und über die Schlachtschilderungen spotteten, in denen schon die
blaue Glut in den Augen der Deutschen und die weißen langen Haare
manchen bloß aus Furcht zitternd auf die Totenbahre schickten, in der
der Kattenfürst Rastolph unter die Römer stürzt:

> Wie ein Tiger sich errettet, wenn er von dem Mohr' umringt,
> Von der allerhöchsten Mauer grimmig und mit Wüthen springt,

stimmten sie Gottscheds hohen Ton nicht herab, sondern reizten ihn sein
Äußerstes zu versuchen. Um die Wende der Jahre 1751 und 1752
meldete er seinem Schützling nach Amtitz, daß ihm die philosophische
Fakultät der Universität Leipzig in feierlicher Sitzung den Dichterlorbeer
verleihen, ihn vor der gesamten Welt krönen werde. Noch lag die „Zeit
gepuderter Perücken, drauf Pfalzgrafen Lorbeern drücken" nicht gar so
weit zurück und Gottsched hatte vermutlich die Vorstellung, daß eine

solche Krönung den Streit einmal für allemal erledigen werde. Er war jetzt entschlossen, trotz der Bitten Schönaichs: „keine Feyerlichkeit, liebster Aristarch" und trotz der Vorahnung seines Dichters daß ihm „die Schweizer Hasenpappeln in seine Kronen flechten würden", den höchsten Trumpf auszuspielen. Er wollte nach Danzels Wort darthun, „daß es doch immer noch Leipzig, das kleine Paris, welches seine Leute bildet und in Leipzig Gottsched sei, welche ganz allein über Dichtergröße zu entscheiden hätten und im Namen Deutschlands den Dichternamen austeilten".

Liest man die Briefe, die Schönaich in dieser Angelegenheit im Frühling 1752 an Gottsched schrieb, sieht man die wunderliche Mischung von Furcht und Begier, die der Poet an den Tag legt, so möchte man in helles Lachen ausbrechen. Und doch wandelt einen wieder menschliches Mitleid an, wenn man den armen Jungen vor sich erblickt, der nicht einmal denken darf, den nächsten Nachbar geschweige Leipzig zu besuchen, denn „ein Mehlthau auf die Lorbeerkrone fallen möchte", falls es auf seine persönliche Gegenwart bei der Feier ankömmt, der „noch nicht so unverschämt ist sich ins Angesicht loben zu lassen, ohne roth zu werden" und der doch wie gern am größten Ehrentage seines Lebens in Leipzig gewesen wäre. Es fehlte ihm eben an allem, seine Garderobe war nichts weniger als reichsfreiherrlich, er hatte „vor ungefähr acht Wochen ein Kleidchen bekommen, das der Pfefferkrämer in Leipzig des Sonntags besser hat", er mußte sich von seinem Vater einen halben Louisdor für ein Exemplar des Hermann schenken lassen und „das noch für eine Gnade erkennen, für eine Großmuth preisen", es fiel ihm schwer an Gottsched die zwei zum Ringe nötigen Louisdor zu schicken und er schalt nach der Feierlichkeit „die hölzerne Gemüthsart derjenigen, die sein zeitliches Glück in Händen haben", und bat mit sichtlich gepreßtem Sinn ihm aufs genaueste mitzuteilen „was die Unkosten sind. Es muß zu allem Rath werden." Zur Tragik dieses Dichterlebens sollte eben auch das gehören, daß der arme Poet die Stunde einer prunkhaften Feierlichkeit, in deren Mittelpunkt sein Name stand und für die er ein paar Jahrzehnte hindurch hart genug zu büßen hatte, nicht einmal mit erlebte. Aber Gottsched ließ sich auch durch die naheliegenden Unzuträglichkeiten einer Krönung in absentia nicht irre machen, gabelte einen Freiherrn von Seckendorf auf, der die Lorbeerkrone für Schönaich in Empfang zu nehmen hatte und setzte Schönaichs Dichterkrönung auf den 18. Juli 1752 an.

Leider scheinen die unmittelbaren Zeugnisse über den Verlauf der vielbesprochenen und noch mehr verhöhnten Feierlichkeit verloren gegangen, sind wenigstens bei den Akten der philosophischen Fakultät zu Leipzig nicht vorhanden. Nichts ist zu finden, als die pomphafte lateinische Einladungsschrift, mit der Gottsched, als Dekan der hochpreislichen Fakultät und kaiserlicher Pfalzgraf, zu der feierlichen Dichterkrönung des Freiherrn von Schönaich, Leutnants in der königlich=kurfürstlichen Armee und Ehrenmitglieds der deutschen Gesellschaften zu Königsberg und Göttingen, einlud. In dieser Einladungsschrift prangte auch das kurfürstliche Dekret vom 28. Dezember 1741, durch das der philosophischen Fakultät der sächsischen Landesuniversität das Recht verliehen wurde, Dichter zu krönen. Da diese Verleihung noch immer zu den kaiserlichen Gnadenrechten gehörte, hatte Gottsched, mit vorausschauender Klugheit, ein Jahrzehnt, bevor Schönaich in seinen Gesichtskreis trat, das sächsische Reichsvikariat nach dem Tode Kaiser Karls VI. benutzt, um der Universität, der Fakultät und im Grunde genommen sich selbst dieses Machtmittel zu sichern. — Der Akt lief im wesentlichen auf eine stattliche Entfaltung gelehrter Beredsamkeit hinaus, den Schönaich bestimmten Lorbeer nahm als Vertreter des Abwesenden der Freiherr von Seckendorff mit entsprechender Würde entgegen, auch das Erforderliche an Perücken und Kleiderpracht wird nicht gefehlt haben, obschon sich der Teil der Universität, der Gottsched gegnerisch gesinnt war, geflissentlich fernhielt. Schade, daß uns der Privatbrief, in dem der Leipziger Geschmacksdiktator seinem Schützling die näheren Umstände, die anekdotischen Züge der großen Haupt- und Staatsaktion erzählt haben wird, nicht zu Gebote steht. In den für die Öffentlichkeit bestimmten Berichten spürt man deutlich, daß die Losung viel Geschrei und wenig Wolle war. — Die Dichterkrönung trug freilich den Namen Schönaichs durch Deutschland und über Deutschland hinaus, aber sie wirkte keineswegs, wie es doch Gottsched's Wunsch und Absicht gewesen war, überall imponierend.⁵)

Man kann sich denken, wie hoch dem Dichter, der sich durch den Aktus der Universität Leipzig mit Petrarca und Tasso in Vergleich gesetzt wähnte, in seinem einsamen Schlosse das Herz schlug, als er Tag und Stunde seiner Krönung kannte und nach Maßgabe des Postenlaufs jener Zeit viele Tage lang auf den ihm übersandten Lorbeerkranz und genauere Nachrichten von dem Vorgange warten mußte. Er konnte sich nicht entbrechen dem Kranze wenigstens — vermutlich nach Guben — entgegenzureiten und den Tag, an dem er ihn empfing, dadurch zu einem Festtage zu gestalten, daß er dem drückenden väterlichen Dache entrann. „Haben wir gleich in unserer Gegend keine Kalliope, so ist mir der Lorbeer doch von schönen Händen aufgesetzt worden. Ich war ihm mit Fleiß entgegengeritten und mein Pegasus holte auch ohne Flügel meinen Preis ein. Der ganze Tag war zu einem Feste gewidmet worden und ich feierte die Octave recht vergnügt bei einem meiner liebsten Freunde. Seine Freundin, eine gebohrene von Malaspina, setzte mir den Kranz auf und also trug auch Italien was zur Ehre des kleinen deutschen Tasso bey, zum wenigsten dem Klange nach). — — —" Und in verzeihlichem Übermut setzt er hinzu: „So haben mir denn also E. H. kraft kaiserlich königlicher Macht die Erlaubniß ertheilet, Verse in die Kreuz und in die Quere zu machen. Hans Sachs soll nicht so viel Folianten Reime hinterlassen haben als ich Deutschland zu vermachen denke." (Schönaich an Gottsched, Amtitz, 29. Juli 1752).

Der Arme, der in zärtlicher Dankbarkeit für den vergötterten großen Mann überfloß und in der Unschuld seines Herzens den Schwur that

„den Lorbeer auf keine Weise zu entehren", der sich über alle Nöte seines unerquicklichen Daseins hinausgehoben fühlte und doch auch jetzt seufzen mußte: „Ich kann nicht in meinem 26. Jahre die Achtung in meinem Hause davon tragen, deren mich meine ganze übrige Verwandtschaft und selbst Feinde würdigen" — er sollte nur zu bald ersehen, wie zerbrechlich und dornig zugleich die Krone sei, die ihm Leipzigs ordo Philosophorum und deren Generalgewaltiger Gottsched aufgesetzt hatten. Über die Bosheit, mit der die Berliner Vossische Zeitung von seiner Krönung Meldung that: „Leipzig. Am 18. dieses ertheilte die hiesige philosophische Facultät Herrn von Schönaich, Verfasser des Hermanns, feierlich den poetischen Lorbeer. Gedachter Herr Baron war nicht selbst zugegen, sondern er ließ sich die Klio, mit welcher er schon seit zwei Jahren verbotenen Umgang gepflogen, durch Herrn Professor Gottsched als jetzigen Decanus der philosophischen Facultät per procurationem antrauen" mochte er noch vergnügt lachen. Doch nun hagelte es Kritik und Hohn von allen Seiten. Die Göttinger „Gelehrten Anzeigen" gingen mit einer unbarmherzigen Verurteilung des „Hermann" voran, die zweite (mehrfach „verbesserte" und auf Gottscheds Rat noch mehr ins Nüchterne gezogene) Ausgabe des „Hermann" gab im Verein mit der Dichterkrönung Anlaß genug alle Schleusen des verdienten Tadels, wie der unbilligsten und gehässigsten Lästerung zu ziehen. Der Poet, der nicht nur für seine eignen, sondern auch für die Sünden Gottscheds zu büßen hatte, besaß trotz seiner Bescheidenheit und seiner gedrückten Lage als unselbständiger knappgehaltner Haussohn ein gut Teil Lausitzischen Starrsinns und trotziger Kampflust. Da er den wiederholten Versicherungen Gottscheds, daß die auf sein Haupt gehäuften Ehren nicht bloß „der guten Sache", sondern ihm persönlich, seinem Talent und seiner schöpferischen Kraft gälten, vollen Glauben schenkte, da er durch die verächtlichen und spöttischen Abfertigungen seiner poetischen Leistungen gereizt wurde, nach seiner ganzen Bildung und Anschauung für Vermögen und Vorzüge der poetischen Gegner von Haus aus unempfänglich war, ihre Mängel aber ziemlich scharf sah und empfand, so spürte er jetzt Lust, sich an der litterarischen und ästhetischen Polemik, von der die Luft dröhnte, zu beteiligen. Sein Ruhm war ihm vielleicht weniger zu Kopf gestiegen als es uns Nachlebenden scheint, obwohl er sich vorgenommen hatte nach Gottscheds Rate „wie ein römischer Sieger stolz auf dem Triumphwagen zu sitzen", aber sein Blut war in Wallung gekommen. Der „Unsinn" von Klopstocks und Hallers Gedichten und vollends von Bodmers „Noah" und Naumanns „Nimrod", der ihm so klar war, mußte doch auch der bethörten Welt zu erweisen sein; was er von der persönlichen Lage seiner Berliner Gegner im Studierstübchen litteraturklatschender Landprediger und Informatoren vernahm, flößte ihm weder Hochachtung noch Furcht ein. Wer waren diese Mylius und Lessing, diese „Zeitungsschreiber bei einem Berliner Buchführer", die so frech und respektlos Gottscheds Weltruhm, seine akademische Magnificenz und Spektabilität durch ihre Hechel zogen, die einem erleuchteten Publikum einreden wollten, daß Haller, Klopstock und Kleist die echten Dichter der Zeit seien? Er fühlte sich Manns genug gegen alles dies aufzutreten und war beinahe schon geneigt (was er 1754 gerade heraussagt) nur Gottscheds „Nachsicht und Gelindigkeit" die Schuld zu geben, daß das Otterngezücht so überhand genommen. Im April 1753 hatte Gottsched ihm ein hochachtungsvolles Lob Voltaires (der sich nach seiner Abreise vom Hofe Friedrichs des Großen ein paar Wochen in Leipzig aufhielt) übermittelt, ja Voltaire hatte selbst an Schönaich geschrieben und die Komplimente für den „Hermann" nicht gespart. Eben hatte Gottscheds Zeitschrift „Das Neueste aus der Anmuthigen Gelehrsamkeit" eine abermalige nachdrücklich empfehlende und uneingeschränkt bewundernde Anzeige der Neubearbeitung und Neuausgabe des „Hermann" veröffentlicht, eben wurde Schönaichs „Versuch in der tragischen Dichtkunst" gedruckt — und es fehlte unsrem Dichter offenbar auch in seiner nächsten Umgebung nicht an Verehrern und Schmeichlern. So überredete er sich, daß es seiner Anschauung und seinem Witze gelingen werde alle nicht ganz Verstockten vom „Unfug" der schweizerischen und vom Schwulst der Klopstockschen Sprache zu überzeugen. Seit Anfang 1753 arbeitete er an einem neuen „Dictionnaire neologique", das ihm als „eine unvergleichliche und leichte Satire" erschien und zu dem er wenigstens anfänglich von seinem Leipziger Gönner und Beschützer ausdrücklich ermuntert wurde. Im Winter von 1753 zu 1754 sandte Schönaich Proben seiner satirischen Schrift an Gottsched, im Mai 1754 war diese, wenn auch nicht ohne die Beihilfe Johann Gottfried Reichels, des Verfassers der „Bodmerias", beendet.⁶) Sie war derb, überderb ausgefallen und es geht aus Schönaichs Antworten an Gottsched hervor (Gottscheds Briefe sind leider nicht, wenigstens im Schloß Amtitz nicht erhalten), daß der Aristarch diesmal eben nicht Aristarch sein wollte, daß er die Durchackerung ausdrücklich ablehnte, den streitlustigen Schönaich zurückzuhalten suchte, daß er sich sehr verschämt gegen seines Schützlings lausitzische Derbheiten zeigte und das garstige Wort „Steiß", das ein paar Dutzendmal im Neologischen Wörterbuch vorkommt, nicht ausschreiben mochte, daß er Schönaich auf seine Provinzialeigentümlichkeiten aufmerksam machte und große Bedenklichkeiten wegen der Veröffentlichung des Buches an den Tag legte. Er wies die Beteiligung daran von der Hand, stellte übrigens den getreuen Schildknappen Magister J. J. Schwabe in Leipzig zu Schönaichs Verfügung. Er sah mit um so größerer Besorgnis seinen Lausitzer Baron und gekrönten Poeten fest auf dem Drucke der Satire beharren, als auch der Mitarbeiter Reichel schließlich den Mut verlor und mit armseligen Klatschereien Gottsched gegen Schönaich, der „sein gehorsamer Sohn nicht mehr sei" einzunehmen suchte.

Inmitten des häßlichen Bildes von Feigheit, Zweideutigkeit und litterarischer Intrigue, das uns bei dieser Gelegenheit entgegentritt, machte Schönaich die bessere Figur. Gottsched und alle seine Anhänger hätten nur zu gern „die epischen Leiermänner und deren Advokaten" lächerlich gemacht gesehen. Aber sie spürten natürlich auf ihrer Leipziger Hochwarte besser, welch schneidender Wind in der Litteratur zu wehen anfing, als unser Poet zwischen seinen Amtitzer Wäldern. Schönaich beharrte ruhig darauf: „Schriebe ich ein ander Buch als eine solche Schandsäule, so wäre es freilich sehr unsauber: allein man muß die Kerle lächerlich machen und Zoten mit Zoten bezahlen." Er traf den Nagel auf den Kopf, wenn er Gottsched beschuldigte sich vor Lessing zu fürchten. Freilich kann man, wie Erich Schmidt in seinem „Lessing" (Bd. 1 S. 245) sagt, „nicht ohne Mitleid lesen", daß er Gottsched zurief: „Glauben Sie mir es nur: Sie werden Gottsched bleiben und wenn tausend Lessinge sich an Ihnen zu Tode ärgern wollten." Aber Recht hatte der so plötzlich fallen gelassene und verleugnete Poet doch, wenn er im gleichen Briefe erklärte: „Und was will all das Fehleraufrücken endlich sagen? Werden denn anderer Leute Fehler durch meine schön? Ist es schön zu schnitzern, wenn ich aus Versehen schnitzere?" (Schönaich an Gottsched 27. August 1754). Doch für so einfache Mannhaftigkeit, die selbst da noch wirkt, wo sie entschieden irrt, fehlte diesen auf allen Pirsch= und Schleichwegen litterarischer Partei= und Koteriekämpfe bewanderten Gelehrten und Halbgelehrten, mit denen er zu thun hatte, Gefühl und Verständnis.

So bitter Schönaich es wohl empfand, daß er im Stiche gelassen wurde, so blieb seine Verehrung für Gottsched ungeschwächt. Eben jetzt stand ihm die längst ersehnte Bekanntschaft mit dem großen Schriftsteller bevor. Gottsched und seine Gattin beabsichtigten eine Reise nach Dresden und ein Zusammentreffen war verabredet und fand in der That statt. Viele Jahrzehnte später erinnerte sich Schönaich noch mit voller Freude an die drei Tage, die er mit dem Gottschedschen Ehepaar in der sächsischen Residenz verbracht hatte, die Feinheit und Liebenswürdigkeit der Frau Victorie Adelgunde, die selbst von Gottscheds heftigsten Gegnern anerkannt wurde, entzückte auch ihn und Gottsched verstand es in solchen Fällen alles bei Seite zu setzen und zu schieben, was dem Freunde irgend einen Zweifel hätte einflößen können. Er wußte bereits, daß er in der Anerkennung des „Hermann" zu weit gegangen sei, aber er wird nicht verfehlt haben den jungen Bewunderer zu neuen poetischen Arbeiten anzuregen. Schönaich konnte mitteilen, daß er ein zweites Heldengedicht „Heinrich der Vogler" plane.

Das Getös der Entrüstung, das „Die ganze Ästhetik in einer Nuß" im litterarischen Deutschland erregte, scheint ihren Hauptverfasser niemals erschreckt zu haben, seine Meinung, daß er ein gutes Werk gethan habe, stand eben unerschütterlich fest und er war völlig bereit den Kampf fortzusetzen. Er ließ im Jahre 1755 nicht weniger als sechs kleine Nachträge zum neologischen Wörterbuche drucken, Flugschriften, die sich gegen „die Schweizer", die „Klopstockianer", gegen den Ästhetiker Meier und den satirischen Poeten Zachariä, gegen Lessing und so ziemlich gegen alle Welt richteten, die nicht auf Gottscheds Seite stand.[7]) Reichel berichtete schon Ausgangs 1754 nach Leipzig, daß der Herr Baron von nichts anderm rede, als daß Deutschland noch keinen Pope und keinen Boileau habe und daß er den Anfang zu einem Gedichte gemacht habe, „darinnen er den Herrn von Haller und Lessingen auf eine sehr harte Art angreife". In der That schrieb Schönaich um jene Zeit das Gedicht „Die Nuß oder Gnissel: ein Heldengedicht mit des Verfassers eigenen Lesearten von ihm selber fleißig vermehrt; siebente Auflage dem großen Rellah zugeeignet". Dies ohne Orts- und Jahresangabe herausgekommene, ziemlich selten gewordene Gedicht nahm sich freilich seinem Vorbilde, der Popeschen „Dunciade" gegenüber noch dürftiger und seltsamer aus als der „Hermann" gegenüber der Henriade oder gar der „Aeneis". Obschon es, wie die „Aesthetik in einer Nuß" gezeigt hatte, dem Poeten an einem gewissen Mutterwitz und einer trocknen Satire nicht gebrach, so stellt sich dies Gedicht unglaublich ungelenk und geradezu albern dar. Gnissel, der durch Merbod zum König des Reichs der Dummheit gekrönt wird — eine Erfindung so sinnlos wie möglich, die lediglich erwies, daß der niederlausitzische Poet von dem jüngeren oberlausitzischen Landsmann nicht das Geringste wußte! Als ob Lessing ein Bewundrer Bodmers gewesen wäre, als ob er, der rastlos Vorwärtsdrängende, im Banne der litterarischen Klopffechtereien von vorgestern und gestern jemals beharrt hätte! Da Lessing um eben die Zeit, wo Schönaichs Angriff von Stapel lief, mit „Miß Sara Sampson" alle lebenden deutschen Dichter nach der Seite wirklicher Lebensdarstellung und Gestaltenschöpfung weit hinter sich ließ, so war die Niederlage des „Gnissel" so vollständig als möglich. Obschon Schönaich sich verbunden erachtete an Gottsched mitzuteilen, was ihm aus Frankfurt an der Oder über die erste Aufführung der „Miß Sara Sampson" durch die Ackermannsche Gesellschaft geschrieben wurde, muß er doch gespürt haben, daß die Zeit des Schweigens für ihn, wie für seinen Beschützer gekommen sei. Er sah mit einiger Beschämung auf die Reihe der polemischen Flugschriften und Gedichte zurück, die so gar nicht imstande gewesen waren den Gang der Dinge aufzuhalten. Er empfand es ohne Zweifel tief, daß ihn Lessing nicht einmal einer Antwort würdigte. Jedenfalls beschäftigte ihn sein begonnener zweiter „Versuch eines Heldengedichts", der schon mehr erwähnte „Heinrich der Vogler oder die gedämpften Hunnen" (auf der in der Gubener Gymnasialbibliothek bewahrten Handschrift der spätern Überarbeitung als „Hunnias" ausdrücklich bezeichnet) besser und befriedigender, als der poetische Katzenkrieg, in dem er offenbar den Kürzeren zog. Er setzte schon nicht mehr voraus, mit diesem zweiten Epos größere und unbestrittnere Ehre einzulegen als mit dem ersten. Es gelang ihm in Haude und Spener in Berlin einen Verleger dafür zu gewinnen und so führte er trotz des inzwischen — August 1756 — ausgebrochnen Krieges sein Gedicht zu Ende, das im Jahre 1757 hervortrat. Gefaßt und auf heftige Angriffe der gegnerischen Litteraturpartei vollkommen vorbereitet erklärte er am Schlusse der Vorrede: „Meine Tadler mögen einen andern Hermann und einen andern Heinrich machen; unsere Helden werden desto bekannter werden und durch unsern Zwist gewinnen. Ein Tonkünstler findt sich gar nicht verunehret, wenn auch Schwache sein Stück versuchen. Ich habe es versuchet, man mache es besser."

Wirft man nur einen Blick in diesen „Heinrich", so nimmt man rasch genug wahr, daß der Freiherr und Dichter mehr Ursache hatte, als er ahnen mochte, bescheiden von seiner Leistung zu reden. Schon das war übel, daß er sich getreulich selbst kopierte und unwillkürlich wie ein Leiermann in die eine auf der Walze befindliche Weise zurückfällt:

> Ich besinge jenen Kaiser, dessen gottgeweihter Streit
> Endlich von der Heyden Joche unser frommes Volk befreyt;
> Der des Reichs verfallnen Ruhm zu dem alten Glanze brachte,
> Und der Deutschen Namen groß und den Hunnen schrecklich machte!

Die Erfindung zeigte sich womöglich noch schattenhafter, als im „Hermann", die Charakteristik der Gestalten und die Anwendung der „Maschinen" (wie Gottsched sagte) noch äußerlicher; vor allem aber hatte, den Standpunkt des Dichters und seines Meisters einmal zugegeben, daß die Poesie nur eine andere Art der Beredsamkeit, verkleidete Beredsamkeit sei, die Neigung Schönaichs zur Nüchternheit, zur gereimten Prosa, zur Trivialität in den Bildern und rhetorischen Wendungen in erschreckender Weise zugenommen. Die achtfüßigen Trochäen mit wechselndem männlichem und weiblichem Endreim klingen nur selten einmal schwungvoll, klappern und schleppen meist und helfen den Eindruck unerträglicher Breite und dürrer lebloser Verstandesmäßigkeit des Gedichts verstärken. Vereinzelt findet sich eine und die andere Stelle, die an die bessern Momente des Hermann und der tragischen Versuche mahnt, ein anschauliches Bild, ein schwungvolles Wort, die verraten, daß der Dichter eine Begabung besaß, die andrer Kunsteinsichten und andrer Umgebung und Erlebnisse wert gewesen wäre.

Nach dem Erscheinen der „gedämpften Hunnen" und während des fernern Verlaufs des siebenjährigen Krieges verstummte Schönaich völlig. Ob er sich erschöpft fühlte — er fuhr, wie die Gubener Handschriften seiner beiden Epopöen erweisen, unabläffig in der Feile des „Hermann" und „Heinrich" fort — ob das Kriegsgetümmel, das er in der Niederlausitz fortgesetzt in Durchmärschen, Gefechten, Plünderungen vor Augen hatte, ihm die Stimmung raubte oder ob, was das wahrscheinlichste ist, seine persönlichen Verhältnisse ihn allzu stark beanspruchten, läßt sich nicht entscheiden. Gewiß ist nur das eine, daß er mitten im Kriege den Entschluß faßte sich aus der unterwürfig-unwürdigen Stellung zu befreien, die er in Amtitz nur zu lange eingenommen hatte. Die Familie seines Oheims, des preußischen Staats- und Kriegsministers Grafen von Schmettau auf Pommerzig, Blumberg und Brise, der eine Schwester seines Vaters zur Frau hatte, scheint mit der Unselbständigkeit des geistig so hochstehenden und so ehrenhaften Verwandten niemals einverstanden gewesen zu sein. In der Widmung der Hunnias an diesen Onkel sprach unser Poet mit größrer Wärme, als sie so feierlichen Dedikationsepisteln eigen zu sein pflegt, aus, daß er zu dem Oheim und seiner Familie eine lebendige dankbare

Liebe empfinde. Schließlich heiratete er in seinem vierunddreißigsten Lebensjahr seine dreiundzwanzigjährige (geboren 24. Juni 1736) Cousine Gräfin Henriette Antoinette Hermanne von Schmettau, eine Tochter des Ministers. Die Hochzeit fand am 22. Oktober 1759 abends 6 Uhr in Crossen statt (Kirchenbuch von Starzeddel bei Amtitz) und schon dies deutet darauf hin, daß sie ohne die Gegenwart der Eltern des Dichters erfolgte. Nach den Begriffen gewöhnlicher Sterblicher schloß Otto Christoph von Schönaich eine völlig standesmäßige Ehe. Dennoch fanden der alte Freiherr auf Amtitz und seine Gemahlin, der eine als Agnat des Fürstenhauses der Carolath, die andre als Verwandte eines Kurfürsten von Mainz und Reichserzkanzlers, daß der Sohn sich wegwerfe. Vermutlich nahm das würdige Paar an den geringen Glücksgütern der Schwiegertochter Anstoß, denn die Tochter des Majoratsherrn von Pommerzig erhielt nur eine sehr mäßige Mitgift. Dem Dichter wurde in seiner Ehe ein einziges Kind, ein Sohn, für wenige Wochen geschenkt, am 3. Dezember 1760 zu Crossen geboren und bereits am 9. Januar 1761 daselbst wieder verstorben, nahm er Schönaichs Hoffnungen die stattliche Standesherrschaft bei seinen eignen Nachkommen zu erhalten, mit ins Grab. Wohl oder übel mußte sich unser Freiherr nach einigen Jahren entschließen, da ihm die Mittel zu einem selbständigen standesmäßigen Leben fehlten, in das Schloß Amtitz zurückzukehren. Obschon keine wirkliche Aussöhnung mit den beleidigten und in ihrem starren Hochmut unzurechnungsfähigen Eltern stattfand, so konnte ihm Aufnahme und Unterkunft im Amtitzer Schlosse nicht versagt werden. Aber nun begann jenes Leben, von dem Karl August Böttiger (der 1784 Rektor zu Guben wurde) noch als Augenzeuge berichtet hat: „Schönaich mußte sich daher mit seiner in jeder Rücksicht achtungswürdigen Gemahlin, da er selbst weder beamtet noch bemittelt war, die empörendsten Mißhandlungen und Abwürdigungen gefallen lassen. Viele Jahre lang mußte er in einem dumpfen Winkel des väterlichen Schlosses mit wenigen gar nicht köstlich ausmöblierten Zimmern vorlieb nehmen und von dem Abhub der Tafel speisen, die seinem Vater gedeckt wurde. Auch fand bis zum letzten Augenblick zwischen Vater und Sohn keine Aussöhnung statt."*) Zum Glück für Schönaich bewahrte er noch immer, obschon er sich nicht darüber täuschen konnte, daß er jetzt in die Reihe der verschollenen Dichter trat, die Zuversicht auf die Tüchtigkeit und klassische Korrektheit seiner Leistungen und erhielt sich die Freude an seiner Bibliothek, die reich an guten französischen, italienischen und englischen Werken war. Seine Gattin, der er und die ihm mit zärtlicher Zuneigung anhing, half ihm die Schwere dieser häuslichen Zustände tragen, in denen es geradezu unvermeidlich war, daß die einzige Hoffnung der unedel Gequälten auf dem endlichen Abscheiden des Freiherrn Otto Albrecht beruhte.

Aber die Jahre verstrichen, der langersehnte Friede von 1763 kam und ein Lustrum reihte sich zum andern, ohne daß die Verhältnisse sich in bemerkbarer Weise änderten. Schönaich alterte ohne zu leben. Im Jahre des Hubertusburger Friedens ließ er noche inmal einen „tragischen Versuch", „Montezum", drucken, zwei Jahre zuvor war eine Sammlung seiner „Oden, Satiren, Briefe und Nachahmungen" erschienen. Anfang 1764 begegnet uns seine letzte dichterische Lebensäußerung, eine „Ode auf das hohe Geburtsfest Seiner Kurfürstlichen Durchlauchtigkeit Herrn Friedrich August, Herzog zu Sachsen, des heiligen Römischen Reichs Erzmarschall und Kurfürsten", im Namen der Gesellschaft der schönen Wissenschaften zu Leipzig entworfen. In einem vom 15. Dezember 1764 (dem Geburtstage des damals noch unmündigen Kurfürsten und nachmaligen Königs Friedrich August) datierten Programm lud Gottsched als Vorsteher der Gesellschaft der schönen Wissenschaften, die mit „unterthänigstem Vergnügen" das Geburtsfest des jugendlichen Landesherrn begehen wollte, zu dieser in seiner Behausung im goldnen Bären stattfindenden Feier mit aller schuldigen Ehrfurcht und Ergebenheit ein. Herr Professor Johann Friedrich Burscher hielt die Festrede, es wurden drei neue Ehrenmitglieder der Gesellschaft aufgenommen und die „auf dies Fest gerichtete Ode des Freiherrn von Schönaich, kaiserlich gekrönten Dichters und vieler gelehrten Gesellschaften Mitglieds" machte den völligen Schluß. Die Ode selbst, mit einem beinahe Lohensteinisch schwülstigen Bilde eines auf dem indischen Ocean vom Sturm überfallnen Schiffes beginnend, lenkt alsbald in den Stil der höfischen Gelegenheitsreimerei Gottscheds hinüber, preist die Kurfürstin Antonia und den Administrator Prinz Xaver, orakelt von künftigem Heldentum eines Fürsten, der unter vielen friedfertigen Monarchen seiner Zeit einer der friedfertigsten werden sollte, ruft schließlich für die Kunst Schutz und Teilnahme des jungen Regenten an und führt ihm (in besorgter Erinnerung an die musikalischen und malerischen Neigungen des Dresdner Hofes) zu Gemüte, daß die Dichtkunst allein das Sein der schönen Schwestern erhält:

> Wenn Zeit und Grimm an Farb und Stein sich reiben
> Ich Dichtkunst kann allein der Ewigkeit sie weihn!

Mit befremdeten Augen schaute diese rednerische Poesie in eine fremdgewordne Welt hinein. Ob Schönaich an der letzten glänzendsten Entwicklung der deutschen Litteratur, die eben jetzt mit Lessings „Minna von Barnhelm" begann, einen andern als grollenden, kopfschüttelnden Anteil nahm, hat der Allerweltsberichterstatter Böttiger zu berichten vergessen. Ende 1766 starb Gottsched, mit dem der Verkehr bis zum Ende, wenn auch minder lebhaft als in den fünfziger Jahren fortgewährt hatte. Der große Duns, der ein täglich kleiner werdendes Häuflein von Getreuen musterte, hatte mit einer Genugthuung, die der des Dichters selbst nichts nachgab, das Erscheinen einer französischen Prosaübersetzung des „Hermann" (von M. E., Paris 1765) begrüßt, der seine Vorrede und die Briefe Voltaires vorgedruckt waren. Auch in den folgenden Jahren klammerte sich Schönaichs Selbstgefühl hauptsächlich daran, daß das Ausland — der deutschen Litteraturentwicklung langsam nachzügelnd — von seinem ehe=

mals gefeierten epischen Gedicht Kenntnis nahm. 1769 erschien eine englische Prosaübertragung des Hermann; 1799 (An. VII, Paris) eine Übertragung in französischen Versen von Dehault, aus der sogar eine portugiesische Übersetzung zustande kam.*) Wohl bedurfte der Poet, der noch im kräftigen Mannesalter stand, solcher Stützen seines Selbstbewußtseins. Ob er mit Freude oder Zorn seit den siebziger Jahren den frischen Quell echter Lyrik hochaufrauschen sah, ob die Namen Bürgers und der Hainbündler verheißend an sein Ohr klangen oder ob er Vergleiche zwischen der gleich ihm selbst vergessenen Barbarei der Schweizer und der neuen Barbarei der Stürmer und Dränger anstellte, für deren Recht ihm jedes Organ fehlte, ob er etwas von den Beglückungen empfunden hat, die allen empfänglichen Naturen aus der Jugendpoesie Goethes und ein Jahrzehnt später aus der Schillers zuströmten, wir wissen es leider nicht. Seine Briefe aus späteren Jahren scheinen alle vernichtet, Besuche empfing der Vereinsamte nur gelegentlich, denn auch auf die Befreiung vom Drucke einer halb anspruchsvollen, halb ärmlichen Existenz mußte er warten und warten. Er überschritt sein fünfzigstes, sein sechzigstes Lebensjahr — noch immer blieb Freiherr Otto Albrecht der Majoratsherr auf Amtitz und Freiherr Christoph Otto der bei Seite geschobene Sohn, der zwar nicht enterbt werden konnte, dem aber kein Anteil am Genuß des Lebens gegönnt wurde, so lange der Wille des Vaters galt.

Im Jahre 1785, in seinem sechzigsten Jahre erblindete der Dichter und sein Zustand stellte sich bald als hoffnungslos heraus. Böttiger bezeugt nachdrücklich seinen Mut und seine Fassung bei allen diesen Leiden, „wovon der Schreiber dieser Nachricht selbst mehrmals gerührter Augenzeuge gewesen ist". Da sich Schönaich nach seiner eignen Aussage mehrere Stunden täglich vorlesen ließ, müssen die Gestalten der neueren deutschen Dichtung vollends wie wunderliche Gespenster an dem inneren Auge des Blinden vorübergegangen sein. Er begann schon seine Gegner aus der Mitte des Jahrhunderts zu überleben: 1777 war Haller, 1781 Lessing im kräftigsten Mannesalter, 1783 Bodmer hinübergegangen. Und wie Schönaichs Bildung und Kunstauffassungen sich einmal gestaltet hatten und mit ihm im Dunkel seines Lebens erstarrt waren, vermochte er jetzt vollends nicht zu verstehen, warum dem einen die lebendige Welt nachwirkende, dem andern nur die papierene Unsterblichkeit der Journale und Litteraturhandbücher zu teil wurde.

1786 war Schönaichs Mutter gestorben, 1789 im ersten Jahre der weltumwälzenden französischen Revolution folgte ihr im höchsten Alter Freiherr Otto Albrecht, der Vater des fünfundsechzigjährigen Dichters endlich nach. Der Druck der Dürftigkeit hörte auf, er war jetzt Herr eines großen, schönen Besitzes, am 16. September übernahm er die Standesherrschaft Amtitz, den Lehnseid bei der Landesregierung zu Lübben leistete für den Blinden der Acciseprokurator Voß daselbst. (Lehnsakten des ehemaligen Gubener Kreisgerichts.) Er hatte sich an seine „ewige Nacht" gewöhnt und empfand es immerhin als einen Umschwung des Geschicks,

daß er jetzt wenigstens frei und würdig seinen Erinnerungen und den wenigen Neigungen, die ihm geblieben waren, leben konnte. Seiner „alten Krankheit der Reimsucht" genügte er nun in kurzen Epigrammen statt in langatmigen Epen. Er ließ jetzt ungedruckt, was ihm nur noch zum eignen Zeitvertreib diente, aber er dachte seiner älteren Werke mit ungeminderter Vaterzärtlichkeit. An der Schwelle des neuen Jahrhunderts wurde ihm eine wunderliche Ehre zu teil, beinahe so wunderlich als seine Krönung vor fünfzig Jahren gewesen war. Im Frühling 1802, unter dem Rektorat des Professors Ludwig und dem Dekanat des Professors der Poesie Eck, fühlte sich die philosophische Fakultät der Leipziger Universität noch einmal zu einer Dichterkrönung gedrungen, die jetzt, wo eben Schillers „Jungfrau von Orleans" über die Bühnen ging und Goethes „Faust" erster Teil beinahe vollendet lag, in noch ganz andrem Sinne als ein abgeschmackter Anachronismus erschien, als in Schönaichs Jugendtagen.[10]) Der Lorbeerempfänger war diesmal ein Universitätsangehöriger, der Professor der Rechte August Cornelius Stockmann, der einige Jahre den „Leipziger Musenalmanach" herausgegeben hatte und dessen elegisches Gedicht „Wie sie so sanft ruhen alle die Seligen" sich in sorgfältiger redigierten Anthologien bis heute erhalten hat, dessen sonstige lateinische und deutsche Gedichte aber verschollen sind. Bei dieser Gelegenheit erinnerte man sich natürlich des vor einem halben Jahrhundert gekrönten Dichters und ehrte nach akademischem Brauch den noch lebenden durch ein Glückwunschschreiben und eine Erneuerung seines Diploms. Wie veraltet und zopfig der ganze Vorgang sein mochte, so hatte er doch das eine Gute, einen hellen, wahrhaft beseligenden Lichtstrahl in die Seele des erblindeten Dichters auf Schloß Amtitz zu gießen. Den Dankbrief, den er Schloß Amtitz (am 2. Ostertage 1802) an den Dekan der Leipziger Fakultät richtete, hat sich als letztes rührendes Lebenszeugnis des Dichters Schönaich erhalten. „Und wenn mir Vater Jupiter eine von seinen verführerischen Traumgestalten zugesandt hätte, die er nach Homeren, wenn die Wage des Schicksals nicht zum Vortheil seiner Helden ausschlug, auszusenden pflegte, so würde ich, so zauberisch auch der Traum gewesen wäre nie geglaubt haben, daß man in Leipzig nach fünfzig Jahren an einen in dem übrigen Deutschlande vergessenen Dichter dächte und noch weniger, daß man ihn gleichsam zum zweytenmale krönte. — —
Eben denselben Tag, als ich die Ehre hatte meinen zweyten Lorbeerkranz durch Dero Hand zu erhalten, hatte ich mich in meiner ewigen Nacht auf Gottscheds Gedanken, die er über die dreymalige Übersetzungen in das Englische und das Französische meiner Hermanniade haben möchte, verirret und folgendes ward jung:

α;ω

Nein! Gottsched nein! Dein Blick hat doch nicht falsch gesehn
Dein Urtheils-Spruch ist nicht ganz ohne Grund gewesen:
Dein Freund, Dein Schönaich wird sobald nicht untergehn,
Da Frank und Britt ihn schon zum dritten mahle lesen.

Und auf den Abend erhielt ich Dero Schreiben, das hatte mir keine homerische Traumgestalt vorher gesagt."[11])

Offenbar wurde diese letzte Ehrenbezeugung für den Achtzigjährigen der Anlaß, sein Jugendwerk im Jahre 1805 noch einmal stattlich und schön in einem Quartband drucken zu lassen und dem Gedächtnis oder Dank der Nachwelt anheim zu geben.[12]) Im Jahre 1803 war Klopstock aus dem Leben geschieden, von allen denen, die Schönaich im „Neologischen Wörterbuch" so grimmig befehdet hatten, lebte keiner, von denen, die um die Mitte der fünfziger Jahre Lanzen mit ihm gebrochen hatten, nur der greise Wieland noch. Zwei Jahre nach dem erwähnten letzten Hinaustritt in die Öffentlichkeit am 15. November 1807 verschied der gekrönte Dichter auf dem Schlosse seiner Väter; seine treue Lebensgefährtin erreichte schließlich ein beinahe eben so hohes Alter als er selbst, sie mußte im Kriegsjahr 1813 die Plünderung des Schlosses Amtitz durch streifende Kosaken und die Zerstreuung der dort verbliebenen Bibliothek ihres Gatten erleben und starb am 14. Dezember 1815 im benachbarten Guben, wurde aber neben ihrem Gatten in der Herrschaftsgruft von Amtitz beigesetzt.—

Dem damals lebenden Geschlecht, das die Kunde von Schönaichs endlichem Tode in einer Reihe von kurzen Nekrologen und längern Erinnerungen erhielt, mußte es wie ein Traum vorkommen, daß eben jetzt, fast drei Jahre nach Schillers beweintem Tode, ein Dichter aus dem Leben geschieden sei, der ein Jahrzehnt vor Schillers Geburt seine vor zwei Menschenaltern vielgenannte Hauptschöpfung begonnen hatte. Und auch uns drängt sich beim Vergleich dieser Daten die Doppelempfindung auf, wie reißend, überwältigend rasch die geistige Entwicklung Deutschlands in der zweiten Hälfte des achtzehnten Jahrhunderts vor sich gegangen war und wie beinahe zu allen, namentlich aber zu solchen Zeiten ein langes Leben das zweideutigste Geschenk der Götter ist.

Anmerkungen.

1) In der von der Bibliothek des Gymnasiums zu Guben bewahrten Handschrift jener Umarbeitung von Schönaichs „Hermann" aus dem Jahre 1760, die der letzten Ausgabe von 1805 zu Grunde gelegt wurde, lautet die angeführte Verszeile mit direkter Beziehung auf die Zeitumstände und die vermeinte Unterdrückung des Kurfürsten von Sachsen durch preußische Waffen, sogar:

Freyer Fürsten doch zerschläget.

Die Gubener Gymnasialbibliothek besitzt zwei eigenhändige mit zahllosen Varianten und „Verbesserungen" versehene Handschriften des „Hermann" und eine der „Hunnias."

2) Schönaich an Gottsched. Schloß Amtitz, den 6. März 1751 (bei Danzel „Gottsched" S. 370). Die Briefe des jungen Freiherrn an den Leipziger Geschmacksdiktator, sind vielleicht die einzigen unmittelbaren Lebenszeugnisse, die uns von Schönaich erhalten sind, wenigstens ist es mir trotz aller Mühe, nicht gelungen, andere seither unbekannte aufzufinden.

3) Der Bruder Pyras, der eine unter Amtitzer Patronat stehende Pfarrstelle bekleidete, war der Pastor Chr. Imm. Pyra zu Stargardt, der von 1748—1792 im gedachten Dorfe als Seelsorger fungierte und mit dem Schönaich, namentlich in früheren Jahren, in fortgesetztem Verkehr stand.

4) Ch. M. Wielands Schrift, Ankündigung einer Dunziade für die Deutschen (Frankfurt und Leipzig, 1755) enthielt nicht blos die heftigste und leidenschaftlichste Verurteilung Schönaichs und aller, die sich erfrechten, Gegner Bodmers zu sein, sondern auch den Plan zu einem „Verbesserten Hermann." Man war in den Kreisen der Gottsched= und Schönaichgegner nicht geneigt, dem Feinde einen als vorzüglich erachteten Stoff zu gönnen, der an und für sich eine gewisse Anziehungskraft ausübte. So entschloß sich Wieland selbst ein Heldengedicht „Hermann" zu verfassen, das freilich nicht über die Anfänge hinaus gedieh und dessen Fragment erst über ein Jahrhundert später aus Bodmers Nachlaß von Franz Muncker (Heilbronn 1882) herausgegeben wurde. Aber die bloße Ankündigung eines anderen „Hermann" gab doch Anlaß zu Hoffnungen für die Klopstock=Bodmer'sche Partei und half das Ansehen des Schönaichschen Versuches mindern.

5) Der vollständige Titel des Gottschedschen Einladungsprogrammes zur Krönung Schönaichs lautet:

Ad Actum
Coronationis Poeticae
Solennem
Quo
Virum Juvenum Generosissimum
Et Natalium Splendore
Illustrem
Christophorum Ottonem
S. R. J. Lib. Baronem
De Schönaich
In Exercitu Regio Electorali Centurionem Vicarium, Regiarumque Societatum Teutonicarum Regiomontanae et Goettingensis Socium Honorarium
D. XVIII Julii in Auditorio Philosophico
Laurea Apollinari
Cinget
Philosophorum Lipsiensium Ordo
En Ora Decet Humanitate
Invitat
Ordinis Ejusdem. H. T. Decanus
Et
Comes Palatinus
Jo. Christophorus Gottsched
P. P. O. Poes. Extr. Coll. Mai. h. t. Praepositus
Acad. Reg. Berol. et. Bonon.
Adscriptus.

6) Der Mitarbeiter Schönaichs und Verfasser des satirischen Heldengedichtes „Bodmerias", J. G. Reichel, lebte in den ersten fünfziger Jahren als Kandidat in Schönaichs Nähe und ging 1757, als Bibliothekar und Professor der deutschen Sprache an der neugegründeten Universität, nach Moskau. Er hat also nichts mit dem Meißner Arzte Christoph Karl Reichel gemein, der in Gödekes „Grundriß" (2te Aufl. Band 3. S. 363) als Verfasser der „Bodmerias" genannt worden. Von der Intimität Reichels mit Schönaich giebt nicht nur die letzte Seite der von „St. den 2. September 1754" datierten Vorrede der „Bodmerias", die ausdrücklich auf das „Neologische Wörterbuch" hinweist, Zeugnis, sondern das Gedicht selbst setzt im ersten Gesange energisch genug zu Schönaichs Preis und Ehre ein.

O Musa sage mir, was war das für ein Trieb,
Der Schönaichs Geist bewog, daß er den Hermann schrieb?
Den Hermann, den gewiß noch unsre Kinder lesen,
Wenn gleich der Parcival ihm nicht geneigt gewesen.
Was war es für ein Trieb, der Gottscheds Brust entflammt,
Daß er den Hermann lobt, den doch Berlin verdammt?
Denn Lessing war beherzt mit stumpfen Sinngedichten
Und Alpenhöflichkeit des Hermann Wert zu richten.

Vielleicht = = = o sag es nur! weil er zu deutlich ist,
Und man ihn gleich versteht, wenn man ihn einmal liest?
Vielleicht weil den Gesang nicht Wortgespenster heben,
Und Bilder seltner Kunst ein scheußlich Ansehn geben?
Gewiß, ein böser Geist gab dies dem Schönaich ein!
Weh ihm, es wird gewiß ein Abramelech sein
Das teuflische Gespenst sucht durch der Dichter Schriften
Zum Vorteil seines Staats nur Unfug anzustiften.

Nach all dieser Übereinstimmung und der gleichen polemischen Stimmung gegen die Schweizer, Lessing, Klopstock, die Reichel mit Schönaich verband, wirken die Klätschereien und Anklagen, die der Parasit gegen den „Herrn Baron" bei Gottsched vorbringt (vergl. Danzel, Gottsched. S. 385 u. f.) um so widerlicher.

7) Die Reihe der Streitschriften und Streitgedichte Schönaichs, in denen es trotz seines durchaus falschen Standpunktes und der persönlichen Erbitterung, an Geist und witziger Schärfe keineswegs so vollständig fehlt, als man nach den Urteilen der Sieger in diesem Kampfe vermuten sollte, war: Die ganze Ästhetik in einer Nuß oder Neologisches Wörterbuch; als ein sicherer Kunstgriff in 24 Stunden ein geistvoller Dichter und Redner zu werden und sich über alle schale und hirnlose Reimer zu schwingen. Alles aus den Accenten der heiligen Männer und Barden des itzigen überreichlich begeisterten Jahrhunderts zusammen getragen und den größten Wortschöpfern unter denselben aus dunkler Ferne geheiligt von einigen demütigen Verehrern der sehr asiischen Dichtkunst, 1754. — Die ganze Ästhetik in einer Nuß in ein Nüßchen gebracht oder Nachlese der Neologie. 1755. — Erläuterungen über die ganze Ästhetik in einer Nuß, in einigen Briefen den Liebhabern der neuen ästhetischen Schreib- und Dichtungsart mitgeteilet. Frey-Singen 1755. — Versuch einer gefallenden Satire; oder Etwas zum Lobe der Ästhetiker 1755. — Ein Mischmasch von allerlei ernsthaften und lustigen Possen; der berühmten Königin des Herzens Dulcinea von Toboso zugeeignet. 1756. — Der Sieg des Mischmasches; ein episches Gedicht; von dem Verfasser des Gnißels. Trostberg bei Heidegger und Komp. 1755. — Die Nuß oder Gnißel: ein Heldengedicht; mit des Verfassers eigenen Lesearten von ihm selber fleißig vermehret. Siebente Auflage, dem großen Rellah zugeeignet.

8) Böttigers Aufsatz im Cottaschen Morgenblatt von 1808. (No. 16 vom 19ten Januar.)

9) Die französischen Übertragungen des Schönaichschen „Hermann" hatten ihre eigene Geschichte. Die erste derselben, in Prosa, erschien in zwei Duodezbändchen als „Arminius ou la Germanie delivrée, poeme heroique par le Baron de Schönaich, avec une preface historique et critique de Gottsched, deux lettres de Voltaire; traduit de la troisieme edition allemande par M. E. . . . (Paris, David 1769.) Der Übersetzer war nach Querand, Les superchéries littéraires devoilée (Paris 1869): M. Eidous. — Dreißig Jahre später wurde diese Prosaübertragung von einer zweiten in Alexandrinern abgelöst: „Arminius ou la Germanie delivrée. Poeme heroique en douze chants du Baron de Schönaich. Mis en vers francais par Dehault. (Paris, Frechet. An VII; 1799). Am

Vorabend der völligen Niederwerfung Deutschlands durch die französischen Heere klang das Pathos Schönaichs seltsam genug in französischen Lauten nach:

> Je celebro un heros, qui de la tyrannie
> Par son bras valeureux sauva la Germanie — — —
> Et qui pour nous venger, força notre oppresseur,
> A cacher loin de nous, sa honte et sa fureur!

Nach dieser französischen gereimten Übersetzung, wurde die portugiesische hergestellt, von der der gegenwärtige Besitzer der Standesherrschaft Amtitz, Prinz Heinrich von Schönaich-Carolath, ein Exemplar in seiner Bibliothek bewahrt.

10) Die „Dichterkrönung" des Professors der Rechte August Cornelius Stockmann, eines gebornen Naumburgers, der unter den Leipziger Schöngeistern am Ende des vorigen Jahrhunderts keine geringe Rolle spielte, am 4. März 1802 war allerdings ein noch ärgerer Anachronismus als die Dichterkrönung Schönaichs. Im ursprünglichen Sinne der Ceremonie durfte man die Auszeichnung freilich nicht schlechthin unverdient schelten. Stockmann war wie gesagt Herausgeber des (Schwickertschen) Leipziger Musenalmanachs von 1779—1781; seine Gedichte bekundeten große Formgewandtheit und enthielten genau so viel Sentimentalität, als in der damaligen Lyrik für unentbehrlich galt. Übrigens scheint Stockmann selbst auf seine lateinischen „Poemata" größeren Wert gelegt zu haben, als auf seine deutschen Gedichte. Das Gedicht „Wie so sanft sie ruhn" ist mit Recht noch neuerlich G. Wustmanns prächtiger Sammlung „Als der Großvater die Großmutter nahm" einverleibt worden.

11) Ewald Flügel, Eine Erinnerung an Schönaich. Schnorrs „Archiv für Litteraturgeschichte." Bd. 11. S. 277.

12) Die letzte Ausgabe des „Hermann" scheint zu den seltenen Büchern zu gehören, wahrscheinlich hat sie, so weit der Verfasser die Exemplare nicht verschenkte, so gut wie gar keinen Absatz gefunden und der größere Teil der Auflage ist eingestampft worden.

Johann Karl August Musäus.

Stern, Beitr. zur Litteraturgesch.

Am 28. Oktober 1887 war ein Jahrhundert verflossen, seit der liebenswürdige und kraft seiner „Volksmärchen der Deutschen" noch heute unvergessene Erzähler Johann Karl August Musäus aus dem Leben schied. Durch Geburt, Bildung, Beruf und unwandelbare Neigung „Weimar-Jena der großen Stadt, die an beiden Enden viel Gutes hat" in ihren besten Tagen angehörig, war Musäus der erste aus der Zeit Anna Amalias und Karl Augusts, den der Tod entraffte. Die hundertste Wiederkehr seines Todestages bringt uns lebhaft zum Bewußtsein, daß wir einer Zeit und Zuständen immer ferner rücken, die wir gewohnt waren, als unmittelbare Vergangenheit anzusehen und deren Erinnerungen für uns lebendiger, gegenständlicher und wertvoller sind, als unzählige, dem Datum nach näher liegende Überlieferungen. Allerdings starb Musäus im kräftigsten Mannesalter, früher als zahlreiche Lebensgenossen, die zum Teil lange vor ihm geboren waren. In den Tagen, als er die Augen schloß und Herder ihm im Weimarischen Gymnasium die Gedächtnisrede hielt, kehrte Goethe, dessen jüngstvollendeter „Egmont" nach Weimar unterwegs war, von seiner Villeggiatur in Castel Gandolfo in den Zauberkreis von Rom zurück und befand sich „wieder wie bezaubert, zufrieden, stille hinarbeitend, vergessend alles, was außer ihm war", und die Gestalten seiner Weimarischen Freunde besuchten ihn im wachen Traum friedlich und freundlich; Schiller war nur erst seit wenigen Monaten in den Lebenskreis an der Ilm eingetreten und zog die ersten Linien zur „Geschichte des Abfalls der Niederlande"; Wieland, der Unermüdliche, eröffnete sich mit seiner Übersetzung des Lucian ein neues Feld der Thätigkeit; Herzog Karl August selbst aber hatte in dem kurzen Feldzug der Preußen gegen Holland soeben das erste leichte kriegerische Abenteuer bestanden, dem ernstere und wechselvollere folgen sollten. Es ward Musäus nicht vergönnt, den Freundschaftsbund Goethes und Schillers und seine großen und bleibenden Resultate für die Litteratur zu schauen und es blieb ihm erspart, mit einem Distichon in den Xenien bedacht zu werden, zu dem seine „Straußfedern" und andere flüchtige Arbeiten wahrscheinlich Anlaß gegeben hätten. Immerhin aber war Musäus Zeuge und Teilnehmer der ganzen Periode Anna Amalias, sowie des ersten Jahrzehnts von Karl Augusts Regierung und Goethes Verweilen in Weimar gewesen, und würde schon als solcher Augenzeuge eine gewisse Teilnahme verdienen. Dazu kommt, daß dem Schriftsteller Musäus, ganz abgesehen von dem fesselnden Hintergrund seines Lebens und Wirkens, eine dankbare Erinnerung gebührt. Der Verfasser des „Deutschen Grandison", der „Physiognomischen Reisen" und vor allem der noch tausendfach gelesenen „Volksmärchen der Deutschen" verdiente in Person mit seiner eigentümlichen Gestalt wieder aufzuleben, auch wenn ihn sein Schicksal an die Ufer der Stecknitz, statt an diejenigen der Ilm verschlagen hätte.

Johann Karl August Musäus war in den letzten Zeiten des souveränen Herzogtums Sachsen-Eisenach (zu welchem, Dank der wunderlich verworrenen ernestinischen Landesteilungen, auch Amt und Stadt Jena gehörten) am 29. März 1735 als Sohn des Fürstlich Eisenachischen Amtskommissarius und Landrichters Johann Christoph Musäus in der Universitätsstadt Jena geboren. Bei seiner Taufe am 31. März überwog das theologische Element und schien den künftigen geistlichen Beruf des Knaben zu weissagen, außer dem Großvater mütterlicherseits, dem Pastor Streit von Oberoppurg, dienten Herr Dr. Johann Weißenborn, Konsistorialrat und Vizesuperintendent, und Jungfer Karoline Sophia Weißenborn, „des Herrn Kirchenraths dritte Jungfer Tochter" als Taufzeugen. Diesem Beginn entsprach die weitere Jugend des Knaben; nachdem er in seinen ersten Lebensjahren mit seinem zum herzoglichen Rat, Justiz- und Oberamtmann zu Eisenach ernannten Vater dorthin übergesiedelt war, wurde er 1743 der Erziehung seines Paten und Verwandten, des ebengenannten Dr. Johann Weißenborn, anvertraut, der als Superintendent und Stadtpfarrer in dem Städtchen Allstedt lebte, das mit dem gesamten Fürstentum Eisenach seit 1741 den Herzögen von Sachsen-Weimar anheimgefallen war. 1744 wurde Musäus geistlicher Erzieher als Generalsuperintendent nach Eisenach berufen, der Knabe aber kehrte nicht in das väterliche Haus daselbst zurück, sondern verblieb in demjenigen Dr. Weißenborns. Am 13. Juli 1747 wurde er nach damaliger Sitte honoris causa bei der Universität Jena immatrikuliert und begann gleichzeitig das Eisenachische Gymnasium zu besuchen. Zum wirklichen Studium der Theologie bezog er erst 1754 die Universität seiner Geburtsstadt. Es war keine besonders glänzende Zeit der alten und berühmten Hochschule, die theologische Fakultät zählte zwischen 1754 und 1758 nur drei, im letzten Jahre gar nur zwei Professoren, die Säule der Gottesgelehrtheit war der Kirchenhistoriker Johann Georg Walch aus Meiningen, dessen fünfbändige „Historisch-theologische Einleitung in die Religionsstreitigkeiten der evangelisch-lutherischen Kirche" damals in großem Ansehen stand und dessen (Hallische) Ausgabe von Luthers Werken noch heute hochgehalten wird. Neben Walch wurden die Professoren Johann Petrus Reusch und Johann Christoph Köcher die Lehrer des jungen Musäus; wie weit er sonst seine Studien erstreckt, läßt sich nicht ersehen, doch deutet seine bereits im ersten Universitätsjahre erfolgte Aufnahme in die „Deutsche Gesellschaft" darauf, daß er an anderen als spezifisch theologischen Bestrebungen schon Anteil nahm. 1758 erwarb Musäus den Grad eines Magisters der freien Künste und kehrte als Kandidat des Predigtamts nach Eisenach zurück.

Er schlug sich mit den gewöhnlichen Hülfsmitteln eines solchen durch, versuchte sich einige male auf der Kanzel, „informierte" fleißig und lebte der Zuversicht, bald durch eine Landpfarre in behagliche Lebenslage versetzt zu werden. Einstweilen blieb er im Hause seiner Eltern und überließ sich gelegentlich der Neigung zu mäßigem, unschuldigen Lebensgenuß, ohne Ahnung, daß ihn diese Neigung aus seiner theologischen Laufbahn werfen sollte. Musäus hatte bei einer Kirchweih am Tanze Anteil genommen und durch diese nach damaligen Anschauungen für einen Kandidaten des Predigtamts unzulässige Fröhlichkeit in gewissen Kreisen Anstoß erregt. Jedenfalls nahmen die Bauern des Dorfes Farnroda, zu dessen Pfarrer Musäus bestimmt war, den Kirchweihtanz zum Vorwande, um gegen den neuen Prediger zu protestieren. Auf den gutmütigen, nicht sehr selbstbewußten und dabei fein empfindenden Musäus machte der ganze Vorgang so tiefen Eindruck, daß er nicht abzuwarten beschloß, bis sich eine vorurteilsfreiere Gemeinde eines besseren besänne oder ihm ein Gellertscher Amtmann zu Hülfe käme, sondern der Gottesgelehrsamkeit absagte und sich philologischen Studien zu widmen oder, wie es in der Sprache der Zeit hieß, „sich ernstlich auf Schulsachen zu legen" begann.

Um diese Zeit (1760) war es auch, wo der Fünfundzwanzigjährige seine Schwingen als Schriftsteller regte. Was er schon auf der Universität in Versen und Prosa versucht, wissen wir nicht, jetzt nahm er einen größeren Anlauf und schrieb zwischen 1760 und 1762 den dreibändigen humoristischen oder vielmehr satirischen Roman „Grandison der Zweite oder Geschichte des Herrn von N**, in Briefen entworfen" — eine Arbeit, zu welcher er an einem wagelustigen Eisenacher Buchhändler einen Verleger fand. Richardson war, als die ersten Teile dieser Parodie erschienen, noch am Leben, er stand auf der Höhe seines Ruhmes und Einflusses, und obschon der sechsbändige „Sir Charles Grandison" zugleich sein letztes und schwächstes Buch war, so hatte gerade dies die ungeheure Geltung, deren sich der Begründer des englischen Familienromans erfreute, wesentlich gesteigert. Der Held dieses Romans, reich, jugendlich schön und anziehend, bis zum Peinlichen tugendhaft und bis zum Lächerlichen feierlich und würdevoll, hatte weniger Anteil durch seine Schicksale als dadurch erregt, daß er als Muster feinster Erziehung und tadellosester Haltung, als das eigentliche Ideal eines Landedelmanns geschildert war. Die vielberühmte Scene, wie er sich im Cederzimmer auf Miß Byrons Hand beugt, galt als der Triumph zugleich empfindsamer und sittlich tadelloser Darstellung; man begeisterte sich für den selbstgefälligen Tugendspiegel, dem alle Preise des Lebens zufallen, ohne ihn aus seiner ruhigen Förmlichkeit zu bringen. In Deutschland war die Bewunderung womöglich noch größer als in England; hier gesellte sich zum Wohlgefallen an dem stattlichen Helden eine staunende Freude an dem reichen, freien, großartigen, zur Dürftigkeit und Enge der deutschen Verhältnisse so völlig gegensätzlichen Leben der englischen Gentlemen. Mit dem Nachahmungstrieb, der den Deutschen vom dreißigjährigen Kriege und vom Westfälischen Frieden her anklebte, mochten einzelne Kreise nicht nur Richardsons Helden preisen, sich in sie verlieben, sondern auch bemüht sein, die Angestaunten in ärmlich-wunderlicher Weise, in Einzelheiten und Äußerlichkeiten nachzuäffen. An alle Überschwänglichkeiten, Narrheiten und Fratzen des Richardson-Enthusiasmus, die ihm nahegetreten waren, von denen er vernommen und die er hinzuerfunden hatte, knüpfte Musäus seinen satirischen Roman an. Er beabsichtigte in demselben einen Landjunker darzustellen, der, wie Don Quijote über den Ritterromanen, über den Genuß von Richardsons Büchern sein Gehirn aufgetrocknet hat und keinen höheren Lebenszweck kennt, als Sir Charles Grandison zu kopieren. Je weniger alle seine Umgebungen und Zustände diesem Vorsatz entsprechen, um so hartnäckiger besteht er auf ihm, er zwingt seinen Hauslehrer, sich in die Rolle des Hauskaplans Dr. Bartlett aus dem englischen Roman hineinzuleben und beginnt schließlich einen Briefwechsel mit den erdichteten Gestalten, ohne zu ahnen, daß er dabei das Opfer übermütigen Spottes ist. Die Anlage des komisch-satirischen Werkes war nicht ohne Geist und Kühnheit, aber Musäus Kräfte zeigten sich einer gleichmäßigen und wahrhaft belebten Ausführung seiner Erfindung noch nicht gewachsen. Der Fortgang der Geschichte in Briefen geriet breit, schleppend, die Betrachtungen fielen aus dem humoristischen vielfach in den platt moralisierenden Ton, der die deutsche Litteratur noch immer durchdrang, die Charakteristik blieb unzulänglich und schattenhaft. An vortrefflichen Einzelheiten fehlte es nicht, aber dieselben verschwanden wirkungslos in der breiten Ausdehnung und den zahllosen Alltäglichkeiten, mit denen der jugendliche Verfasser die Blätter füllte. Man muß den ursprünglichen Vortrag eines wahrhaft begabten Erzählers, wie Musäus ohne Frage war, mit dem späteren in den „Volksmärchen" vergleichen, um nicht nur einen Maßstab für den individuellen Fortschritt dieses Schriftstellers, sondern auch für die Wandlung der deutschen Litteratur zu haben. Musäus war ein bildungsfähiges Talent, keine bahnbrechende Natur, sein deutscher Grandison war vor Erscheinen von Lessings „Minna von Barnhelm", von Wielands Erstlingsromanen, selbst von Thümmels „Wilhelmine" begonnen und vollendet. Die lange Gewöhnung an reine Nachahmung litterarischer Muster, die lange Entwöhnung von unmittelbarer Natur und Lebensbeobachtung machte sich gerade in solchen Versuchen geltend, die ihrem Hauptgedanken nach ein glücklicher Griff ins Leben waren.

So bescheiden Musäus über seine Leistung dachte, so durfte ihm das gemessene Lob, das Thomas Abbt in den „Literaturbriefen" derselben spendete als ein verdientes erscheinen. Wenn Abbt sagte: „Genug, daß ich Ihnen einen Schriftsteller kennen lehre, der bei dem großen Mangel an guten deutschen prosaischen Schriften wenigstens einige Aufmunterung verdient, durch welche angefeuert, er vielleicht künftig einmal etwas Auserlesenes in dieser Art liefern kann," so durfte der Verfasser des Romans einiges Zutrauen zu sich fassen.

Der wichtigste Erfolg seines Buches für Musäus war es, daß dies

Werk die Aufmerksamkeit der geistvollen Regentin des kleinen Landes, dem er angehörte, auf den Verfasser lenkte. Im Mai 1758, ungefähr um die Zeit, wo Musäus die Universität verließ, war der einundzwanzigjährige Herzog Ernst August Konstantin von Weimar und Eisenach aus dem Leben geschieden, einen Erbprinzen Karl August hinterlassend, der beim Tode seines Vaters noch kein Jahr alt war. Unter den schwierigsten Verhältnissen hatte die jugendliche Witwe des verstorbenen Fürsten, die neunzehnjährige Anna Amalie von Braunschweig, die Regierung des kleinen Staates übernommen und die drohende Gefahr einer Mitregentschaft des Königs von Polen und Kurfürsten von Sachsen, August III., glücklich zu beseitigen, die Bedrängnisse des siebenjährigen Krieges, vor denen sie ihre Lande nicht schützen konnte, wenigstens zu mildern gewußt. Eben jetzt, nach dem Hubertusburger Frieden, begannen sich die Dinge günstiger zu gestalten, die Herzogin-Regentin sah eine ruhigere Zeit vor sich, die ihr gestattete, sich neben den Sorgen der Regentschaft und der Erziehung ihrer Kinder auch ihren Neigungen für heiteren Lebensgenuß und geistige, künstlerische Anregungen zu überlassen. Anna Amalie trachtete von jetzt an danach, so viel es in ihren und des kleinen armen Landes Kräften stand, hervorragende und geistvolle Männer in Weimar zu vereinigen. Da ihr Musäus als solcher empfohlen war, ernannte ihn die Herzogin 1763 zum Pagenhofmeister bei dem für ihren Hof bestehenden kleinen Pageninstitut. Musäus kehrte damit endgültig dem Predigtamt den Rücken — und trat guten Mutes in seine neuen Pflichten ein. Die Arbeit, die seiner wartete, war nicht gering, wenn er auch nur eine kleine Anzahl von Zöglingen im Pageninstitut vorfand, so war er (abgesehen von einem französischen Sprach-, einem Tanz-, Reit- und Fechtmeister) der einzige Lehrer der Pagen und hatte diese in sehr verschiedenen Fächern zu unterrichten. Immerhin hätte seine Thätigkeit die Unterbrechung der poetischen Beschäftigung nicht bedingt. Zerstreuend und unregelmäßig, wie sie war, ließ sie ihm doch Freistunden genug. Aber einesteils fühlte Musäus den Drang, vor einer neuen eigenen Schöpfung sich über gewisse Grundfragen der Litteratur ins Klare zu setzen, und er betrat als Mitarbeiter der „Allgemeinen deutschen Bibliothek" und der „Gotha'schen Gelehrten Zeitung" die Pfade des Kritikers. Andernteils zog das völlig neue Leben, das ihn seit seiner Übersiedelung nach Weimar umgab, den beweglichen und empfänglichen jungen Mann in seine Kreise. Er trat alsbald in engere Beziehungen zu jenen Familien, die der Herzogin-Regentin aus Braunschweig nach Weimar gefolgt waren und, obschon in bescheidenen Stellungen, doch im besonderen Vertrauen Anna Amalias standen. Zu diesen Braunschweigern und den mit ihnen befreundeten Kreisen gehörten der Kabinettssekretär der Herzogin, Legationsrat Kotzebue (der Vater des späteren Lustspieldichters), der übrigens schon im ersten Jahre von Musäus Leben in Weimar starb, dessen Schwager, der „Kommissions-Sekretär der Ober-Vormundschaftlichen Landesregierung und Herzogl. Braunschweigische Advokat" Christoph Heinrich Krüger aus

Wolfenbüttel, der Hofkassierer König und einige Jahre später der Bibliothekar der Herzogin, Christian Joseph Jagemann, der Konzertmeister und nachmalige Kapellmeister Ernst Wilhelm Wolf, der, mit Musäus völlig gleichaltrig, sich mit dem Pagenhofmeister um so rascher befreundete, als er an diesem einen eifrigen Bewunderer seines musikalischen Talents fand. Der Verkehr dieses ganzen Kreises mit der Landesherrin war ein mannichfaltiger und zwangloser. Herrschte in gewissen Beziehungen an dem kleinen Weimarischen Hofe des 18. Jahrhunderts eine gestrenge Etikette und Standesscheidung, die noch über ein Jahrzehnt später Goethe bei seinem Eintreffen in Weimar, obwohl er der Gast des Hofes war, für die ersten Tage an die Marschallstafel verwies, so gab es doch, von großen Haupt- und Staatsaktionen abgesehen, eine Fülle lebhafter unmittelbarer Beziehungen zwischen der Fürstin und der kleinen litterarischen und künstlerischen Gruppe, die sich um ihren Hof zu sammeln begann. Anna Amalie hatte ein viel zu lebhaftes Naturell und ein zu starkes Bedürfnis nach Unterhaltung und mannichfacher Anregung, um nicht die Schranken des Herkommens an vielen Stellen sehr energisch zu lockern und zu durchbrechen. Sie verstand die Kunst, ohne ihrer fürstlichen Würde das Geringste zu vergeben, ihren Umgebungen, auch den nicht zum Hofe im engeren Sinne Gehörigen, das Gefühl geselligen Behagens einzuflößen. Keiner überließ sich diesem Gefühl unbefangener und anspruchsloser zugleich als Musäus. Das Leben zwischen Hof und Stadt, das er jetzt führte, war reicher an Eindrücken und Abwechslungen, als sein vorangegangenes, er erteilte neben seinen Stunden bei den Pagen Privatunterricht in verschiedenen angesehenen Häusern der kleinen Residenz, er verschmähte es nicht, den Lokalpoeten für die mannichfachen festlichen Bedürfnisse abzugeben. Als Anna Amalie im Jahre 1768 die Kochsche Gesellschaft aus Leipzig berief und ein Hoftheater begründete, wurde die Bühne am 25. September des gedachten Jahres mit einem musikalischen Prolog von Musäus, den Johann Adam Hiller komponiert hatte, eröffnet. An den Bestrebungen ein deutsches Singspiel zu schaffen, in denen sich die Musiker Wolf und Hiller begegneten, nahm Musäus eifrigsten Anteil; eine Operette: „Das Gärtnermädchen", die Wolf komponierte, ward gedruckt, vieles andere verschwand mit dem ersten Weimarischen Hoftheater, welches der Schloßbrand von 1774 auflöste. Musäus selbst gedachte ein Jahrzehnt später der Tage, in denen man seine Reimtalente unentbehrlich fand und ihn von allen Seiten her in Anspruch nahm, mit gutmütigem Spott, indem er seiner Frau zum Geburtstag 1779 zurief:

> „Hörtest du im Schauplatz und des Tempels Hallen
> Einst nicht mit Entzücken meine Lieder schallen?
> So wie du behorchte mich die ganze Stadt,
> Und Triumph! Nun ist sie meiner Lieder satt.
>
> Mir ist wohl! Darf mich um keinen Reim mehr kümmern
> Kaue keine Feder, baue nicht aus Trümmern
> Der Romane Opern oder such
> Texte zu Cantaten aus dem Bibelbuch."

Doch bis es dahin kam, war Musäus drei Lustra hindurch der Helfer in allen poetischen Nöten und warf seine runden Leipzig-Halberstädtischen Verse mutig in die Wagschale des damaligen Geschmacks. Er durfte es um so ruhiger thun, als ihm ein über die unmittelbare und nächste Wirkung hinausstrebender Ehrgeiz völlig fremd war. Musäus zählte zu den glücklichen Naturen, die den ersten Frühlingshauch, der durch das deutsche Gesellschaftsleben und die deutsche Poesie zugleich ging, mit tiefen Zügen atmeten, ohne dadurch in leidenschaftliche Unruhe versetzt zu werden. Er ließ die wärmere Luft, die größere Freiheit, die wachsende Neigung zum Schönen auf sich wirken und reifte in ihnen ohne Sturm und Drang. Auch seine Liebe und sein Liebeswerben gehörten durchaus noch der ablaufenden Periode an. Eine herzliche und aufrichtige Neigung für die Schwester seines Freundes, des oben genannten späteren Legationsrates Krüger, Magdalene Juliane Krüger, erfüllte sein Herz. Er schloß nicht, wie wenige Jahre später die Voß und Claudius, seinen Ehebund, während er noch des Sperlings Leben auf dem Dache führte, sondern nahm das Kreuz geduldigen vieljährigen Wartens auf sich. Auch das gehört zum Wesen seiner Zeit, daß es kaum einem leicht gemacht wurde, eine entsprechende Lebensstellung zu erringen. Für den talentvollen, geistreichen, vielseitig unterrichteten Mann fand sich Jahre hindurch kein Amt, das ihm erlaubte, seinen eigenen Herd zu gründen. Am letzten Ende mußte Herzogin Anna Amalia persönlich eingreifen. Sie benutzte 1769 das Ableben des vielverdienten Gymnasialrektors Jakob Carpzow, um bei den Neuernennungen, Musäus mit dem Titel eines Professors zwischen dem Konrektor und den übrigen fünf Kollegen des Weimarischen Gymnasiums einzuschieben, Musäus zum Lehrer des Deutschen, des Stils, der schönen Wissenschaften zu bestimmen und damit die lateinische Einseitigkeit des seitherigen Gymnasialunterrichts zu durchbrechen, sie „fand gnädigst für gut noch einen Präzeptorem bei denen beiden oberen Klassen des Gymnasii, welcher in selbigem gewisse Stunden geben und den Directorem und Correctorem subleviren soll, unter dem Prädikat eines Professoris auf dieses Mannes Lebenszeit anstellen zu lassen".

Eine Sinekure war es nicht, die der wackere Musäus mit dieser Lehrstelle erhielt. Denn neben der „deutschen Sprachlehre" und der „Einleitung in die schönen Wissenschaften", die er in der Prima, und den „deutschen Briefen" und der „deutschen Poesie", die er in der Sekunda des Gymnasiums übernahm, faßte man nicht nur den Begriff der schönen Wissenschaften im weitesten Sinne und übertrug ihm die lateinischen Vers- und Redeübungen in beiden Klassen, sondern halste ihm auch Geographie, Naturgeschichte und selbst Mathesis auf, in denen niemand unterrichten wollte. Für dies alles empfing er den bescheidenen Gehalt von dreihundert Thalern und mußte zu einiger Verbesserung seiner Einkünfte seine Lehrstunden bei den Pagen oder wenigstens den größeren Teil dieser beibehalten.

Es währte bis zum November 1769, ehe alle diese Neuordnungen ins Leben treten konnten. Die „Weimarischen Wöchentlichen Anzeigen" (Nr. 90 vom 11. November 1769) berichten über Musäus Antritt: „Der erste und zweite dieses Monats waren für unser fürstliches Gymnasium merkwürdige und Gott gebe gesegnete Tage, indem an dem ersten die Lehrer der drei obern Ordnungen, sowie den folgenden die beiden untern Kollegen jeder nach gehaltener Rede in seine Klasse eingewiesen wurden. — Nachdem nun von dem Herrn Oberhofprediger, Ober=Konsistorial= und Kirchenrat auch General=Superintendent Dr. Basch als ephoro gymnasii durch einen öffentlichen Anschlag die Vornehmen des Hofes und der Kollegiarum, zugleichen ein hochedler Stadtrat als Patronus Gymnas. und alle verehrungswürdigen Freunde der Musen zu dieser feierlichen Handlung eingeladen worden, so wurde am 1. November nach 9 Uhr mit einem Konzert der Anfang gemacht und darauf von dem Herrn Kantore das Lied ‚Es woll uns Gott gnädig sein' angestimmt." Dann folgten nach dem Bericht die Reden des Generalsuperintendenten, des regierenden Bürgermeisters von Weimar, Hofadvokat Schmidt sen., welcher „den drei ersten Lehrern die Vokationes einhändigte". Die wohlvorbereitete Rede des neuernannten Gymnasialdirektors mußte ausfallen, „da derselbe (welches ‚angemerkt' [!] zu werden verdient) in eben der Stunde durch einen unvermuteten und seligen Tod von diesem Posten abberufen und in selectam coelitum versetzet worden", und so nahm denn der neue Konrektor M. Fr. Wilhelm Nolden das Wort. „Nach diesem redete der von Ihrer Hochfürstlichen Durchlaucht unserer gnädigsten Landesregentin zum Gehilfen an beiden obern Klassen ernannte Herr Professor Johann Karl August Musäus ‚De salute publica florentibus litterarum studiis salva', welcher Satz aus historischen Beispielen von ihm erläutert, demnächst auf unsern Staat angewendet und gezeigt wurde, daß unsere Lande sich allerdings glücklich preisen könnten, da unsere Durchlauchtigste Frau Herzogin nicht nur selbst die Wissenschaften schätzen, sondern auch die Ausbreitung derselben in ihren Landen auf eine höchst großmütige Art befördern".

Der ganze Bericht über Musäus Amtsantritt, ein Kabinetsstück der ausgehenden Zopfzeit, kann zugleich als Zeugnis dienen, wie notwendig die Einführung des deutschen Unterrichts und die Pflege eines besseren deutschen Stils war, für die Musäus hauptsächlich berufen wurde.

Dieselbe bescheidene Zeitschrift, der wir die Erinnerung an diesen wichtigen Aktus des Weimarischen Gymnasiums verdanken, versäumte in den nächstfolgenden Jahren nicht, von Zeit zu Zeit über die unmittelbaren Erfolge von Musäus Lehrthätigkeit zu berichten. Wenn wir im Jahre 1771 aus den „Weimarischen Wöchentlichen Nachrichten" ersehen, daß zur Feier des Geburtstages der Herzogin=Regentin Anna Amalia der Gymnasiast Wilhelm Ernst Grover eine Rede über den Satz: „Daß die schönen Wissenschaften einer Nation Ehre machen," hielt, daß im nächsten Jahre sich der Gymnasiast Ernst August Mahn bei gleichem Anlaß „über den Nutzen, welchen ein Studierender aus vorsichtiger

Benutzung guter Schauspiele haben kann," hören ließ, so erkennen wir hierin zugleich den Einfluß unseres Musäus und eine Huldigung an den besonderen Geschmack der Regentin. Über viele Einzelheiten des Verhältnisses von Musäus zu seinen Schülern hat ein wenig später sein Neffe August von Kotzebue berichtet, der bis 1777 zu diesen Schülern gehörte und der sich rühmte dem Verfasser der Volksmärchen den besten Teil seiner Bildung zu verdanken.

Der großen Veränderung, die in Musäus Leben durch die Übernahme der Gymnasialprofessur eingetreten war, folgte die zweite große und glückliche Wandlung: die Heirat mit der langumworbenen, liebenswürdigen Juliane Krüger. Er stand im fünfunddreißigsten, die Braut im siebenundzwanzigsten Jahre des Lebens, als die Hochzeit am 24. April 1770 zu Weimar gefeiert wurde. Seinen Dank für das endlich errungene Glück, für die sichere, wenn auch karge Lebensstellung, die ihm die Herzogin bereitet, sprach er ihr mit dem am 24. Oktober 1771 von der Seylerschen Gesellschaft aufgeführten Vorspiel „Die vier Stufen des menschlichen Alters" aus, das Anton Schweitzer, der Kapellmeister des befreundeten und gleich dem Weimarischen kunstsinnigen Gothaischen Hofes, in Musik gesetzt hatte.

Die ersten glücklichen Jahre, die Musäus in seiner neugegründeten Häuslichkeit verlebte, waren auch die Glanzjahre der Regentschaft Anna Amalias. Seit gewisse letzte Nachwirkungen des siebenjährigen Krieges überwunden waren, seit ein so vorzüglicher und einsichtiger Minister, wie der Freiherr Jakob Friedrich von Fritsch an der Spitze der Geschäfte stand, gelang es der Herzogin nicht nur, die meisten ihrer Vorsätze für Gedeihen und Wohlfahrt des kleinen Landes durchzuführen, sondern auch ihrer Residenz Weimar mehr und mehr den Charakter zu geben, der der gebildeten Fürstin des 18. Jahrhunderts, der Tochter des Hauses Braunschweig notwendigerweise als Ideal vorschweben mußte. Alle vorläufigen Mittel und Maßregeln, mit denen Anna Amalia, zunächst für ihr eigenes Bedürfnis sorgend, ihr Weimar zu einem Hauptmittelpunkt der großen Umbildung Deutschlands zu erheben suchte, jener Umbildung, bei welcher Litteratur und Kunst die Führung übernommen hatten, traten zurück gegen die 1772 erfolgende Berufung Wielands. Die Geschichte dieser Berufung ist seit langem und mit allen Einzelheiten und Dokumenten seit Beaulieu-Marconnays verdienstlichem Buche „Anna Amalia, Karl August und der Minister von Fritsch" (1874) allgemein bekannt. Wieweit die Herzogin-Regentin dabei über den nächsten Zweck der Berufung hinausdachte, kann hier unerörtert bleiben.

Wieland selbst, den drei Jahre, die er als Professor an der verfallenden kurmainzischen Universität Erfurt verbracht, hinlänglich überzeugt hatten, daß er „die Schwerfälligkeit des Geistes, die man gewöhnlich Gravität nennt" und also eine für wesentlich erachtete Eigenschaft des akademischen Dozenten nicht besitze, faßte von vornherein seine Berufung als litterarischer Erzieher der weimarischen Prinzen als eine Vorbereitung zur rein litterarischen Thätigkeit, zur Entfaltung seiner besten und eigentümlichsten Kräfte auf. Er war mit seiner Familie kaum in Weimar eingezogen, hatte in den neuen Verhältnissen notdürftig Fuß gefaßt, als er sich zur Herausgabe einer größeren litterarischen Monatsschrift „Der Teutsche Merkur" entschloß, die von Januar 1773 an zu erscheinen begann. Indem Wieland sich bemühte, seinen „Merkur" zur vielseitigsten und lebendigsten deutschen Zeitschrift des Tages zu erheben, und ihm eine weite Verbreitung sicherte, gab er dem Erscheinungsorte des „Merkur" eine allgemeine Bedeutung, die Weimar bisher noch nicht besessen hatte. Auch wenn Wieland nicht einer der ersten und bedeutendsten deutschen Schriftsteller gewesen wäre, was er doch unstreitig, trotz aller eben wieder stärker und schärfer werdenden Angriffe, blieb, würde die Gründung seiner Zeitschrift veränderte Verhältnisse hervorgerufen haben — um wie viel mehr jetzt, wo man mit Stolz wahrnahm, daß der Verfasser der „Musarion", des „Agathon" und des pädagogischen Romans „Der goldene Spiegel" sein letztes Wort noch nicht gesprochen, sein Bestes noch nicht gegeben habe.

Der wackere Musäus war der neu aufgehenden litterarischen Sonne gegenüber in einer etwas gepreßten Stimmung. Zwischen 1770 und 1772 hatte sich sein Leben im gewohnten Geleise weiter bewegt, das Glück der neuen Häuslichkeit hatte er um so dankbarer empfunden, je länger er dasselbe hatte erharren müssen. Seine Gattin schenkte ihm im Laufe der Jahre zwei Söhne, Karl und August, an denen der Vater mit zärtlicher Liebe hing. Musäus besaß alle Eigenschaften, um auch in beschränkten Verhältnissen voll und frei zu genießen. Er war, nach dem Zeugnis aller, nicht nur ein vortrefflicher, sondern auch ein sehr liebenswürdiger Ehemann; er bewahrte mitten unter Druck und kleinen Sorgen des Alltags die frischeste Heiterkeit, durch welche gleichwohl die tiefere Empfindung im rechten Augenblick hindurchschimmerte. „Stundenlang erschütterte er das Zwerchfell seiner Freunde, wenn er mit der gutmütigsten und trockensten Laune von der Welt anfing, sich über sich selbst oder seine Frau lustig zu machen. Unnachahmlich war seine Art und Weise, aus den geringfügigsten Kleinigkeiten eine drollige Erzählung zu machen" (Kotzebue). Auch die geringeren geselligen Tugenden, die um eben diese Zeit Werther so bitter als „die Freuden, die den Menschen noch gewährt sind", bezeichnete, die Fähigkeit, an einem artig besetzten Tische mit aller Offen- und Treuherzigkeit sich herum zu spaßen, eine Spazierfahrt, einen Tanz zur rechten Zeit anzuordnen, waren Musäus zu eigen.

Dabei aber war sein tägliches Leben arbeits- und mühevoll genug. Die 300 Thaler, die er vom Gymnasium und die noch geringere Summe, die er bei den Pagen empfing, wollten, auch bei bescheidenen Ansprüchen an Behagen und Lebensgenuß, nirgend zureichen. Musäus suchte seine Einnahmen durch Privatstunden namentlich in Geschichte und „schönen Wissenschaften" zu vermehren, welche er in den adeligen Häusern

Weimars an lernbegierige Herren und Damen erteilte. Endlich nahm er „Kostgänger" in seinem Hause und an seinem Tische auf — ein beliebtes Hülfsmittel in jener Zeit, das bekanntlich über ein Jahrzehnt später dem armen Bürger schlecht genug bekam. Musäus fuhr glücklicher dabei, aber die Einbuße an häuslicher Traulichkeit, an Freiheit, die er dadurch erlitt, wurde ihm nach einigen Jahren denn doch fühlbar. Humoristisch genug wußte er freilich bei Gelegenheit die Situationen darzustellen, die aus dieser Tischgenossenschaft erwuchsen. Halb lächerlich, halb rührend ist es, wenn der sparsame Hausvater in einem Briefe an Amalie Gildemeister erzählt, daß er bei einem in seinem Hause veranstalteten Mittagsgastmahl seinen Gästen teuren, „vom Kammeragenten Braun bezogenen" Wein, die Flasche zu zwölf Groschen, vorgesetzt, sich selbst und die Kostgänger aber nur mit Frankenwein zu vier Groschen bedacht habe, „die Bouteillen aber ebenfalls vorher künstlich versiegelte und mit einem Erfurter Pfennig petschierte, so daß sie glauben mußten, wie die Gäste, mit halbem Thaler Wein bedient zu werden". Indes überwog dieser Humor keineswegs immer die Plagen und Verdrießlichkeiten dieser Art von Erwerb. An litterarische Einnahmen aber — die kargen Honorare Nicolais für Recensionen und der Ehrensold für Gelegenheitsgedichte ausgenommen, deren Musäus manche anfertigte und bei denen er unbefangen bis zu dem Stadtküster herabstieg, dem er zu Neujahr für einen Doppelgulden „den Bettelwunsch nach Landesbrauch reimte" — wagte der vielgeplagte Professor in diesen Jahren gar nicht zu denken.

Denn Wieland war kaum angelangt, so hatte er den bescheidenen, seine eigenen Kräfte nicht hoch anschlagenden Musäus zu gleicher Zeit auf seiner bisherigen Tummelbahn aus dem Sattel gehoben und mit einer Bewunderung erfüllt, die sehr lähmend auf die etwa vorhandenen litterarischen Vorsätze des Gymnasialprofessors einwirkte. Mit dem Singspiel „Alceste", welches der Gothaer Schweitzer komponierte und das am 28. Mai 1773 auf dem Weimarischen Hoftheater zuerst dargestellt wurde, huldigte Wieland dem Geschmack der Herzogin Anna Amalia für die Oper. Selbst wenn Musäus imstande gewesen wäre, mit der eleganten Leichtigkeit Wielands zu wetteifern, was sicher nicht der Fall war, so würde er doch nie verstanden haben, seine Leistungen so nachdrücklich zu vertreten und ins beste Licht zu rücken, wie dies Wieland in den ersten Heften des „Merkur" mit den „Briefen an einen Freund über das deutsche Singspiel Alceste" höchst unbefangen that.

Musäus fühlte sich durch die glänzenden und vielseitigen Talente, die Wieland entwickelte, stark in den Schatten gestellt. Wenn ihn Wieland ermutigt, zur Mitarbeit am „Teutschen Merkur" eingeladen hätte, so würde der Verfasser des „Deutschen Grandison" seine Zaghaftigkeit vielleicht überwunden und sich in einer neuen Erfindung versucht haben. Denn offenbar kann während mehrerer Jahre wohl seine Feder, aber nicht seine Phantasie gerastet haben. Wieland rechnete jedoch zu dieser Zeit Musäus nicht zu den „besten Köpfen", deren Mitwirkung er im Pro=

gramm seiner Monatsschrift versprochen hatte. Er wußte, daß Musäus einer der Mitarbeiter der „Allgemeinen Deutschen Bibliothek" Nicolais war und daß er vorzugsweise die Romane kritisierte. Musäus schrieb, wie alle Mitarbeiter des aufgeklärten kritischen Blattes, unter den verschiedensten Zeichen, unter den Buchstaben A, H, We, Op, Sr, Ab, Vm, O, er recensierte bei aller Gutmütigkeit mit einer gewissen Schärfe, die angesichts der unglaublich kläglichen Versuche und stümperhaften Übersetzungen, aus denen sich die deutsche Romanlitteratur großenteils noch zusammensetzte, gar sehr am Platze war. Viele Jahre später nun that Wieland (nach C. A. Böttigers an sich unzuverlässigem, in diesem Falle aber nicht gerade unwahrscheinlichem Bericht) die herbe Äußerung: „Die gehässigsten Recensionen gegen mich erschienen in der Nicolaischen Allgemeinen Bibliothek. Da war das Lasttier Musäus mein Recensent". Wieland mochte dabei vor allen jene Recension des „Agathon" im Auge haben, die im ersten Stück des sechsten Bandes der „Allgemeinen Deutschen Bibliothek" (1768) veröffentlicht war, und die nächst einer sehr bitteren Einleitung den Satz enthält: „Was uns am anstößigsten vorgekommen ist, sind eine Menge unbestimmter Stellen, welche den Leser in einer großen Ungewißheit lassen, ob der Verfasser an die Tugend glaubt oder nicht. Nicht nur trifft seine Satire oft den Heuchler auf eine solche Weise, daß der Streich zugleich auf den wahren Tugendhaften mit fällt. Seine Philosophie selbst scheint oft mit einer bösfertigen Freude sich mit Beobachtungen groß zu machen, die, wenn sie richtig oder so allgemein richtig wären, als sie zuverlässig ausgesprochen sind, die Tugend leicht zu einem Schattenbilde machen würden." Die Recension ist mit O unterzeichnet, und dieses Zeichen bedeutet nach Nicolais (von G. Parthey erst 1842 veröffentlichten) Mitarbeiterlisten R. S. Iselin in Basel, der einige Jahre später auch Hallers „Usong" und Wielands „Goldenen Spiegel" für die „Allgemeine Deutsche Bibliothek" unter anderen Zeichen besprach. Sehr wahrscheinlich, daß sich Wieland dem Irrtum hingab, Musäus sei sein Recensent. Hatte doch Musäus in demselben Stücke der „Bibliothek", in welchem die Agathon-Kritik erschien, die „Geschichte der Miß Fanny Wilkes" besprochen und erledigte von Messe zu Messe einen kleinen Berg von Romanen und Erzählungen. Selbst wenn Wieland über den Verfasser der Agathon-Kritik besser unterrichtet war, konnte ihn, den stets Reizbaren, die Verurteilung eines und des anderen von ihm begünstigten Buches leicht reizen.

In Wahrheit war jedoch gerade Musäus weit davon entfernt, Wielands Anschauungen und Geschmacksrichtungen schroffen Widerspruch entgegenzusetzen. Als Wieland die Geschichte des „Fräuleins von Sternheim" von seiner Freundin Sophie von La Roche herausgab, stimmte Musäus einen Lobhymnus auf dieselbe in der Nicolaischen „Bibliothek" an und verriet, mit vielem Dank an den Herausgeber, dem Publikum den Namen der Verfasserin. Wieland selbst hätte sich nicht energischer gegen den „gotischen Geschmack" erheben können, als dies Musäus schon 1770 (komisch genug unter dem Zeichen W1) bei Gelegenheit einer deutschen Übersetzung von Horaz Walpoles „Castle of Otranto" gethan. „Diese Schrift scheint einem deutschen Original ähnlicher als einer Übersetzung, sie gehört in das Fach des gehörnten Siegfried und der schönen Melusina, aber diese Originale sind noch über die Kopie. Eine erhitzte Einbildungskraft kann durch ungeheure Bilder, die sie entwirft, zuweilen belustigen, aber diese Karikaturen müssen niemals ohne Absicht da sein, sie müssen ihren gewissen Grad der Wahrscheinlichkeit haben und in dieser Art Feenmärchen eben das sein, was die Maschinen im Heldengedicht sind. Aber hier ist nichts als ein unendliches Gewirr übel zusammenhängender Träume durcheinander, die, anstatt die Einbildungskraft zu belustigen, solche nur ermüden. Das erbärmliche Gewäsche einiger furchtsamen Bedienten, die sich vor Gespenstern fürchten und alle die Sprache alter Weiber reden — die der Verfasser gleichwohl so schön findet, daß er dem Shakespeare hierinnen nachzuahmen glaubt — steht hier ganz an der unrechten Stelle und macht den Roman höchst widerwärtig."

Hier könnte, vom Stil abgesehen, Wieland selbst reden, hier schaute jene Auffassung heraus, die in allem mittelalterlichen Leben, in Sage, Märchen und Wunder nur Gegenstände zur Belustigung der Einbildungskraft erblickte und den ironischen Ton für den natürlichen solcher Darstellung erachtete. Wie viel oder wie wenig Wert Wieland auf die geistige Übereinstimmung mit dem jüngeren und unberühmten Manne legen mochte — sie war vorhanden, sie festigte sich, seit Wieland und Musäus gemeinsam Bürger von Weimar waren, täglich mehr. Musäus sah mit stiller Bewunderung die Entfaltung Wielands, er erlebte, anteilsvoll und neidlos wie er war, die wachsenden Erfolge seines nunmehrigen Landsmannes, er las mit Eifer alle neuen Dichtungen und Aufsätze Wielands, die seit 1773 im „Teutschen Merkur" erschienen. Der Verfasser der „Geschichte des Philosophen Danischmend" und der „Geschichte der Abderiten" hatte, ohne es zunächst zu ahnen, an dem „Lasttier" Musäus, auf das er aus der Höhe seines Künstlerstolzes, und wir fürchten, auch, ein wenig aus der Höhe hofrätlichen Bewußtseins, herabschaute, seinen verständnisvollsten und talentreichsten Schüler gewonnen. Denn wenn auch die geistreiche Kraft und die sichere Virtuosität des Meisters den Schüler zunächst einschüchterten und äußerlich lähmten, mit der Zeit erwachte doch ein Bewußtsein eigenen Könnens, allmählich mußte es auch dem Bescheidenen, an sich selbst Zweifelnden klar werden, daß er innerlich gewachsen sei — die verlorene oder vielmehr unterdrückte Lust an der litterarischen Hervorbringung stellte sich wieder ein. Seiner selbst spottend, rief zwar Musäus noch am 3. März 1779 seiner Gattin zu:

    „Aufgestanden sind jetzt große Geister,
    Sieben freier Künste siebenfache Meister,
    Pflanzen als Regenten sich nun auf den Thron,
    Und posaunen Lieder laut im Orgelton" —

aber den Verzicht auf poetische Lorbeeren, dessen er sich schalkhaft rühmte, galt doch nur der Lyrik; denn Musäus war eben damals bei der Ausarbeitung seines zweiten satirischen Romans der „Physiognomischen Reisen".

Ehe er sich indes zu diesem neuen und erfolgreichen Anlauf aufraffte, hatte er noch mancherlei zu durchleben. In die gewohnte behagliche und — von Bühnen- und Büchereindrücken abgesehen — aufregungslose Existenz der Kleinstadt brach ein Elementarereignis herein, das für alle Lebenskreise, alle Gewohnheiten, für die ganze nächste Zukunft Weimars sehr folgenreich wurde und unseren Musäus nicht bloß in die Mitleidenschaft des Zuschauers und Berichterstatters zog. Dieses Ereignis war der Schloßbrand zu Weimar am 6. Mai 1774, durch welchen die bisherige Hofstatt der regierenden Familie vollständig zerstört wurde. Die Erinnerung an die Unglücksstunden jenes 6. Mai ist in voller Lebendigkeit durch einen Brief erhalten worden, den Musäus am Tage nach dem Brande an seine Schwester in Gotha richtete und den Kotzebue mit allem Recht den „Nachgelassenen Schriften des verstorbenen Professors Musäus" (1791) einverleibte. Musäus war Augenzeuge der gesamten Katastrophe.

„Gestern als Freitags zu Mittag um 1 Uhr", erzählt er, „da ich auf dem Wege nach dem Gymnasio war, begegnete mir eine Frau, die aus vollem Halse Feuer! schrie, und dazu setzte: im Schlosse! Ich sprang den Augenblick durch eine Nebengasse nach dem Schlosse zu und sahe durch das Schieferdach in der Gegend der Hofküche einen starken Rauch aufsteigen und durch ein Bodenfenster sahe ich inwendig auch schon eine Flamme, die in dem Augenblick durch das Dach brach, so daß gleich zwölf Schritte lang das alte Gebäude des Schlosses in vollem Feuer stund und in weniger als fünf Minuten brannte das Dach des ganzen Flügels nach der Stadt zu und die Flamme breitete sich nach dem corps de logis aus; der Wind, der heftig von Abend herwehte, warf die brennenden Schiefer auf den gegenüberstehenden Flügel nach der Kirche zu, welche in dem Augenblick gleichfalls in volle Flammen geriet, wie auch die Scheuer vor dem Kegelthor, die zu dem sogenannten roten Hause gehört und weiter als dreihundert Schritte vom Schlosse, jenseit der Ilm im freien Felde liegt. Ehe also noch eine einzige Spritze vorhanden war, oder eine Menschenhand angelegt werden konnte dem Feuer zu wehren, stund das ganze Schloß, von einem Ende bis zum andern, im vollen Brande und zugleich setzten die herabfallenden Schiefer die Aus- und Eingehenden im Schlosse in die größte Lebensgefahr; jedermann mußte darauf denken nur das Leben zu retten, ohne an die Rettung der fürstlichen Mobilien, der Archive und des Geldes auf der fürstlichen Kammer nur denken zu können. Inzwischen da das Dach auf dem ganzen Schlosse herum abgebrannt war, schien sich das Feuer von selbst zu verlieren, ohne daß man wegen der Höhe des Schlosses und der allgemeinen Ausbreitung der Flammen die Spritzen, deren über Hundert in einer Zeit von zwo Stunden versammelt waren, sonderlich brauchen konnte; aber nun ging erst der recht fürchterliche Brand inwendig im Schlosse an. Gleichwohl, da das Schloß aus sehr vielem und starkem Mauerwerk bestehet, wagten sich die Leute mitten in die Flammen und retteten, was ihnen in die Hände kam, aber in einer kurzen Zeit fingen die Böden der Zimmer an einzustürzen, ein Stockwerk entzündete das andere und die Wut der Flammen und der Anblick derselben war so entsetzlich, daß es mit Worten nicht zu beschreiben ist; das ganze Schloß glühete des Abends um fünf Uhr nicht anders als ein Ziegelofen, die Flammen schlugen aus den Fenstern heraus und stiegen bis an die Wolken, hier und da erhielt sich ein Zimmer noch, das etwa ein tüchtiges Gewölbe hatte. Man sahe zu beiden Seiten alles in Feuer stehen und in den Gewölbezimmern z. E. im Marmorsaale, in dem Kurfürstlichen Gemache, schien alles ruhig, die Fenster waren noch ganz und man sahe die weißen Gardinen inwendig vorgezogen; aber wie auf beiden Seiten das Feuer die Thüren ergriffen hatte, sah man auf einmal einen Feuerstrom durch die Zimmer schießen, zugleich fuhren mit heftigem Geprassel alle Scheiben aus den Fenstern und die Flammen wälzten sich wie feurige Strudel aus allen Öffnungen. Überhaupt war die Gewalt der Flammen so heftig, daß sie ein solches Geräusch verursachten, als kaum einige Wehre machen können. Aller Widerstand war so gut als nichts, denn die Hitze verwandelte die dicksten Mauern in kurzer Zeit in Kalk, und die Gewölbe stürzten mit dem entsetzlichsten Geprassel ineinander, sonderlich war es gräßlich anzusehen, da das Gewölbe des Sprachsaals, welches die Höhe von fünf Stockwerk hat, einstürzte, die brennenden Böden der untern Stockwerke durchbrach und nicht anders als ein Schlund vom Berg Aetna einen Feuerstrahl gegen den Himmel trieb. Ebenso grausend war der Einsturz der hohen Kuppel auf dem schönen Saal, unter welchem das Komödienhaus ist. Von der prächtigen Decke des schönen Saals, der vortrefflichen Stukkaturarbeit und den fünfzig Säulen, wie auch von dem darunter befindlichen Komödienhause mit allen seinen Dekorationen, ist nichts mehr vorhanden, als etwas glimmende Asche. Die Schloßkirche, von der man sagte, daß außer dem Dach und den Weiberstühlen nicht für sechs Pfennige Holz daran wäre, ist demungeachtet zusammengestürzt, daß außer der vergoldeten Überschrift über der Thür kein Mensch merken kann, daß eine Kirche jemals da gestanden hat." Nachdem Musäus weiter berichtet, daß niemand wisse, wie das Feuer ausgekommen,[1]) daß die Herzogin-Regentin, die etwas unwohl zu Bett gelegen, in ihrem Nachtkleid Zimmer und Schloß eilfertig habe verlassen müssen, fügt er hinzu: „Gleichwohl ist ihre Garderobe größtenteils noch durch die Komödianten, die sich bei dieser traurigen Gelegenheit ganz vorzüglich hervorgethan haben, gerettet worden. Um 4 Uhr wurden die geretteten Sachen vom Schloßhofe in das Reithaus geschafft durch die Garbereuter, welche die prächtigsten silbernen Roben fortschleppten, daß der Schweif davon immer im tiefen Kote geschleift wurde, denn dazu war keine Zeit, die Sachen ordentlich zusammenzunehmen."

Bei den Rettungs- und Bergungsversuchen waren nach Musäus Zählung wohl tausend Menschen beteiligt. Eine ungleich größere Anzahl mußte zunächst Zuschauer der in der Hauptsache unabwendbaren Katastrophe bleiben. Zu diesen gehörte auch unser Berichterstatter. Er erzählt, wie er nachmittags um 5 Uhr, „da eben der große Saal einstürzte", mit der Frau Legationsrätin Kotzebue und seiner Frau um das Schloß gegangen sei, offenbar um den Damen das schauerlich=prächtige Schauspiel auch zu gönnen. Aber helfend eingreifen mußte Jeder, und so fügte denn auch Musäus seiner Schilderung des Schloßbrandes hinzu: „Morgen gehet die Herrschaft nach Belvedere, die Pagen habe ich gestern und heute beherbergt und gespeist (sie hatten sich natürlich nach der Wohnung ihres ersten Lehrers geflüchtet), alle ihre Mobilien sind mit angebrannt, auch 200 Rthlr. Spielgelder. Die Herrschaft hat sich bei dem Herrn Geheimderat von Fritsch einquartiret; der ganze Verlust des Brandes wird auf 300,000 Rthlr. geschätzt."

Der Verlust sollte sich, als man aufzuräumen und genauer zu berechnen begann, noch viel höher herausstellen. Die Nachwirkungen traten teils augenblicklich, teils allmählich ein, sie wurden in jedem Falle bedenklich fühlbar. Es war noch das Wenigste, daß die Regentin das eben emporgeblühte Hoftheater, welchem Kräfte wie Eckhof, wie J. Ch. Brandes, Friederike Hensel, Franziska Romana Koch, Wilhelmine Franziska Brandes (Lessings Pate) angehört hatten, auf der Stelle auflösen mußte. Es schien in den ersten Wochen nach dem Brande, als ob wirklich, wie Goethe im fünfzehnten Buche von „Dichtung und Wahrheit" andeutet, „alle schönen Anstalten und Anlagen gestört und mit einer langen Stockung bedroht seien".

Ein Gefühl des Vorläufigen, Ungewissen herrschte in der kleinen Residenz bei allem Vertrauen auf die gegenwärtige und zukünftige Regierung naturgemäß vor. Da man keineswegs über unbeschränkte oder auch nur reiche Mittel verfügte, dauerte es an hundert Stellen jahrelang, bevor die Nachwehen des Brandes überwunden waren. Um bei Musäus zu bleiben, so war freilich das Gymnasium von dem Brande nicht berührt worden. Aber das Pageninstitut schien im höchsten Maße gefährdet. Noch volle zwei Jahre nach dem Brande hatte es weder Dach noch Fach. Ein Heft geheimer Kanzlei=Akten: „Die zu aptierende Wohnung für die fürstlichen Pagen und deren Hofmeister" (im großherzoglich=sächsischen Staatsarchiv, Dienstsachen 704—714) enthält einen Bericht von Klinkowström vom 1. März 1776, aus dem hervorgeht, daß das Hofmarschallamt keine Mittel besaß, die verbrannten Möbel neu anzuschaffen, und der Kammer die weitere Fürsorge in dieser Angelegenheit ansann. Am 10. März remonstrierte die fürstliche Kammer sowohl „gegen die Unterbringung der Pagen und ihrer Maitres im sogenannten gelben Schlosse", als gegen die ihr zugemutete Anschaffung der erforderlichen Möbel, worauf dann Herzog Karl August unter dem 16. März etwas energisch reskribierte, daß er das Gewicht der Gründe anerkenne, mit denen die Kammer gegen die Unterbringung des Pageninstituts im gelben Schlosse protestiert, ihr anheimgiebt, ein anderes fürstliches Gebäude zum Sitz des Pageninstitutes vorzuschlagen, dafür aber begehren müsse, daß „die Mittel zur Anschaffung der nötigen Möbel dennoch ausfindig gemacht werden". Dies ist nur ein Fall aus unzähligen gleichen und ähnlichen; man hatte eben überall im damaligen Weimar anzubauen, vorzusorgen und schon im gewöhnlichsten Wortsinn ein neues Leben zu beginnen.

Zu der Unruhe, die der Schloßbrand mit seinen unabwendbaren Folgen in das Dasein der kleinen sächsischen Residenz warf, gesellte sich eine andere und stärkere Unruhe, die jeden einzelnen ergriff oder doch berührte: die gespannte Erwartung auf den bevorstehenden Regierungs= antritt des jugendlichen Karl August, der seither noch immer der „Erbprinz" von Weimar hieß. Gerade im Verlaufe dieses Jahres, zum Teil an= knüpfend an die Maßregeln, die die Zerstörung des Schlosses nötig machte, verrieten sich eine gewisse Selbständigkeit und ein energisches Selbstbewußtsein des künftigen Landesherrn. Man war in der kleinen Stadt so eng aneinandergerückt, daß keiner hoffen und annehmen konnte, von den bevorstehenden neuen Verhältnissen unberührt zu bleiben. Nament= lich alle diejenigen, welche, wie unser Musäus, dem engeren Lebenskreise der Herzogin=Regentin angehört hatten, sahen mit einigem Bangen den neuen Zuständen entgegen. So sorgfältig man die kleinen Zerwürfnisse, die sich im Frühling 1774 zwischen Karl August und seiner Mutter ergaben, geheim zu halten suchte, so wenig man im Spätherbst und Winter von 1774 zu 1775 die Berichte veröffentlichte, die Graf Görtz und Major von Knebel von der Bildungsreise der beiden Prinzen abstatteten (derselben Reise, auf der im Dezember die erste Begegnung Goethes mit seinem künftigen fürstlichen Herrn und Freund im „Römischen Kaiser" zu Frankfurt am Main erfolgte) — durch alle Bürgerhäuser von Weimar ging das Geflüster, daß große Veränderungen bevorständen; kluge Leute, wie Musäus, wußten ohnehin, daß der neue Herzog trotz seiner achtzehn Jahre neben dem fürstlichen Selbstgefühle seines Stammes ein Verlangen nach dem Besonderen, Ungewöhnlichen und zu Zeiten einen eisernen Willen in sich trug.

Das Erwartete und das Unerwartete kamen im Laufe des Jahres 1775, an dessen 3. September der „Erbprinz" die Regierung der Herzog= tümer Weimar und Eisenach aus den Händen seiner Mutter übernahm, um sie als Herzog und Großherzog Karl August über ein denkwürdiges, fruchtreiches Halbjahrhundert zu führen. Nacheinander sah Weimar das Schauspiel der Huldigung, den Einzug des Herzogs mit seiner Neu= vermählten, Prinzessin Luise von Hessen=Darmstadt, den ganzen neuen Hofhalt, der sich im Fürstenhause, dem Palais der Landschaft, entfaltete, so gut es eben, mangels einer würdigen Hofstatt, gehen wollte, zuletzt — am 7. November — das Eintreffen des Doktor Wolfgang Goethe aus Frankfurt am Main. Erschien der Dichter, wie sein Vater an Konsul Schönborn in Algier berichtete, zunächst nur, um den Fürstlichkeiten seine „ungedruckten Werkchens" vorzulesen und sie im „Schlittschuhfahren und andern guten Geschmack" zu unterrichten, darin er Meister war, so reichten die ersten Wochen seines Aufenthaltes hin, um ein tieferes Verhältnis zwischen dem jungen Herzog und Goethe zu begründen. Und nun ging sie auf, die tausendmal geschilderte und niemals ganz und anschaulich geschilderte Sturm- und Drangperiode eines deutschen Hofes, die Zeit, wo alle ungebundene Lust eines studentischen, eines jugendlich künstlerischen Daseins sich zwischen die Würde und den Glanz einer Hofhaltung drängte, die treffliche Wirtschaft, „mit Festen, Tänzen, Schellen, Seide und Flitter ausstaffiert" (Goethe an Lavater), die Zeit der Spazierfahrten, der Jagdritte in die Waldgründe des weimarischen Landes, der Bälle in den Schlössern von Ettersburg und Belvedere, der Eisfeste und Schlittenzüge bei Fackelglanz, der Matinees bei Wein und Punsch, in denen man einander übermütig verspottete, der Redouten und der theatralischen Aufführungen und Spiele, die sich der Hof, der kein Hoftheater besaß, selbst schaffen mußte. Was im Innern geschah, wie ernst Goethe schon jetzt, wo sein Bleiben nichts weniger als gewiß war, der Zukunft gedachte und noch vor dem Ende des Jahres 1775 die Berufung Herders betrieb, konnte die zuschauende Stadt nicht wissen. Sie sah nur, daß der bürgerliche Dichter im blauen Wertherfrack und der lichtgelben Wertherweste des Herzogs Günstling war, und daß beide, der Fürst wie der Dichter, durch ihre Art zu sein, dem Diabolus Prise über sich gaben, um mit Wieland zu reden. Die Fülle von Staunen, kopfschüttelnder Mißbilligung, von Haß, Neid, Klatsch und verlogener Zwischenträgerei, die um die Wende der Jahre 1775 und 1776 in Weimar entfesselt war, muß ungefähr der Fülle von Jugendmut, von Geist, von bunter Thorheit entsprochen haben, die damals in der Ilmstadt waltete.

    Freund Musäus stand dem Hauptkreise, der von beiden Strömungen durchrauscht wurde, nahe genug, um der einen wie der anderen inne zu werden. Wäre er schadenfroh gewesen, so hätte er sich daran freuen können, daß der siegreiche, alle Herzen bezwingende, alle Geister überstrahlende Ankömmling Wieland spielend überwand — ungefähr wie er selbst, Musäus, drei Jahre zuvor von Wieland überwunden worden war. Da er der gutmütigste und bei aller Neigung zur Satire und Ironie der unbefangenste Mensch war, fiel ihm dergleichen gar nicht ein, und da er sich selbst und seine Kräfte vortrefflich kannte, so hütete er sich wohl beim Aufgang des neuen Gestirns in neue Bahnen einzulenken. Sein Meister und Muster blieb Wieland — blieb es auch in der persönlichen Frage. Er mochte nicht mit Wieland sagen können, daß seine Seele so voll von Goethe sei, wie ein Tautropfen von der Sonne, dazu war sein Verkehr mit dem Göttersohn nicht nahe und innig genug, aber er bewunderte, gleich Wieland, neidlos die Erscheinung und das Glück Goethes. Er hatte, wie Goedeke es ausdrückt, „keine Aber, die für das Hofgetriebe hätte aufwallen können". Es fehlte ganz gewiß nicht an Bemühungen, ihn in das Mißgerede über Goethe hereinzuziehen. In Musäus Stammbuch (das die Weimarische Bibliothek bewahrt) findet sich ein Vierteljahr nach Goethes Eintreffen, unter dem Datum des 26. Januar 1776, die Eintragung:

„Wie selig ist der Mann, der seine Pflichten kennt
Und seine Pflicht zu thun aus Menschenliebe brennt.

Erinnern Sie sich, wertester Freund, beständig bei Durchlesung dieser wenigen Zeilen an Ihren getreuen Diener und Freund Karl Graf von Goertz", ein Sinnspruch, der zu denken giebt, wenn man sich ins Gedächtnis ruft, wie eben damals der seitherige Gouverneur des jungen Herzogs und nunmehrige Obersthofmeister der Herzogin Luise seine Pflicht auffaßte, welche Gerüchte ihren Weg durch ihn in die Welt fanden, wie herb er das ganze geniale Spiel an dem jungen Hofe beurteilte. Man kann sich bei dieser Freundschaftsbezeigung für Musäus des Verdachts nicht erwehren, daß der Graf Bundesgenossen für seine Auffassung der Dinge, für den Mißmut des Zurückgesetzten suchte.

Wenn es Goertz gelang, eine Partei des Mißvergnügens zu bilden, sein Freund Musäus gehörte nicht dazu. Von der frischen und erhöhten Lebenslust, die mit einemmale in Weimar herrschte, nahm er vielmehr sein Teil dahin. Goethe trat in keinen engeren Verkehr mit dem Gymnasialprofessor, hielt sich aber auch keineswegs zurück. Die Tagebücher des Dichters bezeugen, daß Musäus Haus und Garten zu Zeiten ein Schauplatz des bunten geselligen Treibens und eine beliebte Vorbereitungsstätte für dramatische Unterhaltungen waren. Kein Jahr nach seinem Eintreffen, am 12. Oktober 1776, zeichnet Goethe die Erinnerung an eine fröhliche Nacht mit den Worten ein: „In Musäus Garten getanzt und gemiselt bis 3 Uhr morgens"; bei Musäus fand am 15. und 17. November desselben Jahres die Probe der „Mitschuldigen" statt; bei Musäus war Goethe am Abend des 6. Januar 1777 und trug „Herzklopfen und fliegende Hitze" von der Probe davon; auch für Goethes kleines Schauspiel „Die Geschwister", in denen der Dichter mit Musäus Nichte, der anmutigen Amalie Kotzebue, spielte, fand Lese- und Hauptprobe bei Musäus statt. Daß sich Musäus den theatralischen Darstellungen des fürstlichen Liebhabertheaters nicht entzog, war natürlich. Zum Zuschauen kam er selten, da seine Mitwirkung zu oft in Anspruch genommen wurde. Meist fielen ihm kleine Rollen und solche zu, in denen seine halbkomische Persönlichkeit, das runde Gesicht mit der runden Locke, zur Geltung kommen konnte. Als im Januar 1778 Cumberlands Schauspiel: „Der Westindier", bei Hof aufgeführt wurde (dieselbe Vorstellung, in welcher Herzog Karl August den O'Flaherti, Goethe den Belcour, der von Gotha eigens berufene alte Eckhof den Stockwell spielte), hatte Musäus die Rolle des Advokaten übernommen; als am 25. Oktober desselben Jahres Molières „Arzt wider Willen" in Einsiedels Übersetzung zu Ettersburg in Scene ging, spielte Musäus den Robert. In der auf die Komödie folgenden Vorführung des Goetheschen „Jahrmarktsfestes von Plundersweilern" tragierte er den Kaiser Ahasverus. Als man sich an Lessings „Minna von Barnhelm" versuchte, lieferte Musäus mit dem spitzbübischen Wirt eine Meisterrolle. Die unbefangene Lust, mit welcher er sich an solchen Unterbrechungen seines einförmigen und mühseligen Amtslebens weidete, das Behagen, mit welchem er erzählt, daß er für den Augenblick alle Herrlichkeiten der großen Welt geteilt und mitgenossen habe, stauden ihm gut zu Gesicht. Bei der Leseprobe zu den obenerwähnten Ettersburger Darstellungen, die zu Weimar im Palais der Herzogin Anna Amalia stattfand, „wurde an die Akteurs der beiden Stücke ein herrliches Souper gegeben und nachher ein Ball, der bis 3 Uhr dauerte. Zu den Proben in Ettersburg wurden die Akteurs, 24 Personen zusammen, jedesmal in sechs Kutschen hinaufgeholt und abends mit Husaren, die Fackeln hatten, wieder zurückbegleitet". Musäus war der Mann, solche Dinge fröhlich mitzugenießen, ohne sich dadurch einen Anspruch in sein Leben tragen zu lassen, der mit seinen Verhältnissen nicht im Einklang gestanden hätte. So wahrte er sich auch das Recht, die Empfindungen seiner Umgebung nicht in allen Fällen zu teilen. Köstlich ist seine Schilderung der Erwartungen und Enttäuschungen Jung=Weimars bei der ersten Entbindung der Herzogin Luise, die statt des erhofften Erbprinzen eine Prinzessin brachte. Er berichtet vom 2. Februar 1779: „Die Konstabler stutzen ihre Bärte auf, vormittags um 8 Uhr, der ganze Weimarische Artillerietrain geht zum Frauenthor hinaus. Hauptmann Castrop mit bloßem Schwert voran, die Glockenläuter besteigen die Türme, der Tag vergeht, die Nacht bricht an, um Mitternacht wirds Ernst. — Unterdessen steigen wir den 3. Februar, also heute morgen, aus den Federn, es ist noch immer nichts, ich gehe in die Schule, unterwegs fangen alle Glocken an zu läuten, das Volk läuft zusammen, wir lauern alle auf die Kanonen. Es wird uns nichts gereicht. Die Fama stößt laut in ihre Tuba: eine Prinzessin! eine Prinzessin. Um 11 Uhr marschieren die Kanonen ganz phlegmatisch wieder ins Zeughaus, ohne einen Laut von sich gegeben zu haben, und die große Freude ist mehr in den Gesichtern, als in den Herzen der Hof= und Stadtleute zu lesen. Ich bin nicht unter der Zahl der Wankelmütigen, denn ob ich gleich kein Te Deum angestimmt habe, das wir im Gymnasio für einen Prinzen in Bereitschaft hielten, so habe ich doch ganz andächtig Sei Lob und Ehr dem höchsten Gut mit abgesungen. Auch habe ich nebst dem kleinen Karl sechsmal in der Küche seine kleine Kanone abgefeuert zu Ehren der neugebornen Prinzessin." Hier haben wir wieder den ganzen Musäus vor uns, kindlich gutmütig, behaglich und doch mit gutem Humor seine Umgebung belauschend und belachend.

Das Hauptergebnis der letzten lebensreichen und anregenden Jahre war für Musäus der Entschluß, sich nach länger als anderthalb Jahrzehnten wieder einmal in einem größeren Werke zu versuchen. An Stoff fehlte es dem Humoristen in dieser Gährungsperiode der deutschen Litteratur wahrlich nicht, die Tendenz, eine überhandnehmende schale Sentimentaltät durch harte realistische Gegenwirkung zu bekämpfen, lag in der Luft. Goethe hatte ihr im „Triumph der Empfindsamkeit" und in kleinen Scherz= und Spottspielen gehuldigt; Wieland fühlte sich ohnehin nie wohler, als wenn er seine im innersten Kern rationalistische Anschauung zur Geltung bringen konnte. Während man aber in Weimar von dieser Stimmung erfüllt war, tobte im übrigen Deutschland der Sturm und Drang weiter und hundert wunderliche und fratzenhafte Erscheinungen forderten die Satire heraus. Wenn selbst phantasievolle, tieffühlende und hochpoetische Naturen mit Kopfschütteln oder Spott auf das Durcheinander der Zeit blickten, wie mußte dies Chaos in den Augen des einfach verständigen Musäus erscheinen, der, bei allen poetischen Anwandlungen, die Bildung der Aufklärung nie verleugnen konnte und wollte. Wußte er sich auch mit hundert Lebensregungen der neuen Zeit abzufinden, alles Thaumaturgentum, alle Mystik, alle wundergläubige Unfehlbarkeit blieben ihm gegen die Natur, und so hatte er vermutlich seit Jahren den physiognomischen Bestrebungen, der Theorie wie der Praxis der von Lavater neu verkündeten Welterkenntnis zweifelnd und spottend gegenüber gestanden. Die „Physiognomischen Fragmente" Lavaters standen zu Weimar in einem gewissen Bezug, das Manuskript der Fragmente war durch Goethes Hand gegangen, im engeren Kreise Herzog Karl Augusts hatte der Prophet von Zürich seine Anhänger. Goethe hatte an Lavaters Manuskript geändert, eingeschaltet, es war wesentlich das Verdienst seiner Redaktion gewesen, wenn die ersten „Fragmente" den berechtigten Kern der ganzen Lehre Lavaters: daß eine Harmonie zwischen den ererbten moralischen Eigenschaften des Menschen und zwischen den gleichfalls erblichen Zügen des menschlichen Gesichts bestehe, vor allem hervorhoben. Indes wie besonnen auch Goethe redigieren, wie entschieden sich Lavater gegen den Mißbrauch seiner Lehre verwahren mochte: der leidige Erfolg blieb nicht aus, daß die Physiognomik den Sport aller wundersüchtigen Müßiggänger, aller flachen Genies der Sturm- und Drangperiode abgab, daß ein heilloser Unfug mit angeblich physiognomischen Offenbarungen getrieben wurde. Die Schüler und noch mehr die Dilettanten setzten kühnlich über alle Schranken hinaus, die der Meister für sich noch völlig anerkannt hatte. Es war beinahe so, wie es Musäus unmittelbar darauf in den „Physiognomischen Reisen" schilderte: unzählige platte Gesellen silhouettierten innerhalb ihrer vier Pfähle alle Freunde und Bekannten, und wer ihnen sonst vors Korn kam, Klerus und Laien, „verjüngten mittelst des Storchschnabels die Profile aufs gewissenhafteste, meditierten darüber reiflich und philosophierten aus dem inneren Gefühl heraus stattlich", sie „spürten die Kunstgenossen aus, die hier und da auf Gottes deutschem Erdboden zerstreut waren, wie die Glieder der unsichtbaren Kirche", sie wallfahrteten zu den Brüdern vom physiognomischen Glauben.

An diese fratzenhaften Ausartungen der Physiognomik knüpfte Musäus seine Erfindung, sein Buch, an. Noch war das zerbrochene Selbstgefühl nicht so weit geheilt, daß er sich mit seinem Namen herausgewagt hätte. Die „Physiognomischen Reisen; voran ein physiognomisch Tagebuch" (1778 bis 1779) erschienen ohne Nennung eines Verfassers. Gleichwohl wußte man bald genug, und Buchhändler Richter in Altenburg, der Verleger, sorgte dafür, es wissen zu lassen, daß Musäus der Verfasser sei. Indem der Satiriker seinen Feldzug gegen ein bestimmtes Gebiet der neuen Genialität richtete, streifte er doch zugleich das ganze Reich derselben. Denn die doppelte Einleitung, „Zwei Wort' an den Leser", in welcher der angebliche Vertreter der Physiognomik sein Unternehmen rechtfertigt, setzt des Breiteren auseinander, warum der Verfasser in der schlichten und rechten, herzigen Mundart der „Frankfurter gelehrten Zeitung" geschrieben habe. „Der schnurrige Asmus, sonst genannt der Wandsbecker Bote, hat, denk' ich, zuerst daran gesprachmeistert." Im Ton der Genies sollte das Tagebuch des Landwirts gehalten sein, welcher die Physiognomik zu seinem Nebenberuf, jenem „Lieblingsgewerbe" gemacht hat, welches „das Leben der Seele, wie äußerlich Beruf und Amt seinen Mann nährt, die inneren Kräfte stärkt, spannt, erwärmt und ermuntert, Wonnegefühl ins Herz gießt". Und im Ton, ja in der Orthographie der Genies hieß es dann auch): „Hätt's weiß Gott nimmer gedacht, daß es so kommen würde, wie's nun kommen ist, daß ich in der Buchschnitzlergilde soll' zünftig werden. Hab' die Buchmacher schier nicht anders geachtet als die Hutmacher und beyd' in Nahrung gesetzt, wenn ich ihrer Arbeit bedurfte. Hab' meine Woll= und Hasenbälge, wenn's Noth thät an den Huter, Roggen und Waizen an den Buchhändler verstochen, ohne die produktive Kraft, einen Hut oder ein Buch zu erschaffen in mir zu vermuthen. Aber da wandelt' mir vor dem Jahr' was an — Krankheit war's nicht, aber s'glich doch einem plethorischen Zufall. — Aderlassen wollt' nicht helfen; ich fing an trefflich in den ersten Wegen aufzuräumen, — s'blieb wie's war. Endlich half mir ein zeitiger Schriftsteller auf die Spur, — hab's Buch nicht bey der Hand, sonst könnt ich ihn wohl nennen, — der gab dem Kind den rechten Namen, hieß es Drang der Seele außer sich zu wirken und da sagte mir s'innere Gefühl ganz dürr und deutlich, daß dieser Drang nicht auf Hutmacher= sondern auf Buchmacherwerk hinaus lief. — — Da habt ihr mein Kreditiv. Wollt ihr das nicht anerkennen, so geht hin und haltet die Flügel der Windmühle oder s'Wasserrad auf mit eurer Hand, wenn der Windstrohm oder die herabstürzende Lache sie dreht; oder werft Anker auf hohem Meere, wenn der Sturm euer Schifflein fortreißt, oder thut, was Tycho Brahe that, als er beim Gastmahl des gestrengen Junkers von Rosenberg zur Tafel saß und seht, wie's euch bekommt. Besser ist der Natur den Lauf lassen, als Drang fühlen und mit Mückenkraft widerstehen oder aus übertriebener Bescheidenheit ihn ersticken wollen."

Ganz gewiß war es nur das Äußerlichste und Zufälligste des Genietones, was Musäus in diesem Vorwort zu seinen „Physiognomischen Reisen" parodierte. Daß gerade diese Äußerlichkeiten den Männern rationalistischen Gepräges zuerst auffielen und von ihnen gleichmäßig ergriffen wurden, lehrt jeder Vergleich. Ganz im gleichen Ton wie dieses „erste und zweyte Wort" sind die Vorreden Nicolais zu dem vielberufenen „Feynen kleynen Almanach voll schönerr, echterr, lyblicherr Volkslyeder von Danyel Seuberlich" gehalten, auch Lichtenberg und andere Gegner des Sturmes und Dranges spotteten in ähnlicher Weise der Genies. Indes blieb Musäus nicht an diesen mit allzu breitem Behagen ergriffenen Äußerlichkeiten haften. Er versuchte in der That eine Schilderung der Wirkungen, welche die Physiognomik und neben ihr die Basedowsche Erziehungsseuche auf die deutsche Gesellschaft der Zeit ausübten. Köstliche einzelne Genrebilder zeichneten sein Buch aus, wie der Dialog zwischen dem Lavater-begeisterten Gutsherrn und seinem skeptischen Jäger Philipp, wie die Korrespondenz des Physiognomisten mit dem Beamten Spörtler zu Geroldsheim im Frankenland, der Schluß des Tagebuchs mit dem Briefe der kleinen Schlange Sophie, das Zusammentreffen des Reisenden mit Magister Wabbel in Leipzig, den er nach allen physiognomischen Kennzeichen für Klopstock hält und halten muß, die Scene im Erzgebirge, wo der physiognomische Reisende, der aus Lavater Fülle der Menschenliebe geschöpft hat, mit einem physiognomischen Pilger zusammentrifft, der seinen Menschenhaß an der gleichen Wissenschaft nährt, wo der erste an einem bejahrten Reiter einen „Acciseinnehmer, eine ganz tabellarische Seele, sonst ein fein ehrlich Gesicht eines treuen Haushalters entdeckt", während der andere einen Scharfrichter vor sich sieht. „Ist er was anders, so steht er in der Welt nicht an seinem Platze. Die Definition eines Scharfrichters ist aber seinem Gesicht leserlich aufgedruckt. Ich verstehe darunter einen Mann, der eine Fertigkeit besitzt, für einen Preis von fünf Gulden einen jeden Menschen, der ihm übergeben wird, mit kaltem Blute abzuschlachten auf eine Art, wie man's von ihm verlangt. Ob er diese Fertigkeit auf dem Schaffot und Rabenstein, oder nur privatim, vermöge obrigkeitlicher Gewalt oder aus eigenem Antrieb ausübt, das kann ich ihm nicht ansehen. Genug, er besitzt sie, das les ich ihm aus dem Gesicht." Auch der Besuch bei dem Beamten Spörtler und das physiognomische Halsgericht in Burgholzheim und die Verlobung Lottchens mit Drüschling haben köstliche Stellen; die Zweifel, die sich des Reisenden allmählich bemächtigen, sind gut motiviert und treiben ihn schließlich heimwärts. Er muß sich eingestehen, daß er zahllose Male getäuscht, gefoppt, geprellt worden sei. „Wie oft hat mich eine Schurkenphysiognomie erwärmt und hingerissen, da ich indeß vor dem ehrlichen Mann zurückgeschaudert bin. Ist die Schuld mein, so bin ich der größte Dummkopf in Deutschland, obgleich die Grundlinie meiner Stirn zur Perpendicularhöhe ein gar feines Verhältniß hat und keineswegs um zwei Drittel zu kurz ist. Fällt aber ein Theil der Schuld auf die Kunst zurück, daß die mich irre geführet hat, wie's denn wohl sein mag: so ist's ein Beweis, daß sie sich noch in ihrer Kindheit befindet, selbst gar schwach und unvollkommen ist, und da hab ich allezeit einen Schwabenstreich begangen, daß ich mich mit so kühnem Vertrauen, mit verbundenen Augen von einem Kind habe leiten und führen lassen".

Unwillkürlich war Musäus bei dieser verständigen Schlußbetrachtung seines humoristischen Romans wieder in seinen eigenen Ton zurückgefallen, den er auch während der Erzählungen und Dialoge oft genug hatte vernehmen lassen. Es war eben unmöglich, das ausgedehnte Buch durchgehend im ironisch gemeinten Geniestil durchzuführen. Die zahlreichen Leser, die die „Physiognomischen Reisen" auf der Stelle und in den nächsten Jahren fanden (es erschienen bis zu Musäus Tode drei Auflagen), nahmen weder Anstoß an der Zwiespältigkeit des Tones, noch an der Lockerheit der Komposition und der übergroßen Breite der bloß raisonnierenden und docierenden Kapitel. Die gute Laune, die im ganzen vorwaltete, der verhältnismäßige Reichtum der Einzelheiten, das Talent, durch einen glücklichen Einfall den lahm gewordenen Gaul des physiognomischen Reisenden wieder in Trab zu bringen, der Fluß des Stils, fanden so viel Beifall, daß Musäus mit einem Schlage aus der Dunkelheit, in der er seither gelebt, unter die „berühmten" Schriftsteller trat. So bescheiden er auch jetzt noch von seinem erneuten Versuch dachte, so konnte selbst er den Unterschied zwischen seiner neuesten Leistung und dem „Deutschen Grandison" nicht verkennen und faßte fortan einiges Vertrauen zur Ergiebigkeit seines Geistes wie seiner Feder.

Sollen wir Kotzebue glauben, so standen die seitherigen Lebensgefährten Musäus nach der Vollendung und dem unbestreitbaren Erfolg der „Physiognomischen Reisen" verwunderungsvoll, „staunend einen Mann in ihrer Mitte zu sehen, den sie bisher nicht für ihren Gildegenossen erkannt hatten". In Wahrheit kann man gerade in Weimar doch nicht allzu verblüfft gewesen sein; daß Musäus ein geistvoller Mann sei, wußte man seit langer Zeit, und höchstens hätte man erstaunt sein dürfen, daß er bei der Last von mühseliger Tagesarbeit, die auf seinen Schultern ruhte, dazu gelangt war, ein größeres Buch zu schreiben. Aber das war gewiß, daß der bescheidene Schriftsteller von 1779 an nach außen hin eine andere Stellung einnahm als seither, und daß auch in Weimar die Erwartungen, mit denen man seiner weiteren Thätigkeit entgegensah, sich beträchtlich gesteigert hatten. Mit besonderer Genugthuung empfand man, daß Musäus Satire von aller Bitterkeit und Leidenschaft frei sei und daß selbst Lavater und die Bekenner seines physiognomischen Evangeliums nichts anderes thun konnten als — lachen.

Die „Physiognomischen Reisen" waren kaum vollständig erschienen, Musäus als Verfasser genannt und bekannt, so brachen Herzog Karl August und Goethe zu jener Schweizerreise des Herbstes 1779 auf, die ihren idealen Abschluß in Zürich fand und von der Goethe Ende November an Frau von Stein schrieb: „Die Bekanntschaft von Lavatern ist für den Herzog und mich, was ich gehofft habe, Siegel und oberste Spitze der ganzen Reise und eine Weide an Himmelsbord, wovon man lange gute Folgen spüren wird. Die Trefflichkeit dieses Menschen spricht kein Mund aus, wenn durch Abwesenheit sich die Idee von ihm verschwächt hat, wird man aufs neue von seinem Wesen überrascht. Es ist der beste, größte, weiseste, innigste aller sterblichen und unsterblichen Menschen, die ich kenne." Wenn Musäus, wie wohl möglich, dergleichen zu Ohren kam, so hätte er meinen dürfen, wieder einmal mit der Hand in die Kohlen geschlagen zu haben

Glücklicherweise besaß er den heiteren Gleichmut, welcher sich durch dergleichen nicht anfechten läßt, ahnte vielleicht auch schon, daß und warum Lavaters und Goethes Wege auf die Länge doch nicht parallel laufen konnten.

Die nächste Folge des Aufsehens und der Teilnahme, die die „Physiognomischen Reisen" erregten, war ein Gesuch des Verlegers des „Deutschen Grandison", den älteren Roman einer zeitgemäßen Umarbeitung zu unterwerfen. Der wackere Eisenacher Buchhändler wollte vom gesteigerten Können, wie vom mächtig gewachsenen Ruhme eines Schriftstellers seinen Anteil haben, dessen Erstlingswerk er seinerzeit so mutvoll veröffentlicht hatte. Musäus war gern bereit, für ein dürftiges Honorar seinem alten längst vergessenen Buche eine neue Gestalt zu geben. Er mochte es seit manchem Jahre nicht in der Hand gehabt haben, aber er war sich bei der fortgesetzten Lesung und Beurteilung fremder Romane der empfindlichsten Mängel seines eigenen Versuchs sicher bewußt geworden. Die Umarbeitung, die er jetzt vornahm, zeugte von entschiedener Einsicht und der inzwischen erworbenen Gewandtheit, sie schuf in der That ein völlig neues Buch, das unter dem Titel „Der Deutsche Grandison, auch eine Familiengeschichte" (1781) erschien. Den Kern seines früheren Buches: daß der Mangel an Erlebnis und thätigem Leben deutsche Privatmenschen von unzulänglicher Bildung in allerhand hohle Phantastik hineintreibe, wußte Musäus bei dieser zweiten Bearbeitung deutlicher hervortreten zu lassen. Sein Landjunker beginnt jetzt nicht sogleich damit, den Grandison zu kopieren, sondern wirft sich zuerst auf Defoes „Robinson Crusoe" und schafft sich auf seinem Landgut das Eiland samt allem robinsonischen Zubehör. Erst nachdem diesem Traum ein Ende gemacht ist, wendet sich der Held zu Richardson und seinem edlen Tugendexempel und beginnt sich in der Rolle des englischen Baronets zu gefallen. Und von hier ab nimmt dann Musäus seine frühere Darstellung wieder auf, giebt aber dieser, indem er sie wesentlich kürzt und den Briefwechsel mit gedrängter, zusammenfassender Erzählung durchsetzt, eine entschiedene Belebung. Es blieb noch genug von der schleppenden Breite und der salzlosen Trockenheit der ersten Fassung übrig, indes traten die wirklichen Vorzüge des ersten Wurfes und die echt humoristische Stimmung einzelner Scenen in der neuen Bearbeitung besser hervor, und der lebendig einfache Vortrag der neu eingeschalteten Teile erwies, daß der Schriftsteller sich jetzt der Höhe seines Könnens näherte und einer der besten damaligen Erzähler geworden sei.

Musäus gutes Glück wollte, daß er um diese Zeit an einen Stoff geriet, der ihm zur Entfaltung aller seiner inzwischen erworbenen Vorzüge gute Gelegenheit gab, den er nach seiner Eigenart zu benutzen und umzuschmelzen vermochte, der für ein langes Schriftstellerleben ausgiebig war und von ihm auf diesen Vorzug hin geschätzt wurde. Wieland, nach welchem, als seinem Meister, Musäus bewußt und unbewußt immer hinblickte, hatte zwischen 1778 und 1780 nacheinander die Märchenerzählungen

„Schach Lolo", „Pervonte", „Der Vogelsang", „Die Wasserkufe" und als Krone und glänzenden Abschluß dieser Richtung seiner Thätigkeit sein größtes und bestes Gedicht „Oberon" im „Teutschen Merkur" veröffentlicht. Musäus hatte dabei ablauschen können, wie geschickt und im höchsten Maße wirksam Wieland diese Art Stoffe zu modernisieren, durch heitere Jronie sich völlig anzueignen wußte, ohne des reichen Phantasielebens verlustig zu gehen, das in den Märchen und Wundergeschichten lag. Musäus glaubte die trivialen „Ammenmärchen", die in deutschen Spinnstuben und Kinderstuben noch erzählt wurden, in ähnlicher Weise verwerten zu können. Mit einem gewissen Unbehagen nahm er wahr, daß die „Verheutigung" seines alten Grandijon die Zugkraft der „Physiognomischen Reisen" nicht entfalten wollte. „Ich erlebe das Herzeleid", schrieb er 1782 an Amalie Gildemeister in Duisburg, „daß es unter dem Romanenpöbel versteckt bleibt, denn noch zur Zeit hat keine gelehrte Zeitung dem ersten Teil, der schon ein Jahr heraus ist, die Ehre angethan, seiner erwähnen. Da sehe ich, daß zum Laufen nicht schnell sein hilft, denn bei den physiognomischen Reisen stieß die Fama ganz anders in die Trompete. Nachdem ich nun seit der Zeit meinen Grimm an den Konsorten aus der Romanistengilde ausgelassen und dreißig solcher Philister in der allgemeinen Bibliothek mit dem kritischen Eselskinnbacken in die Pfanne gehauen, so bin ich nun auf eine neue Idee gekommen. Die Feereyen scheinen wieder recht in Schwung zu kommen; Rektor Voß und Amtmann Bürger vermodernisieren die tausend und eine Nacht um die Wette, selbst die Feenmärchen sind in Jena das Jahr wieder im Nürnbergischen Verlag von neuem gedruckt worden. Ich will mich an die Rotte anhängen und lasse von meiner Drehscheibe jetzt ein Machwerk dieser Art ablaufen, das den Titel führen wird: Volksmärchen, ein Lesebuch für große und kleine Kinder."

Die Absicht Musäus bei seinem besten Buche war natürlich nicht die: wahrhafte Volksmärchen, schlicht und treu im Volkston, unter sorgfältiger Erlauschung ihres poetischen Gehalts, ihres naiven Tons, wiederzugeben. Weder er, noch irgendwer in seiner Umgebung (immer Goethe ausgenommen) hatten von solcher Auffassung eine Ahnung. Ihm waren die märchenhaften Überlieferungen, die Wundergeschichten der mittelalterlichen Chronisten, die historischen Lokalsagen, selbst spukhafte Geschichten, als Stoff zu seinen Märchen-Novellen gleich willkommen, er benutzte sie in der Weise, wie dies Wieland in gleichen und ähnlichen Fällen gethan hatte. Er erzählte, was er auf mündlichem Wege (von alten Frauen, Soldaten und Bauern) erfuhr oder aus den verschiedensten litterarischen Quellen schöpfte, durchaus individuell. Ohne die ihm überlieferten Erzählungen wesentlich zu ändern, bemächtigte er sich ihrer durch die Art seiner Detaillierung, fügte die Handlung der meisten fester, motivierte die Vorgänge, suchte die Gestalten zu Charakteren durchzubilden, schilderte endlich mit all den bunten, lebendigen Farben, deren Wirkungskraft er in Wielands Dichtungen so oft bewährt gefunden hatte. Durch den Vortrag machte er sich die grundverschiedenen Unterlagen zu eigen und erzielte

wenigstens Einheitlichkeit des Tons. Wenn die spätere Kritik an der ironischen, satirischen und vielmals doch auch echt humoristischen Vortrags=
weise Musäus' Anstoß nahm und immer wieder betonte, daß er den kind=
lich=gläubigen, naiven Ton der benutzten Märchen zerstört habe, so ist
entschieden daran zu erinnern, daß dieser Ton eben nur einigen wirklichen
Märchen eignete, bei vielen der von Musäus bearbeiteten Geschichten weder
vorhanden gewesen war, noch überhaupt möglich gewesen wäre. Die Er=
zählungskunst Musäus' nahm einigen seiner Stoffe einen gewissen Reiz
und Hauch, um anderen dafür zu geben; die Rübezahl=Erzählungen sind in
seiner Fassung erst wahrhaft volkstümlich und schwerlich in den schlesischen
Bergen je besser erzählt worden, als es durch ihn geschah.

Schwerer wog und wiegt ein anderer Vorwurf: weil er den Novellisten,
den lebendigen, fesselnden Erzähler trifft, der Musäus sein wollte und
war. Obschon unser Schriftsteller mit dem Beginn der Volksmärchen
einen neuen Aufschwung nahm und gleich in der ersten, der „Chronika
der drei Schwestern", durch eine Lebendigkeit und Anmut bewährte, die
vor ihm — von Goethe und Wieland abgesehen — kein deutscher Er=
zähler gezeigt hatte, so konnte er sich von gewissen, aus seinen älteren
satirischen Werken stammenden schlechten Angewohnheiten nicht trennen.
Die fortwährenden Anspielungen auf Zeitvorgänge und zeitgenössische Litte=
raturerscheinungen zersprengten oft empfindlich den glücklich geschmiedeten
Ring seiner Erzählung, die moralischen Betrachtungen minderten das
Interesse an Stoff und Gestalten herab, er geberdete sich, nach Gutzkows
Worten, wie ein Puppenspieler, der seine Marionetten zwischendrein einmal
ohrfeigt. Auch hielt er jene Proportionen nicht gleichmäßig ein, die
für den Fluß einer Erzählung ganz unerläßlich sind. Wo er sie bewahrte,
wie in den „Büchern der Chronika der drei Schwestern", wie in „Rolands
Knappen," in den „Legenden von Rübezahl" und dem größeren Teile der
„Libussa", in der Prachterzählung „Stumme Liebe", da war er auch des
lebendigsten Eindruckes gewiß, die genannten Märchen=Novellen sind es,
die in seiner ursprünglichen Fassung, in zahlreichen Nachbearbeitungen die
größte Verbreitung gewonnen haben. Wo er aber, wie beispielsweise in
der „Melechsala" betitelten Geschichte des Grafen von Gleichen und seiner
sagenhaften Doppelehe, bei der überbreiten und spieligen Schilderung der
Gärtnerleistungen des edlen Thüringer Grafen, als Sclave des Sultans
von Ägypten, oder wie im „Geraubten Schleier" und in der „Nymphe des
Brunnens" bei Nebendingen allzu behaglich verweilt und die Hauptsachen
allzu kurz abthut, da erscheint auch seine Kraft geringer, die hübschen
Einzelheiten und geistreichen Wendungen verlieren sich gleichsam, der Leser
kann nicht in den Zug kommen, in welchem der Schriftsteller selbst nicht
gekommen scheint.

Jedenfalls aber war der Beifall, den von ihrem ersten Erscheinen
an diese Märchennovellen fanden, ein wohlverdienter. Waren Musäus
weder die Erfindungs= noch die Gestaltungskraft des großen Dichters zu
teil geworden, vermochte er nicht in die geheimsten Tiefen der Empfindung

zu bringen, so besaß er doch voll das anmutige Talent eine Geschichte zu beleben, mit scheinbar unwesentlichen, aber sich der Phantasie und dem Gedächtnis fest einprägenden Zügen auszustatten, die Kunst, den ernsten wie den scherzenden Ton des lebendigen Erzählers, an dessen Lippen wirklich eine Zuhörerschaft hängt, auf das Papier zu übertragen. Will man, mit Schiller, den Erzähler dieser Art nur als den Halbbruder des Dichters gelten lassen, so ward Musäus durch seine „Volksmärchen der Deutschen" einer der frischesten und liebenswürdigsten dieser Halbbrüder. Die fünf Teile des Buches traten von 1782—1787 im Verlage von Ettinger in Gotha ans Licht und Musäus erlebte an ihnen ungetrübte Freude. Die Aufnahme beim Publikum wie bei der Kritik übertraf alle Erwartungen des Bescheidenen, und von dem Ehrensold, den Freund Ettinger zahlte, ward ein alter Wunsch Musäus: ein größeres Garteneigentum zu besitzen, vollauf erfüllt. Einen Garten, eben denselben, in welchem Goethe im ersten Jahr nach seiner Ankunft in Weimar eine Sommernacht vertanzte, hatte er längst in Miete gehabt. Dieser lag an der Ilm und ward ihm ein paarmal durch das Wasser beschädigt, zuletzt nach einem in der Gegend von Magdala niedergegangene Wolkenbruch „beinahe ganz ruiniert". Musäus hatte eben im Garten gesessen, als das Wasser kam, er hatte sich um das ferne Gewitter nicht sonderlich gekümmert, bis auf einmal der Fluß zu ihm hineinschwoll. Er erinnerte sich, daß „schon zwei Personen des Weimarischen Theaters den Ilm-Najaden zuteil geworden sind," hatte aber durchaus keine Lust, seinerseits das Kleeblatt vollzumachen. In diesem Garten muß Musäus, der das Arbeiten zwar nicht im Freien, aber in einer Hütte unmittelbar im Grünen liebte, den ersten Teil seiner „Volksmärchen" wie manches frühere geschrieben haben. Hier war es auch, wo er mit seinem Neffen August Kotzebue, der Weimar schon 1781 verließ, um seine wunderlich wechselvolle Laufbahn in Rußland zu beginnen, gemeinsam arbeitete. Musäus konnte damals unmöglich voraussehen, welche bedenkliche Richtung das frühreife Talent des jungen Verwandten nehmen werde, und war viel zu gutmütig, um für die flachen Erstlingsversuche des Studenten und Weimarischen Advokaten etwas anderes als ein verwundertes Lächeln zu zu haben. In dem Garten an der Ilm erzählt Kotzebue „war es so still und kühl und nur der Fluß murmelte leise. Ach! Da habe ich oft an seiner Seite gesessen, er für die Nachwelt dichtend, und ich den Musen meine Erstlinge opfernd. Wenn er dann ein paar Seiten geschrieben hatte, so machte er mir zuweilen die Freude, mir das vorzulesen. Wenn wir des Abends nach hause gingen, so rauften wir vorher im Garten ein paar Dutzend Radischen aus, um unsere frugale Mahlzeit damit zu würzen." In diesem Garten empfing Musäus auch vielfältige Besuche, deren Zahl mit seiner wachsenden Berühmtheit nach und nach ins Bedenkliche stieg.

Nun aber sollte der Mietgarten mit einem wirklichen Eigentum vertauscht werden. Die Erfolge der jüngsten litterarischen Arbeiten hatten schon eine große Veränderung in Musäus' Leben bedingt, die „Kostgänger" waren abgeschafft worden und voll Triumphes sah sich der Professor mit Weib und Kind und allenfalls mit willkommnen Gästen an seinem Mittags= und Abendtische wieder allein. Die zweite große Veränderung folgte mit dem 1783 bewirkten Ankauf jenes Gartens, der bald von Einheimischen und Auswärtigen als eine Merkwürdigkeit von Weimar betrachtet werden sollte. „Es ist seit einiger Zeit," schrieb Musäus einer Freundin, „eine solche lebhafte Idee des Vergnügens, ein Eigentum zu acquirieren bei mir und meiner lieben Frau entstanden, daß diese, so sehr sie sonst die Kapitale liebt, entschlossen ist, meinen sämmtlichen Schriftstellererwerb anzuwenden, um ein Grundstück zu erkaufen, und zwar nur ein leeres, wüstes, aber sehr romantisches Plätzchen, das wir erstlich anpflanzen und bebauen wollen, nicht nur Gemüse darauf zu ziehen, sondern es mit viel hundert blühenden Blumen und Sträuchern zu bepflanzen und ein kleines Feenschloß hinein zu setzen, das allenfalls zu einem Aufenthalt im Sommer dienen könnte, auch daselbst zu übernachten. Alle Risse und Plans zum Haus und Garten sind bereits entworfen und die ganze Idee, davon ich jetzt sehr voll bin, würde, wenn sie ausgeführt, Ihren Beifall, den ich sehr wünsche und hoffe, erhalten".

Der Platz, den sich Musäus für sein Feenschloß und Elysium aus= gesucht, lag jenseit der Ilm, am Abhang der Höhe, die den Namen der Altenburg führte. Für einige hundert Thaler wurde der umfangreiche Garten angelegt, das Häuschen erbaut. Herzogin Anna Amalia, die dem von ihr ernannten Professor jederzeit ihre Gunst bewahrt hatte, erbat sich für die Ausstattung des Gartenhauses Sorge tragen zu dürfen und bei aller Einfachheit fiel diese daher reicher und geschmackvoller aus, als es vielleicht geschehen wäre, wenn Musäus auch hierfür in die eigene Tasche hätte greifen müssen. Schon zwei Jahre nach seiner ersten Anlage war der Garten prächtig gediehen, die erste litterarische Kunde von ihm erscholl in den „Briefen über eine Reise nach Sachsen," welche der Professor Will an der reichsstädtisch Nürnbergischen Universität Altdorf (1784) ausgehen ließ:

„Der Garten des Professors Musäus liegt außen vor der Stadt Weimar auf einer angenehmen Anhöhe und ist nebst einem kleinen, aber feinen Gartenhause von dem erfindungsreichen und geschmackvollen Besitzer erst vor kurzem angelegt. Gegen dem Gartenhause über steht ein kleiner mit zwei wohlgebildeten Geniis, Portraiten von Weimarischen Knaben, besetzter Tempel." Der unermüdlichen Pflege, dem nie rastenden Eifer des neuen Grundbesitzers gelang es nicht nur alsbald einen prächtigen Blumenflor, sondern auch erquicklichen Schatten zu erzielen, obschon er, minder glücklich als Goethe, nicht erleben sollte, daß die zahlreich von ihm angepflanzten Bäume alle groß wuchsen.

In demselben Jahre, wo Musäus sich auf der Höhe über Weimar ansiedelte, war der langgehegte Wunsch der Residenz und des Landes in Erfüllung gegangen, der Erbprinz und nachmalige Großherzog Karl

Friedrich geboren worden. Bei dieser Gelegenheit mußte Musäus noch einmal das lahm gewordene Roß seiner Gelegenheitspoesie spornen und nicht nur im eigenen, sondern auch im Namen Anderer das Wort nehmen. Selbst der Hofjude Elkan preßte ihn zu einem poetischen Glückwunsch im Stil der Psalmen. Seine Hauptarbeit aber galt der Fortsetzung der „Volksmärchen", und es war sein liebster Traum, daß er dieser fortan in seinem einsamen, grünumwachsenen Gartenhause obliegen werde, was ihm denn für die letzten Lebensjahre nach Wunsch in Erfüllung ging. So entschieden teilte fortan der Garten sein Leben in eine Winter- und Sommerhälfte (wobei der Winter gewaltig zu kurz kam), daß Musäus, in Nachahmung der mittelalterlichen Minnesänger, die nur im Lenz und Sommer sangen, ein Tagebuch anlegte, das er ausdrücklich und ausschließlich als „Gartenjournal" bezeichnete und durchführte, die Zeit, in der er sich seinen Garten versagen mußte, als eine lange kimmerische Nacht mit Stillschweigen übergehend.

Von den „Gartenjournalen", die Musäus mit einem ersichtlichen Behagen und einer gewissen Sorgfalt fortführte, so lange er überhaupt seinen Garten betreten konnte, haben sich drei (handschriftlich im Besitze der großherzoglichen Bibliothek zu Weimar) erhalten. Schon Dr. Moritz Müller, der Verfasser einer Schrift „Johann Karl August Musäus, ein Lebens- und Schriftsteller-Charakterbild" (Jena, 1867), hat Einsicht in die kleinen, den Jahren 1785 bis 1787 angehörigen Hefte gehabt und einzelne Stellen daraus mitgeteilt. Es scheint ihm aber doch entgangen, nach wie vielen Richtungen hin Musäus' Gartenjournale hochwichtige und interessante Zeugnisse sind, nicht nur für des Schriftstellers persönliches Leben, für das Behagen und die stillen Freuden seiner eingefriedigten Existenz, sondern auch für das gesellschaftliche Treiben Weimars in den 80er Jahren des vorigen Jahrhunderts, für die Anziehungskraft, welche die Ilmstadt und ihre Berühmtheiten fortwährend ausübten. Was uns zunächst aus den mit kleiner Handschrift und oft genug mit schlechter Tinte undeutlich geschriebenen Blättern entgegentritt, ist die heitere Anspruchslosigkeit, die frische, nie versiegende Lust an den kleinen Annehmlichkeiten des Lebens, die Musäus eigen waren. Wo wir auch sein Tagebuch aufschlagen, überall empfinden wir, daß ein frischer Lebensmut, eine innere Befriedigung an seinen Zuständen, eine unversiegliche Güte, die mehr als Gutmütigkeit war, die Grundlagen seines Wesens wie seines bescheidenen Glückes bildeten. Ohne viel Betrachtungen und Selbstkritik überläßt er sich dem Zuge seines Wesens, zeichnet aber doch mit froher Überraschung am 12. Juni 1786 in sein Geheimtagebuch ein: „Heute früh hat die Wasserträgerin einen Zettel im Schlüsselloch des Gartens (offenbar der Gartenthüre) gefunden, worauf geschrieben war: Gottes bester Segen über Dich und alles das Deine, Du lieber, frommer Mann," und empfindet es mit Dank, der Freund zahlreicher vortrefflicher Menschen zu sein. In diesen letzten Lebensjahren des Schriftstellers hatte sich sein alter Umgangskreis mannichfach erweitert, namentlich standen Musäus und seine Frau in freundschaftlichen Beziehungen zu dem geistvollen Hofmedikus und Besitzer der Weimarischen Apotheke, Vergrat Buchholz und dessen Gattin, welche letztere eine Tochter des Gothaer Kapellmeisters und seinerzeit gefeierten Opernkomponisten Georg Benda war. Auch mit dem Direktor der freien Zeichenschule, Rat Kraus, und dem einflußreichen Landkammerrat und Landbaumeister Büttner war Musäus in freundschaftlichen Verkehr gekommen. Dem Goethischen Kreis im engeren Sinne gehörten von den in Musäus Haus und Garten häufig Verkehrenden nur der ebengenannte Rat Kraus, der durch seine Landsmannschaft (er war geborener Frankfurter), seine Kunst und sein Amt in beständigem Bezug zu Goethe blieb, und Corona Schröter an; mit dem Herderschen Lebenskreise berührte sich der von Musäus durch den Stiftsprediger Weber; von Wielands näheren Freunden unterhielt der liebenswürdige Einsiedel die langjährige Beziehung zu Musäus.

Alle diese Verbindungen und zahlreiche Besuche aus- und einströmender Fremden, vom Dorfschulmeister bis zum Prinzen, die Musäus in seinem Garten empfing, brachten Leben und Bewegung in die stille Einförmigkeit arbeits- und pflichtvoller Monate und Jahre. Der Wechsel von „sauren Wochen, frohen Festen" spiegelt sich rein und hell in den Garten-Tagebüchern des Gymnasialprofessors und Schriftstellers. Das Beste dabei war, daß ihm sein Garten auch dann, wenn er ganz still und einsam in ihm verweilte, wenn er bis in die Nacht hinein an seinem Schreibtisch im Gartenhause saß, wenn er säete, pflanzte, erntete, eine Fülle gleichmäßiger Genüsse gewährte. Die Stimmung, die Rousseau in Tausenden erweckt, war damals noch voll lebendig und Musäus ganz von ihr beherrscht. Er schwelgte täglich von neuem im Wachsen und Gedeihen des geliebten Gartens. Im Gartenjournal verzeichnet er seine stillen Freuden und labt sich selbst am Nachglanz schöner Tage. Mit Sorgfalt trägt Musäus jahraus, jahrein die Wetterbeobachtungen und Wettervergleiche ein, die ersteren gestalten sich oft genug zu anschaulichen Bildern. Als Schiller 1787 nach Weimar kam, fiel ihm auf, daß die „Goethische Sekte", die „Menschen, die Goethes Geist gemodelt habe," sich durch eine stolze, philosophische Verachtung aller Spekulation, durch ein „bis zur Affektation getriebenes Attachement an die Natur" auszeichnen, und in diesem Sinne gehörte Musäus zweifellos zu der Goethischen Sekte. Freilich nicht, weil er sich künstlich in seine fünf Sinne hinein resigniert hätte, sondern weil er mit offenem Auge und frischer Empfänglichkeit dem Leben der Natur gegenüberstand. Seine Gartenjournale bieten reichliche Belege hierfür. Am 2. Mai 1785 heißt es: „Nach dem Kaffee, in Garten gegangen, noch im Pelze. Auf dem Ettersberg ist noch Schnee in den Schlüften sichtbar. Der Wind nordwestlich, der Himmel bewölkt ohne Sonnenschein. Die Saalweiden blühen. Kirschstämme und Weinsechsen werden gepflanzt, der Rasen gestampft, die Stachelbeerbüsche werden grün. Die Luft immer noch kalt und trocken." Und zur Vervollständigung des Bildes eines späten, echt norddeutschen Frühlings lesen wir einige Wochen später, unterm

22. Juni, die offenbar im hellen Unmut geschriebene Notiz: „Unangenehm, kühl, windig, trüber Himmel, nebelhaft. Sommers Anfang! Vormittags in Pelz und Latschen gearbeitet, Nachmittags eingeheizt; obgleich die Luft leidlich warm ist, so machts doch der Wind sehr kühl. Um 4 Uhr heiterte sich der Himmel auf. Also hats der Frühling denn doch nicht höher als auf neunzehn schöne Tage gebracht, die zum Gartengenuß tauglich waren. Kein rechter warmer Abend ist noch nicht gewesen." Das folgende Jahr 1786, in dem er schon am 20. März verzeichnen konnte: „Frühlings= anfang, viel freundlicher und lieblicher, ich bin nach einer vierwöchentlichen Krankheit zum erstenmal wieder ausgegangen," und am 24.: „Ein wenig in den Garten gegangen. Erster Hauch des Frühlings und der wieder= auflebenden Natur, die Tulpen kommen zum Vorschein," entsprach seinen Wünschen nach dieser Richtung wenigstens im Anfange besser. Am 8. April triumphiert Musäus: „Es sind die ersten Hopfenkeime gebrochen worden zu einem Salat für Madame Kotzebue, auch ist der Schnittlauch zum erstenmal geschnitten worden." Am 12. Mai geht er Abends 6 Uhr von den Pagen wieder in seinen Garten, um zu arbeiten. „Ein herrlicher Abend, warm und still, der Himmel bedeckt, es regt sich kein Blatt, die Luft zum erstenmal mit balsamischen Dünsten erfüllt, der Wind von Süden." Am Johannistag ist Musäus von Vormittag 11 Uhr an in seinem Eigen= tum; es ist „warm, gewitterhaft, viel Wolken hängen am Himmel und ziehen sich zusammen, Nachmittag bald nach 2 Uhr fängt es an zu donnern und es ziehen eine Menge Gewitter die Stadt vorüber, ohne mehr als einen Strichregen zu hinterlassen. Der Windstrich und der Zug aller Gewitter ist Nordwest." Aber diese Gewitter brachten hinterdrein trübe Tage mit beständigem kalten Regen; noch zu Anfang der Sommerferien schreibt Musäus — und man meint ihn dabei seufzen zu hören — am 1. August in sein Heft: „Ein fataler, rauher, windiger und regenkalter Tag. Die letzten Rosen blühen, aber die Linden wollen dies Jahr nicht blühen, kein Lindengeruch in der Atmosphäre." Und nachdem der Herbst nur wenige schöne Tage gebracht, mußte der naturfrohe Mann schon zu Anfang November den Besuch seines Gartens einstellen, weil „vollkommen wintermäßige Witterung mit vielem Schnee und großer Kälte" eintrat. Das Jahr 1787, das Musäus nur noch einen letzten Sommer schenkte, brachte eine Reihe schöner Tage, und Musäus hielt auch jetzt getreulich die Bilder fest, die ihm sein Garten bot, mußte sich aber am 1. Sep= tember schweren Herzens eingestehen: „noch habe ich nicht ein Vierteljahr den Garten recht vollkommen genossen, so nähert sich schon wieder der Herbst".

Wichtiger für das Bild des damaligen Weimar sind die Einzeich= nungen über die in Musäus Garten sich abspielende muntere Geselligkeit und über die Schaar auswärtiger Gäste, unter denen sich bleibende und Tagesberühmtheiten genug befanden. „Die Lustigen von Weimar" hatten sich durch die Zurückgezogenheit Goethes in ihren geselligen Freuden offenbar nie stören lassen. Hielt der Dichter sich von Ausflügen, Picknicks,

Mittags- und Abendgastereien fern, um so viel als möglich im innigen Verkehr mit seiner Freundin Charlotte von Stein zu leben, so gönnte man ihm das, aber lebte inzwischen lustig weiter. Musäus Garten-Tagebücher sind auch hierfür sprechende Zeugnisse. Am 28. Juni 1785, an einem schönen warmen Tage, ist „nachmittags große Gesellschaft, abends Picknick, fünfzig Personen mit den Kindern." Am 28. Mai des nächstfolgenden Jahres lesen wir: „Weil das Wetter sich sehr zum Beständigen anließ, so wurde heute das den Fräulein von Voß schon vor dem Jahre versprochene Dejeuner gegeben. Dazu waren eingeladen und erschienen: zwei Fräulein von Voß nebst dem Herrn Kriegssecretair Meyer, Frau von Koppenfels und zwei Fräuleins Töchter, Frau Legationsräthin Krüger, Herr Kammerherr von Einsiedel, dessen Bruder, der holländische Officier, Herr Kammerjunker von Staff, Mademoiselle Schroeter und Landkammerrath Büttner, Herr Rath Kraus (Musäus schreibt Krause) und unser Haus mit Weib und Kindern; der Scribent Müller hat dabei aufgewartet. Die Abligen verließen gegen 11 Uhr den Garten, weil die Hofdame Fräulein von Göchhausen auf demselben Tag ein Dejeuner gab." Man sieht, ein Teil der „Lustigen" frühstückte zweimal an einem Tage. Musäus aber beschränkte seine Gastfreundschaft nicht auf solche Haupt- und Staatsaktionen. Häufig genug finden wir kleine Abendgesellschaften angemerkt, die „heiter bis 11 Uhr beisammen bleiben," öfter Mittagessen „en Piknik" mit nahe befreundeten Familien, namentlich der verschwägerten des Legationsrates Krüger mit jener des Gymnasialdirektors Heinze. Am 6. August ist ein „Traktament" in Musäus' Garten, zu dem er vom frühen Morgen an Vorbereitungen trifft. Zwar giebt es „Nachmittag um 4 Uhr Gewitter und Strichregen und noch auf den Abend verschiedene Regengüsse. Demungeachtet hat sich die Gesellschaft lassen wohl sein im Gartenhause, nachdem der Kaffeetisch wegen eines Regengusses ins Haus getragen war und nachdem der Regen aufgehört, sind die Herrn und auch das Frauenzimmer fleißig im Garten herumpromenirt, da die Luft sehr angenehm war." Bei dieser Gesellschaft waren Musäus Kollegen, der Gymnasialdirektor und der Konrektor Schwabe, die Familie des Bibliothekars der Herzogin Anna Amalia, des Rats Jagemann, Stiftsprediger Weber, Bergrat Buchholz (den Musäus stets als Gevatter Buchholz aufführt) und andere Weimarische Notabilitäten anwesend. Auch noch im letzten Lebenssommer von Musäus fehlt es nicht an Besuchen, kleinen Abendgesellschaften; mehr als einmal sind dergleichen an zwei, drei Tage nacheinander verzeichnet. Wie einfach immer die „Kollationen" sein mochten, man sieht leicht, daß Musäus eine für seine Verhältnisse große Gastfreundschaft übte.

Immer erneute Anlässe zu solcher gaben die Besuche auswärtiger Freunde, Verehrer, die in gewissen Sommerzeiten einander die Thürklinke von Musäus Garten in die Hand gegeben haben müssen. Zwar hatte der Berühmte allmählich gelernt, nach dem Wechsel der üblichen Komplimente und nachdem er den Besuchern seine kleinen Gebäude, parkähnlichen Anlagen, seine Blumenrabatten und Spargelbeete gezeigt, die bloß Neugierigen

rasch wieder los zu werden. Die Besuche waren manchmal so wunderlich=
flüchtiger Art, daß er nicht einmal die Namen seiner Bewunderer kennen
lernte. Vom 12. Januar 1787 erzählt er: „Gestern Abend gegen 7 Uhr
kam eine Kutsche vor mein Haus in der Stadt, es waren zwei russische
Offiziere, deren Namen im Erbprinzen zu erfragen sind, sie waren Lief=
länder und machten mir einen litterarischen Besuch." Am 24. August
1786 bringen Bertuch und Knebel „einen Naturaliensammler aus Bay=
reuth," am 3. September 1787 erhält Musäus den „Besuch des Herrn
Bösch, der im Grunde ein wandernder Weltbürger war und zuletzt um ein
Viaticum bat." Doch blieb zur Ehre jener Tage die Zahl der Brand=
schatzer dieser Art klein, die Zahl der Plauderlustigen und der litterarischen
Dilettanten war um so bedenklicher. Am 2. Juli 1786 erscheint Graf
Brühl von Pförten (Friedrich Aloysius, der ehemalige Krongroßfeldzeug=
meister) und liest dem armen Musäus zwei Trauerspiele seiner Mache auf
einmal vor; am 19. Juli geht der Fleißige sehr zeitig in den Garten,
„mit dem Vorsatz, recht zu arbeiten und thut, durch drei Schmidtsche Be=
suche (Herr Diaconus Schmidt aus Lobeda, Schulmeister Schmidt von
Capellendorf und Geheimer Assistenzrath Schmidt von Weimar) verhindert,
beinahe gar nichts." Doch neben der Tragikomik solcher Begegnisse fehlte
es an erfreulichen und hochwillkommenen nicht. 1785 suchte ihn am 2.
August Karl Philipp Moritz aus Berlin, der Verfasser des „Anton Reiser",
begleitet von einem Kandidaten Becker aus Diessenhofen und einen Studenten
Klischnigg aus Berlin (dem spätern Fortsetzer des Anton Reiser) im Garten
auf, und werden mit Jagemann und Bertuch zu Abend gebeten. Am 3.
August „erscheint auf der Treppe unvermuthet Freund Nicolai aus Berlin;"
im Juni des nächstfolgenden Jahres kommt im Geleit des Weimarer Bild=
hauers Clauer der Buchhändler Göschen aus Leipzig, der eben um die
erste rechtmäßige Sammlung von Goethes Schriften warb und sie bekannt=
lich zum Verlag erhielt, am 9. August 1786 giebt die Anwesenheit des
Regierungsrates Gerhard Anton von Halem aus Oldenburg, der ein Jahr=
zehnt vor Schiller einen „Wallenstein" und ein Halbjahrhundert nach
Klopstock einen „Messias" verfaßte, Anlaß zu einer „improvisierten Gesell=
schaft von 22 Personen." Am 23. August erscheint Bertuch, „der Herrn
Bürger aus Göttingen zu mir geleitete, der bis halb 8 Uhr verweilte,
worauf ich ihn durch den Stern zu Freund Buchholz in den Garten ver=
gesellschaftete und daselbst zur Abendmahlzeit bleiben mußte bis 1 Uhr;"
am 17. Juni 1787 findet sich Mag. Paulus aus Stuttgart, der Jenenser
Theolog, ein, am 2. August Gotter aus Gotha, am 17. September der
Hamburger Gelehrte Bartels, den wohl Bode eingeführt hatte, der, seit
er 1778 mit der Gräfin Bernstorff nach Weimar übersiedelt war, gleich=
falls häufig mit Musäus verkehrte.

Der Ruf von Musäus Garten veranlaßte endlich auch Herzog Karl
August, seinem Professor und Pagenhofmeister einen Besuch zu schenken.
Zwar war er schon am 26. Oktober 1785 und nicht allein erschienen,
Musäus meldet unter diesem Tage: „Die ganze Parforcejagd des Herzogs

um 11 Uhr im Garten, um einen hier hereingeflüchteten Hafen auszuspüren." Aber mit dem ausdrücklichen Zweck, Musäus Herrlichkeiten zu sehen und sich ihm gnädig zu erweisen, kam Serenissimus erst am 20. Juni 1786. Im Gartenjournal berichtet Musäus über diesen hellen Tag: „Die Luft östlich, etwas nach Süden zu — der Himmel heiter. Etwas weniges gearbeitet, gegen 12 Uhr Besuch von Baron Podmaniczky und einem anderen in dessen Gesellschaft und dem Kammerherrn von Hendrich. Nachmittag um 3 Uhr im Garten Kaffee getrunken, von da zu den Pagen, alsdann zurück und etwas gearbeitet, hernach Pflanzen gegossen. Seine Durchlaucht der Herzog, der nebst dem Grafen Brühl vor dem Garten vorbeifuhr, hielten an und geruhten solchen in Augenschein zu nehmen und verweilten ungefähr eine halbe Stunde, worauf sie durch die Hinterthür in das dem Herzog zustehende Rothhäußer'sche Stück sich begaben, dahin ich auf des Herzogs Befehl sie begleitete. Der Herzog äußerte unter anderem sehr gnädig, daß bei Anlegung dieses Gartens (eben des Rothhäußer'schen) zum Park kein Baum auf die Anhöhe solle gepflanzt werden, der mir die Aussicht benähme, daß ich den Gebrauch des Brunnens im Rothhäußer'schen Garten behalten sollte, den er wollte fassen lassen, und daß ich ferner aus den Forsten zu nötigen Anpflanzungen Setzlinge von aller Art unentgeltlich erhalten sollte. $^1/_4$ auf 10 ging ich ganz vergnügt nach Hause".

Wenige Wochen nach diesem fürstlichen Besuche fand sich ein anderer ein, den Musäus nach seinen „Physiognomischen Reisen" nicht eben erwarten konnte, der ihm aber jedenfalls mehr Freude bereitete, als sonst irgend Jemand in Weimar. Am 20. Juli 1786 trägt er in sein Gartenjournal ein: „Vormittags $^1/_210$ Uhr wurde ich durch den Goethe'schen Bedienten aus der Schule abgerufen, der mir vermeldete, daß Herr Lavater aus der Schweiz und Herr Geheimrat von Goethe vor dem Garten stünden, um mich zu besuchen; ich eilte alsbald hinauf, und fand sie im Hause. Herr von Goethe stellte mir Herrn Lavater vor, der wenig und sehr schweizerisch sprach, daß ich ihn anfangs nicht recht verstund; er präsentirte mir ein Buch in klein Oktav, wie ein Collectaneenbuch, worinnen er seine Bekanntschaften auf der Reise ihre Namen verzeichnen ließ. Ich schrieb hinein: „Mein Herz strebt dir entgegen voll reiner Liebe, schrieb's zum Andenken J. C. A. Musäus", und als ich's ihm in den Garten zurückbrachte, sagte ich, ich bäte mir seinerseit aus wonach ganz Bremen verlangt hätte: einen Druck seiner freundlichen Hand. Vor dem Garten im Weggehen begegnete ihm meine liebe Frau und der kleine Gustel, die ich ihm vorstellte. Er küßte das Kind und legte ihm die Hand auf den Kopf, ich begleitete beide Herren bis auf die Brücke, wo mich Herr Lavater zweimal küßte und sagte, daß er in ein paar Stunden von hier abgehen würde und sich von mir verabschiedete".

Es war jener Besuch Lavaters in Weimar, dem Goethe, welcher ungeduldig aus Weimar hinwegverlangte und schon Anfang Juli an Frau von Stein geschrieben hatte: „Ich selbst bin schon nicht mehr hier, ich mag nichts mehr thun, ob ich gleich noch zu thun habe und sehne mich fort" ohne Freude und ohne die alte Herzlichkeit entgegensah. „Wie gern wäre ich ihm auf seinem apostolischen Zuge aus dem Wege gegangen, denn aus Verbindungen, die nicht bis ins Innerste der Existenz gehn, kann nichts Kluges werden. — Was hab ich mit dem Verfasser des Pontius Pilatus zu thun, seiner übrigen Qualitäten unbeschadet!" Und einen Tag nach der Stunde in Musäus Garten rief Goethe dem abgereisten „Propheten" nach: „Er hat bei mir gewohnt. Kein herzlich vertrauliches Wort ist unter uns gewechselt worden und ich bin Haß und Liebe auf ewig los."

Von diesen Empfindungen des großen Dichters ahnte Musäus an jenem 20. Juli so wenig als von den Plänen, die Goethe in seinem Innern verschloß und barg. Vier Tage darauf brach letzterer aus Weimar auf, fest entschlossen, von Karlsbad nicht wie sonst wohl in die Berge, sondern über die Berge zu gehen. Goethe und Musäus sahen sich an jenem Vormittag und an der Ilmbrücke zum letzten Male im Leben. Als Goethe im Juni 1788 von seinem Römerzuge siegreich nach Weimar zurückkehrte, lag der alte Lebensgenosse und heitere Märchenerzähler schon acht Monate in seinem Grabe.

Den höchsten Daseinsgenuß verdankte Musäus nicht den fröhlichen Festen und anspruchslosen Symposien, sondern der stillen Arbeit in seinem Garten. Seine Gartenjournale lassen keinen Zweifel darüber, daß er beinahe alles, was er zwischen 1783 und 1787 verfaßte, in dem kleinen Gartenhause schrieb, nach dem er täglich mehrere Male von seiner nahegelegenen Wohnung aus wanderte. Die Bürger Weimars kannten ihn, wußten, daß er wiederum fleißig zu sein beabsichtige, wenn er Nachmittags mit der dampfenden Kaffeekanne in der Hand oder an kalten Tagen mit einer Reisigwelle unter dem Arm über die Ilm=Brücke nach seinem Garten hinaufwanderte. Er war gewohnt sich durch nichts von diesen Gängen abhalten zu lassen und Hindernisse zu besiegen. Lautet doch gleich der erste Eintrag in den erhaltenen Gartenjournalen vom 26. März 1785, dem Osterheiligabend: „Umwölkter Nachmittag mit schwachen Sonnenblicken. Kalt — die Tinte mußte auf dem Ofen aufgethaut werden. Viel Schnee vor der Gartenthür und vom Wege überm Keller weggeschäufelt. Kein Wind. Gemütsverfassung nicht gar heiter, wegen des Todesfalls der Frau Schwester Brücknerin und fortwährender Unpäßlichkeit des kleinen August. Halb 7 Uhr Licht angebrannt, gearbeitet an den Todtentänzen bis 8 Uhr." Gar viele Male wiederholt sich freilich der Stoßseufzer: „Fleißig gearbeitet, mit wenig Gewinn auf dem Papier" aber am Ende gehörte er doch zu den fleißigsten Schriftstellern seiner Tage. Die Hauptarbeit des letzten Lustrums seines Lebens blieb die Fortsetzung der „Volksmärchen", deren fünfter und letzter Teil erst 1787 erschien. Die schon mehr erwähnte und gepriesene Erzählung „Stumme Liebe" gehörte zu den letzten Phantasieschöpfungen des Autors — ein entscheidender Beweis, daß ihm bis zuletzt seine eigentümlichste Kraft treu geblieben war. Neben den „Volksmärchen" schrieb er freilich mancherlei Anderes, wobei und womit er minder glücklich fuhr als mit seinem Hauptwerk. Der 1784 und 1785 entstandene erklärende Text zu „Freund Heins Erscheinungen in Holbeins Manier," einem mittelmäßig gezeichneten Totentanz von J. R. Schellenberg (dessen Vorrede er am 26. März 1785 in seinem Gartenhause schrieb), konnte Niemanden befriedigen und befriedigte ihn selbst vielleicht am wenigsten. Etwas Erzwungenes, Erpreßtes, durchaus Unerquickliches haftete der ganzen Arbeit an, der Ton verriet nichts von der sicheren Keckheit, die Musäus soeben in den Märchen bewährt hatte, aber auch nichts von dem wuchtigen Ernst oder dem dämonischen Humor, die dem Gegenstand ziemten. Abwechselnd schwülstig und platt, gelehrt und volkskalenderhaft, trägt das ganze Werkchen entschieden das Gepräge der Stillosigkeit — ein sicheres Zeichen, daß der Verfasser kein inneres Verhältnis zu dem von ihm behandelten Stoffe gewonnen hat.

Auch ein Büchlein, das er auf Anregung und im Auftrag des allzeit geschäftigen Freundes Bertuch verfaßte und das von diesem nach Musäus Tode herausgegeben wurde, die „Moralische Kinderklapper für Kinder und Nichtkinder" (1788), war wenig geeignet, seinen Ruf und Ruhm zu mehren. Die kleinen Geschichten dieses Buches, halb in Prosa, halb in Versen (die Prosa jambischen Versen angenähert) wurden größtenteils einem französischen Vorbild („Hochets moraux" von Monget) nachgebildet. Jedesmal, wenn Musäus einen Anlauf zu seinem echten Humor nehmen will, steht ihm sein Vorbild im Wege, ein Hauch falscher Sentimentalität und ein Zug zur besonderen „sagesse" französischer Kinder wurde durch Musäus' Bearbeitung hinweggetilgt. Der erstere tritt in den kleinen Erzählungen „Die gute Pathe", „Dankbarkeit" u. a., der letztere in Geschichten wie die vom unfolgsamen Minchen, von den Amtmannstöchtern Fiekchen und Hannchen, die durch Musik von ihrer Streitsucht geheilt werden, von Philippinchen und ihrer schönen Puppe bis zum Peinlichen hervor. Am leiblichsten erscheinen noch ein paar kleine derbere Stücke, wie „Bös' Exempel", „Blindes Glück", „Unbedacht" und „Übermuth", die, wenn sie in kräftigeren Versen vorgetragen wären, Text zu einigen vortrefflichen Münchener Bilderbogen abgeben könnten.

Die letzten Erzählungen, die Musäus schrieb und die den ersten Band in der bei Nicolai in Berlin erscheinenden Sammlung „Straußfedern" (1787) bildeten, verleugneten schon im Titel ihren fremden Ursprung nicht, sie waren Verkürzungen und Umarbeitungen fremder Originale, die sich Musäus nicht wie die Unterlagen seiner Volksmärchen innerlich völlig zu eigen gemacht hatte. Die Sammlung, die nach Musäus Tode von Joh. Gottwerth Müller und Ludwig Tieck fortgesetzt wurde, war eine buchhändlerische Spekulation des alten Nicolai; Rudolph Köpke erzählt in seinen Erinnerungen an Ludwig Tieck, daß dem letzteren die französischen Erzählungen, denen er Straußfedern entraffen sollte, waschkörbeweise ins Haus geschickt wurden.

Leider war Musäus zur Zeit, wo ihn Freund Nicolai um Manuskript zu dieser Unterhaltungsschrift plagte, schon nicht mehr im Vollbesitze seiner

Gesundheit. Das Jahr 1787 begann übel für ihn. Am 13. Januar interessierte ihn noch lebhaft das Treiben, welches durch eine Aufführung der Schillerschen „Räuber" im stillen Weimar hervorgerufen ward. „Es ist wie Jahrmarkt auf der Straße," heißt es in seinem Tagebuche, „weil eine Menge Kutschen, Reiter und Fußgänger von Jena kommen, der Komödie „Die Räuber" beizuwohnen." Er selbst scheint kein Verlangen nach dieser „Komödie" empfunden zu haben, wenige Tage nachher erkrankte er schwer. Das „gewöhnliche rheumatische Frühlingsfieber" stellte sich nach seiner Meinung ein und hielt ihn vierzehn Tage im Hause; am 9. Februar ging er „bei gar trüber Laune in den Garten," um sein Tagebuch zu holen und zum ersten Male in seiner Stadtwohnung fortzusetzen. Gevatter Buchholz, der ihn ärztlich behandelte, hatte zu dieser Zeit schon die schlimmere Natur des Übels erkannt, das Musäus in sich trug; er riet zu Vorsicht und Schonung, namentlich auch im Gartengenuß, beim Arbeiten im Gartenhause. Im März untersagten erneute heftige Krankheitsanfälle ohnehin die gewohnten täglichen Wanderungen. Erst am 1. Juni, wo Musäus ein neues, das letzte, Heft seines Gartenjournals begann, konnte er mit frischer Hoffnung die Worte niederschreiben: „Eine langdauernde Krankheit, die rauhe Witterung des Frühlings und die allgemeine Reparatur des Gartenhauses haben in diesem Jahre den Gartengenuß mir verspätet. Erst heute, als den ersten Junius, habe ich endlich die Reize des Frühlings in meinem kleinen Eigentum, nachdem alles im Hause und im Garten gereinigt und gesäubert worden, zum ersten Mal in diesem Gartenjahr bei heiterer Stimmung der Seele wieder empfunden".

Der Lebensfrohe ließ sich so gerne das Bangen verscheuchen, das ihn jetzt öfter und nicht bloß wegen krankhafter körperlicher Zustände beschlich. Der Garten hatte Jahre hindurch in allen Fällen seine Heilkraft bewährt, warum sollte er sie nicht ferner bethätigen? Musäus war immer sicher gewesen, alles, was ihm den heiteren Gleichmut und die dankbare Zufriedenheit stören wollte, unter dem Schatten seiner Pflanzungen zu überwinden. Wie liebenswürdig klingt z. B. ein kurzer Brief, den er von der grünen Gartenhöhe aus Anlaß eines häuslichen Mißverständnisses an seine Frau gerichtet: „Liebes Weib! In der freien Luft hier oben im Garten ist alles vergeben und vergessen, ich denke nicht mehr daran, was mir bei einer unfreundlichen Laune aus Deiner unschuldigen Rede aufgefallen ist. Gott bewahre mich auch, daß ich je auf den unseligen Gedanken verfallen sollte, Du könntest oder wolltest mich absichtlich beleidigen. Gehab Dich wohl bis um 9 Uhr, wo ich Dich umarmen werde."[2]) Auch das Tagebuch giebt bis in die letzte Zeit Zeugnis, wie wohlthätig die ruhigen Stunden in seinem kleinen grünen Paradiese auf ihn wirkten, wie rasch sie ihn alle Unbill des Tages- und Amtslebens vergessen ließen. Daß es an solcher Unbill nicht fehlte, ergiebt sich aus allem, was wir über die Verhältnisse am Weimarischen Gymnasium wissen. Die ganze Anstalt war zu dürftig dotiert, um ausgezeichnete Lehrkräfte für alle Fächer heranzuziehen und jeden Lehrer nur nach Maßgabe seiner eigentlichen

Leistungsfähigkeit verwenden zu können. Wir haben früher gesehen, daß
Musäus über das hinaus, wofür er wie wenige begabt und wofür er
eigentlich berufen war, eine Menge von Lehrstunden zu erteilen hatte, die
ihn nur ermüden und abstumpfen mußten. Seine natürliche Gutmütigkeit
erschwerte ihm die Disziplin; es war ein Glück, daß seine geistvolle Be=
weglichkeit wenigstens die reiferen und gut beanlagten Schüler gewann.
Immerhin aber herrschte bei Herder, dem Ephorus des Gymnasiums und
im Herderschen Kreise die Überzeugung, daß Musäus, so redlich und
unverdrossen er seine Pflicht that, dem von Herder gewünschten, ja leiden=
schaftlich ersehnten Aufschwung des Gymnasiums nicht förderlich sein könne.
Als Herder indes im Frühling 1786 einen neuen Lehrplan entwarf und
durch tägliche persönliche Einwirkung den Geist und die Zucht der Anstalt
zu heben suchte, blieb er doch in der Hauptsache auf das Verständnis und
den guten Willen der seitherigen Lehrer angewiesen und hatte es Musäus
wie einigen anderen nachzurühmen, daß sie ihm freudig und dankbar ent=
gegengekommen seien.³) Trotzdem verbreiteten sich in Weimar allerlei
Gerüchte über beabsichtigte große Veränderungen, und zwischen dem 27.
und 29. Juni 1787 mußte Musäus Dank diesen Gerüchten eine Reihe
böser Stunden bestehen. Vom 27. Juni berichtet er: „Nachmittags
Zuspruch im Garten von der Geheimen Frau Regierungsrat Hetzer und
Tochter Abends zu Tische zu Freund Hetzer, der mich durch eine seltsame
Avise, mein Schicksal betreffend, die Nacht um den Schlaf bringt." Am
folgenden Tage hatte er wie gewöhnlich Zuspruch im Garten, Besuche,
unter ihnen Rat Kraus und Landkammerrat Riedel, der Erzieher des
Erbprinzen Karl Friedrich, der mit dem fürstlichen Knaben Musäus
Siedelei häufig zu besuchen pflegte, er selbst „war in der unangenehmsten
Lage, voll Bekümmernis und Sorge, mißmutig", doch heiterte ihn der
fröhliche Verkehr ein wenig auf. Am 29. endlich war er in seinem
Garten „wieder sehr heiter und ruhig, nachdem ich von der Behörde mit
Zufriedenheit Nachricht erhalten, daß die besorgliche Avise nichts als Stadt=
geschwätz sei."

Ernstere und leider besser begründete Besorgnisse mochten seine
Umgebungen hegen, als sich im Verlaufe des Sommers 1787, bei übrigens
leidlichem Befinden, wassersüchtige Anschwellungen der Füße und Beine
einstellten. Während der Schulferien im August hatte Musäus noch ein=
mal eine vierzehntägige Reise nach Gotha unternommen, wo ihm eine
Schwester lebte, mit der er immer in herzlicher Verbindung geblieben
war. Eine reiselustige Natur war unser Schriftsteller nicht und, so viel
wir sehen können, hat er das heimatliche Thüringen überhaupt nicht ver=
lassen. Jedenfalls beschränkte er sich in den letzten Jahren seines Lebens
auf öfter wiederkehrende Ausflüge nach Jena, Gotha, Eisenach, Rudolstadt
und Koburg. Am 28. August 1787, demselben Tage, an welchem der
vor wenigen Wochen nach Weimar gekommene Schiller als Gast Knebels
das Geburtsfest des in Rom verweilenden Goethe in Goethes Garten
begehen half,⁴) war Musäus wieder in Weimar und bei Landkammerrat

Büttner, wo man wahrscheinlich Goethes Geburtstag nicht feierte, zu Gaste. Der September brachte besonders schöne Herbsttage, in denen Musäus den Garten vollauf genoß. Daß er sich jetzt von Zeit zu Zeit eine Bandage um den geschwollenen Fuß legen lassen mußte, scheint ihn nicht sonderlich bekümmert zu haben, dagegen empfand er es als verdrießlich, daß er wegen des bevorstehenden Wechsels seiner Stadtwohnung und der unumgänglichen Umzugsvorbereitungen die gewohnten Mittagsmahle im Garten einstellen mußte.

Als Musäus am 1. Oktober 1787 am Vormittag seinen Garten nicht betrat, weil er seine Bücher aus dem alten Quartier in das neue zu schaffen hatte, ahnte er nicht, daß er seinen letzten Lebensmonat angetreten habe. Aber einen Abschnitt in seiner seitherigen behaglich harmlosen Existenz bedeutete ihm dieser erste Oktober gleichwohl. „Um 4 Uhr bin ich zum letzten Mal mit der Kaffeekanne in den Garten gegangen, welches im neuen Quartier nicht mehr angehet. Der heutige Tag ist ruhig, still, die Witterung viel gelinder als gestern, der Himmel bewölkt. Zum letzten Mal im alten Quartier geschlafen." Entschlossen bequemte er sich den Forderungen der neuen Wohnung an, trug, weil er die Kaffeekanne durch die Stadt nicht selbst tragen wollte, seinen Kaffee in einer gläsernen Flasche zum Garten und ging aus dem Garten mit der Laterne ins neue Quartier. Am 7. Oktober, einem so schönen Herbsttag, daß ihn Musäus den „vortrefflichsten, schönsten Sommertag" nennt, beendigte er seine litterarischen Arbeiten im Garten „par ordre du médicin" da mir wegen des geschwollenen Fußes der Aufenthalt daselbst in jetziger Jahreszeit nach Untergang der Sonne gänzlich untersagt ist. Gegen 6 Uhr bin ich nebst meiner lieben Frau nach Hause gegangen und habe meine Arbeit mit dahin genommen, also geht der eigentliche Gartengenuß mit heute zu Ende." Im übrigen befürchteten weder er noch seine Familie oder der befreundete Arzt eine unmittelbare Gefahr; das Leben ging so ruhig weiter, daß Musäus am 3. Oktober bis Mitternacht an einem stattlichen Gastmahl bei Stiftsprediger Weber Anteil nahm, „um Herrn Dr. Biester von Berlin (den bekannten Mitherausgeber der aufgeklärten „Berliner Monatsschrift") nebst einem Arzt aus Schlesien und einem Bankier aus Berlin, die eine Reise in die Schweiz gemacht, daselbst kennen zu lernen. Es war noch hiesige Gesellschaft daselbst: Hofrath Bode, Herr Hauptmann von Rothmaler, Herr Kammerherr von Hendrich, Herr Rath Jagemann und Herr Landschaftssyndicus Lübeck".

Am 8. Oktober reiste Frau Musäus, um die Gelegenheit eines herrschaftlichen Wagens zu benutzen, zum Besuch der Verwandten nach Gotha und Eisenach. Am 10. Oktober endlich machte Musäus seine letzte Eintragung in das vielerwähnte Tagebuch — eine Niederschrift, die eine gewisse Sorge um seine Gesundheit und das alte Lebensbehagen zugleich atmet: „Mittwoch. Aus der Schule zu Freund Buchholz, um ihn wegen des geschwollenen Fußes, der mir viel Unruhe macht, zu consultiren. Um 11 Uhr in den Garten, woselbst von meinem Hause,

Frau Legationsrat (Kotzebue) und Kammerat Wetkens zu Mittag gespeist und meiner lieben Frauen Gesundheit mit anstoßenden Gläsern in ihrer Abwesenheit getrunken ward. Nach Tische kommt Frau Schwägerin Krüger und da wird Tarock gespielt. Es wurde bei offnen Thüren im Hause gespeist und war angenehm warm, wie mitten im Sommer, doch etwas windig gerade vom Mittag her. Die Gesellschaft war sehr vergnügt. Nach Tische habe ich ein wenig geschlafen, bin nach dem Kaffee wieder eine Stunde spazieren gegangen und halb sechs Uhr nach Hause um zu arbeiten. Neunzehnter schöner Herbsttag!"

Mit diesen Worten enden Musäus' Ein- und Aufzeichnungen überhaupt. In den nächsten Tagen und Wochen kehrten Anfälle einer Krankheit wieder, die sich immer entschiedener als Herzkrankheit herausstellte, unterbrachen öfter den Fleiß, wie den gewohnten Tageslauf des Schriftstellers. Am Morgen des 28. Oktober endete ein Herzschlag schnell und schmerzlos das Leben des liebenswürdigen und hochbegabten Menschen. Die Bestürzung und Trauer über dieses unerwartet rasche Scheiden beschränkten sich nicht bloß auf den nächsten Kreis. Die „Weimarischen Wöchentlichen Anzeigen" vom 31. Oktober 1787 berichten zwar nur: „Am 30. Oktober wurde der hochedelgeborene Herr M. Johann Carl Musäus, wohlverdienter Professor bei dem Fürstlich Sächsischen Gymnasio allhier, mit der ganzen Schule Abends durch einen ansehnlichen Leichenconduct zur Erde bestattet." Aber am Morgen desselben Tages nahm Herder den Stiftungstag und die übliche Erinnerungsfeier zu Ehren des Herzogs Wilhelm Ernst zum Anlaß, Musäus eine wohlverdiente nicht überschwängliche, aber warm aus dem Herzen quellende Gedächtnisrede zu halten, die zuerst in Kotzebues Büchlein „Nachgelassene Schriften des verstorbenen Professor Musäus" mitgeteilt, auch in Herders Werken nicht fehlt. Es war in Herders Sinn, daß er zwar der litterarischen Thätigkeit des Geschiedenen gedachte und ihm nachrief: „Die Lebhaftigkeit Deines Geistes wird auch in vielen Deiner Schriften zur Ehre Deines Namens leben," aber auf Musäus menschliche Eigenschaften den höheren Wert legte: „Nie habe ich ein Wort von seinen Lippen gehört zum Nachteil eines anderen Menschen; — er war gefällig und gesellig, ohne daß er je seiner Pflicht abbrach; vielmehr trug er die schwere Bürde seines mühsamen Lebens mit Heiterkeit, Gleichmuth, Fröhlichkeit, Scherz und Laune." — „An seinem Begräbnistage wollen wir uns die Erfahrung und Lehre erneuern: daß kein Nachruhm so rein und angenehm sei, als der Nachruhm der ungefärbten leutseligen Redlichkeit und Herzensgüte, daß keine Blume auf unserem Grabe lieblicher dufte, als das Andenken einer reinen, kindlich guten, gefälligen friedfertigen und fröhlichen Seele".[5])

In der That blieb wenigstens an Musäus Wohnort die Erinnerung an seine Persönlichkeit so lebendig, als die an seine Schriften. Doppelte Denkmale, eines über seinem Grabe auf dem Sankt Jakobsfriedhof zu Weimar, ein anderes in Musäus' ehemaligem Garten, der gegenwärtig im Besitz der angesehenen Gesellschaft „Erholung" zu Weimar ist, dazu Traditionen aller Art erhalten seine Züge, die Eigenart seines Lebens und Genießens so gut wie die seines Schaffens im Gedächtnis der Nachlebenden. Unter den zahlreichen Neu= und Nachdrucken seiner Schriften verdient vor allem die von Julius Ludwig Klee herausgegebene, mit vortrefflichen Holzschnitten nach Originalzeichnungen von R. Jordan, G. Osterwald, A. Schroedter und Ludwig Richter geschmückte Prachtausgabe der „Volks=märchen der Deutschen" (Leipzig, 1842) ein litterarisches Denkmal genannt zu werden. In keinem Bilde des klassischen Weimar aber, das treu und charakteristisch zu sein begehrt, darf die Gestalt und die frohgemute Wirksamkeit des Erzählers fehlen, dessen Andenken diese Blätter auch für einen weiteren Kreis zu erneuern suchen.

Anmerkungen.

1) In der Nacht vom 5. zum 6. Mai war ein starkes Gewitter über Weimar gezogen und man nahm später hier an, daß ein Blitz unbemerkt in den oberen Räumen des Schlosses gezündet habe. — Welche Folgen man vielerseits von der Zerstörung der fürstlichen Residenz fürchtete, geht noch aus dem fünfzehnten Buche von Goethes „Aus meinem Leben, Dichtung und Wahrheit" hervor, wo der Dichter, nachdem er kurz berichtet, was er von den Weimarischen Verhältnissen und den Schöpfungen Anna Amalias Günstiges vernommen, hinzusetzt: „Diese schönen Anstalten und Anlagen schienen jedoch durch den schrecklichen Schloßbrand, der im Mai desselben Jahres sich ereignet hatte, gestört und mit einer langen Stockung bedroht; allein das Zutrauen auf den Erbprinzen war so groß, daß jedermann sich überzeugt hielt, dieser Schade werde nicht allein bald ersetzt, sondern auch dessen ungeachtet jede andere Hoffnung reichlich erfüllt werden."

2) Der Brief oder vielmehr das Blättchen, das Musäus nach vorausgegangenem ehelichen Zwist an seine Frau schrieb, wurde im „Weimarischen Sonntagsblatt" (1856) veröffentlicht.

3) Die Mühen und Nöthe Herders um die Reform des Weimarischen Gymnasiums haben in R. Hayms „Herder" eingehendere, zuverlässigere und sachlichere Darstellung gefunden, als in Carolina Herders „Erinnerungen aus dem Leben Johann Gottfrieds von Herder": „Es war ernstlich darauf Bedacht genommen, daß wenigstens die Mängel der bisherigen Organisation gehoben, Gang und Ziel des Unterrichts durch einen neuen Lehrplan gesichert würden, bis allmählich die vorhandenen Kräfte durch neue ergänzt oder ersetzt werden möchten. Zu dieser Reform schritt Herder im Jahre 1785. In einem ausführlichen Gutachten deckte er zunächst die Schäden der bestehenden Einrichtung auf und arbeitete einen bis ins Einzelne gehenden Schulplan mit genau bestimmten Klassenzielen aus. — Für die Durchführung seiner Vorschläge erbat er sich nun aber völlig freie Hand; denn, so setzte er mit berechtigtem Selbstruhm hinzu, seit seinem neunzehnten Jahre habe er in den ersten Klassen eines academischen Collegii docirt, beständig sei er seitdem in Schularbeit oder Schulaufsicht thätig gewesen, fremde selbst katholische Länder hätten ihn bei ihren Schuleinrichtungen um Rath gefragt, er durfte sagen daß er verstehe, wovon die Rede sei. Er hatte die Genugthuung, daß das Consistorium seinen Vorschlägen ohne Weiteres beitrat und sie dem Herzoge zur Genehmigung empfahl. Dieselbe erfolgte unverzüglich; ein herzogliches Rescript vom 30. December, voll Anerkennung für seinen Eifer und seine Einsichten, erklärte, daß ihm die Aus=

führung ganz so übertragen werden solle, wie er beantragt hatte. Rüstig und mit voller Hingebung ging er seit Ostern 1786, also um dieselbe Zeit, in der er auch die Errichtung des Schullehrerseminars von Neuem in Angriff nahm, ans Werk. — — Die Schwierigkeiten lagen hauptsächlich darin, daß das Neue mit den alten vielfach unzulänglichen Lehrkräften durchgesetzt werden mußte. Indessen nicht über Mangel an gutem Willen hatte Herder zu klagen. Er ertheilt in der Schulrede vom Sommer 1786 seinen Lehrern für ihr über Erwarten freudiges und dankbares Entgegenkommen das herzlichste Lob und spricht überhaupt über das bereits Erreichte mit vollster Zufriedenheit." (Haym, Herder. Bd. 2. S. 361.) Aus dieser Darstellung ersieht man leicht, wie die Gerüchte entstehen konnten, die den armen Musäus beunruhigten, Herders umfassende Vollmacht brauchte in der Phantasie der Schwarzseher und Neuigkeitsträger nur um ein weniges aufgestutzt zu werden.

4) Ich habe am 28. August Goethes Geburtstag mit begehen helfen, den Herr von Knebel in seinem Garten feierte, wo er in Goethes Abwesenheit wohnt. Die Gesellschaft bestand aus einigen hiesigen Damen, Voigts, Charlotte (von Kalb) und mir. Herders beide Jungen waren auch dabei. Wir fraßen herzhaft und Goethes Gesundheit wurde von mir in Rheinwein getrunken. Schwerlich vermuthete er in Italien, daß er mich unter seinen Hausgästen habe; aber das Schicksal fügt die Dinge gar wunderbar. Nach dem Souper fanden wir den Garten illuminirt und ein ziemlich erträgliches Feuerwerk machte den Beschluß." (Schiller an C. G. Körner, Weimar 29. August 1887.)

5) Die Suphansche historische Ausgabe von „Herders Sämmtlichen Werken" theilt in Bd. 30, S. 187 die Gedächtnißrede auf Musäus nach Herders Handschrift mit wesentlichen Abweichungen von den früheren Veröffentlichungen mit.

Friedrich Rochlitz.

„Wohlwollende Leser geben mir schon lange zu, daß ich anstatt über Bücher zu urteilen, den Einfluß ausspreche, den sie auf mich haben mochten. — — Indem ich mich nun mit diesen und den übrigen anmutig belehrenden Aufsätzen (Für Freunde der Tonkunst von Friedrich Rochlitz) unterhalte, scheint mir der Mann zur Seite zu stehen, den ich schon so lange Jahre als freundlich teilnehmenden Mitgenossen eines bedeutenden Zeitalters zu ehren hatte, der zu meinem Lebensgange sich heiter und froh, wie ich mich zu dem seinigen, gefügt. Von der ersten Zeit an erscheint er als ein wohlwollender Beobachter und eben diesen Charakter gewinnen seine Vorträge; er schreitet ruhig getrost in der Litteratur seiner Tage dahin, er liebt die vollkommenste Leichtigkeit des Ausdrucks, sagt aus, was sich aussprechen läßt und spricht es gut aus; zu seinem größten Vorteil aber begleitet ihn überall eine eingeborene Harmonie, ein musikalisches Talent entwickelt sich aus seinem Innern und er fördert solches mit Sorgfalt so, daß er seine schriftstellerische Gabe zur Darstellung von musikalischen Erfahrungen und Gesetzen mit Leichtigkeit benutzen kann. Wie viel ihm die gebildete Welt hierin schuldig geworden, ist kaum mehr zu sondern, denn seine Wirkungen sind schon in die Masse der Nation übergegangen, woran er sich denn in einem höheren Alter uneigennützig mit allgemeiner Beistimmung vergnügen kann."

Die vorstehenden unzählige male wieder abgedruckten, ursprünglich in den Heften von „Kunst und Altertum"[1]) erschienenen Zeilen Goethes sind der vollgiltige Adelsbrief eines Schriftstellers, der auch in seinen Tagen niemals überschätzt, kaum nach Verdienst geschätzt, zu den liebenswürdigsten und wohlthuendsten Erscheinungen unter den Geistern zweiter Ordnung gehört, deren keine Litteratur entbehren kann. Daß Friedrich Rochlitz nicht völlig vergessen wurde und in noch ganz anderem Sinne, als mit ein paar Zeilen in der Litteraturgeschichte für uns lebendig ist, hat er vor allem der freundschaftlichen Beziehung zu Goethe zu danken, die als Kern in sein Dasein und sein Wesen hineinwuchs. Denn wie sein Leben und Wirken ohne das reine Vertrauen und die Wertschätzung des Dichterfürsten des hellsten Lichts entbehrt hätte, so würde auch unsere Erinnerung an ihn minder hell und deutlich sein. Es bleibt wahr, daß Männer, die der große Dichter nicht blos eines flüchtigen, vorübergehenden Anteils, eines rein geschäftlichen Bezuges, sondern dauernder Freundschaft wert gehalten hat, sich für uns ohne weiteres den Besten ihrer Zeit gesellen. Es ist aber nicht minder gewiß, daß Friedrich Rochlitz auch ohne dies gewichtige Moment der Verbindung mit Goethe, durch seine Lebensarbeit, wie durch seine Persönlichkeit voll verdient hätte, jenen Besten ein- und angereiht zu werden und daß unsere Teilnahme für ihn keineswegs bei seinem Briefwechsel mit Goethe stehen zu bleiben braucht. Selbst die besondere noch unvergessene Bedeutung, die sich Rochlitz auf dem Gebiete der Musikgeschichte und Musikkritik erworben hatte und die ihn den schöpferischen Kritikern vollberechtigt anreiht, begrenzt unsere lebendige Erinnerung an seine Erscheinung nicht. Denn vor und nach allem was er geleistet, was uns als Zeugnis seiner Begabung wie seiner Bildung überblieben, fesselt uns doch die Natur, der Charakter des Mannes: diese schöne Mischung von gemütvoller Weichheit und festem Ernst, von rascher Erregbarkeit und treuem Beharren, von scharfer Entschlossenheit in allen Hauptdingen und nachgiebiger Milde im Unwesentlichen und Nebensächlichen. Obschon Rochlitz tief in unser Jahrhundert hinein lebte, so wird Niemand, der sich die Züge seines Gesichts aus den vorhandenen Bildern vergegenwärtigt, der in seinen Briefen Wesen und Wollen des trefflichen Mannes im Einzelnen verfolgt und erkennt, einen Augenblick daran zweifeln, daß er der echte Sohn des achtzehnten Jahrhunderts war. Vom Glück in späteren Jahren mannigfach begünstigt, aber schon früh jeden Glückes wert, einer der Männer, die aus kleinbürgerlichen Verhältnissen ganz schlicht, ohne sichtbare Anstrengung in die gebildetsten und maßgebendsten Gesellschaftskreise emporstiegen, ein klassischer Zeuge für das innere Leben und die Eigenart des Geschlechts, das in dem Vierteljahrhundert zwischen dem Beginn der französischen Revolution und dem Weltfrieden von 1815 sein Gepräge empfing, tritt uns Rochlitz gegenüber. Wie segensreich die besondere Bildung jener Tage auf die Naturen wirkte, in denen sie reif wurde und rein blieb, lehrt der Rückblick auf sein Leben, der Einblick in seine innersten Empfindungen und Gesinnungen, für den wir zum Glück nicht auf die Briefe an Goethe allein angewiesen sind.

Rochlitz hat sich gegen sein sechzigstes Lebensjahr hin mit dem Gedanken einer Selbstschilderung seiner Schicksale und seiner Entwicklung getragen, zu der er von mehr als einer Seite aufgemuntert wurde. Von keiner mehr als von der des Allerweltsfreundes und Allerweltsermunterers, des Archäologen und Litterators Karl August Böttiger, mit dem Rochlitz länger als dreiunddreißig Jahre hindurch, während Böttigers amtlicher und privater Thätigkeit in Weimar und Dresden, in Verkehr und eifrigem Briefwechsel stand. An ihn schrieb er denn auch über den Plan einer Autobiographie:

„Leipzig, 10. April 1830.

Mein Leben soll ich schreiben und hinterlassen? Ich habe längst daran gedacht und bin im vollkommen ausgearbeiteten Manuskript schon — neunzehn Jahre alt. Aber, aber: da brachen schon die Schwierigkeiten herein. Alles Andere nicht zu erwähnen. Die Lebensgeschichte eines Mannes meiner Art muß zugleich die Geschichte seiner Zeit seyn, in wie weit diese ihn bemerkbar berührte, bemerkbar auf ihn einwirkte; und das ist keine Kleinigkeit: Was, Freund, haben wir nicht durchmachen müssen! selbst in den Fächern der Wissenschaften und Künste, welchen wir unser Leben geweiht! Wie ist das Alles anders geworden! wodurch, woher? wie weit wissentlich, absichtlich? wie weit ohne menschliches Wissen und Wollen, ja diesem entgegen? und viele andere solche Fragen, die ein solches Buch, wie fern sie den Autor selbst berühren, beantworten soll. Vor mir, in mir steht dies deutlich, was ich zu antworten habe, doch es Andern deutlich und annehmlich, selbst angenehm zu machen, welch eine Aufgabe! Sie wissen nicht, Freund, in was Alles ich gezogen gewesen bin; nicht einmal mit was allem ich mich beschäftigt habe. Indessen: einzelne Hauptscenen und diese dann recht ordentlich, hoffe ich Schwarz auf Weiß zu hinterlassen; werde damit und daraus, was da will oder auch gar nichts."

Den Anfängen zu dieser Schilderung seines Lebensganges und der Einwirkungen einer in mehr als einem Betracht, namentlich aber künstlerisch großen Zeit auf seine Entwicklung, entnehmen wir, daß Rochlitz als der mittlere von drei Söhnen des Schneidermeisters Carl Ludwig Rochlitz und seiner Ehefrau Susanna Magdalene Häcker am 12. Februar 1769 zu Leipzig geboren und am 15. desselben Monats in der Thomaskirche seiner Vaterstadt getauft war. Wie so zahllose dichterisch begabte Naturen empfing er die beste Mitgabe für das Leben durch seine Mutter. „Dieser verehrten und geliebten Mutter verdanke ich Alles, was mir, dem Kinde und Knaben, Angenehmes zugekommen: aber wohl auch und wenigstens zunächst, was als Saame des Guten für ein ganzes Leben in meine Brust gelegt oder aus ihr zum keimen hervorgebracht worden ist." Von der Mutter erbte er auch den früh hervortretenden Sinn für Gesang und Musik, der für seine Bildung und Zukunft von entscheidender Wichtigkeit werden sollte. Zum Studium der Theologie bestimmt, besuchte Rochlitz schon seit seinem zehnten Lebensjahre die alte Thomasschule seiner Vaterstadt und zog selbst unter deren Externen durch seine schöne Stimme, durch sein musikalisches Ohr die Aufmerksamkeit des damaligen greisen Thomaskantors Doles, des Schülers und (nach den wenigen Amtsjahren G. Harrers) des Nachfolgers von Johann Sebastian Bach, auf sich. Doles hatte es der strebsame und musikbegeisterte Schüler auch zu danken, daß er in seinem dreizehnten Jahre (1782) als Alumnus in das Internat der Thomasschule aufgenommen wurde, neben Klavier- und Gesangstunden auch Generalbaßunterricht von dem angebeteten Kantor erhielt und von diesem mit einigen frühen Kompositionen mäßigen, aber um so ernster gemeinten Beifall erwarb. Doles führte sogar eine Kantate des jungen Primaners, „Die Vollendung des Erlösers", am Himmelfahrtstage 1786 mit seinen Thomanern in den beiden Hauptkirchen Leipzigs auf und steigerte dadurch die sehnsüchtigen Wünsche dieses Lieblingsschülers sich ganz der Musik zu widmen. Gleichwohl zweifelte Rochlitz, wie er ehrlich eingesteht, schon zu dieser Zeit an der Nachhaltigkeit und Ausgiebigkeit seiner musikalischen Erfindungskraft, in der er mit Recht die Vorbedingung einer Komponisten=

Laufbahn sah. Und im Geschlecht des achtzehnten Jahrhunderts beschied sich keiner leicht dahin auf die eigentlich schöpferische Thätigkeit zu verzichten. Als Rochlitz das Gymnasium verließ und die Universität seiner Vaterstadt bezog, war er nach schweren inneren Kämpfen dazu entschlossen, der Musik zu entsagen und sich ausschließlich der Wissenschaft zu widmen. Er verkaufte sein Klavier, verschenkte seine Noten, sang und spielte nicht mehr, legte sich die peinlichste Zurückhaltung im Besuch von Konzerten auf und es bedurfte am Ende einer so gewaltigen Erhebung und Erschütterung zugleich, wie sie der Aufenthalt Mozarts in Leipzig (im Frühling 1789) brachte, um ihn von der Thorheit solcher Selbstplage zu befreien und ihm den natürlichen Frohmut zurückzugeben, der sich das geistige Bedürfnis nicht darum versagt, weil es zugleich Genuß ist.

Rochlitz studierte Theologie, verband aber damit ernste und eifrige philosophische und philologische Studien. Nach zwei akademischen Jahren veranlaßte, zwang ihn, wenn man will, seine Mittellosigkeit eine Stellung als Hauslehrer beim reichen Landkammerat Oehler in Krimmitzschau anzunehmen, in der er anderthalb Jahre verblieb und aus der er Michaelis 1792 in seine Vaterstadt und zur Universität zurückkehrte. Die Aussichten ins Leben waren für den jungen Mann nicht eben glänzend, er versuchte sich als Kandidat des löblichen Predigtamts und hätte in der That viele Eigenschaften zu einem guten Landprediger, einem „anderen Pfarrer von Grünau" in sich gehabt. Aber seine leidenschaftliche Liebe für Musik, sein reger Anteil an der litterarischen Bewegung der Zeit, alle seine künstlerischen Neigungen widersprachen solchem Lebensplane und seit er vollends 1794 mit seinen „Zeichnungen von Menschen nach Geschichte und Erfahrung" als Schriftsteller aufgetreten war und mit seinen ersten Erzählungen und Lustspielversuchen einiges Glück gemacht hatte, trat er in die Reihe jener „Privatgelehrten", an denen Leipzig, dank seinem Buchhandel, jederzeit reich, nur allzureich gewesen war. Daß sich Friedrich Rochlitz von der Mehrzahl dieser lediglich für die Bedürfnisse des Meßkatalogs arbeitenden Magister und Litteraten wesentlich unterschied, dankte er seiner tiefen und gründlichen Bildung, seinem künstlerischen Naturell, einer höheren Auffassung des litterarischen Berufs und einem selbstlosen, durchaus würdigen Anschluß an die Auserwählten, die aus tausendfältigen Zeugnissen, vor allem natürlich aus seinen Briefen an Goethe hervortreten. Seit W. v. Biedermann „Goethes Briefwechsel mit Friedrich Rochlitz" zum erstenmal vollständig veröffentlicht, ist es klar genug, daß Rochlitz eigne Briefe an Goethe ihm selbst nicht minder zur Ehre gereichen, als die Achtung und Teilnahme, die der Meister ihm zollte.

Rochlitz Jugend fiel in die Zeit, in der dem meißnischen Lande, der obersächsischen Mundart und der Stadt Leipzig die Hegemonie endgiltig entrissen wurde, die sie lange Zeit unbestritten genossen und auch nachdem sie bestritten war im zähen Kampfe zu behaupten gesucht hatten. Nacheinander hatten die großen Führer der neuen poetischen Bewegung, Klopstock, Lessing und Goethe, die Leipziger Universität jahrelang besucht, um jeder für sich und auf andern Wegen zu der Überzeugung zu gelangen, daß ihre Natur und ihr innerer Drang den Bruch mit der Litteratur und dem Geschmack forderten, die ihren höchsten und besten Ausdruck in Gellert fanden. Während aber von Klopstock bis Goethe der gewaltige Umschwung vor sich ging, blieb in Leipzig eine ältere Litteraturüberlieferung noch lange nach Gottschebs und Gellerts Tode lebendig. Christian Felix Weiße, die beiden Clodius (Vater und Sohn), von einer Reihe anderer zu schweigen, waren noch immer angesehene und sehr wirksame Vertreter der echten sächsischen Schule, und ihr Einfluß auf die mittleren und kleineren Talente wie auf die Neigungen des Leipziger Publikums größer, als sich in der Kürze darlegen läßt. Zu Rochlitzens Verdiensten gehört es, daß er, obwohl selbst nur ein mittleres Talent, sich ganz entschlossen unter die neue Fahne stellte, unbekümmert darum, daß er angesichts der gesteigerten Forderungen, der idealen Ansprüche, unendlich weniger bedeutete, als er nach dem Maßstabe der älteren Leipziger Schöngeisterei bedeutet haben würde. Tapfer und nur an die Sache hingegeben, zog er für seine eigene, um des leidigen äußern Bedürfnisses willen lange Jahre sehr ausgebreitete litterarische Thätigkeit die Folgerung aus seinem ästhetischen Glaubensbekenntnis, daß er sich unablässig bemühen müsse, einfach, rein, klar und ohne falsches Pathos, ohne äußerliche falsche Sentimentalität zu schreiben. Die Verehrung für Goethe und seine Meisterschaft, mit der Rochlitz heranwuchs und die er in seinen Lebenskreisen unablässig auszubreiten und zu vertiefen bemüht war, trug ihm selbst die schönsten Früchte; wenn eine Anzahl seiner litterarischen Arbeiten dem Schicksal der Veraltung, das beinahe alle mittleren Talente rasch ereilt, eben noch nicht anheim gefallen sind, so ist es ganz sicher dem zu danken, was er sich — des Unterschiedes zwischen dem größten Dichter und sich selbst immer eingedenk — bei und aus Goethe anzueignen wußte. Daß ihm die persönliche Achtung und die vertrauliche Verbindung mit dem Meister ein anderweiter Lohn seines Lebens waren, erweisen die Briefe an Goethe beinahe auf jedem Blatt.

Dem aufmerksamen Leser des Goethe-Rochlitzischen Briefwechsels kann es nicht entgehen, daß der mit dem Jahre 1800 beginnende Verkehr in den ersten Jahren von Rochlitzens Seite neben der reinsten Verehrung für Goethe eine gewisse empfindliche Rückhaltung zeigt. Die damalige Beziehung des jungen, amt- und namenlosen Schriftstellers hatte eine Vor- und Nebengeschichte, die aus dem ungedruckten Briefwechsel, den Rochlitz seit 1797 mit K. A. Böttiger, dem Ubique der Goethe-Schillerzeit führte, deutlich wird. Rochlitz hatte zu diesem ein freundschaftliches Verhältnis gewonnen, ehe er persönlich in den Zauberkreis Goethes trat. Als er lediglich auf den Ertrag seiner Feder angewiesen, mehr schreiben mußte als er für gut halten durfte, hatte ihn vorübergehend der Gedanke gelockt, Leipzig mit Weimar zu vertauschen und dort ein befriedigenderes Dasein zu gewinnen. Unterm 30. Mai 1797 hatte er sich an Böttiger, damals Oberkonsistorialrat und Direktor des Weimarischen Gymnasiums, gewendet und bei diesem, indem er ihn respektvoll und freigebig mit Eure Magnifizenz anredete, wegen einer Stelle am Weimarischen Gymnasium angefragt. „Durch einen Brief des Herrn Geheimen Sekretärs Wachts aus Weimar an einen meiner hiesigen Freunde erfuhr ich neulich, daß mit nächstem eine Stelle am Weimarischen Gymnasium offen werde, ohne aber die geringste weitere Nachricht zu bekommen, oder auch nur einen persönlichen Bekannten in Weimar zu haben, von dem ich sie jetzt bekommen könnte. Ich, der ich durch mancherlei Verhältnisse in der Welt umhergeworfen worden bin, und zuweilen etwas unsanft, wünsche mir jetzt eine Stelle jener Art, wo ich als ordentlicher Mann arbeiten, nützen und eine festere Bestimmung als die einer Anwartschaft auf eine akademische Lehrstelle finden könnte. Unter diesen Umständen wende ich mich an Ihre Gütigkeit. Glauben also Eure Magnifizenz, daß ein Mann von achtundzwanzig Jahren, der neben der Theologie und den Wissenschaften, die jeder gebildete Mensch wissen muß, sich hauptsächlich mit römischer klassischer Litteratur und was in genauem Sinne dazu gehört, mit neuerer Geschichte und Philosophie, besonders mit den praktischen Teilen der letztern und unter diesen vornehmlich mit denen, die Kunst und Moral behandeln, beschäftigt hat, der bis vor einigen Jahren in einem angesehenen Hause Hofmeister gewesen ist und aus seinem Hofmeisterleben Liebe zur Jugend und vielleicht einige Erfahrungen über ihre zweckmäßige Behandlung zurückgebracht hat, ein Mann, der übrigens nicht eben viel, noch weniger erkünstelte Bedürfnisse hat und imstande ist, wenn ihm sein Beruf Zeit verstattet, sich auf anderm Wege vielleicht noch manches zu erwerben, dessen Kenntnis der griechischen Sprache und Litteratur aber so gering ist, daß sie keine Erwähnung verdient, der von den orientalischen Sprachen nur das versteht, was ein vernünftiger Mann nichts nennen muß: der endlich Unterricht zu geben in der Mathematik und Physik nicht wohl imstande, in neuern Sprachen nicht geneigt ist — glauben Eure Magnifizenz, daß ein solcher in der vakanten oder vakant werdenden Stelle thätig sein, nützen und ohne kleinliche und ängstliche Sorgen leben kann, so bin ich frei genug, die Bitte zu wagen, mich von diesen Verhältnissen nur ein Wort wissen zu lassen."

Böttiger kann auf diese Anfrage keinen ermutigenden Bescheid gegeben haben, aber die Hand, die ihm solchergestalt entgegengestreckt wurde, hielt er fest, wie er gewohnt war, jede Hand festzuhalten. Bei einem Besuche Rochlitzens in Weimar im nächsten Jahre, bei den häufigen Fahrten Böttigers zu den Leipziger Buchhändlermessen knüpften sich die Bande zwischen den beiden ungleichen Männern fester. Wenn Böttiger einerseits Rochlitz bei Goethe, Wieland, Herder einführte, wenn er es war, der, als Rochlitz im Jahre 1800 in den Fall kam, wegen einer gehofften Verbindung mit der Dresdener Malerin und Harfenvirtuosin Therese aus dem Winkel sich einen Titel verschaffen zu müssen, ihm geradezu riet, sich mit diesem Anliegen vertraulich an Goethe zu wenden (was Rochlitz mit gutem Erfolg that), so verfehlte er auf der andern Seite nicht, den

Leipziger Freund in alle seine Eifersüchteleien, Zwischenträgereien, in all den kleinen litterarischen Klatsch hineinzuziehen, in dem ihm so wohl war, wie dem Frosch im Sumpfe. Er suchte Rochlitz seine litterarischen Geheimnisse abzulocken, war dienstfertig, gefällig, ja liebenswürdig, warb ihn als Mitarbeiter für den hinsiechenden „Deutschen Merkur" und das „Journal des Luxus und der Moden", schickte ihm eingehende Berichte über alles und einiges und erteilte ihm Ratschläge und Warnungen vor wirklichen oder eingebildeten Gefahren. Namentlich unterrichtete er ihn fleißig von der Mißstimmung, die bei Herder und gelegentlich auch bei Wieland über den engen Bund Goethes und Schillers, über Goethes Begünstigung der Jenenser Romantiker, der Todfeinde Böttigers und pietätlosen Verspotter Vater Wielands, obwaltete. Er machte sich zum Träger aller Klatschgeschichten und Anekdoten, die in der kleinen Residenz an der Ilm wie Wucherpflanzen gediehen. Er suchte sich nach seiner unabänderlichen Art Einfluß auf Rochlitz zu verschaffen, indem er abwechselnd Furcht und Hoffnung in ihm erregte. Gleich nachdem Rochlitz 1798 die Musikalische Zeitung begonnen hatte, erzählte er ihm, indem er mit seinem geschärften Spürsinn erriet, daß ein in dieser Zeitung enthaltener Aufsatz aus Rochlitzens Feder stamme, daß der bewußte Aufsatz ihm Wielands Wohlwollen kosten könne. Ruhig und würdig erwiederte Rochlitz unterm 6. November 1798: „Ich sende Ihnen, mein verehrter Freund, nur einige Worte vom Komptoir des Herrn Breitkopf, der Ihnen auf das verbindlichste für Ihre gütige Verwendung für die musikalische Zeitung dankt. Wer hat Ihnen aber gesagt, daß ich Verfasser des Aufsatzes über die Oper wäre? Ihnen will ich's gestehen: ich bin es, glaubte aber meine Maßregeln so genommen zu haben, daß niemand mich erraten würde. Das Wort gegen Wieland thut mir wehe, nicht als sei es unwahr, nicht als wäre ich nicht ein aufrichtiger Verehrer dieses Mannes (ich zweifle sogar, ob er bei der Menge seiner Anbeter viele solche Verehrer hat, welche über seine wahren Verdienste so nachgedacht haben wie ich), sondern weil Sie glauben, daß er empfindlich darüber werden kann und weil, wie ich zu meiner Beschämung gestehe, der Ton etwas unanständig ist. Doch auch das ist wahrlich nicht Folge eines kleinen Menschleinchens so gewöhnlichen Verkleinerungsgeistes großer Männer oder der Albernheit, an ihnen zum Ritter werden zu wollen: sondern übereilte Äußerung einer Mißbilligung, daß Wieland die Sammlung seiner Werke, welche ihn unvergeßlich machen sollte, nicht auf zehn bis zwölf Bände einschränkte, sondern Aufsätze in dieselbe mit aufnahm, wie der, von welchem dort die Rede ist, und eben dadurch meines Erachtens einen neuen Beweis gab, daß beliebten Schriftstellern nichts schwerer wird, als zur rechten Zeit aufzuhören." Ebenso wies Rochlitz das Ansinnen zurück, die Herdersche „Adrastea" so unbedingt zu bewundern, wie dies von Böttiger und einigen Gleichgestimmten wenigstens vorgegeben wurde, und machte seinem zweideutigen Korrespondenten gegenüber nie ein Hehl daraus, daß er Goethe mit warmer Verehrung betrachte. Als die oben erwähnte Heirat, um deretwillen ihm Goethe den weimarischen Ratstitel vermittelt hatte, an Familienwiderständen gescheitert war, schrieb Rochlitz an Böttiger am 12. Dezember 1800: „Goethe hat mich indessen zum herzoglichen Rat machen lassen, was nun freilich keinen Zweck hat. Das Reskript ist aber sehr ehrenvoll und bezieht sich unter anderm geradezu auf Nachrichten und Schilderungen von Goethe, was mir allerdings lieb ist." Allein der gute Wille des Dreißigjährigen ein reines und klares Verhältnis zu Goethe zu bewahren, und seine bewundernde Verehrung für Goethe durch nichts antasten zu lassen, wurde durch Böttigers Vielgeschäftigkeit immer wieder gestört. Bald suchte dieser Unermüdliche die Teilnahme des musikalischen Freundes in Leipzig für die jugendlich schöne und ausgezeichnete Sängerin Karoline Jagemann aufzuregen, die angeblich von Goethe und Kirms unterdrückt und im schönsten Wuchs geknickt wurde, bald regte er Rochlitz, der nicht sowohl den Romantikern als den Gebrüdern Schlegel zweifelnd und abweisend gegenüberstand, mit Nachrichten über die Aufführungen des „Jon" und „Alarkos" auf dem weimarischen Hoftheater auf, bald erzählte er dem Gutmütigen, leicht zu Rührenden von persönlicher Unbill, die ihm, Böttiger, vonseiten Goethes und Schillers widerfahren sei, bald stachelte er das glücklicherweise sehr bescheidene Selbstgefühl des strebsamen Schriftstellers an, indem er ihn merken ließ, daß weder Goethe noch Schiller eine sonderliche Meinung von den kleinen Stücken hegten, die Rochlitz von Zeit zu Zeit bei dem weimarischen Hoftheater einreichte. Nun war es richtig, und die ältesten Briefe Goethes an Rochlitz lassen darüber gar keinen Zweifel, daß die großen Dichter die Rochlitzischen dramatischen Versuche zwar keineswegs geringschätzten, sogar mit sehr freundlichem Anteil betrachteten, aber sie doch nicht als tiefeingreifende und bedeutungsvolle Werke ansehen konnten. Goethe zeigte sich niemals abgeneigt, die kleinen dramatischen Arbeiten des Leipziger Schriftstellers zur Aufführung zu bringen, entfaltete aber dafür weder Pathos noch Eifer, weil er keinen nachhaltigen Erfolg von diesen Vorführungen erwarten durfte. Rochlitz wäre durchaus der Mann gewesen, dies Verhalten Goethes als der Sache entsprechend zu würdigen, wenn ihm nicht gelegentlich durch die fortgesetzten Anstachelungen Freund Ubiques die klare Übersicht geraubt worden wäre. Wenn er beispielsweise am 18. Juli 1801 bald nach seiner Rückkehr von einem Ausfluge nach Weimar wahrheitsgemäß an Böttiger berichten mußte: „Schiller hat mir auf ein ihm neulich geschriebenes anständiges, aber ziemlich kaltes Billet einen bogenlangen und in jeder Rücksicht vortrefflichen Brief geschickt, was mir viele Freude gemacht hat," so sorgte der Allerweltsmann dafür, diese Stimmung nicht aufkommen zu lassen. Er wird es mit einigem Triumph gelesen haben, daß Rochlitz am 30. September 1801 ziemlich gereizt schrieb: „Von Goethe habe ich noch keine Antwort auf meinen, dem Lustspiele beigelegten ausführlichen Brief. Aus Schillers Benehmen bei seinem Hiersein konnte ich bemerken, daß beide sich in mir oder ich mich in ihnen geirrt habe. So wahrhaft vertraulich und freundschaftlich dieser mir gleich nach meiner Anwesenheit in

Weimar schrieb, so nachlässig und entfernend war sein Benehmen. Haben diese beiden von mir erwartet, daß ich mich nur blind ihnen ergeben, unter ihre Posaunenengel treten, mein Urteil und mich überhaupt ganz verleugnen und selbst Menschen entsagen soll, die mein Herz als Freunde besitzen, so müssen sie sich allerdings getäuscht finden, und es thut mir auch nicht wehe, wenn sie sich so finden."

Natürlich dachten weder Schiller noch Goethe daran, Rochlitz kränken oder ihm gar seinen Freund Böttiger vom Herzen reißen zu wollen. Schiller schrieb am 16. November 1801 an Rochlitz, bat für Goethe um nachsichtige Beurteilung („Daß er Ihnen noch nicht geschrieben, müssen Sie seinen vielen Geschäften und ich darf hinzusetzen, auch seiner Schreibscheue, die er oft nicht zu überwinden imstande ist, zuschreiben"), entschuldigt sich selbst, daß er Rochlitz in Leipzig nicht besucht habe („Ich hatte bei meinem letzten kurzen Aufenthalt in Leipzig gehofft, Zeit zu gewinnen, um Sie aufzusuchen, und unsere junge Bekanntschaft, die mir sehr angenehm ist, weiter fortzusetzen. Aber ich gehörte in diesen zwei Tagen nicht mir selbst an, da eine Gesellschaft von Freunden, die mir von Dresden gefolgt war, über meine Zeit disponierte"). Goethe aber schrieb am 17. Dezember 1801 wegen seiner verzögerten Entscheidung über Rochlitzens neues Lustspiel „Liebhabereien oder die neue Zauberflöte": „Mögen Ew. Wohlgeboren mir noch bis zum neuen Jahre wegen des Stückes Frist geben, so soll alsdann die darüber schuldige Erklärung folgen." Aber Rochlitz war jetzt durch Böttigers unablässige Anstachelungen wirklich in einen thörichten Verdruß hineingetrieben. Am 3. März 1802 schrieb er Böttiger (der ihm einen Goethischen Aufsatz über die Führung des Theaters in Weimar noch druckfeucht zugeschickt hatte): „Ich danke Ihnen, liebster Freund, für Ihren Brief und die Beilage. Wenn Goethe bei der Führung des Theaterwesens wirklich den Plan gehabt und so durchgeführt hat, und ihn nicht etwa wie der Kunstrichter in ein geniales Werk, hintennach hinein exegisirt: so ist er der Direktor aller Direktoren. In der Behandlung der Schauspieler, im Ton des ganzen Aufsatzes bleibt er sich, drohend und drückend, gleich und seinem eignen Grundsatz getreu: Hammer oder Amboß sein muß jeder [wie er meint], da ist er denn überall Hammer und alle andern sind ihm Amboß." In dieser Mißlaune forderte er in einem gereiztunterwürfigen Briefe (dem sechsten der Biedermannschen Sammlung) sein Lustspielmanuskript von Goethe zurück. Als er aber dann im Herbst des gleichen Jahres von Goethes Absicht hörte, eine Tragödie des Sophokles mit Musik auf die Bühne zu bringen, konnte er doch nicht umhin, sich wieder an Goethe zu wenden, ihm zu sagen, daß er sich mit dieser Frage eingehend beschäftigt habe und jedenfalls mehr davon verstehe, als die meisten Musiker. Goethe glaubt ihm dies aufs Wort, muntert ihn freundlich auf, ihm über seine Anschauungen näheres mitzuteilen, bemerkte indes sogleich, daß das bewußte Vorhaben noch in der ersten Vorbereitung sei. Da Rochlitz seinem Feuereifer für die Sache nicht genug gethan sah, so blieb ein neuer Rückfall in gekränkte Empfindlichkeit nicht aus, und am

6. April 1803 erschloß er sein Herz gegen Böttiger in den Worten: „Das aufgeführte Goethesche Stück ist das nicht, wovon zwischen ihm und mir die Rede gewesen ist. Wir haben dies wahrscheinlich, aber erst künftiges Jahr zu hoffen. Reden Sie auch privatim nicht davon. Ich weiß es wohl, daß er auch mich hier nur wie eine Maschine meinen Faden hat abhaspeln lassen, und wußte es, als ich mich darauf einzulassen anfing: aber wer wollte nicht gern sein Scherflein zu einer solchen Probe für die Kunst und Welt hergeben, auch wenn es kein Mensch erfährt und es ihm gedankt wird wie mir. Goethe hat mir nämlich, seit ich die Sache bis dahin geführt habe, wohin ich sie führen konnte, kein Wort geschrieben. Schon recht, er ist für keinen Menschen und kann es vielleicht nicht sein, stehet allein da, nur für das Ganze: eben darum muß man nicht verlangen, daß er einen besondern menschlichen Anteil an einem nehmen soll, aber eben darum an ihn diesen besondern menschlichen Anteil nicht fruchtlos verschwenden."

Selbst dieser Ausruf verrät, daß sich Rochlitz allmählich zu finden und Goethes Verhalten billiger und richtiger zu beurteilen begann. Er war im eigentlichen Sinne erschrocken gewesen, als er wahrnahm, welche Frucht jene Feindschaft gegen die Schlegel und ihren Anhang, jene Mißstimmung gegen Goethe, die Böttiger unabläßig in ihm zu nähren suchte, eben damals in Kotzebues Berliner Zeitung „Der Freimütige" trug. Er wies den Gedanken der Übereinstimmung mit dem Tone dieses Blattes entrüstet von sich, und erklärte an Böttiger (22. Dezember 1802): „Wäre wirklich etwas von Bedeutung für die gute Sache davon zu erwarten, so würden wir alle uns vereinigen müssen, Teil zu nehmen; aber so versucht sie [die Kotzebuesche Zeitung] gewiß nur an die Stelle des aristokratischen Despotismus einen sanskulottischen, der aber seine Scham zierlich zu decken sucht, zu setzen, und Pereat allem litterarischen Despotismus!" Wenn er genauer bedachte, was bei Leuten wie Böttiger, Kotzebue und andern die „gute Sache" hieß, so mußte er nach und nach empfinden, daß er damit doch nur wenig Gemeinsames habe, daß er im Begriff stehe, sich eine der besten und stärksten Empfindungen seines Lebens: die reine Verehrung für Goethes Größe, kläglich verkümmern zu lassen. Und er hatte inzwischen Erfahrungen auch mit dem Allerweltsfreunde gemacht, hatte den allezeit Geschäftigen entschieden zurechtweisen, ihm unter anderm am 26. Mai 1802 sagen müssen: „Wie sehr allzuhohe Anpreisungen schaden, das erfahre ich von neuem der Anzeige des „Blumenmädchens" in dem Modejournal wegen. Wie konnten Sie nur einen Augenblick glauben, daß, was ich Ihnen in vertrauter freundlicher Ergießung mitgeteilt hatte, als Insinuation, um es dem Publikum vorzulegen, zu nehmen sei? Hätten Sie mir nicht gestanden, daß Sie jene Anzeige selbst mit gutem Willen verfaßt hätten, ich würde dagegen aufstehen müssen." Er hatte, in allmähliger Einsicht, daß Böttiger einen guten Teil der Schuld an seinem Mißverhältnisse zu den Weimarer Heroen trage, ihn unterschiedliche male gewarnt und freundschaftlich beschworen, sich doch ja aller Angriffe auf

Goethe und Schiller, aller „unsichern, aber immer verletzenden Nachrichten" zu enthalten. Und wenn in dem schon nach Dresden gerichteten Briefe vom 15. Februar 1804 der alte künstlich genährte Mißmut ihm noch einmal die Worte eingab: „Mich möchte er [Goethe] nach Weimar haben, so wahrscheinlich, daß ich von dem Meinigen lebte und einen Artikel in der lebendigen Encyklopädie, die er gern um sich versammelt, im Notfall gleich nachschlagen zu können, ausmachte. Mir ist seine Aufmerksamkeit lieb, aber ich gehe ihm zu gar nichts auch nur einen Schritt entgegen. Alles das unter uns; denn das Geringste, das er wieder erführe, wäre genug, auch mir seinen unauslöschlichen Haß zuzuwenden, und wer wird das wollen, wenn man auch außer seinem Wirkungskreise ist" — so war inzwischen doch Böttiger (1804) von Weimar nach Dresden übergesiedelt und damit das stärkste Hindernis beseitigt, das dem Gedeihen der Beziehung zwischen Goethe und Rochlitz immer und immer wieder im Wege stand. Mit erneutem Vertrauen sendet Rochlitz seine kleinen Stücke nach Weimar und bittet, ihrer freundlichen Aufnahme ohnehin gewiß, um sorgfältige Inscenierung; mit voller unbefangener Würdigung seines Talents, seines guten Geschmacks, seines Einflusses wendet sich Goethe, als 1807 das Gastspiel der Weimarer Hofschauspieler in Leipzig bevorstand, an Rochlitz. Man sollte meinen, daß Rochlitz bei Lesung des Goethischen Briefes vom 3. April 1807 (des siebzehnten der Biedermannschen Sammlung) einige Beschämung empfunden haben müsse, wenn er sich so mancher empfindlichen und mißtrauischen Äußerung über Goethe erinnerte, die er sich, auf Böttigers Anregungen, in den letzten Jahren hatte entlocken lassen.

Sieht man von diesen menschlich verzeihlichen Anwandlungen einer gewissen Schwäche ab, deren sich Rochlitz in Folge der fortgesetzten Einflüsterungen Böttigers einige Jahre hindurch nicht immer zu erwehren wußte, so läßt sich gerade aus den zahlreichen vertrauten, ganz zwanglosen Briefen, die er um die Wende des Jahrhunderts an Böttiger richtete, der tüchtige Kern seines Wesens, die innere Vornehmheit und das feine Ehrgefühl, die reine Hingebung an ideale Interessen, die Liebenswürdigkeit seines Naturells, die Regsamkeit wie die Empfänglichkeit seines Geistes erkennen. Böttiger empfand offenbar eine ehrliche Freundschaft für den jungen Leipziger Schriftsteller, erwies sich Rochlitz tausendfach hilfreich und gefällig. Dies schloß leider bei ihm neugierige Klatschlust, gelegentliche Indiskretionen und beständige Einmischung in Dinge, die ihn nichts oder wenig angingen, keineswegs aus. Und man erschrickt nachträglich, mit welcher vertrauensvollen Offenheit, welcher Unkunde des Gebrauchs, der von seinen Antworten gemacht werden konnte — und gelegentlich gemacht wurde — Rochlitz im Anfange der Freundschaft, spätere Rückfälle nicht ausgeschlossen, Böttigers Personalkenntnis bereicherte, seine Wißbegierde befriedigte. Erst nach einer Reihe schlimmer Erfahrungen legte er sich größere Rückhaltung auf. Es mochte noch angehen, wenn sich Rochlitz über einen oder den andern seiner litterarischen Freunde allzuvertraulich erging und beispielsweise (Leipzig, 30. Juni 1798) meldete:

„Jean Paul Richter macht Ihnen seinen herzlichen Gruß. Er ist jetzt so überhäuft, daß er vielleicht auch für den zweyten Theil der Erinnerungen nichts liefern kann. Sollten Sie aber glauben, daß die Verleger seiner neuesten Schriften seufzen, weil ihnen die meisten Buchhändler die Exemplare zurückschicken? So ist es mit der deutschen Lesewelt — Kochbücher und sich selbst lehrende Aerzte werden nicht remittirt." —

Viel bedenklicher war es schon, daß Böttiger durch geschickt gestellte, unabläßige, ja quälende Fragen aus Rochlitz, der ein scharfer Beobachter der Dinge war und sich über die heimatlich sächsischen Mängel nicht täuschte, Mitteilungen wie den (Leipzig, den 25. September 1798) gegebenen Aufschluß über die Leipziger Universität herauslockte, ein Aufschluß, dem man wahrlich eine andre Adresse als die des litterarischen Mäklers und Neuigkeitsträgers hätte wünschen mögen:

„Sie wünschen mein aufrichtiges Urtheil über unsere Universität, besonders in Hinsicht auf die bewußten Streitschriften. Aber wo soll ich anfangen? wo enden? Und dann — darf ich hier sprechen, da ich selbst Parthey bin? Denn auch ich habe unter dem bleyernen Scepter, womit man Leipzig und Wittenberg regiert, gelitten. Kann ich also als Parthey unpartheyisch seyn? Also nur einige Worte. Jener Verfasser ist gewiß über unsere Verhältnisse nicht übel unterrichtet; er hat im Ganzen eher zu wenig als zu viel gesagt: aber er scheint mir einen noch zu kleinlichen Gesichtspunkt genommen, die Sache noch nicht von Grund aus, nicht in ihrem Umfang, nicht genug in ihren Folgen betrachtet, wenigstens nicht so hier behandelt zu haben.

Wahr ist's z. B. (und so wahr, daß ich es allenfalls öffentlich erweisen wollte), daß kein Theolog vom (Dresdner) Konsistorium versorgt wird, sobald man, oft durch verfänglich angelegte Fragen, herausgequält hat, er sey ein Freund der neuern Philosophie; wahr ist's, daß man in der Theologie durchaus kein anderes, reineres, stärkeres Licht duldet, als höchstens das, welches zu Ernestis Zeiten blinkte, wahr ist's, daß man dadurch die guten Köpfe von dieser für Staats- und Völkerwohl so wichtigen Wissenschaft verscheucht, oder die Leichtsinnigen zu Spiegelfechtereyen, deren sie heimlich lachen, die Ernsthafteren zu Heucheleyen, die sie hernach für immer beunruhigen, verschüchtern, veranlaßt, und wenigstens veranlaßt; wahr ist's, daß es damit besonders hier — in Wittenberg etwas weniger — schon soweit gekommen ist, daß die Ideen von Theolog und Heuchler sich in den meisten Köpfen unwillkührlich associiren, daß deswegen die besten jungen Theologen sich ihrer Wissenschaft schämen u. s. w.; wahr ist's, daß hier bey den jetzigen Verhältnissen, besonders bey der Ökonomie, oder, wenn ich's sagen darf, wie es ist, bey der Knickerey — nichts rechts aufkommen kann. Man nimmt's nicht übel geschickte Männer hier zu haben: aber, sobald sie essen wollen, läßt man sie lieber fahren. Heydenreichs Sachen waren schon arrangirt, als der Präsident hier war. Er hatte davon gehört, fragte Ehrhard, bey dem er zum Essen war, und dieser Heyd. Freund erzählte alles richtig. „Wird dies meinem Freunde in

Zukunft schaden?" — „Nein, gewiß nicht, ich verspreche es ihm heilig — schreiben Sie ihm das!" — Nun eine Lobrede auf Heyd., die wirklich von Herzen zu gehen schien, obschon sie sein wahres Verdienst nicht traf. Heyd. kommt hierauf zurück. Seine 200 Thl. Gehalt waren ihm auf mehrere Jahre verkümmert — er bittet nur noch um einige Zulage, damit er nur Etwas fixer Besoldung hätte. Er bekömmt keine Antwort. Er bittet nochmals, sagt, daß er sonst seine Stelle niederlegen müßte, indem die Studenten wenig oder nichts bezahlten u. s. w., man läßt ihn seines Weges gehen. In Parenthese: Glauben Sie die häßlichen Gerüchte nicht, mit denen sich von Heyd. trägt, um sagen zu können: Adam ist worden wie unser einer! Wenn ein bedeutender Mann einmal im Rufe sinkt, so ist's als vereinigte sich alles ihn hinabzupressen und zu zertreten. Leichtsinnig war er, zu gutwillig, unbesonnen und am Ende in einzelnen Stunden in einer Art von Verzweiflung. Doch ich kehre zu meinen obigen Perioden zurück. Wahr ist's also, daß man jedermann hungern läßt und mit der Aussicht auf die allerdings sehr einträglichen Fakultätsstellen abspeist; daß aber dies Ziel, weil alles, ohne Ausnahme nach der Reihe gehet, nicht eher erreicht wird, bis man von jener Seelenspeise mürbe geworden, oder zu bequem ist oder schon längst sein System abgeschlossen — ausstudiert hat; wahr ist's, daß unsere Censoren, daß selbst ein Wenck unter ihnen, eine geschärfte und immer mehr geschärfte Censurvorschrift nach der andern bekommen; daß die, welche, wie man's nennt, Glück machen wollen, diesem Gemeingeist der Dresdner Areopagiten schmeicheln und nun alles gebahnt finden; wahr ist, daß die Männer, welche sprechen könnten und sollten, entweder aus Schüchternheit und Mangel an Festigkeit und Würde, wie Rosenmüller; oder aus einer gewissen eigenen Art leichten Sinnes, fälschlich sogenannter Lebensklugheit, wie Platner; oder aus zuvielem Interesse für das Eigene, eigenen Ruhm u. d. gl., zu wenigem an der Wahrheit selbst, wie Beck — nicht sprechen mögen, wenigstens da nicht, wo es gehört werden könnte. — —

Doch was würde es auch helfen, wenn dieser oder jener spräche, wenn sie es nicht vereinigt thun? Und wer wird je ein Chor kollegialischer Gelehrten vereinigen können? — — — — Mehreres der Art und ausführlichere Zersetzung des Obigen ist nicht für einen Brief, sondern es würde, wenn man besonders die Folgen erwägen wollte, ein Buch füllen. Ich behalte mir es vor, wenn ich Sie einmal in Weimar besuchen werde; wofern Sie Dinge hören wollen, welche durch die Seele schneiden, ohne zu nützen."

Um diese Zeit war eben Rochlitz noch im Maientraum seiner Freundschaft und einer gewissen Verehrung für Böttigers Thätigkeit. So schrieb er:

(Leipzig, den 14. May 1798.)

„Schon lange suchte ich eine Gelegenheit Ihnen meine aufrichtige Verehrung laut und öffentlich zu bezeugen. Man findet selten Etwas Gutes, wenn man zu lange sucht. Auch ich habe nichts besseres gefunden als dies Buch; denn ich, im Vertrauen auf Ihre Nachsicht gegen guten Willen, gewagt habe Ihren Namen vorzusetzen. Ich wünsche damit mein kleines Publikum nicht nur zu unterhalten, sondern ihm auch wirklich zu nützen. Vielleicht ist das die einzige Ansicht der Sache, welche meine Freyheit entschuldigt. Sollten meine Aufsätze dieses Ihres Namens nicht würdig seyn: so sind dies doch etwa die Aufsätze meiner Freunde, August Lafontainens und Jean Paul Richters. Der erste hat hier die dritte Nummer geliefert, der zweyte in Zukunft beyzutragen versprochen. Auch das ist vielleicht eine Entschuldigung für mich. Ist es mir erst gelungen einige Aufmerksamkeit des vornehmeren Theils der litterarischen Sprecher auf mich zu lenken: dann sollen auch meine Arbeiten besser werden. Ich hoffte jenes neuerlich zu erreichen durch eine Schrift über Erziehung und häußliches Glück, unter dem Titel: Amaliens Freuden und Leiden als Jungfrau, Gattin und Mutter — besonders durch den zweyten Theil derselben: aber ich habe dafür nichts erhalten als allgemein hingesagte Lobsprüche — keine Kritik. Erfüllen Sie gütigst einen meiner angelegentlichsten Wünsche; den, Ihrem Andenken und Wohlwollen empfohlen zu sein: und seyn Sie versichert, daß Sie unter der Anzahl Ihrer Verehrer keinen haben können der sich mit mehr Aufrichtigkeit nennt Ihren gehorsamsten Diener Friedrich Rochlitz."

Und nach einer ihn mit neuen bedeutenden Eindrücken bereichernden Reise nach Dresden im gleichen Jahr, beeilte er sich wiederum an den Weimarischen Konsistorialrat zu versichern:

(Leipzig, 30. Juni 1798.)

„Mein innigst geehrter Freund. Das sind Sie und waren es längst, obschon ich vor Ihrem letzten Briefe Sie nicht so zu nennen wagte. Nehmen Sie vor allem den aufrichtigsten Dank für diesen Ihren Brief. Ich war einen Monat lang im Lande umhergezogen, um für einige Uebel des Vielsitzens, die sich melden ließen, nicht zu Hause zu seyn, und um meinem Geiste Nahrung und Freude, zugleich also Erquickung zu schaffen. Um durch nichts im Genuß gestört zu werden, ließ ich mir keine Briefe nachschicken, ich erwartete keinen, wie der Ihrige war. Zwey Wochen lang lebte ich fast täglich einige Stunden in Dresdens Kunstschätzen und wollte es stünde in meinem Vermögen allen Menschen — den Jenaer Recensenten des ersten Theils meiner Leiden und Freuden ꝛc. nicht ausgenommen obschon er in seiner sechszeiligen Anzeige dem Buche nichts Gutes zugestehet als was man einem schlechten Gebetbuche einräumt und obschon er mir alles Glück auf Lebenszeit absagt — stände es in meinem Vermögen auch ihm jährlich einige solche Wochen zu verschaffen! Von dem, was man da genießt und einträgt, zehrt und setzt sichs jahrelang zu bey der Dürre und dem Frost der Verhältnisse des Lebens." Zutraulich fügte er im gleichen Briefe hinzu:

„Gerne schickte ich Ihnen einen Haufen Bedenklichkeiten und Anmerkungen über das von mir in Dresden Gesehene: aber was sollten Sie damit anfangen? Lieber komme ich einmal nach dem lieben Weimar und sehe Sie von Angesicht. Da läßt sich in einer Stunde mündlich mehr abmachen, als auf einem halben Alphabet schriftlich. Dies Jahr will ichs aber nicht; das wäre Schwelgerey. Ich will Oekonomie treiben mit meinen Freuden und mit der Erfüllung meiner Wünsche und mirs aufheben. Ich wollte ich hätte etwa fünf Jahre lang Georg Forsters Geist und Darstellungsgabe: ich gäbe für diese Jahre die übrigen meines Lebens hin und schrieb erst Ansichten wie er — auch der Dresdner Sammlungen. Es giebt auch hier, meines Erachtens, so unbegreiflich viel blinde Nachbeteren, welche erhebt, wo nichts zu erheben ist; und anderes vergißt, worauf die Menschen um ihres Heils willen hingeleitet werden sollten. Welches Geräusch — um unter hundert nur Eins anzuführen — um manchen Rubens in der Gallerie, indeß man vom göttlichen Cignani kaum ein Wörtchen hört! Welches Preißen der musikalischen Kapelle und besonders des Ganzen derselben u. s. w."

Gleichwohl konnte diese allzu unbefangene Auffassung seines Freundes Freundes und Korrespondenten bei Rochlitz nicht dauernd vorwalten. Nur zu bald mußte er empfinden und sich überzeugen, daß er Ursache hätte sein Vertrauen einzuschränken und alle Nachrichten, die er an Böttiger sandte, darauf hin zu prüfen, ob sie eine ganze, halbe oder Viertelsöffentlichkeit vertrugen. Die Art, wie sich Friedrich Rochlitz hierbei nahm, ist außerordentlich gewinnend. Er spielte weder den Rückhaltenden und Besorgten, noch zog er Böttigers gute Meinung und freundschaftliche Gesinnung in Zweifel. Er zahlte Neuigkeiten redlich mit Neuigkeiten. Er eröffnete seine Pläne, Aussichten und Stimmungen dem Freunde nach wie vor. Aber er behielt fortan für sich, was höchstens zwischen zwei gesagt werden durfte. Ein einzigesmal, im Jahre 1803, konnte er sich nicht entbrechen den allzugeschäftigen und indiskreten Freund an eine jener zweideutigen Handlungen zu mahnen, die Böttiger in Weimar die Achtung Goethes und Schillers gekostet hatten und deren man sich seinerseits immer zu gewärtigen hatte. Rochlitz reiste im Sommer 1803 nach Berlin und hielt sich in der preußischen Hauptstadt einige Wochen hindurch auf. Befriedigt, beinahe beglückt meldete er nach der Heimkehr (Leipzig, 28. Juli 1803) dem Weimarischen Freunde: „In Berlin bin ich so aufgenommen und behandelt worden, wie noch nirgends und wie ich es wahrlich nicht verdiene. Nicolai und die Seinigen, Kotzebue (den ich aber wegen der Krankheit seiner Frau nach meinem Schreiben nicht wieder sehen konnte), Iffland, Weber, Zelter, Sander, Ungers, Woltmann u. s. w., alle haben mich mit Zutraun und Gefälligkeit überhäuft. Die drei Wochen in Berlin gehören bey weitem unter die ausgezeichnetsten und angenehmsten meines Lebens. Goethes Eugenia habe ich gesehen; mir zu Liebe gab Iffland zwey Wiederholungen der Braut von Messina, obschon bey leerem Hause, wie er vorher sahe; die Johanna von Orleans bekam ich auch, ein großes Ballet und eine Hauptprobe auf die göttl. Pyramiden gleichfalls; doch ich muß nicht ins Erzählen kommen, sonst reißt es nicht ab." Um dieselbe Zeit, in der sich Rochlitz in Berlin befand, hatte Böttiger auf einen Ruf dahin gehofft und war schließlich enttäuscht worden. Er klagte Rochlitz über Intriguen und Hemmnisse, die er von Seiten vermeinter Freunde in Berlin erfahren habe. Da versagte sich Rochlitz denn nicht seinerseits Böttiger an ein Vergehen zu erinnern, das wenige Jahre zurücklag und ihm zu Gemüte zu führen (Leipzig, den 10. August 1803): „Wenn ich Ihnen für die Mittheilung der Papiere, die mich in Ihrer Angelegenheit den Zusammenhang würde haben einsehen lehren, wenn ich ihn nicht schon mehr als gemuthmaßt hätte, da ich in Berlin war — gedankt habe, so sollen Sie von mir, obschon es unfreundschaftlich scheint, erinnert werden, daß eine Nemesis waltet. Ich schrieb Ihnen vor vier Jahren aus meinem Taschenbuch von so vielen einige Epigramme ab, und, wie ich ganz gewiß weiß, unter bestimmter Erklärung, sie wären blos für Sie, nicht für irgend Jemand anders, und Sie ließen dennoch einige abdrucken. Sie erinnern sich, daß eben damals ich sehr bestimmte Hoffnung haben durfte, bei der Erziehung eines der jüngern Prinzen (Ferdinands) angestellt zu werden, indem die Gräfin Voß mich bey der Königin vertrat und diese sich schon sehr vortheilhaft für mich geäußert hatte, bis die Sache an Zöllner kam, der eben damals der Königin ein historisch. Kollegium las und bestimmt um jener Zeilen willen sich alles zerschlug — denn sey es auch wie es wolle, man hatte mich vom Anfange, so wie Sander jetzt, ohne alle Umstände als Verfasser genannt, obschon nicht ein einziger Mensch von mir diese oder auch die aehnlichen Zeilen gesehen, auch ich noch nie irgend ein Epigramm ins Publikum gebracht hatte. Diese Erinnerung schiene nicht nur unfreundschaftlich, sondern wäre es wirklich, wenn ich nicht hinzusetzen müßte: Ich habe nachher gefunden, daß es für mich weit besser war jene Aussicht ging verlohren, als sie wurde erreicht."

Die männliche Bescheidenheit und die richtige Selbstschätzung des Schriftstellers giebt sich an hundert Stellen seiner Briefe eben an den Mann kund, der es an Aufmunterung, an Bewunderung und Überschätzung nicht des Strebens (denn das konnte in seinem Ernst, seiner Reinheit, seinem unablässigen Vervollkommungsdrange kaum überschätzt werden), sondern auch der damaligen Leistungen Rochlitzens zu keiner Zeit fehlen ließ. Gleich im Beginn ihrer Freundschaft (30. Juni 1798) hatte Rochlitz an Böttiger erklärt: „Was Sie mir Schmeichelhaftes sagen ist Aufmunterung — nichts weiter. Aber ein Mann wie Sie, muntert nicht auf, wo er gar nichts Aufmunternswerthes findet. Und das ist das Angenehme der Sache. Ich will also dieses Jahrhundert hindurch noch auf dem Wege fortgehen, auf den ich einmal gelockt bin. Ich will das, was ich nicht blos des Brodes wegen arbeite und für nichts achte — unter dem Gedanken schreiben: Würde Dein Freund in Weimar das billigen? Und da muß ich weiter kommen oder es fehlt mir an innerer Kraft dazu. Entdecke ich das letzte und kann ich deshalb mich nicht wenigstens in einige Buchhändlercelebrität hineinschreiben, um alle Einflüsse des Merkantilischen in meinen Arbeiten zu entfernen, so verkaufe ich mit dem neuen Säkulum meine Habe, schaffe mir eine Hütte, baue die nie undankbare Erde, pflanze meinen Kohl im Schweiße des Angesichts und verzehre ihn in Freude des Herzens. Vielleicht finden sich dann einige Nachbarkinder, die ich zu verständigen und glücklichen Menschen bilden kann — damit ich doch Etwas habe, was ich als Ruhekissen unter mein Haupt legen kann, wenn ich sterbe." Auch bei der Kritik, die August Wilhelm Schlegel in der Jenaer „Litteraturzeitung" über einige der moralisch=belletristischen Schriften von Rochlitz veröffentlicht, wußte sich dieser durchaus würdig zu verhalten und erwiderte Böttiger auf dessen Weheruf über die Besprechung:

(Leipzig, 30. August 99.)

„Vor acht Tagen erst — werden Sie es glauben? — habe ich Schlegels Recension meiner Bücher in der Jenaer Litterat.=Zt. gelesen. Ich bin sehr zufrieden damit. An einem Orte hat er mir Unrecht gethan — vielleicht liegt das an meinem Ausdruck, aber für mancherley Gegenbemerkungen bin ich ihm verbunden. Der vornehme Ton des Ganzen thut freylich nicht wohl; aber mit Menschleinchen wie ich, mags noch hingehen, wenn ihn die Herren nur nicht auch gegen Männer anstimmten. Tadel, der freymüthigste strengste Tadel der Sachen: aber Achtung der Personen, wenn sie diese verdienen, und sollten sie dieser auch nicht ganz würdig seyn, doch Schonung gegen sie — das würde ich mir zum Gesetz machen, wenn ich recensirte und habe es mir zum Gesetz gemacht bey den Anzeigen mancher musikalischen Produkte."*)

Dem Drängen Böttigers, sich an allen erdenklichen Zeitschriften zu beteiligen, namentlich auch Böttigers eigne journalistische Thätigkeit mit Beiträgen verschiedener Art zu unterstützen, setzte Rochlitz ein immer wachsendes Mißtrauen in seine Kraft entgegen, „ich erröthe über jeden Bogen Manuscript, den ich fertig mache und zittere vor jedem, den ich zum Druck fortsende", und läßt uns überall erkennen, daß mit seiner Geschmacksbildung auch die Strenge seiner Selbstkritik und der sehnsüchtige Wunsch wuchsen nicht blos für den Augenblick zu schreiben. Zu seinem Glück begründete er im Herbst 1798 in Verein mit den Herren Breitkopf und Härtel die „Allgemeine Musikalische Zeitung", ein Unternehmen, bei dem seine musikalische und seine philosophisch litterarische Bildung gleich sehr ins Gewicht fielen und dessen Seele er vom ersten Tage an war. Er dachte nicht gering vom ersten bedeutenden Versuche dieser Art, aber er legte auch hier eine bestimmte und ruhige Sachlichkeit an den Tag, die mit der quirlenden Geschäftigkeit und der ganz und gar auf Persönlichkeiten gestellten Weise seines Weimarischen Korrespondenten im entschiedensten Gegensatze stand. Er hatte sich natürlich an Böttiger, der Freunde, Bekannte, Korrespondenten in allen Ecken und Enden hatte, gewendet, um Nachweise und Mitarbeiter zu erhalten, und war auch in den folgenden Jahren in der Lage, die Empfehlung des Vielgeltenden für das neue Unternehmen mehrfach in Anspruch zu nehmen. Die erste Meldung davon hatte er (Leipzig, 30. Juni 1798) mit den Worten gethan:

„Von Michaelis dieses Jahres giebt die hiesige Breitkopf Härtelsche Handlung eine musikalische Zeitung heraus, die vielleicht Gutes schaffen und dem Geschmacke in dieser Kunst, der sich kaum gehoben hatte und schon wieder überall — wenigstens hier, in Dresden, Prag, Hamburg — im tiefen Fallen ist — wieder aufhelfen kann. Reichardt, Knecht, F. Müller ꝛc. sind Hauptarbeiter. Auch ich werde Schutt zufahren."
Kurze Zeit darauf konnte er Böttiger bereits für die öffentliche Anpreisung der Zeitung danken und ihm (Leipzig, 24. Oktober 1798) mittheilen:

„Herr Breitkopf, Härtel und ich wir danken gemeinschaftlich für die Anzeige der musikalischen Zeitung im Modejournal und übersenden Ihnen die ersten Stücke. — — — Verinteressirt sich das Publikum im Großen dafür, so kann das Unternehmen wirklich bedeutend werden: denn schon wollen Männer wie Salieri, Vogler, Forkel, Dittersdorf, Gretry und Cramer in Paris, Pink in London und eine Menge nicht weniger bedeutender Männer von allen Orten und Enden, außer den aus acht Mitgliedern bestehenden regulairen Arbeitern — hilfreiche Hand leisten."

Aber Böttiger begnügte sich damit nicht, er wollte mehr wissen, wollte vor allem klar sehen, wie weit sich der eigene Anteil, den Rochlitz an der Musikalischen Zeitung nahm, erstrecke. Rochlitz that ihm auch hierin genug, er erläuterte ihm aber gleichzeitig, warum er sich nicht öffentlich als Herausgeber, als die eigentlich entscheidende und letzte Instanz der neuen kritischen Anstalt nannte:

Deutlich genug sagte er ihm (Leipzig, 16. Februar 99.): „Uebrigens wundern Sie sich nicht, wenn ich öffentlich das, ich weiß nicht von wem verbreitete und freylich nur allzugegründete Gerücht, als sey ich Herausgeber der musikalischen Zeitung, ganz säuberlich von mir ablehne: denn wäre es allgemein bekannt, so hielt ichs nicht viele Wochen aus. Ich glaube, daß Sie sich zu allen, Menschen nur möglichen Ideen erheben, aber zu der Idee von der Unverschämtheit der Musiker ꝛc. nicht. Ich kalkulirte also vom Anfange an, so viel möglich in obscura zu bleiben und immer ohne Namen, außer dem des Redacteurs und immer in Gesellschaft mit meinen Verlegern, welche in mehrerer Rücksicht züchtigen und loslassen könnten — dies wäre das beste und das will ich auch zu erhalten (suchen). Vermuthen mag man's, nur nicht wissen!" und fügt in einem Briefe gleichfalls aus dem Februar 1799 aber ohne Tagesangabe hinzu: „Die musikalische Zeitung werden Sie hoffentlich von Zeit zu Zeit richtig erhalten haben. Das Institut wird sich erhalten, aber — o wie weit ist es noch von dem entfernt, was es meiner Idee nach werden konnte und meinen Absichten nach werden sollte! Was für eine Menge von Hindernissen habe ich, der ich bis dahin nie an einem aehnlichen Institut theilgenommen, erst bei der Ausführung kennen gelernt! Was für ein sonderbares untraktables Völkchen sind die Künstler! Was für eine seltene Erscheinung ist Kunstgeist und Kunstgefühl unter ihnen! —"

Hätte er Böttiger zu dieser Zeit schon so gut gekannt, als einige

Jahre später, so würde er sich freilich nicht gewundert haben, daß man in kurzer Frist an nur allzuvielen Orten nicht bloß vermutete, sondern sehr genau wußte, daß Rochlitz der Herausgeber der Zeitung war. Übrigens blieb sich auch bei diesem Unternehmen Rochlitz gleich, und die gelegentlichen spätern Erwähnungen der musikalischen Zeitung in den Briefen an Böttiger zeigen uns, wie sich in dem Wackern schlichtes Selbstbewußtsein und unerschütterliche Bescheidenheit paarten. Seit dem Beginn der Cottaschen „Allgemeinen Zeitung" hatte Böttiger seine großen Osterberichte über die litterarischen Neuigkeiten der Leipziger Buchhändlermesse in dieser Zeitung erstattet. Wie er zu Rochlitz stand und da er während seiner Meßfahrten sogar bei dessen inzwischen verwitweter Mutter zu wohnen pflegte, war es nur natürlich, daß er die Hilfe seines jüngeren Freundes für die musikalischen und musikwissenschaftlichen Erscheinungen in Anspruch nahm. Bei solcher Gelegenheit entschuldigte sich dann Rochlitz (Leipzig, 29. Mai 1805): „Die musikalische Zeitung hab' ich erwähnen müssen; und wurde sie erwähnt — da jedes andere Werk, das Lob verdiente, Lob erhielt und mithin hier Schweigen für Tadel gelten mußte — war ich auch genöthigt, so wunderlich mirs vorkam, sie zu empfehlen. Ich glaube aber dabey wenigstens bescheiden genug gewesen zu seyn und nur das ausgesprochen zu haben, was selbst der Gegner anerkennt und zugesteht." Als aber in den Kriegsjahren die vorzügliche Zeitung in ihren Einnahmen zurückging und Böttiger besorglich anfrug, ob unter diesen Umständen an eine Fortsetzung zu denken sei, entgegnete ihm Rochlitz (Leipzig, 30. September 1809) einfach: „Die musikalische Zeitung wird auf jeden Fall fortgesetzt, so lange sie gut bleiben und nützen kann und sollte ich noch mehr, sollte ich endlich alles aufgeben, was sie mir eingetragen hat." — Bekanntlich führte unser Schriftsteller die Redaktion des Blattes noch eine ganze Reihe von Jahren; erst beim Ablauf des Jahres 1818 legte er die förmliche Leitung des Blattes nieder und durfte erklären, daß er während der zwanzig Jahre seiner Redaktion schwerlich zwanzig Tage verlebt habe „wo er des Lesers gar nicht gedacht, sich um ihn gar nicht bemüht hätte". Im verhängnisvollen Frühling, Sommer und Herbst des Jahres 1813 mußte Rochlitz wegen Hemmung aller Posten die musikalische Zeitung fast allein schreiben. Und auch nachdem er sich der Redaktion entäußert hatte, fuhr er bis ins hohe Alter, bis in das Jahr 1835 hinein fort, der von ihm begründeten und hauptsächlich durch ihn emporgehaltenen Zeitung wertvolle Beiträge zuzuwenden.

Am Gedeihen der „Musikalischen Zeitung" nahm in seiner Weise auch Goethe lebhaften Anteil, er bestellte die gebundenen Jahrgänge der Zeitschrift und gewann durch Alles, was er von Rochlitz Urteilen las, das Vertrauen, das sich in seinem Briefe vom 3. April 1807 an Rochlitz aussprach, als er die bevorstehende Expedition des Weimarischen Hoftheaters nach Leipzig meldete. „Ew. Wohlgeboren werden gewiß den Vorstellungen mit Aufmerksamkeit beiwohnen und ich wünschte, daß Sie Ihre Bemerkungen mir künftig mittheilten. Es ist noch manches, das ich anders wünschte und doch läßt sich theils nicht alles leisten, wovon man überzeugt ist, und man gewöhnt sich auch nach und nach an Menschen und Manieren und läßt geschehen, was geschieht; dagegen ein frischer scharfer Blick manches entdeckt und der gute Rath eines Fremden manches leichter und wirksamer anregt als die Lehren eines lange bekannten und gewohnten Vorgesetzten." (Goethe an Rochlitz, No. 17 bei Biedermann.)

Dies Gesamtgastspiel (wie man heute sagen würde) der weimarischen Hofschauspieler im Stadttheater zu Leipzig im Jahre 1807 rückte Goethe und Rochlitz einander bedeutend näher, die einsichtigen Berichte, die Rochlitz nach des Meisters Wunsch über die Gesamtwirkung und die Leistungen der einzelnen Schauspieler erstattete, erhöhten Goethes Achtung vor dem feinen Kunstsinn, wie vor dem persönlichen Charakter des Schriftstellers. In die nächstfolgende Zeit fiel die Bearbeitung der „Antigone" des Sophokles, die Rochlitz auf eignen Antrieb begonnen hatte und auf Zureden Goethes vollendete, die Aufführung dieser Bearbeitung im Hoftheater zu Weimar am 30. Januar 1809 und der Dienst, welchen Goethe Rochlitz in Bezug auf dessen in demselben Jahre erfolgende Heirat leistete. Am 16. Juli hatte sich Rochlitz mit der bescheidenen Anfrage an Goethe gewendet, ob es nicht möglich sei, von seiten des weimarischen Hofes eine Rangerhöhung zu erhalten. „Besondere Verhältnisse, in welchen ich mich eben befinde, ohne jetzt noch weiter darüber sprechen zu dürfen, machen es mir bedeutend, zu der mir längst gegönnten Ehre, von andern ein Rat Seiner Durchlaucht des Herzogs von Weimar genannt zu werden, noch einen Zusatz etwa von einer Silbe wenigstens in petto zu haben. Dürfte ich wohl ohne anzustoßen oder doch eine Fehlbitte zu thun, darum ansuchen? und auf welchem Wege müßte ich es?" (Rochlitz an Goethe, bei Biedermann 39.) Schon am 20. und 21. Juli antwortete Goethe, der nach Schillers Wort „seine Existenz wohlthätig kund machte, wie ein Gott, ohne sich selbst zu geben," dem etwas zaghaften Wittsteller: „Was die andere Angelegenheit betrifft, so bin ich vielleicht im stande, in kurzer Zeit deshalb etwas angenehmes zu melden. Sie brauchen keine weitern Schritte zu thun," und setzt in einer Nachschrift hinzu: „Vorstehendes war geschrieben und gesiegelt, als ich das Dekret aus der Geheimen Kanzley erhalte. Serenissimus haben es mit Vergnügen unterzeichnet. Ich wünsche, daß es Sie erfreuen und Ihnen förderlich sein möge."

Am 4. Oktober 1809 konnte Rochlitz dann seinem Gönner in Weimar melden: „Endlich, so kann ich es mir selbst nicht versagen, Ihnen zu melden, daß eine der geehrtesten, edelsten, in jedem Betracht trefflichsten Frauen es übernommen hat, mich in dem Reste meines Lebens für das zu belohnen, was ich für ihr Geschlecht gethan und getragen habe. Sie war meine erste tief eingehende Jugendliebe, blieb immer der Gegenstand meiner geheimen Verehrung und will nun die Gefährtin meiner Tage werden. Vielleicht ist Ihnen selbst die ehemalige Henriette Hansen, nachherige Frau des verstorbenen Bankiers Daniel Winkler in Leipzig, nicht unbekannt. Ihre gütige Teilnahme an mir läßt mich hoffen, daß Sie auch diese glückliche Wendung meines Geschickes nicht ungern vernehmen werden." (Biedermann 44.) Um die Zeit, wo diese wahrhaft erfreuliche Wendung in seinem Leben eintrat, hatte sich Rochlitz, zu gutem Glück für unsere Teilnahme und Neugier, mit Böttiger wieder vollständig ausgesöhnt. Noch im Laufe des Jahres 1807 war es — wieder infolge der alten schlimmen Gewohnheiten des nunmehrigen Dresdner Hofrats — zu einem Zerwürfnis gekommen, das aus Rochlitzens freundlich abschließenden Worte, die Ubique zugleich für eine Warnung nehmen mochte, deutlich hervorleuchtet.

Beim Jahresschlusse (Leipzig, 29. Dezember 1807) schrieb Rochlitz: „Auch ich kann das Jahr nicht zu Ende gehen lassen, ohne Ihnen, werthester Freund, einmal wieder zu schreiben; kann es um so weniger, da Sie mir neulich wieder freundschaftlich entgegengegangen sind und dadurch meinen langgehegten Wünschen, zu vergessen, was sich etwa unsrer engern Vertraulichkeit entgegengestellt hatte, einen Grund untergelegt haben, auf den ich nur allzugern von neuem baue. Kein Wort also darüber, keine Erklärung, die in solchen Fällen nie etwas erklärt, als daß man einander noch nicht wieder recht trauet; und jeder unzeitige Dienstfertling, wie jeder gehäſſige Prahler ſey von mir abgewiesen. Kein Wort weiter." — Er kam auf Abgethanes auch nicht zurück und das Einvernehmen der Beiden scheint nicht wieder ernstlich gestört worden zu sein, und so konnte Böttiger der herzlich teilnehmende Vertraute des späten Glückes seines Freundes werden, wie er zu Anfang des Jahrhunderts der Vertraute schwerer Herzenskämpfe und herber Liebesschmerzen gewesen war. So männlich ernst sich Rochlitz überall darstellt, so hatte er doch zu keiner Zeit verleugnet, daß er der Sohn des gefühlsraschen und gefühlsseligen achtzehnten Jahrhunderts war. Und die Geschichte einer ersten, im letzten Augenblick wieder gescheiterten Verlobung glänzt wie ein Stück Roman und ein Lebensbild aus vergangener Zeit in den litterarischen Briefwechsel zwischen Rochlitz und Böttiger herein.

Im Verlauf des Sommers 1800 berichtete Rochlitz (Leipzig, 10. Juli 1800) an Böttiger: „Ich lebte fast einen Monat in und um Dresden — ein schönes, freyes, genußreiches Leben, abwechselnd im Arm schöner Natur, süßer Kunst und edler Freundschaft; ein Leben, das mir seiner Bedeutsamkeit für Kopf und Herz wegen, ewig in heiligem Andenken bleiben wird. Ich kam zurück und fand eine solche Menge indeß aufgehäufter trockener und matter Handarbeiten, daß ich einige Wochen für einen Begrabenen zu nehmen war; noch war ich daraus nicht ganz erwacht, als unvermuthet, wie durch einen Wetterstrahl, der zertrümmerte, aber nicht erleuchtete, irgend Etwas in dem ganzen Gange meiner verborgenen Schicksale entschieden wurde; ich lag nun da eine feine Weile zu Boden gestreckt, betäubt, gelähmt, und nur jetzt erst sammlet sich der etwannige Rest meiner Kräfte wieder und ich fange an, die Bande, welche mich mit guten und mir theuren Menschen zusammenfesseln, wieder anzu=

knüpfen." Es war genug, um Böttiger mit starker Wißbegier nach den
eigentlichen Erlebnissen des jungen Freundes zu erfüllen, und allerdings
viel zu wenig, um einen Rat, ja nur eine Meinung über die innern
Erlebnisse aussprechen zu können; indes trat eine Wendung ein, die
Rochlitz, der sich schon so resigniert ausgesprochen hatte, in den Himmel
glücklicher Liebeshoffnung erhob. Auf wiederholtes Andrängen seines
Weimarischen Gastfreundes entschloß er sich (Leipzig, 30. August 1800)
zu einer Generalbeichte: „Nun über mich! Omnes eodem cogimur! Sie
wissen Etwas von meiner langgeschätzten, hervorragenden Freundin Therese
a. d. Winkel in Dresden. Sie wissen, denk' ich, daß sie an Geist, ver=
bunden mit Geschicklichkeiten, Kunstfertigkeiten rc. sich ehrenvoll neben
unsere berühmtesten Weiber stellen darf; und daß sie, wegen ihrer reinen
Bescheidenheit, Anspruchslosigkeit und ächten Weiblichkeit von jedem Kenner
über die meisten gestellet werden muß. Nun, kurz und gut — das süße
Geschöpf ist meine Braut; ich bin der glücklichste Bräutigam auf Erden,
und Sie sind der erste meiner Freunde, der es erfährt. Könnte ich doch
darüber tagelang mit Ihnen sprechen! Das trockne eiskalte Geschreibe.
Indeß zwey Worte! Die Sache ging so! —
 Mutter und Tochter kannten mich lange aus meinen Schrifterehen
und hatten diese gern. Vor einem Jahre kamen sie auf zwey Monate
hieher; da lernte ich beyde persönlich kennen. Ich erstaunte, alles das
in einem 19jährigen Mädchen vereinigt zu sehen und war oft um sie,
um meine Weiberkenntnis zu bereichern. Man zog mich über die Art
wie diese und jene Teile ihrer Ausbildung vervollkommnet werden könnten rc.
zu Rathe. Ich tadelte was zu tadeln, lobte, was zu loben war; gab Rath,
wo ich Rath wußte. Man befolgte diesen, fand ihn gut. Bey ihrer Abreise
baten mich beyde, ihnen durch Briefwechsel zu bleiben, was ich ihnen
durch Umgang geworden; das geschah, aber weiter nichts. Unsere Briefe
waren und blieben wissenschaftlich, obgleich ganz vertraulich. Das liebe
Mädchen interessierte mich, aber nicht ein Fünkchen von Liebe war, meines
Wissens, in mir. Ich war auf meiner Hut, fest überzeugt, Alles könne
zu nichts führen. Nun kam ich zu Pfingsten dieses Jahres nach Dresden;
überraschte und in der ersten Überraschung entdeckte ich mehr, als ich je
geträumt — ja, gewünscht hatte. Das bemerken und sich selbst ganz
umgeschaffen fühlen war Eins. Indeß zwang ich mich, schwieg und machte
den Freyen, Glücklichen. Der Abschied gab mir Beweise, daß ich beim
Ankommen recht gesehen. Mit gebrochnem Herzen kam ich hier an,
entschlossen, Herr meiner selbst zu werden und zu bleiben. Ich ver=
mocht's nicht. Ich schrieb nun ganz offen — nicht nur in Ansehung
meiner Gesinnungen und Wünsche, sondern auch meiner Verhältnisse und
äußern Lage an die Mutter — eine sehr gebildete, vorurtheilsfreye, selb=
ständige und die Tochter unbeschreiblich liebende Frau. Können Sie eine
Hoffnung geben, schrieb ich, so händigen Sie der Tochter beiliegenden
ersten, dem Vater den zweyten Brief ein: können Sie jenes nicht, so
geben Sie mir baldige Entscheidung, diese Briefe zurück und Ihr Ehren=

wort, die ganze Sache in sich vergraben seyn zu lassen, wie sie dann in
mich vergraben wird. Ich erhielt Hoffnung von der Mutter, Beweise
der innigsten Liebe von der Tochter. Aber der Vater, ein herrlicher,
ächter Soldat, aber streng, düster — schrieb mir kalt. Ich schlage Ihnen
meine Tochter nicht ab, meine Einzige, sie kann ganz frey wählen; aber
ich glaube als ihr nächster und vertrautester Freund, dieser Verbindung
alles entgegensetzen zu müssen, was ein redlicher und erfahrener Mann
darf. Der Mutter machte er harte Vorwürfe. Nun, Freund, denken Sie
sich meine Lage! Hier den furchtbaren und doch edlen Greis: dort nur
zagende Aengstlichkeit und bey Theresen blutige Thränen rc. Ich that
alles, was sich wollte thun lassen: der Vater blieb vor wie nach. Endlich
reiße ich mich auf — gehe es wie es wolle: nur zu einem Ende! Ich
mache mich fort zum Alten, der jetzt als Major bei seinem Regimente
in Zeiz stehet — Aug' gegen Auge, Wort gegen Wort, Kürze gegen
Kürze, Mann gegen Mann, Bestimmtheit gegen Bestimmtheit — Montag
bis Mittwoch dieser Woche war ich dort, denn ich hielt das Wort, das
ich ihm in der ersten Minute der Unterhaltung gab: Ich gehe nicht
von diesem Orte, bis ich Entscheidung habe — sey es welche es sey.
Endlich auf einmal bricht des Vaters Herz durch die Rinde der Konvenienz
— Thränen stürzen aus den Augen, so reißt er mich an seine Brust,
überhäuft mich mit Achtung, Liebe, Vertrauen rc. Hier bin ich am Ende,
liebster Freund! Meine Freude, mein Glück auch hier mehr gefunden zu
haben, als ich nur wünschte — nicht nur willige Einstimmung, sondern
innigste Freundschaft und Liebe: darüber kein Wort. Ich bin mein Glück,
bin besonders meine Therese nicht werth. Freund, lassen Sie sich die
Herrliche empfohlen seyn und nehmen Sie sie auf unter die vielen schönen
Seelen, die an der Ihrigen ruhen dürfen." In den nächstfolgenden
Monaten dauerte dieser Glücksrausch noch fort, um nur zu bald einer
sehr schmerzlichen Ernüchterung Platz zu machen. Die Dresdner Malerin
und Virtuosin konnte sich nicht entschließen, ihren künftigen Hausstand
mit Rochlitzens Mutter zu teilen. Er aber war ein zu guter und pflicht=
getreuer Sohn, um seinem eignen Glück das Behagen der letzten Lebens=
jahre seiner alten Mutter aufzuopfern. Ein Ausweg ließ sich bei der
Beschränktheit der Mittel beider Verlobten nicht gleich finden; die hoch=
ablige Familie aber, die ohnehin mit halbem Widerstreben die Ver=
bindung bewilligt hatte, zog jetzt ihr Wort zurück. Rochlitz mußte (Leipzig,
12. Dezember 1800) kummervollen Herzens vermelden: „Wahrscheinlich sind
Ihnen meine unglücklichen Schicksale bekannt worden. Sie haben gedacht,
an meiner Teilnahme zweifelt er nicht; du willst nicht Erinnerungen ver=
anlassen u. s. w. Sie haben sich nicht geirrt; ich danke Ihrer Delikatesse.
Jetzt fange ich erst an, wieder an irgend etwas, außer dem, was mich
so unerwartet und unverdient darniederwarf, zu denken. Gestorben wär'
ich gern, und war ganz darauf eingerichtet und fertig." Er war in Folge
der Erschütterungen und Enttäuschungen schwer erkrankt und hatte die
Nachwirkungen davon lange zu empfinden. In seinem nächsten Briefe

(Leipzig, 30. Dezember 1800) hieß es: „Herzlichen Dank für Ihre Teilnahme an meinem Schicksal. Über den Gang desselben kann ich Ihnen aber in der That nicht schreiben. Nicht als wollte ich mich schonen und hätscheln; sondern im kurzen läßt sich darüber nichts sagen und ausführlich — nein, das werden Sie nicht verlangen! Also bleibe alles bis auf mündliche Unterhaltung. Von meiner Krankheit bin ich zwar frey, aber erholen kann ich mich noch nicht. Eine geistige und körperliche Mattherzigkeit und Trägheit, von der ich noch keinen Begriff hatte, hat sich meiner ermächtigt, so daß ich noch immer mich durchaus nicht zu irgend einer Arbeit, nicht einmal zum ernsten Lesen bringen kann."

Nach Jahren noch klang diese Saite in seinem Innern nach. Bald nach Böttigers Übersiedelung nach Dresden hatte dieser gemeldet, daß er mit Therese aus dem Winkel gesellschaftlich verkehre; sofort antwortete (Leipzig, 30. Oktober 1804) Rochlitz: „Sie kommen mit Theresen zusammen. So sehr ich Ihnen Recht gebe: ich wäre durch sie, als meine Frau, unglücklich geworden: so kann ich doch noch immer nicht ganz gleichgültig an sie denken. Sie soll manche sehr hübsche Kopieen nach der Gallerie gemacht haben und verkauft sie. Ich möchte wohl, daß Sie mir (wenn es ohne die geringsten Weitläufigkeiten geschehen kann) einmal etwas von ihr aussuchten und für mich kauften." Und als ein Vierteljahr später Böttiger in einer Geschäftsangelegenheit wiederum den Namen der Dresdner Malerin nennen mußte, da meint man in der Rückäußerung (Leipzig, 24. Januar 1805): „Über Ihren trefflichen Vorschlag, den Raphael in natürlicher Größe und in Umrissen zu geben, wird Ihnen Goeschen geschrieben haben. Es ist doch wunderlich genug, daß ich mit der Therese jetzt in solch' ein Verhältniß komme! Unter meinem Namen werd' ich ihr aber nie schreiben," noch den Groll wie die alte Liebe nachzucken zu fühlen.

Wer Therese aus dem Winkel nur in ihren spätesten Lebenstagen gekannt hat, in denen sie als eine Karrikatur ihrer selbst, komischer Altjungferlichkeit und wunderlich antiquierten Geschmacks erschien, hat kein Recht, ihrer Jugend die Möglichkeit einer anmuthigern Entwickelung abzusprechen. Aber des Gedankens, daß es sein Schicksal wohl mit Rochlitz gemeint, als es ihm diesen Herzenswunsch versagte, entschlägt man sich nicht. Freilich ging dem Wackern, Warmfühlenden die Jugend darüber hin, seine damalige Stimmung tritt uns deutlich genug aus den gefaßten Worten des schon erwähnten Briefes an Böttiger vom Ende 1807 (Leipzig, 29. Dezember) entgegen: „Von mir weiß ich Ihnen nichts zu sagen. Ich lebe nun so hin in der Thätigkeit, in welcher allein man mich glaubt brauchen zu können; weil ich nun eben keine andere habe, betreibe ich sie genau und nach bestem Vermögen, und thue — soweit das möglich ohne Unmuth und Verdruß — Verzicht auf Alles, was Einem zum Glück von außen her kommen kann und was gewöhnlich allein Glück genannt wird. Meine Mutter, die sich noch immer durchhilft, und ein paar vertraute Freunde sind, woran ich wirklich hänge und was ich recht eigentlich bebarf, alles übrige ist nicht unwillkommen, wenn es kommt, und nicht eben schmerzlich vermißt, wenn es wegbleibt. Eigentlich gedrückt fühle ich mich nur von dem allgemeinen Geschick, das jetzt über der im Durchgange begriffenen Welt waltet. Sie trauen mir zu, daß ich eine Ansicht fassen kann, aus welcher der Verstand allenfalls befriedigt und der Glaube gestärkt wird: wenn Sie mir aber auch zutrauen, daß damit mein ganzes Wesen gestillet und ausgeglichen sey, so bin ich dieses Zutrauens noch bei weitem nicht würdig. Lieb kann mir weder meine Thätigkeit, noch auch mein Leben überhaupt seyn, so lange ich mich kaum als den Tropfen — nicht einmal im strömenden Eimer, sondern im wogenden Weltmeer betrachten muß."

Für den Mangel, den er empfand, konnten den Liebebedürftigen weder litterarische Erfolge, noch die angesehene Stellung, die er nach und nach unter seinen Mitbürgern erwarb, entschädigen. Es wollte etwas heißen in dem Leipzig von damals, daß ein amtloser, unvermögender Schriftsteller wie Friedrich Rochlitz am 16. November 1805 in eine so streng patrizische Körperschaft wie das Direktorium der Gewandhauskonzerte (dem er bis zu seinem Lebensende fast vierzig Jahre hindurch angehörte) gewählt wurde. Aber es half Rochlitz nicht über eine wachsende Verstimmung, ein bitteres Gefühl verfehlten Daseins hinweg und er stand in Gefahr, in freudloser Weise seine Pflicht zu erfüllen und ohne Hoffnung zu arbeiten.

Da mit einem Male brachte das kriegerische Jahr 1809 die große entscheidende Schicksalswendung, auf die Rochlitzens Briefe an Goethe aus dieser Zeit bereits hingedeutet hatten. Wie ein Jungbrunnen rauscht es in dem an den Dresdener Vertrauten gerichteten Briefe vom 15. August 1809 auf: „Sie wollen gern an meine Frau schreiben und Ihr „Federkiel soll dann zum Zephyrettenflügel und jeder Buchstabe zum Rosenblatt" werden? Frisch denn, mein Freund! ich halte Sie beym Wort! Schreiben Sie, singen Sie, malen Sie — thun Sie was Sie wollen: nur freuen Sie sich theilnehmend meines Glücks, das größer ist, als ich mir je zu wünschen getraut habe. Und wie wunderbar erreicht! viel wunderbarer als es in irgend einer meiner Geschichtchen erzählt ist; unwahrscheinlicher wie irgend eine Unwahrheit! Alles nicht nur ohne menschlichen Plan und absichtliches Zuthun, sondern geradezu ihm entgegen! Ich schreibe ernstlicher als es scheinen mag: giebts eine providentiam specialissimam, so hat sie hier alles — alles gemacht! Hören Sie nur einige Hauptpunkte!

Meine erste Liebe — was natürlich wirklich diesen Namen verdiente — war auf nichts Geringeres gerichtet, als auf das Schönste, Liebenswürdigste, Gebildetste, was damals Leipzig hatte, und ohngeachtet hier Hoffnung Unsinn gewesen wäre und ich dies vollkommen erkannte, darum auch nie eine größere Annäherung suchte, als die erste der Horazischen fünf: so ging mirs doch unbeschreiblich tief ein. Ich floh Leipzig, und Entfernung, neue Lebensweise, Zeit und vor allem, daß meine Verehrte sehr früh und nicht glücklich verheiratet wurde, machte sie mir zur

Heiligen, deren Bild allmählich in den Hintergrund der Seele trat, doch nie ganz aus ihr verschwand. Daß eine beträchtlich spätere zweite Wahl (Therese aus dem Winkel) unglücklich war, eine dritte durch den Tod getrennt ward, wissen Sie, von da war mirs aber nie mehr Ernst, und selbst wenn ich mich überreden wollte, es sei Ernst, fühlte ich das heimlich Widersprechende in meinem Innern und trat aus Redlichkeit zurück. Jene Freundin hatte ich, seit sie verheiratet, bis angehenden letzten Herbst fast nie, in ihrem Hause wirklich nie und absichtlich nie gesehen. Von da an machten besondre Verhältnisse, ungesucht, ja gegen meinen Willen — da ich nur zu gut fühlte, daß dies nun geistig so ausgebildete herrliche Wesen mich von neuem sehr zu beschäftigen anfange — es mir unvermeidlich, sie öfters zu sehen, doch stets in zahlreicher Gesellschaft, wo ich mich planmäßig sehr fern von ihr hielt. Ihr, wie ich später erst erfahren, geht es vollkommen ebenso. Nun, Schlag auf Schlag und wider alles Vermuten stirbt ihr Mann, stirbt meine Mutter, müssen wir (gegen Absicht und Willen) einander öfters sehen, und so sind wir eins, ohne Zuthun, mit Widerstreben gegen die schöne Absicht des Geschicks, bis dies endlich nicht mehr gelingen will und wir zu empfangen wagen, was der Himmel selbst uns bereitet hatte. Meine nicht schwärmerisch ausgeputzte, sondern besonnen gewürdigte Glückseligkeit mag ich nicht zu schildern versuchen: aber ganz ruhig sei es gestanden, daß ich nie auf solche gehofft, ja sie zu wünschen mir nicht verstattet habe."

Die von Rochlitz mit Recht gepriesene schöne und ausgezeichnete Frau, deren Herz sich ihm in jenen glückseligen Sommermonaten erschloß, war Henriette Hansen, die Tochter des Handelsherrn Friedrich Ludolph Hansen (der im Rat die Würden des Stadtfähndrichs und Ratsbaumeisters bekleidete) und war in zarter Jugend an den Bankier Friedrich Daniel Winkler, den zweiten Sohn jenes reichen Bankherrn Gottfried Winkler vermählt worden, dessen Gemäldegalerie als eine der Merkwürdigkeiten Leipzigs am Ende des achtzehnten Jahrhunderts galt. Frau Henriette hatte aus ihrer Ehe mit Winkler zwei Kinder, Wilhelmine (geb. 1796) und Georg (geb. 1800), sie galt wie für eine der anmutigsten und gebildetsten, auch für eine der reichsten Frauen Leipzigs und besaß jedenfalls genug, um den ganzen Mißmut der großen Geschäftsleute und stattlichen Prunkfrauen ihrer Umgebung wachzurufen, als sie ihren Entschluß erklärte, dem Verehrer ihrer Jugend, dem wahrhaft trefflichen Manne ihre Hand und damit auch freilich Glücksgüter, veränderte gesellschaftliche Stellung, erhöhten Einfluß zu geben.

Rochlitz empfand das späte Glück rein und innig. Aus seinen Briefen während der nächsten Zeit spricht die Gewißheit, daß ihm diesmal keine Schicksalstücke drohe. „Meine gute, treue, herzliche Henriette, heißt es (Leipzig, 9. Oktober 1809), „ist munter wie ein Fischchen. Jeder bedeutende Vorfall, jede Veranlassung ihr Innerstes bedeutend zu entfalten, macht sie mir hochachtungs- und liebenswürdiger; zeigt mir auch immer klarer, daß eben für mich kein Wesen mehr geschaffen war. O liebster Freund, ist es schön zu lieben, was man hochachtet, so ist es noch schöner, sich von diesem wahrhaft geliebt zu wissen! Das hab' ich noch nie — noch nie so erfahren! Daß ich es noch erfahren mußte! Meine ganze Seele dankt dem Geschick das dies mir aussparte und mir selbst auch noch vollen Sinn dafür!" — Und einen Monat später (Leipzig, 7. November 1809) fügte er die Mitteilung hinzu:

„Vielleicht wundert es Sie, daß ich jetzt mit solchen Plänen, Vorübungen ꝛc. umgehe. Es ist mir selbst fast neu, wie ich das nun in mir finde. Allein, so wahr es seyn mag, daß ein gewöhnlich Verliebter für nichts Sinn hat, als für den Gegenstand seiner Verliebtheit, so wahr finde ich auch, daß wahre, glückliche Liebe das Herz für alles Edle, Schöne, Reine eröffnet, erweitert, stimmt. Und kömmt es dabey, besonders in etwas weit aussehenden Dingen, nicht leicht und nicht oft zur Ausführung — besonders bey so vielfältigen Unterbrechungen und Ableitungen, wie ich sie jetzt habe: so schlägt doch jede von außen ruhige, von innen belebte Stunde neue Ideen, Pläne und geistige Genüsse hervor, so daß man viel thut, wenn auch nicht viel treibt, viel genießt, wenn auch nicht viel besitzt. Ja, ich gestehe Ihnen, jede neue Woche oder vielmehr jeder neue Anlaß, wo meine Freundin ihr schönes Selbst tiefer entwickelt und heller zeigen kann, mehrt meine Hochachtung und innige Ergebenheit; mehrt auch meine Ueberzeugung, für mich, eben wie ich nun bin, mußte ein Weib, eben wie sie ist, geschaffen seyn, wenn ich alles das selbst erfahren sollte, was ich sonst aus der Theorie zu schildern, nicht selten übernommen hatte. Und wie sehr nun die Bemerkung auch ihr Glück steige mit jeder Woche, das meinige vermehre, mögen Sie selbst hinzudenken."

Bei den Auseinandersetzungen und Erbteilungen, die durch Frau Henriettes zweite Heirat nötig wurden, kam auch der Verkauf der bisher beieinandergehaltenen Gemäldegalerie Gottfried Winklers zur Sprache. Böttiger entfaltete großes Pathos für die Bewahrung dieser Kunstschätze und Rochlitz, der jetzt in goldner Laune war, ließ es sich angelegen sein (Leipzig, 4. Februar 1810) Spinnweben auf das Spulrad zu bringen: „Daß die treffliche Gemäldesammlung des seel. Winkler in Sachsen bleiben, daß sie der Leipziger Academie und Universität gelassen werden sollte — da hier durchaus gar nichts Oeffentliches der Art ist, woran der Künstler lernen, worauf der Lehrer der Aesthetik sich berufen, woran jeder junge Mann seinen Geschmack bilden und üben könnte: das ist freylich nur allzuwahr. Aber der Hof — sollte der je, sollte er besonders jetzt etwas dafür thun? Das ist wohl sehr zu bezweifeln; besonders da sich gegen alles, was Kunst heißt, der bekannte alte — wenn auch mürbe Schlagbaum M. legt, der nichts zum inneren Thor gelangen läßt, was nichts baar einbringt, sondern wol gar kostet. Anträge sind übrigens noch nicht geschehen. Vom Capital blos Interessen zu empfangen und dies selbst in Terminen, wäre unter den obwaltenden Umständen auch nicht anwendbar, wenn nicht wenigstens die Termine so gesetzt würden, daß das Ganze in vier bis fünf Jahren spätestens bezahlt wäre. Wenn wir Luftschlösser zu bauen versuchen wollen, so lassen Sie mich auch eines entwerfen. Sie, Ihre Freunde (Kügelchen z. B.) und ich wir suchen zehn reiche Liebhaber zu vereinigen, daß sie jeder 1500 Thlr. zu Bildern anlegten, wofür ihnen alles Gute überlassen und für jeden aus allen Hauptgattungen etwas so gewählt würde, daß jeder eine artige kleine Sammlung erhielte. Das überbleibende Geringe würde dann in eine Auction gegeben und würde doch hoffentlich den Rest der Summe abwerfen. — — Wie jetzt Europa steht oder wankt, hat es mir, was die Gemälde betrifft, immer am plausibelsten geschienen, man sucht einen französ. Gemälde=Händler zu gewinnen, der alles nähme und in der neuen Goldgrube Paris es (?) wo er sehr viel gewinnen könnte. Denn ich weiß durch Freunde in Paris, wie dort hin und wieder jetzt Gemälde, besonders ältere und fremde, gesucht und bezahlt werden!"

Inzwischen war im stillen alles für die Verbindung zweier vorzüglichen Menschen vorbereitet, eine stattliche Wohnung in der Klostergasse, im alten Thomaskloster selbst mit der Aussicht nach den Promenaden eingerichtet worden, die vor dem Frau Henriette gehörigen Hause in der Katharinenstraße den Vorzug von Luft und Licht hatte. Aus ihr schrieb dann Rochlitz (Leipzig, den 1. May 1810) dem Dresdner Hofrate seinen ersten Brief als Ehemann:

„Hier, mein theurer, herzlich geliebter Freund, lege ich das erstemal seit ich im Kloster und zugleich im süßesten Ehestand lebe, ein Blättchen zurecht, um es zu beschreiben. — — Zwar umnebelt noch das neue Glück, sowie das Unruhige meines jetzigen Standes, meinen Kopf und setzt mein Herz in eine fortdauernde Bewegung, bei welcher man kaum sitzen, geschweige schreiben kann: aber das thut nichts! ein Blättchen sollen Sie haben — was auch darauf kommen mag.

Vor allem muß aber mein und muß meiner herzinniglich geliebten Gattin Dank darauf kommen, für das Schöne und Gute und Treue, das Ihr letzter Brief uns sagt! Sie glauben kaum, wie sehr solche Theilnahme so vieler vorzüglicher und von uns mit Hochachtung und Liebe betrachteter Personen unser Glück vermehrt. Selbst die, welche, wie Sie wissen, in früherer Zeit uns manchen Tag verbitterten, fangen an, da sie uns nun in unserem Wesen sehen, nicht zu begreifen, wie sie sonst sich so haben nehmen können. — — Der 23te Februar war der Tag unserer Verbindung. Da die Verhältnisse uns kein Mittel, zwischen großer oder gar keiner Gesellschaft zuließen, erwählten wir frischweg das letzte. Niemand, ohne Ausnahme erfuhr den Tag. Selbst Mutter Hansen und mein Bruder, die einzigen Zeugen des Actus erfuhren denselben erst und im engsten Vertrauen den Tag vorher. Wir ließen uns, jedes von seinem Hause aus, in die Kirche tragen. Die Einrichtung der Trauung war von mir selbst mit dem Geistlichen, den ich durch alle geltende Mittel dazu bewogen hatte, gemeinschaftlich getroffen worden. Die Stille und Einsamkeit vermehrte das Feyerliche der Handlung. Seit meiner ersten Communion sind die heiligsten Religionsgefühle nicht so lebendig in mir

erweckt worden. Meine neue Gattin war fast so sehr angegriffen; aber
glücklich selig war sie. Dann blieben wir vier mit den Kindern und
deren Führer, einige Stündchen beysammen und es war gut, daß ich einiges
besaß, was die Rührung mildern und zu sanfter Freude stimmen konnte.
Kind nämlich und Apel hatten ihre Musengaben, ungewiß über den Tag,
mir schon früher versiegelt übersandt; und mein Frauchen hatte nun die
Siegel zu öffnen." —

Der Sommer des Jahres brachte dann idyllische Tage auf dem
schönen Landsitz im Dorfe Connewitz, der Frau Henriette und ihren
Kindern gehörte und Rochlitz vor allen Besitztümern seiner Frau lieb
wurde. Von Connewitz aus (12. Juni 1810) meldete er: "Wir leben
in unserem Landhäuschen sehr glücklich. Ich bin auch gewiß nicht un=
fleißig und würde schon noch strenger an die Ausführung mancher Lieb=
lingsidee gegangen seyn, wenn nicht dieselbe rauhe Kälte, welche Ihre
Weinberge verwüsteten (unser Weinhügeleinchen auch) nicht auch mir einen
Klapps versetzt hätte, den ich noch nicht ganz vergessen kann —" und
jeder folgende Brief ließ durchblicken, daß nichts sein sonniges Glück und
seine heitere Lebenszuversicht trübte als die unseligen politischen Verhält=
nisse jener Tage französischer Fremdherrschaft und deutscher Schmach.
Man errät, auch ohne Einblick in seine vertrauten Mitteilungen, wie dem
Manne zu Mut sein und immer mehr werden mußte, der schon 1807
geseufzt hatte: "Nur in würdiger Ruhe kann ich glücklich sein, wie nur
auf würdig Ruhende glücklich wirken. Warum starb ich nicht mit Huber
und Schiller!"

Die Briefe von Rochlitz an Böttiger waren demgemäß in den nächst=
folgenden Jahren mit politischen Ausblicken und persönlichen Eröffnungen
durchsetzt, die hinreichend an den Tag legen, wie der ungeheure Druck der
Zeit auf dem Einzelnen lag und lastete. Den gewaltigen Sturm, der
1813 Deutschland zugleich verwüstete und befreite, sah Rochlitz mit ahnen=
dem Geist und nicht ohne Hoffnung heraufziehen, aber bis zum Schwersten
war so vieles Schwere ohne jede Hoffnung zu bestehen.

Im Sommer 1811 mußte er an Böttiger berichten: "Welch einen
Einfluß die letzten politischen Veränderungen auf Leipzig haben, können
Sie sich wohl kaum denken. Wer die Dinge nur von weitem kennt, nur
auf die äußere Erscheinung achtet, wird das kaum finden, wird vielleicht
wenig mehr entdecken, als daß wir keine Bälle, keine Gastmäler u. dergl.
mehr haben: aber wer Gelegenheit und Theilnahme genug besitzt, um das
Innere so vieler Häuser zu betrachten, der siehet es anders und kann
nicht ohne Sorge für die Zukunft seyn. Dazu kommen noch, wie gewöhn=
lich, die mehr oder weniger grundlosen — wenigstens bis jetzt grundlosen
— Erwartungen von Fortschritten des Begonnenen u. dgl. und so wird
ein gewisses aengstliches Mißtraun, eine hemmende Sorglichkeit und jede
Freude störende Selbstquälerey immer herrschender." Nach dem Ausbruch
des Kampfes zwischen Napoleon und dem gezwungen mit ihm marschie=
renden Europa einer= und Rußland andrerseits, mußte Rochlitz dem

Freunde gestehen, daß er einen geplanten Ausflug nach Dresden nicht ausführen könne.

„Ueberdies haben die Einquartierungen und dgl. heißt es (Leipzig, 11. Mai 1812), „uns in der letzten Zeit so überaus arg mitgenommen, daß wir eine Weile möglichst Oeconomie treiben müssen. (Mußten wir doch zu den Revenuen des Hauses in der Catharinenstraße im letzten Halbjahr baares Geld zulegen!)" Und aus dem Herbst des gleichen Jahres findet sich ein undatirtes Billet: „Was Sie mir aus der großen Welt schrieben, war mir sehr anziehend. Ich kann es nur verdanken, nicht vergelten: wir wissen nichts, als was die Sperlinge auf den Dächern zwitschern können oder was keiner Wiederholung werth ist, da es keinen Grund hat. Ich werde es mit vielem Dank annehmen, wenn Sie mir zuweilen aus Ihren bessern Quellen etwas mittheilen: denn jetzt gegen solche Angelegenheiten gleichgültig seyn, hieße an dem Schicksal der Menschheit selbst nicht mehr theilnehmen wollen. Und wer das nicht wollte, sollte nicht mehr zu dieser gehören."

Unheil jeder Art drohend brach das Jahr 1813 an. Bereits im ersten Monat desselben schrieb Rochlitz (Leipzig, 25. Januar 13): „Voll Sorgen über das, was uns erwartet, schreibe ich Ihnen, mein Freund, um in der Unterhaltung mit Ihnen eine Erheiterung zu finden. Nachrichten der verschiedensten Art laufen hier von allen Seiten ein; und beweisen sie gleich, selbst durch ihre Verschiedenheit, daß sie mehr oder weniger durch Furcht dictirt sind, so kann man sich doch nicht vor ihrem Einfluß auf die Stimmung der Seele ganz verwahren. Von dem Vaterländischen beunruhigt die Wohlwollenden das Gerücht von der vorbereiteten Abreise des von Freund und Feind geehrten Königs am meisten: nicht als ob man die Rathsamkeit derselben bey gewissen Ereignissen nicht anerkennte, sondern wegen der dann zu besorgenden Stimmung des Volkes und auch mancher andern dann wohl unvermeidlichen Folgen. Mein Wunsch an die Vorsehung ist, wie Sie wissen, nie gewesen: laß uns nicht mit Andern, wär' es auch schwer tragen! sondern nur: bewahre uns vor der Nähe des Kriegsschauplatzes und dem, was davon Folge seyn muß! Wird auch dieser Wunsch vereitelt werden? Nun wir wollen Fassung, Behutsamkeit und Ergebung bewahren: dolor hic proderit olim, richte uns auch hier auf! — — Ueber die schrecklichen Begebenheiten jener Unglückswochen in Rußland haben wir hier Briefe erhalten, die wahrlich alles übersteigen, was ich je, aus welcher Periode der Vorzeit es auch sey, gelesen habe — nicht in Ansehung der Sachen selbst (denn wer die Geschichte kennt, kann sogar das unerhört nennen!) aber doch in Ansehung des Gräßlichen der Erscheinungen. Auch scheint die Wirkung davon auf die Stimmung, nicht etwa blos, sondern sogar nicht einmal zuvörderst, auf die zurückkommenden Teutschen, sondern bey weitem am meisten auf Franzosen und Italiener, ungeheuer zu seyn. Kein Deutscher würde sich, selbst im vertrauten Zirkel, Aeußerungen erlauben, welche hier nicht selten von solchen Militairs öffentlich ausgestoßen werden." Als Ende März und Anfang April Sachsen von der preußisch-russischen Armee überzogen, Leipzig besetzt wurde, offenbarten Rochlitzens Briefe genugsam die vaterländische Gesinnung des Mannes, dessen König leider und (wie Rochlitz richtig voraussah) unabwendbar auf der Seite der Franzosen stand. Während des kurzen Frühlingstraums rascher Befreiung, läßt er sich (Leipzig, 9. April) gegen Böttiger vernehmen: „Wir haben die letzten Wochen der französischen Herrschaft schwer gelitten, ohngeachtet der Vicekönig [Eugen Beauharnais] viel Humanität zeigte. Die Ordonnateurs, die Commissaires ꝛc., die nicht eigentlich unter ihm stehen und an die er sich nicht zu wagen scheint, wegen ihrer directen Verbindung mit Paris, quälten und praßten bis zum letzten Tage vor dem Einrücken der Cosaken, und mich hatte eben das Unglück betroffen, den übermüthigsten und quälerischsten aller Ordonnateurs in meinem Hause zu haben, wo seine Spuren noch jetzt mit Aerger zu sehen sind."

Am 21. April heißt es: „Ueber öffentliche Angelegenheiten läßt sich nicht gut schreiben. Zwar möchte, was ich hier und allerwärts schreibe, wie, was ich denke und empfinde, jedem Manne von Einsicht und Redlichkeit bekannt werden: aber im Drange des Krieges kann man auch zu gewissen bedenklichen Geschäften nicht immer die Einsichtsvollsten und Wohlwollendsten haben." — — „Dies ist doch wahrlich in der Geschichte des Jahrtausends noch nicht dagewesen — dies sowie die Anstrengung des preußischen Staates überhaupt. Der Gott des Rechts segne diese, sowie alle Aufopferung derer, die für das Recht kämpfen!"

Als dann die Schlacht von Lützen (Großgörschen) dem frohen Traum ein bittres Ende gemacht hatte, die Rückkehr der französischen Heere härter als je auf Land und Leute, auf Herz und Gemüt drückte, lesen wir:

(19. Juni 1813).

„Der treue Kapp hat meiner Frau sehr liebevoll, aber auch sehr traurig geschrieben. Wer kann aber auch jetzt anders, wenn er einmal öffentliche Angelegenheiten berührt. Ich habe absichtlich veranstaltet, daß ich in diesem meinem Zufluchtsorte (Connewitz) nichts erfahre, als wo ich wirklich nöthig bin oder helfen kann. Ich kann es nicht beschreiben, wie wohl es mir schon thut, hier nicht stets vor den äußeren Sinnen zu haben, was sich in Städten nicht vermeiden läßt." Und wenige Wochen später (Leipzig, 24. Juli 1813): „Zum erstenmal in meinem Leben setze ich mich an Sie, liebster Freund zu schreiben, ohne zu wissen was. Was ich schreiben dürfte mag ich nicht: was ich möchte darf ich nicht. — Ich lebe mit den Meinen noch in Connewitz und genieße überhaupt Vortheile, wie jetzt sehr wenige in Leipzig. Ich verkenne das nicht, ich danke dem Geschick: aber mein Herz ist nicht recht dabei und freuen kann ich mich kaum einzelne Stunden eine Woche über. Es ist ein niedergebeugtes, matt resignirtes Wesen fast in alle denkende und fühlende Leipziger Mitbürger gekommen und auch ich habe es nicht von mir abhalten können. Ich arbeite viel, um es wenigstens nicht zu empfinden: aber in Stunden der Einsamkeit, besonders an stillen frühen Morgen, wo ich gewöhnlich auch körperlich mich gar nicht wohl befinde, überfällt es mich oft schwer genug."

Auch die tagebuchähnlichen Niederschriften, zu denen sich Rochlitz während der Unheilstage der Leipziger Schlacht gedrängt fühlte, stellten einen Brief an den Dresdner Freund vor, einen Brief der sich freilich zum kleinen Buche erweiterte und als solches eines der denkwürdigsten Zeugnisse eines weltgeschichtlichen Moments bleibt. Schon Goethe nannte das Tagebuch der Schlacht bei Leipzig: „eine der wundersamsten Productionen, die sich vielleicht, ja man darf wohl sagen ereignet haben. — — Das Unbewußte, Desultorische der überdrängtesten Augenblicke — von gefahrvoller Beobachtung kaum zu überlebender Momente zum Flügel, um das Herz zu erleichtern, zum Pult, um Gedanken und Anschauungen zu fixieren — ist einzig; mir ist wenigstens nichts ähnliches bekannt. Diese bewußte Bewußtlosigkeit, dieses unvorsätzliche Betragen, diese bedrängte Thätigkeit, diese nur durch Wiederkehr zu gewohnten, geliebten Beschäftigungen gefundene Selbsthilfe, wo eine im augenblicklichen bänglichen Genuß erhaschte Wiederherstellung schon genügt, um größeren Leiden mit unverlorener Selbstständigkeit wieder entgegen gehen zu können — alles dieses ist ein Document für künftige Zeiten, was die Bewohner Leipzigs und der Umgegend gelitten haben, als das Wohl der Deutschen nach langem Druck sich endlich wieder aufrichtete."[8]) Die Aufzeichnungen, die vom 25. September bis zum 26. Oktober 1813 reichen, vergegenwärtigen die Schrecken des Entscheidungskampfes in ihrer Rückwirkung auf eine beengte bürgerliche Welt und die jäh wechselnden Stimmungen einer vaterländisch gesinnten und menschlich warm fühlenden Natur unter den Eindrücken jener Tage der Gefahr. Gleichmäßig tritt uns aus den ersten Blättern die ganze Härte und Abscheulichkeit des Druckes, den die Ober- und Unterlinge des französischen Kaisers damals dem unglücklichen Sachsen auferlegten und die Hoffnung entgegen, von der Geister gleich dem Rochlitzens mitten unter der Not der Zeit erfüllt waren. „Das Unschuldigste kann jetzt gemißdeutet, das Einfachvernünftigste verpönt werden und wird es. Es sind hier in diesen Tagen wieder einige nicht unangesehene, und als besonnen und wohlgesinnt bekannte Männer eingekerkert worden; Niemand weiß noch recht, warum?" — — „Wende ich mich auch mit Gewalt ab von dem, was rohe Übermacht im Ganzen und Großen übt, so ringe ich doch vergebens mit mir, den Eindruck los zu werden, den einzelne Scenen, den Sinnen aufgedrungen, auf mich machen; z. B. erst vorhin ein einziger kurzer Gang über die Straße. — — — So mehrt sich von Tag zu Tag, selbst für mich Einsamen der Anblick nicht nur des tausendgestaltigen Kriegselends, sondern auch dessen, was empört, selbst das Volk, ja den Pöbel. — — Wie wir nun hier umgeben und eingerammt sind, darf man nicht etwa wagen; gewisse Ideen schreibend zu verfolgen: an eine Mittheilung ohne ganz bestimmte, irdische und verdächtige Zwecke glaubt keine französische Behörde." Und: „es ist ein dumpfes Treiben und Wogen, ein Zusammenlaufen und Aengsten auf den Straßen und allen geräumigen Plätzen, ein unbestimmtes Hoffen, Fürchten, Klagen, Drohen — fast wie es Sallust so trefflich schildert, wo er von Rom und Catilinas Auszug spricht." — Die ersten Oktoberwochen brachten wachsende Uebel, steigende Besorgnisse, empfindliche Entbehrungen und immer peinlichere Eindrücke jeder Art. „Wohin man den Blick wirft — dort ungezügelte Roheit, kalte Gewaltthat und was sich an das Eine oder Andere zu hängen pflegt, offen, übermütig, nicht selten mit empörendem Hohn dargelegt: hier Not und Elend in den vielfältigsten oder Schändlichkeit sich ihnen zu entreißen in den ekelhaftesten Gestalten; dabei kein lichter, das Auge erfreuender, das Herz belebender, den Mut anfachender Punkt und Halt, außer in dem Allgemeinsten, was aber beym gewaltsamen Andrängen des Einzelnen, hält es auch im Geiste stand, das Herz nicht füllt und den Sinn preisgiebt." — Und doch waren es nur die Vorspiele der Schlachttage selbst, die dem Wackern bereits so gewaltige Erschütterungen brachten. Ergreifend ist es, wie dann der von fern beobachtete Riesenkampf rings um die Pleißenstadt in seinem Auf und Ab auf die Natur des Eingeschlossenen und Bedrängten wirkte, der natürlich nur eine Hoffnung, den Sieg der Verbündeten, haben und hegen konnte, mochte dieser Sieg für den Augenblick noch so viel Elend und Gefahr bringen. Den tiefsten Blick in die edle Seele des Mannes gewährt seine Erinnerung an jene furchtbare Stunde des sechzehnten Oktober, in der Napoleon bei Wachau das Heer der Verbündeten unzweifelhaft zurückgedrängt hatte und die Glocken von Leipzig auf französischen Befehl ein Siegesgeläute anstimmten. „Vor mir lag in scharfen Umrissen, zusammengedrängt und in einer Klarheit und Präcision wie niemals, was das deutsche Vaterland in seiner seitherigen Entwürdigung gelitten, was es jetzt gehofft, gethan, geopfert hatte, was es, wenn nun dies, das Letzte, umsonst sey, mit Wahrscheinlichkeit leiden, was es werden müsse, wobey mir am gräulichsten erschien, was der Anblick des überall siegenden Bösen wirken werde; und indem mein Herz davon durchdrungen ward, daß ich kaum Athem schöpfen konnte, trat es, wie gesagt, zugleich vor meine Phantasie, wörtlich genommen in so bestimmten Gestalten und Scenen, daß ich hätte glauben müssen, es als Erscheinung vor meinem leiblichen Auge zu haben, wäre mir nicht dabei das lichteste Bewußtsein geblieben. — Indeß waren Frau und Kinder mit Fernröhren auf dem obersten Boden des Hauses verweilt: sie wollten die Überzeugung erzwingen, man irre sich. Und eben jetzt, wo ich in jene Bilder gänzlich verloren stehe, dröhnt das Vive l'Empereur! auch zu ihnen hinauf, die Glocken fangen den Siegeston an: da fliegen sie die Treppe herab, zu mir, und laut weinend, mich krampfhaft umklammernd ruft meine Henriette: So ist auch das und alles vorbey! Ein Gefühl innern Grimmes, das meinen ganzen Körper durchschüttelte und mir Thränen auspreßte, stemmte mich, daß ich sie, die Sinkende, fest hielt; reizte mich aber auch zu dem schonungslosen Ausruf — den ich freylich erst nachher von ihr selbst erfuhr: Laß uns sterben! ein Leben, wie es uns nun erwartet, ist ohne Werth, und kann auch uns nur verschlechtern! — Da traten die Kinder,

Georg laut weinend, Wilhelmine verstört und wie erstarrend, an uns heran: wir zogen sie in unsere Umarmung. Was nun gesprochen ward, was wir empfanden und thaten, das — auf eine feine Weile wissen wirs nun alle nicht mehr. Überhaupt fanden wir erst nachher uns selbst wieder, und dann wenigstens so weit in Liebe erleichtert, daß wir von neuem, wenn auch nicht an uns, doch an den weiteren Gang der Zeitereignisse denken konnten."

Die Ereignisse brachten den furchtbar großen Tag des achtzehnten und den des neunzehnten Oktober, die entschiedene Niederlage des französischen Heeres, die Erstürmung Leipzigs durch die Verbündeten. „Diese Stunden, o diese Stunden," schrieb Rochlitz, „lohnend für tausend Drangsale, beschreibe wer es kann! Wo sollte ich anfangen auch nur mit dem, was ich selbst gesehn, selbst erfahren, wo enden?" Aufjauchzend über die Befreiung, mit sehnendem Blick in eine glücklichere Zukunft schauend, suchte er mannhaft die Gegenwart, die auch nach dem Sieg noch entsetzlich war, zu tragen, suchte zu ordnen, zu raten, zu helfen, so viel in seinen Kräften stand. Unmittelbar nach den furchtbaren Eindrücken der Leipziger Schlacht, erwuchs Rochlitz aus der während all dieser Jahre gepflegten Beziehung zu Goethe eine der wohlthätigsten Erquickungen seines Lebens. Er hatte sich entschlossen im Dezember 1813 einige Wochen nach Weimar zu gehen, „einige Ruhe und milder erquickende Eindrücke" zu suchen, die er „nirgends näher, werter und schöner" als im lieben Weimar wußte. Er hatte, wie sich zeigte, mit Recht gehofft, im persönlichen Verkehr mit Goethe diese Ruhe und diese Eindrücke zu finden. Nach einem dreiwöchentlichen, aber ihm zeitlebens unvergeßlichen Aufenthalte in der Ilmstadt, wo ihm Goethe, der Rochlitz jetzt auch menschlich immer näher rückte, köstliche Tage bereitet hatte, durfte er von Leipzig aus an Goethe schreiben: „Ew. Exzellenz sage ich nochmals von Grund des Herzens Dank für alle die viele Güte, die Sie mir und den Meinen in Weimar bewiesen. Wahrlich, Sie haben mich recht eigentlich erquickt, meinen gebeugten Sinn neu gehoben, mich für Leiden und Wirksamkeit, wie sie mich hier erwarteten, gestärkt und mir für den ganzen Rest meines Lebens viele überaus schöne Erinnerungen gegeben. Das Schicksal hat mich mit manchem großen Manne zusammengebracht: aber nie — nie hat einer auf mich eine Wirkung gemacht, die sich, ich will noch gar nicht sagen im Grade, sondern auch nur in der Gattung, mit der vergleichen ließ, welche ich durch Sie empfunden. Sage ich Ihnen da etwas Alltägliches, das wohl hunderte schon Ihnen gestanden haben, so lassen Sie mir es zu, weil es mir wohlthut und ich es ja mehr vom Herzen los als gesagt haben will. Möge nur ich durch dies Beisammensein nicht bei Ihnen verloren haben. Ich kam so geschwächt an Geist und Körper zu Ihnen; ich war der Freude so entwöhnt, daß ich mich in ihr, wie in einem guten, aber neuen Rocke, nicht frei bewegen konnte. Wie dem aber auch sei, eins bleibt gewiß: so lange ich lebe, gehöre ich in meinem Sinne Ihnen an, wie nur irgend einer; und wollten Sie auch, daß ich Ihnen nicht einmal mehr merken ließ: es bliebe doch so!" (Rochlitz an Goethe, Leipzig, 24. Dezember 1813, Biedermann 59.) Herzlich und warm, auch eigenhändig und das beliebte Diktieren beiseite lassend, antwortete der Zeus von Weimar: „Erhalte Sie Ihr guter Geist über der Woge des Augenblicks, gedenken Sie meiner in Liebe und bleiben Sie überzeugt, daß ich Ihre schöne Persönlichkeit rein zu schätzen weiß!" (Biedermann 60.)

Und nun, als mit dem Frühling 1814 der erste Lenz aufging, dessen man sich seit langer, langer Zeit einmal wieder erfreuen konnte, als vollends seit 1816 der gesicherte, von keiner Seite her mehr bedrohte Friede das geistige Leben, den künstlerischen und litterarischen Genuß gleichsam wieder in seine verloren gewesenen Rechte einsetzte, nun gab sich auch Rochlitz sowohl seinen eignen Arbeiten, wie der eifrigen Vertretung und Verbreitung dessen hin, was außer allem Vergleich mit dem stand, was er selbst vermochte. Man muß die beglückten, beinahe jauchzenden Briefe lesen, mit denen er noch vor dieser friedlichen Zeit die ersten Bücher von Goethes Selbstbiographie begrüßt hatte, muß Rochlitzens Kritik über das Werk (in der „Leipziger Litteraturzeitung" vom Februar 1812[4]), mit andern Kritiken des unsterblichen Werkes vergleichen, muß sich die ganze unabläßige, treue Verehrung und das einsichtige Verständnis vergegenwärtigen, die Rochlitz rein und warm bethätigte, um die Äußerungen Goethes, die sich durch gewisse Briefe des Dichters zwischen 1812 und 1820 hindurchziehen, ganz zu verstehen. Wenn Goethe am 30. Januar 1812 (Biedermann 54) schreibt: „Langmut ist nur dem zuzumuten, der sich bei Zeiten den Dédain du Succès angewöhnt hat, welchen die Frau von Staël in mir gefunden haben will. Wenn [sie] den augenblicklichen, leidenschaftlichen Succès meint, so hat sie Recht. Was aber den wahren Erfolg betrifft, gegen den bin ich nicht im mindesten gleichgültig; vielmehr ist der Glaube an denselben immer mein Leitstern bey allen meinen Arbeiten. Diesen Erfolg nun früher und vollständiger zu erfahren, wird mit den Jahren immer wünschenswerter, wo man nicht mehr viel Stunden in Gleichgiltigkeit gegen den Augenblick zuzubringen und auf die Zukunft zu hoffen hat. In diesem Sinne machen Sie mir ein großes Geschenk durch Ihren Aufsatz, und bethätigen dadurch abermals die frühere, mir schon längst bewährte Freundschaft." Wenn Goethe am 18. April 1809 (Biedermann 82) ausspricht: „Es ist der Mühe wert, gelebt zu haben, wenn man sich von solchen Geistern und Gemütern begleitet sieht und sah; es ist eine Lust zu sterben, wenn man solche Freunde und Liebhaber hinterläßt, die unser Andenken frisch erhalten, ausbilden und fortpflanzen", so wird auch der Schwarzsichtigste hierin keine Komplimente, sondern Ausdruck von Empfindungen erkennen, zu denen der große Dichter gute Ursache hatte. Denn wie hoch auch Goethe stand, die Zahl derer, die sein großes Verdienst unwillig anerkannten, war selbst damals in seinem beglückten Greisenalter immer noch größer, als die Zahl derer, die, wie Rochlitz, in den Kern der Dichterpersönlichkeit eindrangen und den gewaltigen Kreis überschauten, zu dem sich dieser Kern erweitert hatte.

Die erprobte Zuverlässigkeit Rochlitzens erstreckte sich eben auf höhere und tiefere Dinge, als auf die geschäftlichen Angelegenheiten, mit denen Goethe den Leipziger Freund zuweilen betraute. Der Streicher'sche Flügel, der im letzten Jahrzehnt von Goethes Leben im Goethehause zu Weimar stand und auf dem sich Hummel, Maria Szymanowska und Felix Mendelssohn=Bartholdy hören ließen, wurde durch Rochlitz bei C. F. Peters in Leipzig ausgesucht; die Verhandlungen mit der Weygandtschen Buchhandlung wegen der Neuausgabe des „Werther" von 1824 gingen durch Rochlitzens Hand. Aber dies alles geschah doch nur nebenbei (obschon Rochlitz natürlich jeder Dienst Freude machte, den er Goethe leisten konnte), die Hauptsache blieb der geistige Verkehr, der immer vielseitiger und bedeutender wurde.

Von besondrer Bedeutung erscheinen hier die Briefe, die an die bekannten Aufsätze in Kunst und Altertum gegen die römisch=deutsche Malerschule anknüpften und in denen die innere Übereinstimmung des Leipziger Kunstfreundes mit Goethes Grundanschauungen und zugleich die äußere Unabhängigkeit von gewissen Überlieferungen und Zufälligkeiten der W. K. F. (Weimarer Kunstfreunde) entschieden hervortritt. Mit Goethe und dem Kunstmeyer teilte Rochlitz die tiefste Abneigung gegen die katholisierende, von dem Schlegel'schen Kreise in Wien inspirierte Pseudo=romantik der jungen deutschen Maler in Rom, mit Goethe und seinen Freunden von der freien Zeichenschule in Weimar war er geneigt, streitbar gegen alles Nazarenertum, allen künstlich künstlerischen Archaismus, gegen die Verachtung des Naturstudiums aufzutreten. Aber zugleich wußte er auch, daß es nicht frommen und fruchten könne, die Jugend auf jene falsch antikisierende Kunst= und Malweise zurückzuweisen, deren Vertreter Mengs, Füger, Maron, Bury, Tischbein, Unterberger gewesen waren und an denen in der Hauptsache Goethes Freund, der Kunstmeyer, festhielt. Entschlossen sprach daher Rochlitz in seinem Briefe vom 21. Mai 1817 (Biedermann 70) aus, daß Goethe „das Löbliche, ja Treffliche im Sinn und Willen und Vermögen der Bessern jener Verirrten zu einem schönen Zweck führen" möge, er ahnt, daß die bloße Negation, wie sie Meyer genügte, nichts fördern könne. „Denn — alles andre unerwähnt — haben die Bessern jener Altneuen nicht und zum Teil in bewunderns=würdiger Tüchtigkeit erreicht, was in den glänzendsten Zeiten der Kunst Italiens, Niederlands und Deutschlands die Schüler — zu erreichen angehalten wurden, und was später zum großen Nachteil der Kunst von der Jugend nicht mehr erlangt werden konnte? Und sind sie, eben jene Bessern, nicht noch jung, fähig, rüstig, geistig gestimmt? Und sollte nun, da Liebe zur Kunst und Begünstigung derselben unter so vielen Lieb=habern, vornehmlich in Deutschland, wieder aufgekommen und mithin Ermunterung, Gelegenheit, selbst Ruhm und Lohn wackere Künstler erwartet, auch im ganzen ein gewisses Streben nach Erlernen und ein Verachten nichtigen Tandes im Leben mehr, als seit hundert Jahren in der Nation herrschend geworden ... sollte da diesen jugendlichen Talenten nicht auch im höheren und reineren Sinne des Wortes „der Geist" zu

Frischheit und Eigentümlichkeit nahen, wenn auch erst ihre Köpfe frei gemacht, der Sinn im allgemeinen aufgeschlossen und Kopf und Sinn mit dem Auge und der Hand zugleich der Natur, der Wahrheit, dem Leben in ihrer Fülle, Bedeutung und Anmut wieder zugewendet sind?"

Aus dieser Anschauung heraus wirkte Rochlitz, indem er mitteilte, was er von der römisch=deutschen Malerschule, ihren unmittelbaren Gliedern und ihren jugendlichen Anhängern, in Erfahrung gebracht hatte, für die notwendigen Unterscheidungen. Der Kunstmeyer war geneigt, unterschiedslos die ganze Jugend zu verurteilen. Rochlitz, indem er nach seiner Weise (in den Briefen vom 21. Juni, 10. Juli 1817; Biedermann 73 und 76) die Geschichte der neudeutsch=altdeutschen Malerei erzählt, war bemüht, den Wert und die Begabung selbst ihm unsympathischer Naturen, wie der beiden Olivier, sorgfältig hervorzuheben, er machte sich eine Freude daraus, seine engern Landsleute, die beiden Brüder Schnorr, dem Alt= meister gleichsam vorzustellen, und sagt ausdrücklich, er kenne keine noch so jungen Künstler, von denen man sich so viel versprechen könnte, „zumal da sie auch einfache, kräftige, bescheidene, liebe gute Menschen sind," und selbst indem er die volle Schale seines Zornes über die Kasseler Gebrüder Riepenhausen ausgoß, verfehlte er nicht, sein Urteil mit den Worten ein= zuschränken, daß sie Männer „nicht ohne Kenntnis und Geschicklichkeit" seien. Mit einem Worte, er war eifrig bemüht, zwar den Feldzug von „Kunst und Altertum" gegen das künstliche Mittelalter zu unterstützen, wollte aber alle lebensfähigen Keime vor dem Nordhauch lediglich abfälliger Kritik schützen. Die Weimarer Kunstfreunde setzten bekanntlich ihren Feldzug nicht fort, vielleicht daß Rochlitzens Mitteilungen einigen Anteil hieran hatten.

Das letzte Jahrzehnt, das Goethe zu leben vergönnt war, begleitete Rochlitz mit unablässigem Anteil, mit jener, ich möchte sagen, produktiven Verehrung, an der allein dem großen schöpferischen Menschen gelegen sein kann. Rochlitz braucht, als er 1829 Goethe über die „Wanderjahre" schreibt, einmal das Wort: „Und wenn ich in meinen Äußerungen das Werk bloß als für mich geschrieben betrachte: so entschuldige ich das auch nicht. Wenn doch nur jeder Leser mit jedem guten Buche es ebenso machte! es stünde dann um ihn selbst weit besser als gewöhnlich, und um den Autor auch nicht schlimm." Ein solcher „Leser" durfte wahrlich ohne Überhebung Goethe zurufen: „Himmel, wie muß es Ihnen sein, Ihnen, in litterarischer Wirksamkeit nach allen Seiten hinaus schon längst und immerfort dem Ersten in der Welt! Nun: genießen Sie es noch lange, ungetrübt, vollkräftig! Ich bekomme auch was davon und ein gut Teil, in freudiger Teilnahme nämlich!" Er hatte ein Recht bei Goethes fünfzigjährigem Jubiläum in Weimar (7. November 1825) dem Gefeierten und Geliebten zu sagen: „Wünschen kann man, wie mich dünkt, auch an solchem Tage Ihnen kaum etwas; obwohl sich viel. Der Kelch des Lebens, bis zum Rande mit dem Köstlichsten, was Menschen eignet, angefüllt, ward Ihnen gereicht: Sie wußten ihn zu fassen, seinen Inhalt zu würdigen und zu genießen: das thun Sie noch und werden es fürder thun; möge denn dieser Inhalt bis zum letzten Tropfen, an dem Sie noch bei weitem nicht sind, rein und klar, stärkend und erquickend sein! und mögen so spät, als irgend einer, Sie endlich heiter und würdevoll, andre bewegend, selbst unbewegt, gleich Ihrem König von Thule, nochmals Ihre Städt' im Reich zählen und nun den heiligen Becher hinunter in die Flut werfen! Mir soll es, so lange ich noch da bin, als eine der wenigen Erfahrungen des Lebens, die ganz ohne herben Beigeschmack sind, immerfort gegenwärtig bleiben, daß ich seit Jünglingsjahren Sie, wie sonst keinen, vor Augen und im Herzen gehabt habe, unverrückt und auch von Ihnn mit Anteil bemerkt."

Daß Rochlitz aus dem immer vertraulicheren Verkehr mit dem Dichter und dem stets tieferen Eindringen in dessen gewaltige Lebensarbeit mehr als freudige Teilnahme davontrug, wurde schon oben berührt. Im Jahre 1819 ergriff den Leipziger Schriftsteller, der 1813 und 1814 dem Lazarettyphus, der seine Vaterstadt entvölkerte, siegreich getrotzt hatte, in guter und behaglicher Zeit ein heftiges Nervenfieber. Und als er vom Krankenlager wieder erstand, da schrieb er an Goethe jenen rührend zutrauensvollen Brief, in dem er ihm Kunde von den Wandlungen und Entschlüssen gab, die seine Genesung und das Gefühl erneuter Lebenshoffnung in ihm geweckt hatten. Er gab es zu, daß seine persönliche Wirkung und Anregung auf zahlreiche Künstler das Beste sein möge, was er geleistet. Aber er fügte mit bescheidnem Selbstgefühl hinzu: „Ich habe für jene Kunst, welche nun einmal fast alles allgemeine Kunstvermögen in unsern Tagen absorbiert [die Musik natürlich], zuerst eine Litteratur geschaffen, in das Chaos bewußtloser, verworrener Bestrebungen reichbegabter Geister zuerst Gedanken und Ordnung und sichern Zweck bringen helfen, das ist denn auch was wert, wenigstens als zeitgemäß, als etwas, das besser zu machen kein andrer da war, als etwas auch, das mit unsäglicher Mühe und Beschwerde, ohne Dank und ohne Lohn zu stande gebracht worden. Endlich, ich habe geschrieben (gedichtet wage ich kaum zu sagen), viel geschrieben, bei weitem zu früh geschrieben, und dafür erst unverdienten Beifall und reichlichen Lohn, dann ungefähr gleich unverdiente Gleichgiltigkeit oder höchstens das zweideutige Ding gefunden, das die Franzosen Beifall der Achtung nennen. Nun bin ich die lange Zeile meiner Bände durchlaufen und wirklich erschrocken vor ihrer Zahl und der Unbedeutendheit bei weitem der meisten, fast alles des Frühen. Allein bei anderm — würde es auch in einem Grundriß unsrer Litteratur mehr der Gattung als des Stoffes oder der Form wegen sehr unterzuordnen sein —, bei diesem dürfte ich mir doch zugestehen, es verdiene aufgehalten zu werden und könne fernerhin nützen oder erfreuen. Dies nun sämtlich aus dem engen zwar, doch mir eignen und von der Natur angewiesenen Fach, dem breiten, stockenden Naß zu entfischen, es passend zusammenzustellen und besser zu formen: das wurde mein Vorsatz, an dessen Ausführung ich sogleich ging. In ländlicher Ruhe, unter selbstgepflanzten Bäumen arbeite ich täglich,

stündlich, stets zweierlei im Auge: es wird dies dein Letztes in dieser
Gattung; es soll den Besten, die dir das Geschick gegeben, wohlgefallen!
Unter diesen nun aber sind Sie der erste" (Rochlitz an Goethe, Leipzig,
14. August 1819; Biedermann 86).

 Mancherlei Ursachen, über sich selbst und seine bis dahin errungene
Stellung in der Litteratur nachzudenken, hatte Rochlitz gerade in den
letzten Jahren gefunden. Von frecher Afterkritik, die sich gelegentlich an
ihm rieb, und kleinlichem Mißwollen war er wenig berührt worden. Aber
1818 erschien in der ersten Auflage des Brockhaus'schen Konversations=
lexikons ein Artikel hinter seinem Namen, der ihn empfindlich und tief
traf. Er lautete — unglaublich, aber wörtlich —: „Rochlitz (Friedrich),
großherzoglich sachsen=weimarischer Hofrath und privatisirender Gelehrter
zu Leipzig, daselbst geboren 1770, vortheilhaft bekannt als erzählender
Schriftsteller in der Gattung des Charakteristischen und Gemüthlichen,
das aus dem wirklichen Leben in seinen edlern Verhältnissen gegriffen ist.
Er zeigte, wie er selbst behauptet, schon in seinen Kinderjahren viel
Neigung für Musik und der entschiedene Hang zu dieser Kunst gab seinen
„Blicken in das Gebiet der Künste und der praktischen Philosophie" ihr
Daseyn. Die bei Härtel in Leipzig erscheinende allgemeine musikalische
Zeitung, welche er seit ihrem Beginne bis 1819 redigirt hat, verdankte
ihm ihren Ursprung. Er lebt in vertrautem Umgange mit Kunst und
Poesie, denen er noch manches freundliche Opfer bringt", und mußte recht
eigentlich alle die, die gebührende Werthschätzung für Rochlitz, Einsicht
in sein Wesen und Verdienst besaßen, vor den Kopf schlagen. Der
Getroffene selbst versagte sich nicht, seine Meinung über diese nichtswürdige
Kränkung in einem Briefe an Böttiger (Leipzig, 5. Februar 1818) kund=
zugeben: „Neulich wurde ich und auf sehr lieblose, ja kränkende Weise
auf den Artikel meines Namens im Conversationslexicon Brockhausens
hingewiesen. Ich kaufe das Buch seit seinem Entstehen, habe aber, leider,
seit einigen Jahren kein Wort darin gelesen, und so war es mir auch,
ohngeacht der R=Band seit Jahr und Tag gebunden dasteht, gar nicht
eingefallen, daß ich wohl auch darin angeführt seyn könne. Nun auf jene
giftige Hinweisung finde ich, was Jedermann finden kann. Wie gleich=
gültig mir jede Zeitungs= und ähnliche Äußerung sey, das können Sie
kaum glauben: aber dies — dort, in einem Buche, das dauert, das in
mehrern tausend Exemplaren verstreut wird, und eben zunächst unter
Personen, die kein eignes Urtheil besitzen und an solches glauben; in einem
Buche, aus dem die Nachwelt wenigstens, wo es über die Gegenwart
spricht, als aus einer Quelle schöpfen wird: ich bekenne, daß es mich, bis
ich auch dies unter mich gebracht, nicht wenig geschmerzt hat, insonderheit,
da ich weiß unter wessen Redaktion dieser Artikel gedruckt ist. Sie wissen
das auch und dann wol zugleich, was ich diesem Manne, ehe er irgend etwas
war, gewesen bin, ja, daß er noch heute, und ohne sich je getäuscht zu
haben, auf meine Gefälligkeiten und Dienstleistungen rechnet; noch heute
sich ihrer bedient! So wird mir Eins nach dem Andern in der jetzt lauten

Welt unfaßlich und fremd; was mich denn lehrt, daß ich alt geworden, weniger der Zeit als den Dingen nach. Nun: es ist kein Unglück, wenn man kein Thor ist, es dazu zu machen!"‎ Die Erklärung des unbegreiflichen Angriffs aber lag in den politischen Parteiverhältnissen der Zeit. Obschon der Artikel weit mehr aussieht, als ob sein Schreiber von einem mißvergnügten Musiker begeistert worden wäre, so lag in Wahrheit doch nichts andres gegen den vorzüglichen und hochverdienten Mann vor, als daß er kein Liberaler im eben sich bildenden Parteisinn genannt werden konnte. Auch hierfür geben die Briefe an Böttiger mannigfachen Anhalt, namentlich zwei Schreiben aus dem Jahre 1817 und 1822. Im ersten beantwortete Rochlitz (Leipzig, 28. Oktober 1817) ein paar eifrige Anfragen Böttigers über das neue Unwesen der Frömmelei in Leipzig, das durch Frau von Krüdener mächtig gefördert sein sollte: „Über alles, was Sie mich von Leipzig fragen, werden Sie, für uns beyde bequemer, durch Blümner unterrichtet. Daß Frau von Krüdener hier Proselyten gemacht habe, gehört unter die vielfältigen, mißverstehenden oder vorsätzlich mißdeutenden Plaudereien, worin sich, gehet es über Leipzig her, so viele Dresdner gefallen. Ich bin über diese Dinge hinlänglich und von den Urtheilsfähigsten unterrichtet und versichre Sie, den ehrwürdigen Kapp und jeden, der sonst auf mein Wort etwas hält: eigentlich an sie angeschlossen, inwiefern sie nämlich (um es kurz auszudrücken) als Seherin auftritt — hat sich durchaus Niemand. Zwey Männer, die Ihnen aus dem schriftstellernden Haufen bekannt sind und deren einer offen, ja mit einer Art Prunk, der andre geheim, doch nicht verleugnend, zum weitverbreiteten, jetzt noch stillen Orden der Nazaräer gehört, selbst diese sind zwar mit ihrer Sache, die ja auch ohngefähr die ihrige ist, zufrieden, keineswegs aber mit der Weise, wie sie dieselbe früher geführt hat, hier nicht führt und vielleicht künftig nicht mehr führen wird. Über diesen Orden, der nun am ersten zu Rom gewissermaßen laut wird, und zwar nicht unter Geistlichen 2c., sondern unter Künstlern und ihren Freunden von jungen Jahren — könnte ich vieles Nähere berichten, ließe sich das mit einigen Zeilen abthun. Wie es damit Ende Oktober in Rom aussahe, weiß ich genau und ausführlich aus einem Briefe des geistreichen Dichters Rückert, der jetzt dort und mitten innen ist. Die Sache müssen alle einsichtigen, rechtschaffenen, einflußreichen Männer, meiner Meinung nach, ihrer größten Aufmerksamkeit werth achten: durchaus aber nicht ins große Publikum bringen, welches sonst eines Theils irregeleitet werden könnte, anderen Theil in seiner Gemeinheit oder in seinem ätzenden Spott sich frech vergehen würde an dem, was heilig ist und heilig bleiben muß, wie es auch, für den Augenblick, da eingehüllt fast gespenstisch, dort aufgeschmückt phantastisch ausgestellt werden möge. — Doch ich breche ab: so ernsthaft nimmt man es in Dresden wohl nicht mit den Erkundigungen und Sie, lieber Freund, haben dazu wohl auch nicht Zeit!" — Im andern späteren (Leipzig, 21. August 1822) berichtete Rochlitz über eine Reise nach Wien und einen mehrwöchentlichen Aufenthalt in der öster-

reichischen Hauptstadt und im benachbarten Baden, eine Reise, die ihm
die persönliche Bekanntschaft mit Beethoven und dem greisen Salieri
verschafft hatte, und über die sich auch in Rochlitzens verbreitetstem Buche „Für
Freunde der Tonkunst" ein paar interessante Aufsätze finden. Was aber
in den Augen liberaler Parteimänner unverzeihlich sein mußte, war die
Befriedigung, mit der Rochlitz auf seinen Wiener Aufenthalt zurückblickte.
„Gestern vor acht Tagen endlich von meiner köstlichen und in jeder
Hinsicht begünstigten Reise zurückgekehrt, habe ich den Berg Papiere,
Pakete 2c., den das Gewässer meiner persönlichen Angelegenheiten indessen
aufgeschwemmt hatte, wenigstens soweit durchwühlet, daß das Dringendste
weggesprengt, das Übrige ermessen werden konnte; und nun komme ich
dazu, die bisher aufgehaltenen freundschaftlichen Verbindungen wieder in
Gang zu setzen; wo denn, wie billig, zumal da Sie für meine Aufnahme in
Wien thätig gewesen sind, der erste Brief, den ich schreibe, an Sie, mein
theurer Freund, gerichtet wird. Viel wird er nicht enthalten; denn von
alle dem, was ich gesehen, gehört, gelernt, empfunden, gethan, erfahren —
wo sollte ich anfangen, wo enden? Von den sechs Wochen meines Aufent=
halts in Wien ist mir kein Tag, ja ich dürfte fast sagen, keine Stunde
müßig oder lässig hingegangen, keiner auch und keine verkümmert worden;
und die vier Wochen in Baden bin ich wahrhaftig auch nicht mit Nichtigem
oder mit alltäglichen Badeangelegenheiten beschäftigt gewesen. Ich fand
in Wien eine Aufnahme und bald ein Vertrauen, eine Gefälligkeit und
noch Manches, was ich selbst nicht erzählen kann, weit über mein Ver=
dienst, und noch viel mehr über das, was ich in meiner Heimath zu finden
gewöhnt worden bin. Außer dem ebenso belehrenden, als erfreulichen,
ebenso bequemen, als kostenfreyen Gebrauch der erstaunlichen Schätze für
Wissenschaften und Künste, die Wien darbietet; außer dem Genuß der
herrlichen Umgebungen der Stadt in einiger Ferne und noch mehr der
reizenden Gegenden um Baden — waren es, wie Sie ohnehin sich denken
werden, vorzüglich die zwey großen Momente, in denen sich dort fast
Alles begegnet, was über den Strudel alltäglichen Treibens und
Genusses sich emporhält, die mich immerfort beschäftigten, höhere doch
keineswegs. blos speculative Politik und neubegonnenes, doch keineswegs
blind nachgemachtes Kirchenthum. (Nachgemacht: dem Mittelalter nämlich.)
Ich genoß den vertrauten Umgang Mehrerer, die in beyden im Mittel=
punkt oder auch am Steuer sitzen."

Wenn, wie anzunehmen, Rochlitz aus seinen hier erkennbaren
gemäßigten Anschauungen kein Hehl machte, so war er für die Herren
vom Konversationslexikon freilich gerichtet. Immerhin aber trug die böse
Aussaat gute Frucht, insofern sie Rochlitz zur kritischen Prüfung seiner
bisherigen Thätigkeit wesentlich mit anregte. Im Jahre 1820 kündigte
die Darnmann'sche Buchhandlung in Züllichau eine „Auswahl des Besten
aus Friedrich Rochlitz' sämmtlichen Schriften" an, in deren Prospekt sich
der Schriftsteller mit der Mischung von bescheidenem Selbstgefühl und
jugendlich gebliebener Hoffnung aussprach, die ihm so gut zu Gesicht stand.

Sie lautete: „Meinen Freunden, Bekannten und allen, die an mir oder meinen Arbeiten Theil nehmen. — Verschiedene meiner Schriften sind vergriffen. Der Verleger behauptet, man wünsche sie sich und will sie neu drucken. Ich aber glaube das nicht ohne große Einschränkung zulassen zu dürfen. Geleitet von Verhältnissen, hatte ich zu früh zu schreiben angefangen; gereizt durch unverdiente Gunst zu eilig fortgefahren. Das Leben hatte ich schildern wollen, ehe ich es in bedeutenden Momenten erfahren; mein Inneres darlegen, ehe es Gehalt gewonnen und mir selbst klar geworden; die Sprache handhaben, ehe ich ernstlich über sie nachgedacht. Gleichwol: wer fühlte durch Antheil sich nicht zu danken verpflichtet? und wer dankte wirklich, außer durch die Sache? Auch möchte wol jeder denen, die es gut mit ihm meynen, besonders wenn er nicht mehr allzulange mit ihnen zu leben hoffen darf, etwas zurücklassen, wobey sie — wollen sie's — seiner gedenken können. So entschloß ich mich zu einer Auswahl dessen, was ich, im angegebenen Fache, alt oder neu für mein bestes halte, und that dafür, was ich vermochte. Wie es auch sey: besser ists geworden; und so mögen die, welche ihm im mangelhaftern Zustande Neigung schenkten, ihm diese im verbesserten nicht entziehen; Andere, damit noch unbekannt, sie ihm vielleicht zuwenden: die aber, welche ich oben besonders angeredet, das Unternehmen nach Gelegenheit fördern, wie ich das Lebenslang bei ähnlichen und unähnlichen gern gethan habe."

Das Resultat des erneuten Ernstes, der anspruchsvolleren Selbstprüfung, der Rochlitz am Abend seiner Tage seine Schriften unterwarf, war die Auswahl und Neubearbeitung einer Reihe seiner besten Aufsätze und Erzählungen für die Auswahl der Schriften und war die Entstehung des weitverbreiteten, weit wirksamen und heute noch unvergessenen Buches „Für Freunde der Tonkunst". Letzteres brachte Rochlitz einen Erfolg, von dem er in der Jugend eben nur geträumt hatte und den er als einen großen und nachhaltigen wohl empfinden mußte. Mit dem vollen Ernst seines Wesens schrieb er (15. Mai 1824) an Goethe: „Es ist nicht mein Verdienst, ich habe nur einmal das Pünktchen getroffen. Darum soll es mich auch nicht im Geringsten einbildisch oder ruhmredig, sondern nur für die Fortsetzung noch sorgsamer machen."

Es ist leicht, aus der oben, aller wahrhaften Teilnahme an den Dingen, aller sachlichen Hingebung baren modernen Geschicklichkeit heraus eines Schriftstellers wie Rochlitz zu spotten. Die Feuilletonisten, im Vollbesitz des Scheinreichtums von Phrasen und Schlagworten, von eingebildeter Welt- und Menschenkenntnis, ahnen gar nicht, wie wenig ihnen im Grunde von alledem gehört und wie wenig mit diesem Vermögen auszurichten ist. Daß die Einfachheit, die Schmucklosigkeit der Rochlitzschen Bilder, Charakterschilderungen, der Dialoge, Abhandlungen, der Reiseblätter und selbst eines Teils der „veralteten" Erzählungen viel Sinn, wahrhaften Gehalt, Erlebtes und Erfahrenes birgt, daß nur eine reife, unablässig geförderte und am Besten aller Kunst genährte Bildung zu dieser reichen Einfachheit durchdringen konnte, ist den geistreichen Schreibern des Tages vollkommen unverständlich. Sie kümmern sich nicht darum, wie viel vergänglicher und rascher abgenutzt ihre nicht gewonnene, sondern aus Schopenhauer und Carlyle, aus Büchmanns Geflügelten Worten und alten Klabberabatschbänden erborgte, durch und durch hohle Geistreichigkeit sein wird. Auch nach dieser Richtung hin könnte die Veröffentlichung des Goethe-Rochlitzschen Briefwechsels sehr wertvoll und wirksam sein, wenn er einmal zu genauer Untersuchung Anlaß gäbe, das Verhältnis der stilistischen Gewandtheit, der „Blender" in jedem Sinne, zum wirklichen Inhalte von Schriftwerken etwas genauer zu prüfen. Doch wird man sich wohl hüten, darauf einzugehen, gedenkt man doch überhaupt nur ehren= oder vielmehr schaudehalber einer Erscheinung, die in vergangene Tage und vergangene Stimmungen zurückweist.

Wenn auch in den Jahren zwischen 1813 und 1831 die Haupt= zeugnisse für das innere Leben und das äußere Wirken unsres Schrift= stellers im Briefwechsel mit Goethe liegen, so verlieren darum die Briefe an Böttiger nicht ihre alte Bedeutung. Eine Menge von Einzelheiten seines persönlichen Schicksals, mit denen Rochlitz Goethe nicht ansprechen mochte, fanden nach wie vor Reflex und Ausdruck in den allerdings seltener werdenden Briefen an den Dreßdner Archäologen. Ihm vertraute Rochlitz eine gelegentlich erwachende Unlust am öffentlichen Geiste seiner Vater= stadt an und verriet, daß er mehr als einmal an eine Um= und Über= siedlung nach Dresden dachte. Im Briefe vom 14. August 1814 rief er aus: „Das Enge und Dumpfe unsrer Stadt, das Flache und Eintönige ihrer Umgebungen, die wenige Theilnahme der meisten Personen meines näheren Umgangs, die stumpfe, eigensüchtige Beurtheilung alles Oeffent= lichen, Gemeinsamen, Vaterländischen, bey dem hier entscheidenden Stande, dem am Ende alles gleich ist, wenn nur der Schacher geht und er dabey nicht zu derb angezapft wird, der Mangel an alle dem, was Kunstwissen= schaft und Kunstliebe nährt, und an Künstlern ebenfalls —: dies und noch gar Manches ist mir kaum je so schwer auf die Seele gefallen, als seit jenen zehn glücklichen Tagen in Dresden."

Auch seinen Mißmut über mancherlei private Verhältnisse, die aus dem Heranwachsen seiner beiden Stiefkinder hervorgingen, konnte er dem alten, in seiner Weise wacker teilnehmenden Freunde um so weniger ver= schweigen, als diese Verhältnisse zum Teil sogar Rückwirkung auf seine litterarischen Vorsätze und Arbeiten hatten. Seine Stieftochter Wilhelmine Winkler hatte sich im März 1815 mit dem jungen Freiherrn Alexander von Gutschmid verlobt, der das Gut Steinbach in der Nähe von Döbeln erwarb und sich 1816 mit seiner Braut verheiratete. Inzwischen gedieh auch der Stiefsohn zur Mündigkeit, und die nächste Folge waren unerfreu= liche Vermögensauseinandersetzungen, über die sich Rochlitz nur ungern, kurz, aber doch so vernehmen ließ, daß man empfindet, wie peinlich sie ihm in ihren letzten Folgen waren. Im Herbst 1820 mußte er Böttiger (Leipzig, den 21. Oktober) vertrauen: „Der größte Theil des verwichenen Sommerhalbjahrs hat geistig schwer, körperlich nicht leicht auf mir ge=

legen, und ohne meine Schuld, obschon ich von mir, jetzt wie sonst nicht verlangen kann, dies auszuführen, wenn ich zugleich Andere anschuldigen müßte: jetzt gehet es mir aber besser und in beyderley Hinsicht. — — An Anderes bin ich noch nicht gekommen, denn ich bedarf zum Lesen, wie es seyn soll, der Stille und Ruhe, diese aber fliehet immer mehr aus meinem, wenn auch sonst noch so sehr zurückgezognem Leben. Zwar würke ich auf den Wegen solcher Unruhe, Anfragen, Anläufe u. s. w. unmittelbar Manches und manches wahrhaft Gute, was ich durch die Feder nur vielleicht und nur mittelbar zu würken hoffen darf: aber mir selbst geht doch darüber der letzte Rest der Blüthe meines Lebens verloren. Gerade um deswillen, und wegen meiner innigen Liebe zur Natur von frühester Kindheit an, war das schöne Connewitz mir so überaus theuer; und was ich seit etwa zehn Jahren Unverwerfliches ganz aus mir geschöpft (wenn ich nämlich in der That Unverwerfliches geliefert habe), das ist in C. entstanden. Nun ist dies auch hin. Es gehörte meiner Frau und ihren Kindern gemeinschaftlich: Gutschmid braucht sein Geld, Georg Winkler braucht's zwar nicht (ein 21jähriger Jüngling mit 56000 Thaler wohlangelegtem Capital!), verlangt es aber doch zurück; meine Frau will die Sommer meist bei ihrer Tochter zubringen; ich kann das Gut nicht bezahlen: so ist es denn verkauft worden, und ich habe in vergangener Woche, mehrmals mit hervorbrechenden Thränen, das Haus ausräumen helfen müssen."

Eben der schlimme Sommer, dessen dieser Brief gedenkt, hatte auch eine schwere Krankheit Frau Henriettes gebracht, in der sie in Lebensgefahr schwebte und die Rochlitz das freudige Gefühl nahm, der guten Gesundheit der geliebten Lebensgefährtin unbefangen vertrauen zu dürfen. Seit den ersten zwanziger Jahren gesellte sich der Sorge um die Gattin die um den hochgeschätzten und besonders geliebten Schwiegersohn, der in seiner mit sechs Kindern gesegneten Ehe glücklich war, aber in der Blüte seiner Jahre hinzusiechen begann. Daß Rochlitz die materiellen Sorgen oder vielmehr Einschränkungen, die gelegentlich nötig wurden, nicht eben schwer bedrückten, wissen wir aus der Natur seines Wesens und seiner ganzen Anschauung ohnehin. Er hatte in diesem Punkt die Gesinnungen seiner Jugend nicht geändert, dies bezeugt ein Brief an Gutschmids Schwester Adelaide (Leipzig, 30. Mai 1823), die sich mit einem unbemittelten Offizier vermählen wollte und der er zurief: „Ja so denke ich von Ihrer Zukunft, wie auch äußere Verhältnisse in sie eingreifen mögen. Was sind denn äußere Verhältnisse überhaupt für das Innere und Wesentliche des Menschen? Erleichterungs- oder Erschwerungsmittel, darum freilich nicht stolz zu verachten, flüchtig zu übersehen: aber doch nur Erleichterungs- oder Erschwerungsmittel — bewegte Lüfte für die Fahrt durchs Leben! Der Nachen gleitet, wenn auch je nachdem die Lüfte wehen, bequemer oder mühsamer zur Heimath; und dort kommen alle an, die den Weg wissen, zu steuern verstehen und — wollen. Nun, gute Adelaide, das ist Ihr Fall und so denn: gesegnete Fahrt!"[5])

Bereitwillig und mit warmem Herzen stimmte Rochlitz seiner Frau zu, als 1829 Frau von Gutschmid Witwe wurde, die Stieftochter und ihre Kinder in sein Haus zu rufen, ernst und willig suchte er die pädagogischen Künste seiner Jugend wieder hervor und erteilte den Enkeln, namentlich der ältesten Tochter Emma, selbst Unterricht. Er wohnte zu dieser Zeit nicht mehr im Kloster, sondern im Haus zum schwarzen Roß am Leipziger Roßplatz, in dem ein großer Garten ihn und Frau Henriette für das verlorene Sommerparadies von Connewitz einigermaßen entschädigte.

Fort und fort blieb sein Blick Weimar und Goethe zugewandt. Im Juni 1829 war er zum letzten längeren Besuch bei Goethe, und die Briefe, die er in diesen Tagen an seine Gattin schrieb, waren ein Aufjauchzen über Goethes herrliche Menschlichkeit und das vollkräftige Herbstnachblühen des Gewaltigen. Frau Henriette, die in Steinbach bei ihrer Tochter verweilte, meldete er dann sein Entzücken, seine Beglückung über jedes Goethische Lebenszeichen. So unter andern: (Leipzig, 4. September 1829): „Von Vater Goethe'n hab ich gestern schon aus seinem achtzigsten Jahre einen langen und wahrhaft liebevollen Brief. Er hat mich wunderbar bewegt. Emmas Bäumchen hab' ich, seit das üble Wetter anfing, aus dem Garten herauf in Deine Stube genommen. Da blüht es nun mit ganzen kleinen Büschelchen und belohnt mir die Sorgfalt, womit ich selbst es pflege, durch köstlichen Duft. Es gleicht ihr in der lang aufgeschossenen schwanken Gestalt, möge sie einst ihm gleichen darin, daß sie in ihrer Blüthe Andere, wenn auch mich nicht mehr erquickt."

Trotz seiner Sehnsucht und immer reineren Hingebung sollte Rochlitz den großen Freund und vergötterten Meister seit dem Besuch im Jahre 1829 nicht wiedersehen. Im Mai 1831 reiste er allerdings nach Weimar, um dem regierenden Großherzog Karl Friedrich, dem Gemahl der Großherzogin Maria Paulowna, seinen Dank für das Ritterkreuz des weißen Falkenordens, mit dem man ihn damals ausgezeichnet hatte, abzustatten. Aber er konnte bei dieser Gelegenheit mit Goethe, der, wie Rochlitz selbst, durch Unwohlsein am freien geselligen Verkehr behindert war, nur Briefe wechseln. Es war die wunderliche Situation, die Goethe am 4. Mai 1831 mit den Worten bezeichnete: „Da ich Sie, teuerster Herr und Freund, nur einige hundert Schritte von mir entfernt, von gleichem Übel befangen und uns in solcher Nähe ebenso getrennt fühlte, als wenn Meilen zwischen uns lägen, so gab das einen bösen hypochondrischen Zug: wie ein mißlungenes Unternehmen, eine so nah und in der Erfüllung getäuschte Hoffnung nur störend in unsre Tage hineinschieben können." Rochlitz schied damals nicht ohne trübe Ahnungen. Aber sobald er sich in Leipzig in der Stille seines Hauses selbst einigermaßen erholt hatte, meldete er an Goethe als seinen dringenden Wunsch: „Ich möchte nach Weimar kommen und Ihnen, den höchsten Herrschaften, Herrn von Müller und manchem andern Freunde oder Zugeneigten das nun werden oder leisten, was ich damals gewollt, aber nicht vermocht." Er wollte dem von ihm verehrten Weimarischen Lebenskreise „gesellige und gewissermaßen gesellschaftliche Musik" darbieten, und er durfte mit Recht sagen: „Sie — soweit ich sehe — könnte Alle vereinigen, die man vereinigt wünschte; sie, wohlgewählt, ließe zuverlässig Keinen leer ausgehen. Auf sie würde ich nun auch noch weit mehr eingerichtet seyn, als damals; und — es werde mir der Anschein von Unbescheidenheit vergeben — was ich eben da bieten könnte, kann man auf andere Weise oder durch einen Andern durchaus nicht erlangen; ich meyne: was und wie ein Anderer, wie weit er darin mir vorzuziehen sey, möchte er auch dasselbe gelernt haben, so besitzt er nicht, was ich besitze und in den Ideen dies zu fassen, zu ordnen, darzulegen und gelten zu machen, bleibt doch Jeder ein Anderer." Er schilderte sein Vorhaben anschaulich und vielverheißend: „Ich denke mich in einem ziemlich großen und nicht niedrigen Zimmer, umgeben von vier Sängerinnen und vier Sängern, je zwey zu jeder Stimme; neben mir Herr Häser, der von mir vorbereitet mich im Begleiten auf dem Pianoforte ablösen kann, wenn meine Kräfte nicht mehr ausreichen wollen. Vor uns, mit möglichst großem Zwischenraume, befinden sich die Zuhörenden. Mit den allereinfachsten Worten, in möglichster Kürze, lege ich eine Übersicht des Zustandes, Sinnes und Zwecks deutscher und italienischer Tonkunst in einer ihrer Hauptperioden vor, und nach jedem Hauptmomente wird sogleich ein und der andre Gesang ausgeführt, der, was ich behauptet, beweist, es anschaulicher und in den Theilnehmenden lebendiger macht. Man bekommt durchaus nichts zu vernehmen, außer — dort letzte Resultate lebenslänglicher Forschungen, hier von dem Allerschönsten, was an eigentlicher Kammermusik jeder Gattung die Welt besitzt und jemals besessen hat."

Freilich mußte Rochlitz seinem verlockenden Antrage gleich die Nachschrift hinzufügen, daß „die beunruhigenden Nachrichten hinsichtlich der unseligen Cholera" (die im Sommer 1831 zum erstenmale als Würgengel durch Norddeutschland zog) „jedem Hausvater Bedenken einflößten, sich für etwas verbindlich zu machen, was ihn von den Seinigen entfernte". Aber das ausgeworfene Samenkorn war doch nicht auf unfruchtbaren Boden gefallen; Goethes letzter Zuruf an den Leipziger Freund und Verehrer, das Shakespearische Time and hour runns throug the rougest day! (Goethe an Rochlitz, 11. September 1831) sollte sich bewahrheiten, 1832 drohte keine Choleragefahr mehr, an Rochlitz erging die Einladung, die angebotenen musikhistorischen Vorträge und musikalischen Unterhaltungen am Weimarischen Hofe zu veranstalten.

Ehe es jedoch dazu kam, erfolgte der erschütternde Heimgang des großen Dichters. Bei diesem Todesfall, der tief in sein eignes Leben schnitt, richtete Rochlitz auch seinen letzten Brief an Böttiger, und man meint seine männliche Entrüstung über die Vielgeschäftigkeit des Unverbesserlichen durch die Zeilen hindurch zittern zu fühlen, die er an Goethes Begräbnistag (Leipzig, den 26. März 1832) an Böttiger ergehen ließ:

„Ihren Brief, liebster Freund, beantworte ich sogleich, weil ich glaube, sein Gegenstand bedürfe es. — Ich werde nirgendshin, für keinerley Bestimmung und unter keinerley Bedingung über Goethe schreiben. Mein Grund ist gut, auch brauche ich kein Geheimniß von ihm zu machen: er läßt sich nur nicht kurz darstellen und lang darüber zu schreiben, wäre vergeblich:

    Man spricht vergeblich viel, um zu versagen,
    Der Andre hört von Allem nur das Nein.

Auch seine Briefe an mich (ich besitze deren aus den 34 Jahren unserer Bekanntschaft nahe an hundert) sollen durch mich — es soll kein einziger von ihnen — ins Publicum kommen: doch auch keiner verloren gehen. — — —

Nach Weimar bin ich nicht zum heutgen Morgen gegangen, weil meine Frau wieder seit fünf Wochen lebensgefährlich darniederliegt. Auch fliehe ich überall in dem, was mir ein Heiliges ist, jeglichen Schein, wenn ichs irgend vermag. Fort und fort Ihr Rochlitz."

Als Rochlitz dann im August in der Musenstadt anlangte, fand er ein andres Weimar vor. Der Heros, der für ihn und Hunderttausende recht eigentlich Weimar bedeutet hatte, schlummerte in der Fürstengruft des Weimarischen Friedhofs. Die Zurückgebliebenen standen noch ganz unter dem erschütternden Eindruck des Ereignisses und hießen Rochlitz schon darum freudig und herzlich willkommen, weil sie in ihm einen der hingebendsten und verständnisvollsten Bewundrer des Genius ehrten. Das Leben machte sein Recht geltend, obwohl jeder in jedem Augenblick daran gemahnt wurde, was man verloren, freilich auch, was man in der geistigen Hinterlassenschaft des großen Toten behalten hatte. Rochlitz wurde, wie aus den Briefen hervorgeht, von dem Vertrauen der Nächststehenden berufen, den litterarischen Nachlaß mit zu prüfen. Es scheint schon damals die Absicht bestanden zu haben, die Goethischen Kunstsammlungen von der Familie zu erwerben, und es ist unklar, woran der Vorsatz der damals regierenden Großherzogin gescheitert ist. In den drei Briefen, die Rochlitz während dieser Wochen schrieb, klingt überall das vollberechtigte Verlangen hindurch, sich in dem Anschauungs- und Bildungskreise zu behaupten, den der Gewaltige mit weitreichender Hand gezogen hatte, und ihm reinsten Dank zu zollen, und doch liefen, wie sich erraten läßt, einzelne Menschlichkeiten zwischendurch. Diese an die Hofrätin Henriette Rochlitz in Leipzig gerichteten, seither ungedruckten Briefe[6]) spiegeln noch einmal im klarsten und wohlthuendsten Lichte die liebenswerte Persönlichkeit des Schreibers:

                                      Weimar, den 10. August 1832.

Nach meiner Gewohnheit fange ich schon heute einen Brief an Dich an, geliebte Henriette, ohngeachtet er nicht eher abgehen soll, bis ich Nachricht von Dir habe und kaum Etwas mit mir vorgefallen ist, was zu schreiben geeignet, will ich nicht in lange Schilderungen dessen verfallen, was weit besser einer mündlichen Unterhaltung aufgespart bleibt.

Es gehet mir wohl und mehr nach Wunsch, als ich erwartet hatte; so daß ich durchaus über nichts zu klagen wüßte, als über das allerunterste Stückchen meines ganzen Wesens. Daß ich hier in demselben Zimmer, bey denselben dienstfertigen Leuten wohne, die meine Art längst kennen und wie ich die Einrichtung schon längst ersonnen und in Uebung gebracht hatte: das ist schon eine Art guter Grundlage meiner Existenz. So weit man häuslich leben kann außer dem Hause, so weit lebe ich hier häuslich. Freylich habe ich nur die ersten Morgenstunden ganz und im Stillen für mich — von gegen 6 bis höchstens 9 Uhr: dann geht die Unruhe an und endet gewöhnlich erst in späteren Abendstunden. Das würde mir nun eben recht seyn — denn es sind meist angenehme Unruhen — wenn ich etwa 20 Jahre jünger wäre: so aber seufze ich doch zuweilen wie jener Hausvater am Wochenbett: Herr, hör auf zu segnen! Doch mags recht heilsam seyn, daß die alte stagnirende Masse einmal tüchtig umgerührt wird. Der Kanzler von Müller thut, was er nur ersinnen kann, mir das Leben angenehm zu machen. Er widmet mir alle seine freye Zeit den ganzen Tag hindurch. Er thut bey weitem zu viel, indem er den Maasstab von sich, in vollkräftigen Jahren und bey immerwährender Thätigkeit nach außen, nicht aus der Hand zu legen vermag. Seine Frau braucht eine Cur auf dem Guthe und kömmt nur von Zeit zu Zeit zur Stadt. Anders und weit mehr mir, wie ich nun bin, angemessen, machen es die Hoheiten; denn da waltet und dirigirt eine Frau. Man überhäuft mich durchaus nicht, läßt mir aber gerade das zukommen, was eben mir das Allerwertheste seyn kann, ohne mir zugleich eine Last aufzubürden. Jedes Andere, woran ich theilnehmen könnte, wird mir nur gemeldet, und zwar — damit ich ganz nach freyem Willen verfahre, nicht mir selbst Zwang auferlege — gleichsam blos durch die dritte Hand, durch den Ober-Hofmarschall, den Kanzler und dergl. Davon wird Vieles zu erzählen seyn. — Von Andern, die Dir bekannt wären, weiß ich nur die Frau von Goethe. Diese ist von Frankfurt zurück. Ich fand sie kränkelnd, unzufrieden (wegen der nun begonnenen Auseinandersetzungen mit den Kindern, wo sie sich durch das, was doch gar nicht anders sein kann, verletzt, zurückgesetzt glaubt) und entschlossen, sich von Weimar wegzuwenden. Sie ist nun eben ein von klein an verwöhntes Kind; mag, wie alle solche, kein Gesetz anerkennen, als das sie selbst gegeben oder doch zu geben Belieben tragen würde und sieht in jedem Widerstande eine Zurücksetzung, wo nicht einen üblen Willen, was dann ihre Opposition reizt, die ja doch vergebens seyn und nur ihr schaden muß. Dadurch erschwert sie alles; und auch ich — so scheint es wenigstens bis jetzt — werde in dieser Hinsicht nicht alle das wirken können, wozu ich mich bereit gemacht. Doch wird sie wenigstens jenen wichtigen Ankauf nicht hindern, weil sie ihn nicht hindern kann. Gegen mich ist sie dankbar und sehr artig.

Gestern hatten wir den ersten wahrhaft schönen Tag und der heutige scheint eben so schön zu werden. Was ich an Arbeiten mir mitgenommen, wird wohl eben in derselben Gestalt mit mir zurückkehren. Das ist kein Uebel; arbeiten kann ich zu jeder Zeit, nicht aber das thun, was bey mir an dessen Stelle getreten ist. Ich bin nämlich umgeben mit Goethes schriftlichem Nachlaß: mit dem, was gedruckt und mit dem, was nicht gedruckt werden wird. Ich schwelge darin und weiß vor der Fülle des Stoffs zum Denken und zum Genuß kaum wo aus noch ein. Je länger und je tiefer man in dieses Wundermenschen Seyn und Wirken, Wesen und Leben eindringt, je mehr wächst das Erstaunen und je deutlicher wird Einem der innerste Zusammenhang, die vollkommenste Einheit von Allem. Auch davon wird Vieles zu erzählen sein.

den 12ten.

Guten Morgen, meine liebe Frau! guten Morgen Ihr Alle, groß und klein! denn nun glaube ich gewiß Euch Alle wieder beysammen, und hoffe gesund: dann wird es auch an Heiterkeit nicht fehlen, denn es fehlt nicht an Liebe; und wo Liebe ist, da ist auch Heiterkeit, wenigstens in der Grundstimmung, selbst bey manchem, was sonst betrübte. Nun hoffe ich auch auf Nachrichten und sehne mich darnach. Gott gebe, daß sie günstig seyn können!

Wenn ich neulich schon von vielfältigen Unruhen sprach, so müßte ich es jetzt von noch viel mehreren; denn zu allem Früheren ist nun noch das Geschäftmäßige getreten, weshalb ich hier bin: jene Angelegenheiten (Durchsicht, Prüfung) mit dem — wie man nun, nachdem Alles zusammengetragen worden, erst sieht — wahrhaft kaum übersehbaren Nachlaß Goethes; und jene musikalischen Abende, den unsrigen im verwichenen Winter aehnlich. Zu letzteren machen die Vorbereitungen weit größere Weitläufigkeiten, als ich vermuthet hatte und rauben mir nur allzuviel Zeit und Kraft, obschon ich blos anzuordnen oder sonst Resolutionen zu geben habe. Uebermorgen (Dienstag) um 6 Uhr beginnt die erste dieser Unterhaltungen; die zweyte folgt Freytag; dann in künftiger Woche wieder Dienstag und Freytag: und nun genug! Denn obgleich, ist die Sache einmal im Zuge, die Schwierigkeiten geringer seyn werden, so bleiben sie doch noch anstrengend genug, daß ich das Ende möglichst nahe herbeyrücken werde. Ist aber für diese Sache einmal das Ende da, so wird auch das Ende meines Aufenthalts sehr bald folgen; denn mit jener ersten eigentlich durchzukommen, wäre unmöglich, wenn ich auch noch vier Wochen bliebe. Indessen will ich bitten an den angegebnen Tagen mir den Daumen zu halten. Es ist kein Spaß. Die Elite der ganzen Stadt kömmt in Bewegung und ich prügelte mich selbst aus, wenn es mir nicht gelänge diesen Credit zu rechtfertigen.

Unter den Capiteln, wovon zu erzählen seyn wird, wäre auch das: „die Fahrt nach Buttstädt."

Ich werde gestört — —

den 14ten.

Ihr alle glaubt nicht, wie ich Euch, selbst in dem Strudel der Beschäftigungen und Zerstreuungen, der, alles Widerstrebens und Ablehnens ungeachtet, fast täglich wächst, vermisse und mich wieder unter Euch zu sehnen anfange. Indessen: was aus guter Absicht und mit Ehren begonnen ist, muß hindurch, dann aber soll mich auch nichts zurückhalten; selbst nicht das bis zur Uebertreibung gütige, fürsorgende, zutraulich entgegenkommende, zutraulich ermunternde Benehmen der vortrefflichen, so höchst liebenswürdigen Fürstin, welcher es der Fürst — so viel er irgend kann — nachzuthun eifert und, wie er nun ist, dabey nicht selten so über die Schnur hauet, daß ich kaum weiß, wie ich dabey mich nehmen soll. Ich muß mich sehr in Acht nehmen, im lebhaft laufenden Gespräch mir nichts entwischen zu lassen, was wie ein Wunsch aussieht, und nicht einmal einer ist, sondern wie es heraus, auch von mir vergessen worden — sonst, ehe ich michs versehe, ist es da. Daß ich mich dessen nicht etwa gegen Dich berühmen will, sey hoch und theuer versichert; ich rechne es auch gar nicht mir selbst zu, sondern die Sache ist: diese geist= und seelenvolle Frau bedarf der Nahrung für Geist und Seele; diese gab ihr vornehmlich Goethe; der ist dahin; und nun umgeben von leeren blos schmeichlerischen Hofleuten — und durchfliegenden Fremden, die der Natur der Sache nach sich doch nur auf weltliche Neuigkeiten und dgl. beschränken — ich sage: diese Frau, fast verlassen in jeder Hinsicht, sehnt sich, seit sie dies ist, nach dergleichen Stoff und greift nach dem, der ihr ihn bietet und sich ihres Zutrauens nicht überhebt — heiße dieser nun Hinz oder Kunz. Willst Du davon künftig mehr wissen, so erinnere mich an den „gestrigen Abend in Belvedere". Ich, meines Theils, werde ihn lebenslang nicht aus der Erinnerung verlieren. Aber nun denke Dir auch für mich aeltlichen, ruhebedürftigen Mann die stete Aufregung und Anstrengung, wenn ich Dir gerade den gestrigen Tag skizzire: In der Nacht, vor Hitze und dem Nachklang des Sonntags sehr wenig geschlafen; von 5—8 Uhr erst die gewohnten, dann für die unmittelbare Folge nöthigen Beschäftigungen; von 8 bis nach 10 Uhr Hauptprobe der heute vorzutragenden Gesänge im Fürstensaale, welche Probe ich — nachdem der Kapellmeister zuvor Alles aus dem Rohen einstudirt hat — selbst halten und dirigiren muß, da die Sänger und Sängerinnen nicht die Festigkeit und Geübtheit der Leipziger für solche Sachen besitzen; zu Hause von da bis nach 12 Uhr Besuche solcher Art, daß ich die Thür nicht verriegeln kann; nun Umkleiden, und von gegen 1—2 Uhr im Goetheschen Hause mit den Vormündern beschäftigt; von nach 2 bis gegen 6 Uhr bei der Goethe in kleiner, aber sehr gewählter Gesellschaft gespeiset und im Garten Kaffee getrunken; halb 7 Uhr vom geh. Rath von Müller im Wagen zum Thee und Abendessen in Belvedere abgeholt; um 11 Uhr zurück nach Hause. ——

Wider Willen bin ich ins Schwätzen gekommen, doch wohl nur um mit Dir, liebste Henriette, länger zu thun zu haben. Nun aber auch genug! Schreibe mir ja bald wieder; u., wenn Du kannst, nicht zu kurz. Grüße stehen schon oben. Euer guter Engel sey mit Euch!

Dein Rchl.

Weimar, den 17. Aug. 32.

Nicht sowohl, Dir einen Bericht zu senden, meine Liebste, denn es muß bey der Abrede bleiben: sondern nur, um mit Dir zu schaffen zu haben, wonach ich mich sehne, fange ich einen Brief an. Daß ich Nachrichten von Dir und den Unsrigen, erwünschten heitern Nachrichten verlangend entgegensehe: das brauche ich nicht erst zu versichern. Wiewohl jeden Tag von früh bis spät Abends arg abgetrieben, bin ich gesund, frisch und fröhlich. Was wollt' ich nicht? Immerfort beschäftigt mit Gegenständen, die ich hochachte, liebe, und denen ich gewachsen bin; jeden Tag ihren und meiner Bemühungen guten, wahrhaft nützlichen und bedeutenden Einfluß vor Augen; Alles mit nur all zu verschwenderischer und dankbarer Freude erkannt und belohnt: was kann einem Manne, besonders höheren Alters, Schöneres begegnen? was ihn stärker reizen, alle Kräfte dran zu setzen? was ihm einen reicheren volleren Genuß gewähren?

„Alle Kräfte"; eben darum aber muß ich — da das Maas der Eintheilung nicht von mir abhängt und selbst nicht von denen Personen, welche mir vorzüglich wohlwollen, wie nun die Dinge sich in einander verflechten — eben darum muß ich, eingedenk meiner 62 Lebensjahre, den Faden, was mir auch die Hand halte, so bald abreißen, als nur irgend thunlich. Und das soll auch geschehen und ist schon angekündigt.

Jetzt nun vorerst meinen Dank, daß Du am Dienstag offenbar meine Bitte stattfinden lassen und mir den Daumen gehalten hast. In meinem ganzen Leben, so viel ich irgend weiß, ist mir ein freyer mündlicher Vortrag über eine Stunde lang und ohne ein Papierschnippselchen zur Nachhülfe [nicht] so gelungen. Die Herrschaften und ihr Hof, die Minister und was sonst in solche Versammlung gehört — ungefähr 80 Personen, etwa zwey Drittheile Herren — haben mich, als ich nur einmal gegenübersaß, nicht einen Augenblick genirt. Dein ist dies Gelingen: das liegt am Tage. Darum o liebes Kind, mach' es doch heute wieder so — mit dem Daumen nämlich! und die folgenden zwey Abende desgleichen!

Von dem, was eine Erzählung abgeben kann, führe ich den gestrigen „Tag in Tiefurt" vor Allem an. Und hiermit für heute: Amen; denn nun will ich meine Thür verschließen und mich zu besinnen anfangen, wovon um 6 Uhr gepredigt werden soll.

Sonnabend, d. 18ten.

Nun ja! gepredigt ist worden und eher zu viel als zu wenig. Gesungen ist worden, und gleichfalls eher zu viel als zu wenig. Angestrengt haben wir uns nach Möglichkeit: und doch — Ach, liebe Frau, ich fürchte sehr, Du bist vergeßlich oder zerstreut oder wer weiß was gewesen und hast den Daumen nicht gehalten! Es war wohl Alles recht gut und alle Leute waren auch recht wohl zufrieden: aber es verlief ein Jedes nicht so frisch und rund, und der Enthusiasmus war nicht so licht und laut, wie neulich. Den geheimen Grund und Zusammenhang weiß, außer mir, Niemand. Man schiebt es auf die alle Kraft auflösende Gewitterhitze, die durch Menschenzahl und viele Lichter noch vermehrt wurde und wahrlich kaum erträglich war, die Köpfe betäubte, die Stimmen ermattete: und ich lasse die Leute dabey. Aber — aber! Nun vergiß mir nur die beyden Tage der künftigen Woche den Daumen nicht!

Den Goethe'schen Angelegenheiten widme ich täglich mehrere Vormittagsstunden und fange nun an durchzublicken. Alles dies würde mir sehr erleichtert worden seyn, hätte sich nicht getroffen, daß ich den alten würdigen, mit Recht berühmten Meyer nahe am Tode gefunden hätte. Zwar bessert es sich nun mit ihm: aber er darf noch immer Niemand sprechen. Die Dinge zeigen sich im Ganzen weit anders als ich und alle Andere, von denen ich weiß, sie sich gedacht haben. Der Goethe hat auch in seinem Sammeln mit der unwandelbaren Consequenz gehandelt, die nun einmal sein Eigenthum war und nach welcher er ganz nichts berücksichtigte, als seine Bedürfnisse und Wünsche — die geistigen nämlich. Sonach muß, wer damit zufrieden seyn soll, Etwas von denselben Bedürfnissen und Wünschen, er muß — was dies voraussetzt — auch Etwas von denselben Kenntnissen, Neigungen und Absichten in sich tragen. Das ist nun freylich nicht Vieler Sache und kann es nicht seyn; wie nun da, wenn es gekauft werden soll und zwar von Einem, aber nicht für Einen, sondern für Viele, für Jeden, der es benutzen kann und will? Wohlwollendes Vertrauen darf nie getäuscht werden: ich habe daher die Fürstin Etwas von meiner Ansicht des Ganzen — vorläufig wenigstens ahnen lassen. Die wahrhaft edle Frau hörte mir ernst und sehr aufmerksam zu, ließ mich ganz ausreden und sagte dann: Ich habe fast so Etwas vermuthet, da unser einziger wahrer Kenner (Meyer) sich eines Ausspruches enthielt und die Dilettanten in enthusiastischen Lobpreisungen sich verloren, die recht gut seyn mögen, aus denen man aber nichts lernt. Doch lassen Sie einem Jeden seine Weise. Goethe hat im Leben so Vieles für mich gethan: billig daß ich im Tode Etwas für ihn an den Seinigen thue u. s. w.

Doch was rede ich Dir von Dingen vor, die nur mir nahe liegen — —

In diesem Augenblicke kam der Gelbrock mit Deinem lieben Briefe mich auf das Erfreulichste überraschend; denn ich hatte ihn erst Sonntag oder Montag erwartet. Desto herzlicher ist mein Dank und da Du mir fast nur Günstiges hast schreiben können und es mir, theure Frau, so liebreich und freundlich geschrieben hast, desto lebendiger meine Freude. Laß mich den Brief kurz durchgehn, damit ich ihn noch besser genieße.

Du bist gesund, thätig, genießest heiter das Dir verliehene Gute und hältst über das Bedenkliche Dich an die beruhigende Hoffnung. Alles das gut und schön und sehr erfreulich. Aus dem Völkchen um Dich ist nun ein Volk geworden, ein fröhliches, Dich liebendes Volk. Auch gut und schön: nur aber vergiß nicht, was Du mir versprochen, nämlich, Dich nicht zu übernehmen, den Schwarm nicht zu nahe und zu lange an Dich kommen zu lassen, besonders aber Deine Morgenstunden Dir frey und ruhig zu erhalten! — — —

Endlich meine Zehe! Die war wirklich recht schlimm: unterwärts geschworen, der ganze Fuß entzündet; ich mußte jeden Weg im Wagen machen, selbst in der Stadt. (Fast Alles in des guten Müllers Wagen, den er mir aufdringt.) So war es aber nur bis zum dritten Tage. Da, auf einem Spaziergange im Park zu Belvedere mit dem Großherzog merkt mir dieser ab, daß ich nicht gut fortkann und ich muß ein Wort davon sagen. Kaum bin ich nach Hause, so ist auch schon der Hofchirurgus da und schafft gar bald — erst Linderung der Schmerzen, dann Hülfe. Jetzt und schon die ganze Woche kann ich — in Schuhen, die ich zum Glück bey dem trockenen warmen Wetter tragen kann — ohne Schmerz, ja fast ohne alle Empfindung, über Stock und Stein. Ueberhaupt: der vielfältigen, täglichen Unruhe und Geistesanstrengung ungeachtet, befinde ich mich vollkommen wohl; wenn ich auch von den fetten Tafeln nicht fetter zurück= kommen sollte.

Mit diesem Zurückkommen soll es übrigens bey dem bleiben und aus den angeführten Ursachen, wie ich neulich geschrieben habe. Dienstag über acht Tage werde ich wieder zu einem Theile der Eingeweide des schwarzen Rosses. Einen Wagen aus Leipzig brauche ich nicht: mein Wirth fährt mich rascher, einen Thaler wohlfeiler, und ich bin dann auch für unvorhergesehene Zufälle gesichert. Weil ich aber nicht vergeblich mich möchte erwarten lassen — denn die Anzahl heftigster Sehnsuchten, die jetzt auf mich gerichtet seyn werden, müßte, auch nur um einen Tag ge= täuscht, eine furchtbare Ravage unter Euch anrichten; so werde ich zuvor noch einmal schreiben.

Und nun lebe wohl, meine liebe Frau, in, mit und unter der Schar, die sich um Dich versammlet. Sage ihnen Allen meine freundlichsten Grüße: Allen und Jedem besonders. Es kömmt mir komisch vor, in diesem Augenblick, wo ich sie mir überzähle, zu bemerken, daß einem solchen weiblichen Personale gegenüber Paul der ansehnlichste Mann im Hause ist. Ist denn Julius auch gegen die Dresdner Damen hübsch galant und zärtlich? Meinem Bruder laß wissen, bitte ich, daß es mir wohlgeht.

Sonntag, d. 19ten.

Nur noch ein einfaches, unnöthiges Postscript, liebste Henriette! un= nöthig, weil nichts hineinkömmt, als was Du längst weißt. Mitten unter alle dem, was mir hier nur allzureichlich und allzugünstig wiederfährt — weil Weimar nun einmal durch seine vormaligen eminenten Geister ge= wöhnt ist, Geistiges hochzuhalten, mitunter wohl auch um selbst für geistig hoch angesehen zu seyn, und weil die Näherstehenden jenes mein doppeltes eigentliches und allerdings anstrengendes Geschäft mir allzusehr verdanken: — mitten unter alle diesem sag' ich, sobald mir eine einsame ruhige Stunde wird, denke ich Deiner mit Liebe und mit sehnendem Verlangen nach Dir, den Unsrigen und unserer Häuslichkeit. Lernet man doch erst wie lieb man manches hat, wenn man's entbehrt! Thue doch auch darum, liebe Frau, was Du vermagst, Deine Gesundheit und Kraft nicht zu übernehmen;

auch darum, daß Dein Mann, wenn er zurückkömmt — so viel dies von Dir abhängt — sich Deines Wohlseyns erfreuen und sorgenbefreut in seinem Hause still hinleben könne! Er lebt ja dann auch für Dich und die Du liebst. — Von ganzem Herzen

Dein

Alter.

Weimar. Mittwoch, den 22sten Aug. 32.

Guten Morgen, meine geliebte Frau! Möge mein Blatt Dich und Alle, die Dich umgeben, gesund und heiter finden! Es ist das letzte, das Du von mir diesmal erhältst; wenn nicht ganz besondere Umstände eintreten, die ich dann melden würde. Ich bin gesund und überstehe das Alles, was ich hier mir selbst zumuthe oder was von reger Theilnahme mir zugemuthet wird, zu meiner eigenen Verwunderung, ohne den geringsten Nachtheil für mein Befinden. Was meine Abreise anlangt, so wird es bey dem bleiben, was ich neulich geschrieben. Gäbe ich, wie freylich von allen Seiten in mich gedrungen wird, einige, ja mehrere Tage zu: so würde sich das Bisherige immer wieder fortwickeln und der Faden dann doch wieder ebenso zerrissen werden müssen. Möglich wäre es, daß ich nicht ausweichen könnte, den Dienstag noch hier zu bleiben, mithin die Mittwoch Abends anzukommen, indem man vorhat fortan jedes Jahr Goethe's Geburtstag (eben den 28sten) auf eine würdige stille Weise feyerlich zu begehen; was diesen Dienstag zum erstenmale geschehen wird. Aber, stets gespannt und gereizt, wie ich hier ohnehin bin, gestehe ich, diese Feier zu scheuen. Auch möchte ich nicht gern den letzten Eindruck einen schmerzlichen seyn lassen.

Schon sind die Hauptmomente der mir noch übrigen Tage festgesetzt. Da ich nichts näher liegendes zu schreiben habe, bevor ich Deinen Brief erhalten, und mich doch gern mit Dir unterhalten möchte: so gebe ich Dir sie an. Gestern Abend war die dritte musikalische Versammlung: für mich und die Sänger die schwierigste von allen. Um in der historischen Anordnung zu bleiben und doch die drängende Zeit nicht auszudehnen, hatte ich unser beyder diesmaliges Pensum zu groß machen müssen. Die Unterhaltung dauerte drey volle Stunden. Wir hatten aber auch nicht weniger und nichts Geringeres abzuthun, als: Pergolesi, Hasse, Seb. Bach und Händel. Alles, Wort und Werk, gelang über mein Erwarten, und zum Schluß — während der Arie Er war verachtet — und nach dem darauf folgenden Chor: Hoch thut euch auf ihr Thore der Welt — beydes, wie Du weißt, aus dem Messias — ereignete sich noch eine besondere Scene, welche die tiefe Rührung aufs höchste steigern mußte, aber der mündlichen Erzählung aufgespart bleiben muß. Hierauf und beym Scheiden sagte die Fürstin, die stets Fassung und Haltung behauptet, jeden Überschwang wieder in sanfte Umgränzung zurück zu leiten: „Nun heute kann Ihnen doch wohl kein Wunsch übrig geblieben seyn?" „Und doch einer." „Welcher?" „Daß die Meinigen hätten gegenwärtig seyn können."

„O, kommen Sie bald wieder und bringen sie mit: Alle! Alle! Wir wollen thun, was wir nur können, daß sie gern unter uns verweilen." Du magst Dir denken, liebste Henriette, was ich erwiedern und wie ich bewegt seyn mußte. Doch ich wollte ja vom Künftigen, nicht vom Vergangenen sprechen. Heute speise ich (um 3 Uhr wie allemal) mit den Herrschaften, dann soll mit ihnen eine Spazierfahrt ich weiß noch nicht wohin stattfinden. Morgen Vormittag soll eine Schlußconferenz in der Goethe'schen Angelegenheit gehalten werden, mit der Goethe, den Vormündern und dem Executor testamenti, unserem Müller, worauf wir um 2 Uhr bei der Goethe essen und den Nachmittag im Goethe'schen Garten (im Park) der eben in köstlicher Blumenpracht pranget, zubringen. Gegen Abend halte ich die Hauptprobe für den Freytag. Diesen Tag — wie ich's bey jedem aehnlichen eingerichtet — überläßt man mich ganz meiner Vorbereitung, bis Schlag 6 Uhr die Unterhaltung beginnt. Wir werden uns da mit Haydn und Mozart beschäftigen; und für den gänzlichen Abschluß habe ich noch eine besondere Idee, von welcher ich jetzt um so weniger sprechen kann, da ich selbst noch nicht weiß, ob ich sie ausführen werde. — Im Gespräch war mir einmal entschlüpft, daß ich mit Müller den (Du weißt ja wohl?) historisch merkwürdigen Wald von Ettersberg besuchen würde. Das war aufgefangen und dem Müller gesteckt worden, er solle es verschieben; und nun führen die Herrschaften mich selbst dahin. Es soll den Mittag im Jagdschloß daselbst gespeiset und dann umher gestreift werden. Das geschieht den Sonnabend. Den Sonntag: Tafel in Belvedere und nach derselben werde ich mich von den Herrschaften beurlauben. Den Montag: Abschiede, Einpacken und dgl. Die vortreffliche Witterung erleichtert, begünstigt und verherrlicht mir fast Alles, was ich vornehme; und es thut mir wohl, mir zu denken, daß dies mit dem, was Du liebste Frau oder die Unsrigen vornehmen, eben so seyn wird. Deß allen ungeachtet, glaube mir, daß ich Eurer Aller stets gedenke, nicht nur mit herzlicher Neigung, sondern wohl auch in der Stille mit wahrer Sehnsucht. Gerade jetzt habe ich diese ins Freundliche ableiten wollen und deshalb so Vieles im Grunde Unnöthige geschrieben.

Sonnabend, den 25sten.

So habe ich nun wieder ein Geschäft hinter mir, das zwar viele Mühe und Anstrengung gekostet, das aber auch Vielen — darunter den bedeutendsten Menschen des Ländchens — große Freude gemacht, den Geistern einen, ihnen ganz neuen fremden und würdigen Stoff geboten, sie dafür gewonnen hat und dessen nähere Folgen schon als wohlthätig sich zeigen, dessen entferntere Folgen man noch nicht ahnen kann.

Der gestrige Abend war wirklich ein überaus schöner und sein Schluß ins Innerste greifend. Mehr darüber vielleicht mündlich: genug, meine Kräfte reichten aus und Alles lief glücklich zu Ende. Heute endige ich nun auch das zweite — jenes Goethe'sche Geschäft: dann neige sich Alles dem Abschiede zu. Ich schreibe dies einfache Wort in einer sonderbaren Mischung der Gefühle. Wie so Alles dahingeht, an das Dahingehende sich ein Neues knüpft: Jedes gut und schön, wenn wir es also zu fassen und zu gestalten wissen; wenn es in uns steht, wie es soll, daß wir es also zu fassen und zu gestalten vermögen! Nichts aber ohne treue Prüfung und Darbringen seiner Selbstigkeit! wohin denn paßt, was schon das Urdokument unsrer heiligen Schrift sagt: „Solche Mühe hat Gott den Menschen gegeben auf Erden." — Doch genug! Es hat eben früh 6 Uhr geschlagen: bald werde ich ein Schreiben von Deiner lieben Hand in der meinigen halten. Dies wird meinen Blick mehr von dem abwenden, was dahingeht und an das heften, was neu sich wieder anknüpft — wie schon gesagt: Jedes gut und schön, unter den angegebenen Bedingungen; und diese will ich redlich erfüllen.

Der erwünschte Brief — sogar ein zwiefacher — ist gekommen: aber er bringt mir nicht die erwünschte Nachricht von Deinem Wohlbefinden, liebste Henriette, und wirst damit einen trüben Schatten in mein Inneres — eben darum aber auch über mein Äußeres. Zwar hat die freundliche Marie versucht ihn aufzuhellen; ich bemühe mich auch ihre beruhigenden Ansichten mir anzueignen: es will mir aber noch nicht recht gelingen. Darum will ich auch lieber zu schreiben abbrechen; und ich kann es um so eher, da wir ja den Dienstag, wenn auch spät am Abend, einander sehen. Gebe Gott, daß es in Heiterkeit geschehen könne. Bis dahin Allen, vom Ersten bis zum Letzten, meine herzlichen Grüße. Mit treuem Antheil der Liebe und Freundschaft   Dein Rchz.

Die glücklichen Wochen in Weimar, über denen doch immer schon der Schatten lag, den Goethes Tod naturgemäß in das Leben seines treuen Anhängers und einsichtigen Bewunderers geworfen hatte, waren die letzten dieser Art, die Rochlitz erlebte.[7]) Die bedenklichen Nachrichten, die er während dieser Tage von dem Gesundheitszustand seiner geliebten Frau erhalten hatte, bedeuteten mehr als rasch vorüberziehende Wolken. Henriette Rochlitz kränkelte von dieser Zeit an fortgesetzt und wurde am 26. März 1834 ihrem Gatten durch den Tod entrissen. Es war ein Schlag, den Rochlitz nach seiner Natur und nach der Natur seiner Ehe, nicht überwinden konnte; so tapfer er sich auch bemühte jeder berechtigten Anforderung, die das Leben an ihn stellte, nach wie vor zu entsprechen. In wahrhaft rührender Weise nahm er sich der Ausbildung seiner Lieblingsenkelin Emma von Gutschmid (nachmals vermählte Preußer) an, noch sind die Hefte erhalten, in denen der Greis aus dem Schatze seiner litterarischen, historischen, geographischen Bildung das zusammentrug, was ihm für das heranreifende Mädchen geeignet und unerläßlich schien. Die eignen Studien zur Geschichte der Musik setzte er eifrig fort, im Jahre 1835 hielt er ein zweites Mal musikgeschichtliche Vorlesungen mit historischen Konzerten in Weimar ab. Von der Mitwirkung an der von ihm begründeten musikalischen Zeitung zog er sich mehr und mehr zurück, nicht weil er, wie Andere in höheren Lebensjahren zum mürrischen Lober der Vorzeit wurde,

sondern weil die Zeitschrift unter G. W. Finks Leitung entschieden zurück=
ging und von der Auffassung musikalischer Schöpfungen und musikalischer
Dinge, die ihm eigen gewesen war, so gut wie nichts mehr aufwies. Daß
er sich warme Teilnahme wie volles Verständnis für den Gang der
künstlerischen Entwicklung und für lebendigen Geist bewahrt hatte, belegt
am besten der denkwürdige Brief, den er 1837 über die kritischen
Bestrebungen des jungen Robert Schumann an eine Leipziger Freundin
richtete. Robert Schumann hatte damals eben in seiner „Neuen Zeitschrift
für Musik" die berühmtesten seiner „Fragmente aus Leipzig" die gegen=
sätzlichen Kritiken über Meyerbeers „Hugenotten" und Mendelssohns
„Paulus" veröffentlicht, und die bewußte Freundin (Henriette Voigt)
fühlte sich gedrungen, dem Altmeister der musikalischen Kritik diese so
leidenschaftlichen und doch so fein abwägenden und unterscheidenden Berichte
vorzulegen. Rochlitz las und wurde von der tiefen und reinen Freude des
Sämanns bewegt, der die goldnen Körner, die er ausgestreut hat, in
Halmen aufschießen und weithin als Ährenfeld wogen sieht. Er antwortete
schon nach wenigen Tagen (Leipzig, 14. September 1837): „Meinen ver=
bindlichsten Dank für die zurückfolgende Mittheilung. Seit Jahren habe
ich über Musik Nichts, ganz und gar Nichts gelesen, was mir — wie
ich nun bin und seyn kann — so innerlichst wohlgethan hätte. Helle,
festgefaßte, festgegründete, überall wo Vernunft und Recht gilt, geltende
Ansichten; reine würdige, edle Gesinnung — und Beides nicht blos, was
jene Musikwerke, ja nicht blos, was Musik überhaupt betrifft; ein bedachtsam
zusammengefaßtes, haltungsvolles und dabey doch frisch belebtes, zwanglos
sich bewegendes Wesen in der Darstellung: das finde ich in diesem Aufsatze
und zwar von der ersten bis zur letzten Zeile. Dabey eine Unpartheilichkeit,
die selbst am Teufel anerkennt, was er Gewandtes und Tüchtiges darlegt;
sowie am Freunde, daß und wo er kein Engel ist — ja, die an diesem noch
mehr Menschlichkeiten zugiebt, als manche andere Leute (ich z. B.) dafür
erkennen. Dies Alles habe ich hier gefunden und meyne, alle Leser bei
denen, wie gesagt, Vernunft und Recht gilt, und an welchen allein dem
Verfasser gelegen seyn kann — werden es gleich mir finden. So wird
er, der Verfasser, hiermit sicherlich zum Guten und nicht allein in
unmittelbarer Beziehung auf jene Werke, mitwirken, redlich, aufrichtig,
eindringlich. Wo aber dies geschieht, da wird bald oder später auch
geschehen, wie es dort, nach verwandten Voraussetzungen, heißt, es wird
euch das Andere Alles zufallen — von selbst kommen. Und das ist, was
ich ihm, dem Verf., von Herzen wünsche. Was sollen Sie aber mit
alledem? Gar nichts, liebe Freundin, außer eine Bestätigung empfangen,
es sey mir mit meinem Dank für die Mittheilung Ernst gewesen."

Rchz."

Auch sonst fehlt es nicht an entscheidenden Zeugnissen, daß Rochlitz
seine Einsicht wie seinen Einfluß an der rechten Stelle entscheidend zur
Geltung brachte. Als im Januar 1833 die Symphonie des jugendlichen
Richard Wagner zur Aufführung in den Gewandhauskonzerten gelangen

sollte, war es vor allen nach Wagners eignem Bericht „Hofrat Rochlitz, ein würdiger alter Herr, dem es Ernst um die Kunst war", der die Annahme des verheißungsvollen Jugendwerkes seines jungen Landsmannes bewirkte. An der Berufung Mendelssohns zum Dirigenten der Gewandhauskonzerte nahm Rochlitz gleichfalls lebhaften Anteil und bewahrte bis in seine letzten Tage die frische Empfänglichkeit für alle Schöpfungen der Kunst.

Das Gefühl, daß es Abend um und in ihm geworden sei, leugnete er sich trotz alledem nicht. Die schlichte ungeheuchelte Frömmigkeit, die sein Wesen von früh auf durchhaucht hatte, trat naturgemäß in den Vordergrund seines letzten Thuns und Lassens. Wie Friedrich Rochlitz die gesamte deutsche Bildung vom Ende des achtzehnten und im Übergang zum neunzehnten Jahrhundert in seltner, kristallklarer Reinheit in sich wiederspiegelt, so hat er auch die Wendung zu vertiefter Gläubigkeit, zum gesteigerten religiösen Bedürfnis, die in seine Tage fiel, ohne es nach außen zu zeigen, in der eignen Seele durchlebt. Auf Geister seiner Art hatten Schleiermachers Reden: „Über die Religion, an die Gebildeten unter ihren Verächtern" eindringlich und nachhaltig gewirkt. Er machte seiner Natur getreu nie ein Wesens von seinen inneren Empfindungen, aber es ist in seinen Schriften deutlich zu sehen, wie die Überzeugung einer göttlich-sittlichen Weltordnung in ihm wuchs. „Und weil wir nun von ihm wissen, nicht nur jenes: „Die Könige im Lande lehnen sich auf, aber er lachet ihrer!" sondern auch: „Kann wohl ein Weib seines Kindleins vergessen? und ob es sein dennoch vergäße, will ich sein nicht vergessen": so wirds ja wohl am besten seyn und bleiben in ihm zu ruhen, wenn sonst nirgends Ruhe ist und der innern Stimme zu folgen, bey dem was man thut, wenn keine äußere sicher und weise sein kann", hieß es schon in den „Tagen der Gefahr" und mehr und mehr war aus dem Gottsucher seiner mittleren Jahre ein Gottgewisser geworden. So betrachtete Rochlitz es als eine innere Genugthuung und eine willkommne letzte Lebensaufgabe, daß ihm der bei Herstellung eines neuen Kirchengesangbuches seiner Vaterstadt die entscheidende Mitwirkung zufiel und widmete sich dieser letzten Thätigkeit mit hingebendem und warmem Eifer.

Rochlitz schied am 16. Dezember 1842 aus dem Leben, die Teilnahme, die sein Hinscheiden weckte, schien mit der Bedeutung und der Ausbreitung seines Wirkens in keinem rechten Verhältnis zu stehen. Von den litterarischen Wortführern des Tages erhob keiner die Stimme, sein Verdienst zu würdigen, sein Andenken zu ehren. Dafür erwies sich bald, wie unlöslich seine anspruchslose edle Persönlichkeit mit allen besten und unvergänglichen Entwicklungen seiner Zeit verflochten gewesen war und mit allen Erinnerungen an diese wurde zwanglos die Erinnerung an ihn erweckt, um nicht wieder zu verschwinden.

Anmerkungen.

1) Ueber Kunst und Alterthum. Von Goethe. Fünften Bandes erstes Heft (Stuttgart 1824) S. 154 f. In allen Ausgaben der Goethischen Werke wiederholt.

2) A. W. Schlegels Besprechungen in Nr. 201 des Jahrgangs von 1799 der Jenaischen „Litteraturzeitung" galten den beiden Büchern „Erinnerungen zur Beförderung einer rechtmäßigen Lebensklugheit" und „Charaktere interessanter Menschen" von Fr. Rochlitz. Vergl. auch A. W. Schlegel, sämtliche Werke Bd. 11. S. 398.

3) Der Titel dieser eigentümlichen Erinnerungen ist „Tage der Gefahr" und sie wurden im zweiten Bande der „Neuen Erzählungen von Friedrich Rochlitz" (Leipzig und Züllichau 1816) veröffentlicht.

4) Die Rochlitzische Besprechung des ersten Bandes von Goethes „Aus meinem Leben. Dichtung und Wahrheit" findet sich in Nr. 42 der „Leipziger Litteraturzeitung" vom 18. Februar 1812. Schon ihre einleitenden Worte geben hinlänglich kund, wie Rochlitz das Werk ansah und wie er es von andern angesehen wissen wollte: „Einer der größeren originellsten Geister des Jahrhunderts, der, in mehr als einer Hinsicht so viel beygetragen diesem selbst seinen Charakter und seine Farbe zu geben; der mehr als die Hälfte und bey weitem die wichtigste dieses Jahrhunderts theilnehmend und das Zeitalter der Poesie und höheren selbständigen Geistesbildung der Deutschen schaffend, fördernd, bildend, durchlebt, stets in bedeutenden meist in edlen, oft in großen Verhältnissen und Verbindungen gestanden; und vom günstigen Geschick überdieß den seltenen Vorzug erhalten hat, noch jetzt in voller Kraft auf der lichten Höhe seiner Bahn gleichsam Station zu machen und die zurückgelegten Strecken vollständig hell und ruhig zu überschauen: dieser Geist beginnet in dem genannten Lande den Zeitgenossen mitzutheilen, wie er sich selbst in seinem inneren Wesen und Sein sowohl als in seinem vielseitigen Leisten und Wirken sein ganzes Leben hindurch erblickt."

5) Der (bisher ungedruckte) Brief im Besitze von Rochlitzens Stiefenkelin Frau Emma Preußer geborene von Gutschmid in Dresden.

6) Auch diese wichtigen, charakteristischen und liebenswürdigen Briefe des Schriftstellers an seine Gattin verdanke ich der Güte der Frau Emma Preußer.

7) Die Vorträge zur Musikgeschichte, die Rochlitz damals hielt, hatten in Weimar so große Begeisterung hervorgerufen und hinterlassen, daß nicht weniger als drei Gedichte von Stephan Schütze, J. P. Eckermann und F. W. Riemer den Vortragenden, seine Leistungen und Wirkungen feierten.

Beiträge
zur Biographie Christian Gottfried Körners.

———

I.

Aus Christian Gottfried Körners Reisetagebüchern.

Am 13. Mai 1881 war ein Halbjahrhundert verflossen, seit zu Berlin der Vater des jugendlichen Dichters und Helden des Befreiungskrieges, der geliebteste und in rechter Stunde werkthätigste Freund Schillers, der Geheime Oberregierungsrat des „Königlich Preußischen Ministeriums für geistliche, Unterrichts= und Medizinalangelegenheiten" Dr. Christian Gottfried Körner aus dem Leben schied. Was Bischof Neander in der an Körners Sarge gehaltenen Rede aussprach: daß diesem Manne und diesem Leben ehrendes Gedenken in den Kreisen der Besten für alle Zeiten gesichert sei, hat sich seitdem genugsam bewährt. Die Veröffentlichung des „Briefwechsels Schillers mit Körner" hat der deutschen Nation, so weit sie pietätvoll Anteil an dem Leben, Streben und Leiden unsrer großen Dichter nimmt, den weiland Dresdner Konsistorial= und Appellationsrat für immer teuer gemacht. Wenn Fr. Hebbel bei seiner Beurteilung des Schiller=Körner= Briefwechsels in den Wiener „Jahrbüchern" ein wenig zu hoch griff, als er ausrief, daß „der trotz seiner Horenaufsätze und seines berühmten Sohnes immer im Hintergrunde der Litteratur verloren stehen gebliebene Körner fast ebenso vorteilhaft hervortrete, als sein großer Freund selbst", so haben doch der männliche und liebenswürdige Charakter Körners, sein Bildungs= reichtum, seine feinsinnige Empfänglichkeit und sein klares und scharfes Urteil zur Bewunderung für die echte, in jeder Probe bewährte Freund= schaft Körners zu Schiller auch Respekt vor der wahrhaften Bedeutung des schlichten Mannes eingeflößt. Der Anteil an der Persönlichkeit ist gewachsen, und das interessante Leben Körners, so glücklich und reich in seiner ersten, so ernst=resigniert und pflichttreu in seiner zweiten Hälfte, verdient in den weitesten Kreisen gekannt zu sein.

In dem schriftlichen Nachlaß Ch. G. Körners finden sich unter anderm auch Fragmente von Reisetagebüchern, von jener großen Reise stammend, die er in den Jahren 1779 und 1780 mit dem Grafen Karl von Schönburg=Glauchau unternahm und die ihn durch Deutschland und Holland nach England und wiederum durch Holland und Deutschland nach der Schweiz und Frankreich führte. Die erhaltenen Bruchstücke von Körners eigner Hand, als „Tagebuch einer Reise durch Holland, England, Schweiz und Frankreich" überschrieben, bei den verschiedenen Handschriften des Dresdner „Körner=Museums" bewahrt, eignen sich, litterarisch betrachtet, keineswegs zu einer vollständigen Mitteilung, obschon auch eine solche überall die Tüchtigkeit, den lebendigen Blick, die Vielseitigkeit der Interessen des damals erst 27jährigen Dr. jur. und Leipziger Privatdozenten bestätigen würde. Aber immerhin ergeben einzelne Mitteilungen aus der Handschrift interessante kleine Bilder aus der guten alten Zeit und manchen Vergleich mit der Gegenwart, der nur in einem Punkte, freilich in einem Hauptpunkte, in der frischen harmlosen Genußfähigkeit, zum Nachteil unsrer Tage ausfällt. Über das Gesamtresultat seiner Reise berichtet Körner in einem der ersten Briefe an Schiller (Dresden, den 2. Mai 1785): „Nun kam die Gelegenheit zu reisen. Sie kam plötzlich und ich reiste unvorbereitet und ohne besondern Zweck. Ich hatte mir das Reisen überhaupt als etwas wünschenswertes gedacht, und anfangs war mein Gedanke, so viel Vorteil davon zu ziehen wie möglich. Aber dazu war ich zu sehr Neuling in der Welt. Ich verweilte bei einzelnen Gegenständen, die ich noch nicht gesehen und gehört hatte, und überließ mich zu sehr dabei meinem Hange zum Nachdenken, um einen großen Vorrat von Erfahrungen und Kenntnissen einzusammeln. Ich brütete oft noch über Bemerkungen, die die Ereignisse des vergangnen Tages veranlaßt hatten, wenn ich auf einen neuen Gegenstand meine Aufmerksamkeit richten sollte. So geschah es, daß ich zwar kein reichhaltiges Tagebuch von meinen Reisen mitbrachte, aber meinen Beobachtungsgeist hatte ich geschärft, meinen Geschmack mehr gebildet und besonders meine Begriffe über menschliche Fertigkeiten erweitert."

Die ersten Stationen der Reise gewährten dem Grafen und dem Leipziger jungen Gelehrten eine Reihe von Eindrücken, die uns die übergroße Mannichfaltigkeit und die mit ihr verbundne Reihe schlimmer Möglichkeiten im damaligen Reiche mit wenig Worten vor Augen stellen. Die Aufzeichnungen Körners beginnen am 1. Oktober 1779 in Eisenach. Schon am nächstfolgenden Tage in Vacha (Körner schreibt „Fach"), einem „übel gebauten armseligen Ort", hat er Gelegenheit zu ein paar kulturhistorisch interessanten Bemerkungen. Vacha „scheint halb ausgestorben, die gegenwärtige Entfernung der hessischen Soldaten benimmt diesem Orte die wenige Nahrung, welche er sonst hatte". Die tapfern Hessen waren eben von ihrem Landgrafen nach Amerika verkauft worden, und mit ihnen genug Nichthessen. In demselben „Vach", das Körner so ausgestorben fand, griffen wenig später die hessischen Werber den dort übernachtenden Seume auf. „Hier übernahm trotz allem Protest der Landgraf von Kassel, der damalige große Menschenmäkler, durch seine Werber die Besorgung meiner fernern Nachtquartiere nach Ziegenhayn, Kassel und weiter nach der neuen Welt" erzählt Seume in dem Fragment seiner Selbstbiographie. Körner, der vor den hessischen Werbern sicherer war als ein entlaufener Leipziger Student, versagt sich aber eine zweite charakteristische Bemerkung nicht. „Von Eisenach bis Vach sind sehr schlimme bergichte Wege, die oft gar nicht zu passiren sind. Schon längst haben hier, sowie vor Eisenach und hinter Vach Chausseen angelegt werden sollen, allein die vielen Durchkreuzungen unter den Ländern der dasigen kleinen Fürsten haben es ge=

hindert. Bald hat man sich nicht vereinigen können, durch wessen Land der Weg gehen sollte, weil jeder sich den Vorteil des Wegegeldes hat vorbehalten wollen, bald hat man Verträge gemacht, daß ein Fürst auf fremdem Gebiet die Straßen bauen lassen und dafür das Wegegeld genießen sollte, die nachher nicht gehalten worden sind, weil vielleicht das bare Geld fehlte und dergleichen mehr."

Über Fulda, damals noch die Residenz eines über vierzig Quadratmeilen „verhungerten Landes" (Goethe-Schillers Xenien) souverän gebietenden Fürstbischofs, über Gelnhausen, „eine unbeträchtliche Reichsstadt, auf die der Graf von Hanau Ansprüche macht und schon einstweilen Soldaten hineingelegt hat", erreichten die Reisenden am 5. Oktober Frankfurt am Main. Das erste, was Körner bei Goethes Vaterstadt in die Augen fällt, sind die nicht unbeträchtlichen Festungswerke und die 800 Soldaten und 150 Konstabler, die die Stadt zu ihrer Verteidigung hält. Dann bestätigt er vorübergehend die Erzählungen Goethes über den wunderlichen Hausbau, den der Dichter als Knabe zu durchleben gehabt, indem er aufzeichnet: „Sonst haben viele Häuser noch die alte Goslarische oder niedersächsische Bauart, da die obern Stockwerke über die untern herausgerückt sind." Die schon damals unbestreitbare Vorzüglichkeit der Gasthöfe konnte einem Reisenden nicht entgehen, der von Leipzig bis Frankfurt bereits in vier Nachtquartieren Erfahrungen gesammelt hatte. Seltsam klingt im Vergleich zu den Erzählungen Goethes aus seiner Frankfurter Sturm- und Drangperiode, die nur vier Jahre früher zu Ende gegangen war, was sich der junge Leipziger Gelehrte über die Frankfurter geselligen Zustände und die Landsmänninnen Lilis berichten läßt. „Die Kaufleute und Gelehrten leben sehr gesellschaftlich. Dreißig und mehrere Personen errichten ein Kollegium, mieten einen Saal, wo sie täglich von vier Uhr an zusammenkommen, Billard und Karte spielen und Thee trinken. Dergleichen sind mehrere selbst unter den Kaufmannsdienern. Dies macht, daß kein gutes Kaffeehaus bestehen kann, daß das Theater wenig besucht wird und außer der Messe hier nichts aufkommen kann, daß Konzerte hier selten und nicht sehr besucht sind. Dies muß notwendig Einfluß auf die Bildung und Lebensart der Frauenzimmer haben, die dadurch sehr von der Gesellschaft der Mannspersonen getrennt sind, sowie hieraus wieder merkwürdige Folgen in Absicht auf den Ton der Gesellschaft, die Feinheit des Betragens, die Einfachheit der Sitten haben, die ich nur vermuten, aber wegen der Kürze meines Aufenthaltes nicht bemerken kann." Aus diesem Tagebuchblatte spricht nicht nur der Leipziger, der lange vor dem Erscheinen des „Faust" (zur Zeit noch in Goethes Manuskripten liegend) recht wohl wußte, daß Klein-Paris seine Leute bilde, sondern auch der echte Sohn der neuen Zeit, der an Frauen hohe Anforderungen stellte, als Student für Corona Schröter geschwärmt hatte und jetzt auf dieser Reise das Bild der anmutigen und gebildeten Demoiselle Minna Stock im Herzen trug.

Die Reise geht nach Mainz und dann in eigens gemietetem Schiffe rheinhinab bis Köln oder Cölln, wie Körner schreibt. Die Ufer zeigten sich von fröhlicher Weinlese belebt, in den Residenzen am Rhein ward einigemale Halt gemacht, in Neuwied im großen Etablissement der Herrn=huter ein sächsischer Landsmann mit dem klassischen Namen Müller, ein „ehemaliger Hofmeister des Grafen Gersdorf", aufgesucht, „der jetzt bei der Schule angestellt ist und zuweilen auch predigt". Dem lebensfrohen und hellblickenden Körner behagt das Treiben der Stillen im Lande offenbar nicht. Von dem katholischen Wesen rings umher nimmt der Leipziger Superintendentensohn und gut protestantische Sachse mit naiver Verwunderung Notiz, schon in Mainz hatten ihn die Karthäuser und ihre Disziplin sehr interessiert, „bei allem diesem schienen der Vicarius und ein andrer, mit dem wir sprachen, sehr mit ihrem Schicksal zufrieden". Körner dünkte dies offenbar schon wegen „des härnen Hemdes, das un=gemein rauh ist," einigermaßen rätselhaft. Zwischen Neuwied und Bonn nehmen die Reisenden einen Kapuziner=Laienbruder ins Schiff, „der das Geschäft hatte, in der umliegenden Gegend zu betteln, welches er Terminiren nannte." Doch versetzt der Kölner Dom trotz seines damaligen un=fertigen und halbverfallnen Zustandes, Körner entschieden in den ehrlichen Enthusiasmus eines künstlerisch angelegten und gebildeten Mannes. Der Dom ist „ein merkwürdiges gothisches Gebäude, das aber nicht nach dem gemachten Entwurf ausgeführt worden ist, nach welchem es eines der schönsten Gebäude in dieser Art geworden sein würde. Jetzt ist blos der (Körner schreibt gut sächsisch „das") Chor und der eine Turm, deren zwei haben werden sollen, zum Drittel ausgebaut, das Schiff zwischen beiden ist oben mit Holz gedeckt und nur die äußern Mauern zu einer mittlern Höhe aufgeführt." Körner sah das alte Köln auf der tiefsten Stufe seines Verfalls und zeichnete verwundert einige Symptome dieses Verfalls auf. Daß ein Jahrhundert später der Riesendom sich in der ganzen Macht und Pracht des ersten Planes erheben würde, hätte im Oktober 1779 der Kühnste und Phantasievollste nicht zu prophezeien gewagt!

Mit einem vollen und ganzen Kunsteindruck, der zugleich Vorbereitung für die nachfolgende holländische Fahrt war, entließ Deutschland die Rei=senden in Düsseldorf. Die Stadt besaß damals ihre berühmte Gallerie noch; wenige Jahre, bevor Christian Gottfried Körner Düsseldorf betrat, hatte Wilhelm Heinse seine klassischen und tief wirksamen Briefe über die Gallerie in Wielands „Merkur" (1776) veröffentlicht. Ohne Zweifel hatte Körner die glücklichen Schilderungen Heinses gelesen, seine Empfäng=lichkeit, sein Enthusiasmus für den „Virtuosen jeder Art" flammten hell auf, die „unschätzbaren" Niederländer wurden mit Eifer und Anteil betrachtet, und wie billig trägt auch in Körners kritischen, nur für die eigne Erinnerung bestimmten Bemerkungen Rubens den Preis davon. Aber wenn auch Düsseldorf seiner besondern Leidenschaft für Kunstwerke volles Genügen gab, so ward eine andre Neigung, berühmte Autoren persönlich kennen zu lernen, in welcher Körner und sein gräflicher Reise=genosse zusammengestimmt zu haben scheinen, hier nicht befriedigt. „Den

Geheimen Rat Jacobi, Verfasser des ‚Woldemar' (der eben erschienen war), und seinen Bruder, den Dichter, der sich auch hier aufhält, konnten wir wegen ihrer Abwesenheit nicht sprechen." Ganz gewiß war dies für Körner empfindlich genug, und die Seidenmanufakturen von Krefeld, die er in Erinnerung seiner besondern Studien über Technik und Staatsökonomie anteilnehmend besichtigte, haben ihn schwerlich völlig dafür entschädigt. Über Geldern und Cleve erreichten die Reisenden am 16. Oktober die holländische Grenze und durften sich rühmen, unter den damals waltenden Verhältnissen schnell und glücklich gereist zu sein.

Holland sollten die Reisenden zunächst nur sehr oberflächlich sehen und in wenigen Tagen wieder verlassen. Sie waren nämlich kaum über Nymwegen, Utrecht, Leiden nach dem Haag gelangt, wo sie im „Parlament von England," das Körner als guten Gasthof „bis aufs Essen" charakterisiert, Quartier genommen hatten, als sie sich durch das Zureden eines Bekannten bestimmen ließen, alsbald nach England aufzubrechen. „Wir entschlossen uns, unsre Reise durch Holland auf die Zurückkunft zu verschieben. Ich war dadurch über die Gewißheit der künftigen Hollandreise gesichert, daß der Graf seinen Wagen im Haag bei seinem Banquier stehen zu lassen sich entschloß." Diese im Haag am 17. Oktober eingetragene Bemerkung Körners scheint darauf hinzudeuten, daß er schon mehrfache Erfahrungen über die rasch wechselnden Pläne und unzuverlässigen Entschlüsse seines erlauchten Reisebegleiters gemacht hatte. Jedenfalls drängte es ihn in den nächsten Tagen Rotterdam und Amsterdam vorläufig zu besuchen und einige Stunden lang ihre Merkwürdigkeiten zu durchstreichen. „Sonderbar ist's, daß sich diese Amsterdamer öffentlichen Anstalten, Spitäler, Toll- und Zuchthäuser nicht durch prächtige Gebäude ankündigen. Das Äußere dieser Häuser ist vielmehr unansehnlich und wenig versprechend, aber das Innere reinlich und der Absicht angemessen." Am meisten interessierten ihn natürlich solche Dinge, die er zum erstenmal sah: in Amsterdam die Admiralität und das ostindische Haus. Seine Kunstliebe fand nur Nahrung an den prächtigen Bildern der holländischen Schule. Das Theater entzückte ihn nicht: es war in jener Zeit gleich der holländischen Litteratur in kläglicher Weise von französischen Vorbildern abhängig. „Ins holländische Schauspiel" schreibt er. „Am Theater und den Dekorationen war nichts gespart, Kleidung angemessen. Aktion aber und Deklamation war ohne Wahrheit, Anstand und Geschmack, vielleicht weil man die Akteurs für kalt gehalten haben würde, wenn sie sich weniger überschrieen und den Ausdruck nicht in karrikaturmäßigen Verrenkungen gesucht hätten. Der Tanz im Ballet war ohne Grazie und für Frauenzimmer zum Teil unanständig." Graf Schönburg ging von Amsterdam nach dem Haag zurück, Körner wieder nach Rotterdam und Gouda. Am 24. Oktober vereinigten sich die Reisenden wieder. Aber sie sollten trotz all ihrer guten Vorsätze nicht so rasch aus den vereinigten Provinzen hinwegkommen, als sie gemeint hatten. Der amerikanische Befreiungskrieg und das Eingreifen Frankreichs in denselben machten das Meer selbst für den einfachsten Versehr unsicher. „Den 26. Oktober", heißt es im Tagebuche, „gingen wir mit einer Jacht nach Helvoetsluys ab, alles dessen ungeachtet, was man uns von französischen Kapern gesagt hatte, weil der Weg über Ostende zu weit und von einem Kaper nichts zu fürchten war, als nach Dünkirchen in die Nähe von Ostende gebracht zu werden. Allein der Krieg hatte dennoch die Wirkung, daß die Kapitäne der Paketboote aus Furcht ihre Schiffe zu verlieren nur mit dem besten möglichen Winde aussegeln wollten, der in dieser Jahreszeit sehr selten ist. Dies machte, daß wir bis zum 7. November hier bleiben mußten, da wir endlich ein holländisches Fischerboot für 20 Guineen mieteten und mit ihm den 9. November zu Dover anstatt zu Harwich wegen widrigen Windes ankamen. In Helvoetsluys ist gar nichts merkwürdiges. Wir besahen eines von den zehn holländischen Kriegsschiffen, die jetzt wegen des Krieges vor diesem Hafen liegen. Auf der See waren wir alle krank und befanden uns am besten, wenn wir ruhig in der Kajüte lagen."

Am 11. November kam Körner mit dem Grafen Schönburg in London an, trat zuerst im Royal Hotel (Pallmall) ab, dann richteten sich beide in einer Privatwohnung in St. James-Street für einen monatelangen Aufenthalt in der englischen Hauptstadt ein. Es waren Monate voll mannichfaltiger, mächtiger, dem Deutschen jener Zeit völlig neuer Eindrücke. Ganz Deutschland hatte im letzten Drittel des 18. Jahrhunderts noch keine eigentliche Großstadt, geschweige denn einen Central- und Verkehrspunkt, der mit London auch nur entfernt zu vergleichen gewesen wäre, aufzuweisen. Es war also natürlich, daß die massenhaften und neuen Anregungen Körner für kurze Zeit betäubten. Aber mit der ganzen klaren Tüchtigkeit seines Wesens findet er sich rasch in den englischen Zuständen zurecht, und indem er sich über die großen Verhältnisse der Politik und des Handels, über Volksart und Volkssitte, und dann Schritt für Schritt in der ungeheuern Stadt selbst zu orientieren sucht, setzt er gewissen Erscheinungen namentlich sein ästhetisches Bewußtsein entgegen und läßt sich nicht imponieren. Das englische Schauspiel der Zeit erfreute ihn nicht eben mehr als das holländische. Gleich in den ersten Tagen bemerkt er, daß das Theater in keiner sonderlichen Blüte stehe. „Man deklamiert zum Teil unnatürlich langsam. Die Frauenzimmer waren kalt und hatten wenig Anstand. Eine Farce, worin viel geprügelt, Schüsseln, Teller zerschmissen wurden u. s. w., belustigte die Zuschauer sehr." Erst am 17. November überzeugte sich Körner im Drurylanetheater, daß „die Akteurs, besonders die Frauenzimmer besser seien" als in den Theatern, die er zuerst betreten. Aber bereits zwei Tage später, als er im Coventgardentheater den „Lear" aufführen sah, fiel er in sein erstes Urteil zurück. „Nach meiner Empfindung nicht so gut aufgeführt als in Leipzig. Besonders auffallend ist die neue französische Kleidung; Garrick hat sie in diesen Stücken gebraucht. Ich muß gestehen, daß es mich sehr aus der Täuschung reißt. Miß Young agierte am besten als Cordelia." Die geselligen Beziehungen der beiden

Reisenden, die aus so verschiednen Lebenskreisen stammten, waren die besten; den Reigen der vielen, die entweder Graf Schönburg oder Körner und den einen um des andern willen bei sich empfingen und bewirteten, eröffnete der kursächsische Gesandte am englischen Hofe, Graf Brühl, mit welchem Körner auch in seiner spätern Dresdner Zeit einige Verbindung pflegte. Am unbehaglichsten stimmte unsern leidenschaftlichen Musikfreund, der alsbald nach der Ankunft in London ein Klavier ermietet hatte, die strenge englische Sonntagsfeier. Doch gehörte er, wie alle Blätter seines Tagebuchs erweisen, keineswegs zu den Leuten, die sich in ungewohnte Situationen und Forderungen nicht zu finden wissen — ohne Hast aber ohne Rast sehen wir ihn die reichen Eindrücke Londons in sich aufnehmen und nebenbei ein wenig nach der politischen Stimmung forschen, die in England damals freilich mehr zu bedeuten hatte als bei uns und auf dem Kontinente überhaupt.

Zwischen dem Dezember 1779 und dem März 1780 findet sich in Körners Tagebüchern (die nie gebunden, sondern nur in einzelnen Lagen zueinandergeschichtet waren) eine empfindliche Lücke. Vom 2. März an, wo Körner und Graf Schönburg Lord Beßboroughs prachtvollen Landsitz zu Roehampton besuchten, sind die Aufzeichnungen wieder vorhanden. Mit dem herannahenden Frühling beginnen eine Reihe von Ausflügen, und so werden die Reisenden während der eigentlichen Wintermonate jedenfalls ausschließlich in London verweilt haben. Erst am 9. März gelangen sie dazu, den Tower zu sehen, und im Gegensatz zu der großartigen Liberalität, mit welcher die Lords den Besuch ihrer Schlösser, Gemälde- und sonstiger Kunstsammlungen erleichtern, findet sich Körner durch die „Taxen" im Tower peinlich berührt. „Jede Merkwürdigkeit im Tower wird für eine gewisse Taxe gezeigt, die meistens über die Thür geschrieben ist und wovon einige Parlamentsmitglieder Einkünfte ziehen. Auffallend ist es, daß ein König Kleinodien, Waffen und Tiere für Entrée sehen läßt!" Während der nun folgenden Wochen bemüht sich Körner redlich, den industriellen Etablissements und den Industrieerzeugnissen Englands das Beste abzugewinnen. Seine Bemerkungen sind verständig und treffen den Hauptpunkt; ganz gewiß ist er später in der sächsischen „Landesökonomie-, Manufaktur- und Kommerziendeputation" einer der bestunterrichteten Beamten gewesen. Aber mehr als Londoner Porter, Papiermaché und Derby-Porzellan interessierten ihn doch immer die Kunstschätze der englischen Hauptstadt. In Chiswick, dem Landsitze des Herzogs von Devonshire, in Sion-House, dem Landsitze des Herzogs von Northumberland, in Painshill, einem Landsitze des Mr. Hopkins, entzücken ihn die Parkanlagen, die zahlreichen Bilder und Statuen. Am 21. März macht Körner die Bekanntschaft der gefeiertsten Malerin seiner Zeit. Er trägt in sein Tagebuch ein: „Angelica Kaufmann. Ihre Manier ist sehr fleißig und thut in der Nähe fast eben die Wirkung als in der Ferne. Ihr Colorit brillant ohne zu bunt zu sein. Ihre schönen Ideale sind bekannt. Und dennoch hat sie noch viel historische Bilder bei sich, die noch keinen Käufer gefunden haben. Sie malt daher auch des sichern Absatzes wegen Portraits. Sie ist nicht mehr jung [sie war am 30. Oktober 1741 geboren], aber sehr angenehm, sie spricht über ihre Kunst mit Geschmack und Empfindung."

In den nächstfolgenden Wochen und Monaten wurden, immer von London aus und dahin zurückkehrend, eine Reihe von Ausflügen unternommen. Längere Bemerkungen widmet Körner am 30. März der Universität in Cambridge, die den Privatdozenten der Leipziger Universität wohl vor allen Dingen interessieren durfte. Der Reichtum an Büchern und Manuskripten in den Bibliotheken der einzelnen Kollegien imponierte ihm höchlich, aber achselzuckend setzte er hinzu: „Trägheit und Unwissenheit hindert die Glieder der Kollegien, diese Schätze zu nutzen." Am 24. April wurde eine Landreise angetreten, die zunächst in den Westen Englands führte. Hier empfing Körner die bedeutendsten Eindrücke von dem Hafen Portsmouth, den Graf Schönburg und er unter dem Geleit eines der englischen Flottenkommissäre, Sir Samuel Hoot, besuchten. Bei Spithead lag die große Kriegsflotte, die die Reisenden in der Jacht des Kommissairs umfuhren. Dreizehn englische Linienschiffe, allen voran die „Britannia" und „Victory", auch einige von den Franzosen genommene Kriegsschiffe wie „Centaur" und „Galathee" ankerten hier; die Hoffnungen, Frankreich völlig zu besiegen und die abgefallenen nordamerikanischen Kolonien neu zu unterwerfen, gingen bei der herrschenden Partei in England noch hoch und waren durch die glücklichen Seeschlachten motiviert. Körner, der während des letzten Vierteljahres die Dinge gut beobachtet und bei seinen Verbindungen genug vom wahren Stande der Dinge jenseits des Ozeans erfahren hatte, teilte diese Hoffnungen nicht.

Während der Monate Mai und Juni sah Körner den Norden Englands, verweilte in Liverpool, Manchester, Halifax, Leeds, Sheffield. Hier endlich drängte die Großartigkeit und Mannichfaltigkeit der industriellen Thätigkeit das Interesse, welches Körner an diesen Dingen doch nahm, in den Vordergrund, seine Aufzeichnungen darüber werden breiter, er sucht sie selbst durch primitive Randzeichnungen zu unterstützen, und es bedarf der Wunder der Höhle von Castleton (die wenige Jahre später von dem Berliner Karl Philipp Moritz in seiner „Fußreise eines Deutschen in England" vortrefflich geschildert wurde), um unsern ästhetisch gestimmten Freund in seine eigentliche Natur zurückzuversetzen. Wie lange die momentane Veränderung vorgehalten, ist leider nicht ersichtlich — vom 24. Juni ab sind wieder Stücke des Tagebuchs verloren. Wir wissen nicht genau, wann Körner und Graf Schönburg England verließen. Aber am 3. September 1780, von wo an wieder Aufzeichnungen vorhanden sind, hatten sie bereits die im vorigen Herbst verschobue Reise durch die niederländischen Provinzen und den größten Teil Belgiens hinter sich und wendeten sich über Spa und Verviers nach Aachen. Bei Düsseldorf erreichten die Reisenden wieder bekannten, schon im vorigen Jahre betretenen Boden.

In Pempelfort machte diesmal Körner „des Geheimen Rats Jacobis und seines Bruders des Dichters Bekanntschaft."

Die letzten Blätter der Körnerschen Reisetagebücher zeigen uns die Reisenden auf dem Wege über Frankfurt am Main, Darmstadt und Straßburg und beim Eintritt in die Schweiz. In Emmendingen lernt Körner Goethes Schwager Schlosser kennen, den er gereizt und verstimmt findet. In den Worten: „Man sucht im Durlachschen sehr die Erziehung des Landvolks zu verbessern, aber nicht allemal mit gehöriger Klugheit, indem die Kinder oft zu sehr von der Landwirtschaft abgezogen werden" spürt man einen Nachklang der Unterhaltung mit Schlosser. An den Tagen vom 1. bis zum 4. Oktober 1780 war Körner in Zürich, und von hier stammen die spätesten Aufzeichnungen, die nach der Beschaffenheit des Manuskripts von Körner überhaupt nicht fortgesetzt worden sind, sondern plötzlich abbrechen. Am 1. Oktober machte er Lavaters Bekanntschaft: „Er predigt sehr plan und allgemeinfaßlich, mit beständiger Beziehung auf die Bibel. Im Umgange ist er natürlich, ohne Prätention und Affektation, spricht über jede Sache als ein Mann von Geist, aber von interessanten Dingen nur auf Veranlassung und von seinen eigensten religiösen und philosophischen Ideen nur mit seinen Freunden oder solchen, bei denen er Sinn für diese Sachen und aufrichtigen Anteil daran bemerkt [zu denen natürlich Körner gehörte]. Er wird von einer großen Menge geliebt und geschätzt und seine Predigten sind sehr voll. In seiner Stube ist ein großes Gemälde von Christus mit einem Knaben, das ihm West gemalt und geschenkt hat. Auch besitzt er einen Christuskopf, zwar nicht von hohem Ideal, aber mit ungemeiner Wahrheit als Darstellung eines vorzüglich guten Menschen von einem unbekannten Meister." Am 4. Oktober lernte Körner eine künstlerisch-poetische Berühmtheit kennen, die schon der Vergangenheit der deutschen Litteratur angehörte: Salomon Geßner, den Idyllendichter. Mit der Nachricht, daß der Patriarch Bodmer, der noch vor kurzem Trauerspiele gedichtet, sich „jetzt mit Manuskripten von alten deutschen Gedichten beschäftigt, die er zum Teil herausgeben will", also mit einer hoffnungsreichen Aussicht schließen die uns vorliegenden Reisetagebücher. Körner war wieder ganz in den Zauberkreis des damaligen deutschen Geisteslebens zurückversetzt und mochte sich jener Stimmung gegen die äußere Welt verwandt fühlen, die in eben dieser Zeit Goethe bei Gelegenheit eines Besuchs von Melchior Grimm am weimarischen Hofe schroff und scharf in den Worten seines Geheimtagebuches ausdrückte: „Ich fühlte es tief, daß ich dem Manne nichts zu sagen hatte, der von Petersburg nach Paris ging." Einseitig wie sie war, hat diese Stimmung dennoch einen Anteil an unserm besten Leben und Schaffen gehabt, der jetzt nur zu oft vergessen oder schlechthin geleugnet wird.

Körner und Graf Schönburg wandten sich über Lausanne und Genf nach Frankreich, wo sie monatelang verweilten. Über den Zeitpunkt der Rückkehr geben die Lektionsverzeichnisse der Leipziger Universität einige Auskunft. Nachdem Körners Name in denselben während dreier

Semester ausgefallen, kündigt das Verzeichnis der Vorlesungen für den Sommer 1781 wiederum an, daß Chr. Gottfried Körner, Doktor der Weltweisheit und beider Rechte, vierstündig „Naturrecht nach Achenwall" und zweistündig „Politische Ökonomie" vortragen werde. Um Ostern 1781 muß er demnach in seiner Vaterstadt wieder angelangt gewesen sein.

II.

Chr. Gottfried Körner und J. G. Göschen.

Unter der verhältnismäßig kleinen Zahl derjenigen deutschen Verlagsbuchhandlungen, die mit der eifrig durchforschten und beinahe bis zur letzten Einzelheit erläuterten Geschichte unsrer klassischen Litteraturepoche eng und vielfach verknüpft erscheinen, ragt bekanntermaßen auch die Firma J. G. Göschen in Leipzig hervor. Goethe, Schiller und Wieland, von minder erlauchten Namen zu schweigen, haben mit dem jugendlich aufstrebenden Verleger Verbindungen angeknüpft; die Firma Göschen veranstaltete die erste rechtmäßige Sammlung der Goethischen Schriften, druckte die große Gesamtausgabe der Werke Wielands, verlegte Schillers „Don Carlos", den „Geisterseher" und die „Thalia" und rief durch ihren „Historischen Calender für Damen" Schillers „Geschichte des dreißigjährigen Krieges" ins Leben. In der anschwellenden Litteratur über unsere Klassiker taucht der Name Göschen demgemäß oft genug auf, und zwei besondere Abhandlungen „Zur Erinnerung an Georg Joachim Göschen" von Ch. G. Lorenz (im Jahresbericht der K. Sächsischen Landesschule zu Grimma von 1861) und „Wieland und Georg Joachim Göschen" von Karl Buchner (Beiträge zur Geschichte des deutschen Buchhandels. Drittes Heft. Stuttgart, Göschen, 1874) haben die Gestalt des interessanten Buchhändlers dem litterarischen Publikum vertraut gemacht.

Seit der Veröffentlichung des Schiller-Körnerschen Briefwechsels war es uns auch kein Geheimnis, daß Göschen, als er um dieselbe Zeit, wo Schiller von Mannheim nach Leipzig und Dresden übersiedelte, sein Verlagsgeschäft errichtete, einen Gesellschafter zu eben dieser Buchhandlung an Schillers und seinem gemeinschaftlichen Freunde, dem Dr. jur. Christian Gottfried Körner, gewonnen hatte. Die Geschichte dieser eigentümlichen Verbindung, die unsers Wissens noch nirgends im Zusammenhang erzählt worden ist, enthält natürlich manche Züge zur Biographie der beiden in ihrer Weise hochbedeutenden Gesellschafter, daneben aber auch eine Reihe von Einzelheiten zur Charakteristik der Sturm- und Drangperiode. Die Hauptquelle für die Kenntnis der Körner-Göschenschen „Societät" und ihrer Schicksale bilden die in der Dresdner K. Bibliothek befindlichen, nur zum kleinsten Teile litterarisch benutzten Originalbriefe Dr. Körners an seinen Leipziger Socius; einzelne Punkte werden durch längst gedruckte Mitteilungen und Briefe erhellt.

In den letzten siebziger Jahren des 18. Jahrhunderts war der aus Bremen stammende und als „Handlungsbedienter" in der angesehenen Buchhandlung von Siegfried Leberecht Crusius angestellte junge Buchhändler Georg Joachim Göschen mit dem Sohne des Superintendenten und Universitätsprofessors Johann Gottfried Körner, dem jungen Magister und Privatdocenten an der juristischen Fakultät Christian Gottfried, bekannt und bald auch befreundet geworden. Den Vermittler der Bekanntschaft scheint Körners Vetter, der Kaufmann Johann Friedrich Kunze abgegeben zu haben, aber, wie die beiden jungen Männer geartet waren, bedurfte es bald keiner Vermittlung mehr. Der poetisch-litterarische Enthusiasmus der Sturm- und Drangperiode, die Überzeugung, daß aus der litterarischen Bewegung eine völlige Neugestaltung des Lebens hervorgehen müsse, war in beiden jungen Männern, wenn auch bei jedem in besonderm Grade lebendig. Und die Umbildung der deutschen Gesellschaft war doch bereits soweit vorgeschritten, daß es nicht allzusehr mehr auffiel, wenn der junge Gelehrte geselligen Verkehr mit einem gebildeten und eifrig strebsamen Buchhandlungsgehilfen pflog, der alles im Leben von seiner eignen Kraft erwarten mußte. Körner hatte zu der Zeit, wo er Göschen kennen lernte, jenes Verhältnis zu der anmutigen und klugen Tochter des in Leipzig angesiedelten Nürnbergischen Kupferstechers Stock schon angeknüpft, das so vollen, warmen Sonnenschein in sein Herz goß und sein Dasein zu einem so harmonischen gestaltete, daß der Hinweis auf diesen Mann und dies Haus allein hinreicht, eine ganze Reihe von Vorwürfen und Anklagen zu entkräften, die gegen die Sturm- und Drangperiode gerichtet werden. Sowohl Körner wie seine nachmalige Braut waren echte Kinder dieser Periode, die ganze Heirat des aus vermögender, angesehener Familie stammenden Doktors beider Rechte mit dem liebenswürdigen Kinde des verdienten, aber unbemittelten Künstlers wurde nur möglich, weil die bisher geltenden starren Anschauungen und Vorurteile mehr und mehr in den Hintergrund gedrängt wurden. In der kritischen Zeit, in der Körners Familie sich der Verbindung widersetzte und den Mut und die Treue des wackern jungen Mannes auf eine schwere, aber wohlbestandene Probe stellte, scheint auch Göschen, nach seinem ganzen spätern Verhältnis zu Körner und den Seinen zu schließen, zu denjenigen gehört zu haben, die mit aller Wärme an dem bedrohten Liebespaare teilnahmen. Die Universitätslaufbahn Körners war bekanntlich nur kurz. Nachdem er „etlichemal zu Anfang des Semesters am Fenster gelauert" und „jedes Stiefeltretschen als Musik" begrüßt hatte, unterbrach er seine Dozentenschaft an der Leipziger Universität und trat mit dem Grafen Schönburg jene Reise an, die ihn nach den Niederlanden, England, Frankreich und der Schweiz führte und ihm ohne Zweifel jene Weite des Blicks, jene Vielseitigkeit der Interessen gab, durch welche wir Körner unter seinen spätern Berufsgenossen sich auszeichnen sehen. Bald nach der Rückkehr von seinen Reisen bewarb sich Körner um ein Amt im kursächsischen Staatsdienst. Er war in der glücklichen Lage, die Art und Weise des damaligen Aufsteigens der Beamten leichter ertragen zu können als andere. Obschon er rasch genug zur Würde eines Oberkonsistorialrats in Dresden (für die er in seiner doppelten Eigenschaft als Jurist und Theologensohn besonders befähigt erschien) gelangte, daneben auch Mitglied der Kommerzdeputation ward, die in jenen Tagen die Interessen des Handels und der Industrie wahrnehmen sollte, so blieb sein Gehalt viele Jahre hindurch verschwindend klein. Es galt eben damals in einer schlecht bezahlten Stelle den günstigen Augenblick zu erlauern, in welchem man, durch die eigne Tüchtigkeit und unentbehrliche Protektion wohlempfohlen, eines der Ämter erhielt, die auskömmlich und gelegentlich hoch besoldet waren. Dies letzte Ziel galt am Ausgange des 18. und Eingange des 19. Jahrhunderts als ein so preisenswertes, daß man demselben mit Langen und Bangen, Borgen und Sorgen zustrebte. Hunderte und aber Hunderte von „Bediensteten" verzehrten ein größeres oder kleineres Erbe, bevor sie zu einer sichern und behaglichen Stelle gelangten. Albert, Lottes Mann in „Werthers Leiden", ist im Sinne seiner Zeit ein Glückspilz, da er so früh eine „ansehnliche Versorgung", ein „Amt mit einem artigen Auskommen" erhält. So stattlich und angesehen sich der neue Dr. jur. und jüngste Oberkonsistorialrat in den Dresdner Beamtenkreisen bewegte und so gute Aussichten er vor vielen andern hatte — so wohl wie dem Helden des „Werther" wurde es ihm doch nicht. Hätte Körner auf das artige Auskommen warten müssen, so würde es weit über das Jahr 1785 hinaus eine höchst anmutige und vielbewunderte Demoiselle Minna Stock gegeben haben. Da er jedoch zu Beginn des genannten Jahres durch den Tod seines Vaters in den Besitz eines Vermögens gesetzt wurde, durfte er auch mit der dürftigen Besoldung seiner Oberkonsistorialratsstelle daran denken, die Braut heimzuführen und dem neuen Hausstande gleich von vornherein eine Anlage zu geben, an deren Behagen die künstlerische Schwägerin Dorothea Stock ihren vollen und die Freunde Schiller und Ferdinand Huber, wie aus Schillers Leben allbekannt, einen gewissen Anteil hatten.

Bevor es jedoch dazu kam, war auch Freund Göschen der günstig veränderten Lage Körners froh geworden. Göschen hatte einige Jahre hindurch (von 1783—85) in Dessau als einer der „Factoren" der „Buchhandlung der Gelehrten" gelebt, über deren Anlage, Glück und Unstern uns neuerdings Karl Buchner in einer eignen Monographie und Fr. Herm. Meyer in einem Aufsatze „Die genossenschaftlichen und Gelehrten-Buchhandlungen des achtzehnten Jahrhunderts" (Archiv für Geschichte des deutschen Buchhandels; Heft 2. Leipzig, 1879) belehrt haben. Die „Buchhandlung der Gelehrten" war eine der zahlreichen Unternehmungen, die darauf ausgingen, den Schriftstellern einen bessern Anteil an dem wirklichen und vermeinten Gewinne zu verschaffen, der dem deutschen

Buchhandel aus dem Vertrieb ihrer Geistesprodukte erwuchs. Die Tendenz hierzu lag gleichsam in der Luft. Die Verlagsgenossenschaft, der Lessing und Bode angehörten und die Lessings einzige Breslauer Ersparnis, seine kostbare Bibliothek verschlang, die Subskription, die Klopstock auf seine „Gelehrtenrepublik" in Scene setzte, die Versuche, die Gleim und Jacobi in Halberstadt zur Etablierung eines Selbstverlags machten, die typographische Gesellschaft in Bern und die Buchhandlung der Gelehrten in Dessau, die Spekulationen Mercks in Darmstadt — sie alle waren Produkte derselben Stimmung und, wenn man will, derselben Täuschung, welche dann noch häufig wiederkehren sollte. Meist schlugen aus leicht begreiflichen Ursachen die Unternehmungen materiell unglücklich aus, während der Selbstverlag Wielands beim „Teutschen Merkur" und die große von Schütz und Hufeland ins Leben gerufene „Jenaer Litteraturzeitung", die gleichfalls (wenigstens zum größern Teile) Eigentum der Herausgeber war, vollkommen glückten. Es ist hier nicht unsere Aufgabe die Ursachen solchen Gelingens und Mißlingens zu untersuchen. Gewiß ist, daß zwischen allerlei schiefen, irrigen Ansichten über das Wesen des Buchhandels und manchen alt- und neubeliebten Ungerechtigkeiten der Autoren gegen die Verleger ganz gesunde Gedanken mit unterliefen. Der Buchhandel konnte durch den Hinzutritt litterarisch gebildeter Genossen nur gewinnen; das leuchtendste Beispiel hierfür sollte kaum ein Jahrzehnt später der „Advocat" G. J. Cotta in Tübingen abgeben. Selbst an solchen Männern wie der Weimarer Bertuch war er seither nicht reich gewesen. Aber freilich die Bedingung blieb, daß sich die litterarisch gebildeten Männer nun auch ganz den Interessen des Buchhandels widmeten und dieselben nicht etwa nebenher, ruck- und stoßweise, zu erledigen vermeinten.

Dies sollte auch Christian Gottfried Körner erfahren. Als Freund Göschens Stellung bei der „Buchhandlung der Gelehrten" in Dessau infolge von Mißhelligkeiten mit dem ersten „Factor" dieser Verlagsanstalt, dem Mag. H. G. Reiche, unerfreulich wurde, kam Göschen der Gedanke, selbst in Leipzig eine Buchhandlung zu errichten und dazu die Beihilfe des wohlhabenden Freundes in Anspruch zu nehmen. Körner beteiligte sich zuerst mit einer Summe an einem von Göschen selbständig, aber noch in Dessau unternommenen Bibelverlage; Göschen scheint zu dieser Zeit den Gedanken einer völligen Societät noch nicht klar ausgesprochen und durchgeführt zu haben. Als er aber dann andeutete, daß bei dem augenblicklichen Stande der Litteratur mit einigen tausend Thalern sich vielleicht ein bedeutendes, gewinnbringendes Verlagsgeschäft begründen lasse, fing der Dr. jur. und neue Dresdner Oberkonsistorialrat Feuer. Das litterarische Interesse an der Sache stand natürlich bei ihm im Vordergrunde. Der Verlag, den Göschen mit seinen Mitteln begründen sollte, mußte vor allem die Werke solcher Schriftsteller an sich zu bringen suchen, die „zeigten, was der Mensch auch jetzt noch vermag", und dem „besseren Teile der Menschheit, den seines Zeitalters ekelte, der im Gewühl ausgearteter Geschöpfe nach Größe schmachtete", den Durst löschten.

(Körners erster Brief an Schiller in Mannheim, vom Juni 1784.) Indessen war Körner aus oben angedeuteten Ursachen für die Vorstellung nicht unempfänglich, daß ihm ein reichlicher Gewinn aus den geplanten geistig=merkantilen Unternehmungen erwachsen könne. Er war der Mann eines anspruchslosen, aber frohen und freien Lebensgenusses, er teilte gern großmütig mit andern, namentlich mit Männern von Geist, und die deutsche Nation bleibt seinem Andenken auf immer für die Art verpflichtet, mit der er Schiller über die schwierigste Periode seines Lebens hinweggeholfen hat. Der Traum, zu gleicher Zeit die bessere Litteratur zu fördern und dabei für seinen Beutel zu sorgen, konnte nichts Abschreckendes für den durch und durch idealistischen, aber dabei klaren und hellen Blickes ins Leben schauenden Körner haben. Er machte im Frühjahr 1785 einen Überschlag seines Vermögens und schrieb (3. März 1785) an Göschen: „Wenn Sie mit 3000 Thalern eine Handlung anfangen können: so bin ich Ihr Mann. Mehr kann ich jetzt nicht gewiß versprechen, weil ich meine Angelegenheiten noch nicht ganz übersehen kann. Doch wenn sich uns eine Unternehmung darbietet, die mehr Geld erfordert, so wird auch zu mehrerem Rath werden."

Mehr Geld nun wurde allerdings erfordert, und Unternehmungen von großer Tragweite und von entscheidender Wichtigkeit in Körners wie in Göschens Sinne boten sich alsbald dar. Schon am nächsten Tage nach der gedachten Erklärung an Göschen griff Körner selbständig für das Interesse der „Handlung" ein und erklärte, für Schiller, der einer Summe bedurfte, um aus Mannheim überhaupt abreisen und in die Arme der ihn in Sachsen erwartenden neuen Freunde eilen zu können, 300 Thaler senden zu wollen. „Jetzt noch eine Sache, die keinen Aufschub leidet. Es äußert sich eine Gelegenheit, Schillern einen Freundschaftsdienst zu erweisen und ihn zugleich für unsern Verlag zu gewinnen. Huber hat Ihnen schon davon ausführlich geschrieben, doch muß es das Ansehen haben, als ob es von Ihnen geschähe, um den Verlag der Rheinischen Thalia zu bekommen. Ich werde Schillern schreiben, daß ich in Ihrer Handlung ein Kapital hätte, daß ich daher mit Ihnen in Abrechnung stünde, daß er aber die Bedingungen wegen der Übernahme der Rheinischen Thalia bloß mit Ihnen auszumachen hätte, daß Sie ihm auf eine Art wie er es verlangte 300 Thaler zuschicken würden, gegen einen Schein, den Sie mir auf den Fall, daß Sie über die Bedingungen nicht einig werden könnten, als baares Geld anrechnen würden. So sieht er, daß man ihm nicht etwa einen nachteiligen Handel abnötigen will. Werden Sie mit ihm einig, wie ich nicht zweifle, so wird uns hiernach wohl nichts von seinen übrigen künftigen Schriften entgehen." (Körner an Göschen, Dresden, 6. März 1785, Originalbrief in der Dresdner Bibliothek, abgedruckt bei Goedeke, Geschäftsbriefe Schillers. Leipzig, 1875, S. 5.)

Körners wackres Herz und sein guter Takt leuchten aus dem angeführten Briefe ebenso hervor, wie die frohen Hoffnungen, die er damals an „unsre", seine und Göschens, „Handlung" knüpfte. In der That ließ es Göschen auch seinerseits an Eifer für das gemeinsame Geschäft nicht fehlen und stimmte mit Körner darin überein, daß man vor allen Dingen hervorragende Namen, die Zierden der zeitgenössischen Litteratur, für die junge Buchhandlung gewinnen müsse. Im nächsten Monat, in welchem Schillers Ankunft in Leipzig erwartet wurde, unternahm Göschen im Interesse der neuen Verlagshandlung eine Reise nach Gotha und Weimar, um Verbindungen mit den dortigen Schriftstellern anzuknüpfen. Bertuch scheint ihm dabei als Cicerone gedient zu haben, und es gelang ihm, einige treffliche Manuskripte und noch vortrefflichere Zusagen zu erhalten. Vor allen Dingen hatte sich Göschen das Zutrauen Wielands zu erwerben gewußt, welcher der neuen Leipziger Firma bereits für das Jahr 1786 den Kommissionsdebit des „Teutschen Merkur" übergab. Herder hatte ihm das Manuskript von „Johann Val. Andreäs Dichtungen" mit seiner Vorrede „zur Beherzigung unsres Zeitalters" anvertraut, welches im folgenden Jahre gedruckt wurde. Von dem Hamburger Bode, der jetzt in Weimar lebte, erhielt Göschen die Übersetzung des „Tom Jones" von Fielding und eines Congreveschen Lustspiels, mit Bertuch und Musäus wurde die Herausgabe eines neuen Taschenbuches „Pandora oder Taschenbuch des Luxus und der Moden" verabredet. Dazu kam nun inzwischen Schiller nach Leipzig (17. April 1785), wohnte im Sommer 1785 mit Huber und Göschen in Gohlis zusammen und hatte nicht nur die Fortsetzung der in Mannheim kaum begonnenen und alsbald wieder unterbrochnen „Thalia", sondern vor allen Dingen die neue große dramatische Dichtung „Don Carlos", an der er arbeitete, in Aussicht zu stellen. Endlich ließen es natürlich auch die Einheimischen an Verlagsanträgen nicht fehlen. Daß Göschens Handlung alsbald einen Band von J. G. Körners ausgewählten Predigten, „den Freunden des Verstorbenen gewidmet" erscheinen ließ, war ein Akt der Pietät gegen das Andenken des Herrn Superintendenten und der schuldigen Rücksicht gegen seinen Socius. Ferdinand Huber übersetzte zunächst in Ermangelung eigner Produktivität das Beaumarchaissche Lustspiel „Figaros Hochzeit" und ein englisches Drama „Ethelwolf", der talentvolle, aber oberflächlich flüchtige Johann Fr. Jünger, ein Genosse des engern Lebenskreises Körners und Göschens und ein echter Vertreter der spezifischen Leipziger Belletristik jener Tage, bot einen neuen komischen Roman „Vetter Jacobs Launen" an, der, nach dem Erfolge, welchen sein „Huldreich Wurmsamen von Wurmfeld" gehabt, goldne Berge versprach. Allerhand kleinerer Verlag, der den Partnern in dem autorenreichen Leipzig in die Hände lief, war gleichfalls nicht zu verschmähen, selbst eine briefliche Anweisung für „angehende Gelehrte" über „die Kunst sein Glück in der Welt zu machen" wurde gedruckt.

So viele große und kleine Unternehmungen auf einmal erforderten freilich Kapital. Göschen mußte Freund Körner scharf beim Worte nehmen und auf rasche Einzahlung der verheißenen Summe dringen, die 1786 sich schon auf 4000 Thaler gesteigert hatte. Körner, der vom Glücke des Buchhandels falsche Vorstellungen hatte, war wohl von vornherein

etwas erstaunt über die Schnelligkeit, mit der die von ihm eingesandten
Gelder verschwanden, und über die Langsamkeit, mit welcher sich Ein=
nahmen ergaben. Zunächst ward ihm klar, daß die Bücher rascher geplant
als hergestellt und ins Publikum gebracht werden. Sodann, daß die
Schwüre der Autoren, wie Goethe einmal meint, von den Göttern an=
gesehen werden müssen wie die der Liebenden. Zu hypochondrischen Be=
trachtungen war Körner aber vor der Hand durchaus nicht gestimmt —
es war die herrlichste Zeit seines Lebens. Der ersten Begegnung mit
Schiller auf dem Gute Kahnsdorf war im August in Leipzig die fröhliche
Hochzeit mit seiner Minna gefolgt, im September siedelte Schiller nach
Dresden über, Körner, dessen „Glückseligkeit einen Gipfel erreicht hatte,
der ihn schwindeln machte," und der das neue, schöne Leben, das er um
sich geschaffen, mit vollen Zügen genoß, hatte nichts von kleinlicher Ängst=
lichkeit in seinem Wesen. Er „schaffte Rat" für alle die verschiedenen
äußern Bedürfnisse, die es jetzt zu gleicher Zeit zu befriedigen galt, und
hoffte zuversichtlich auf goldene Ernten, welche seine und seines Leipziger
buchhändlerischen Kompagnons fleißige Aussaat belohnen sollten.

In demselben Jahre 1786 nun, wo die fünf Engverbundenen: Gott=
fried und Minna Körner, Dorothea Stock, Schiller und Ferdinand Huber
im schönen Dresden ein idyllisches Dasein führten und, wie aus einem
spätern Briefe Schillers hervorgeht, mehr „schwelgten" als arbeiteten, bot
sich der neuen Handlung in Leipzig das in idealem Sinne bedeutendste
und herrlichste Verlagswerk dar, welches im gesamten damaligen Teutschland
zu finden war. Goethe, der seit zehn Jahren in der Litteratur, soweit
der Meßkatalog die Litteratur vorstellte, nur mit den Neudrucken und
Nachdrucken seiner vor 1776 erschienenen Jugenddichtungen vertreten
gewesen war, von dem das „große Publikum" nichts mehr wußte und
erwartete, gedachte seine Schriften zu sammeln. Die Weimarischen An=
knüpfungen Göschens erwiesen sich jetzt als günstig und fruchtreich, die
junge Leipziger Handlung kam für die Herausgabe dieser unschätzbaren
poetischen Werke in Frage. Aber mit den bisher zu Gebote stehenden
Mitteln war eine solche Unternehmung nicht zu wagen. Göschen fragte
sonach bei Körner an, ob er gewillt und in der Lage sei, für die beab=
sichtigte Ausgabe von Goethes Schriften" die Summe von 1500 Thalern
Sächsisch in die Kasse der Handlung einzuschießen. Goethe, bei welchem
mit dem Gedanken zur Sammlung und Neuherausgabe seiner vollendeten
und zum Abschlusse der unvollendeten Dichtungen im Frühling und
Sommer 1786 der Plan zur italienischen Reise reifte, hatte mäßige, aber
bestimmte Honoraransprüche gestellt. Zu lavieren gab es hier nichts, und
man mußte sich rasch entscheiden. Körner hätte nicht er selbst sein müssen,
um in diesem Augenblicke (wo er noch „Verleger" mit ganzem Herzen
war) nein sagen zu können. Er hatte allerdings schon die Erfahrung
gemacht, daß ihn die auf Tag und Stunde gestellten Erwartungen seines
Kompagnons in Verlegenheit bringen konnten. Die Leute, die ihm
Kapitalien zurückzuzahlen hatten, ließen dem als wohlhabend bekannten

und für liebenswürdig geltenden jungen Dresdner Oberkonsistorialrat gegenüber nichts weniger als kaufmännische Pünktlichkeit obwalten. Aber Goethe — Goethes Werke! — da galt es Rat zu schaffen um jeden Preis. Bereits am 6. Juli 1786 konnte Goethe seiner Freundin Charlotte von Stein melden: „Mit Göschen bin ich wegen meiner Schriften einig, in einem Punkte hab ich nachgegeben, übrigens hat er zu allem ja gesagt, er wird auf seiner Reise nach Wien durch Karlsbad kommen. So mag denn auch das gehn." (Goethes Briefe an Frau von Stein. 3. Bd., S. 267.) Im September desselben Jahres war Goethe auf der Reise nach Italien, das Manuskript zu den vier ersten Bänden der bei Göschen herauszugebenden Schriften kam pünktlich in die Hände des Verlegers, die aus Italien gesendeten weitern Handschriften durch die Hände Herders und Philipp Seidels, Goethes vertrauten Dieners und Sekretärs. Göschens Honorarzahlungen hatten gleichfalls Zug um Zug zu erfolgen. Die schöne Ausgabe in acht zierlichen Oktavbänden schlug aber bekanntlich so wenig beim deutschen Publikum ein, daß Göschen eine der vielen bösen Praktiken des damaligen Buchhandels, sich selbst nachzudrucken, mitzumachen für gut befand und eine Ausgabe auf geringem Papier, in vier Bände zusammengedrängt, ohne Zustimmung Goethes veranstaltete.

Ehe es indeß hierzu kam, ja lange ehe die rechtmäßige Ausgabe bei Göschen „dem Publikum vollständig überliefert" war, sollte eine bedeutende Veränderung in der Körner-Göschenschen Societät eintreten.

Das Ende des Jahres 1786 und der Anfang des folgenden müssen für Körner nicht die erquicklichsten Zeiten gewesen sein. Als er im Dezember und Januar in Leipzig verweilte, gab es offenbar mannichfache Auseinandersetzungen mit dem Geschäftsfreunde. Am Silvester 1786 schrieb Körner an Schiller, der in Körners Wohnung in Dresden zurückgeblieben war: „Suche doch die Papiere, die meine Verhältnisse mit Göschen betreffen, in meinem Pulte; sie stecken in einem Foliobogen von Kunzes Hand beschrieben. Schicke sie mir mit der ersten Post." (Schiller-Körnerscher Briefwechsel.) Was aber auch bei den damaligen persönlichen Begegnungen zwischen beiden verhandelt worden sein mag, der Oberkonsistorialrat ließ es zur Ostermesse des Jahres 1787 nicht an den von ihm erwarteten Summen fehlen. Die Herbeischaffung erwies sich diesmal besonders schwer: der Geldjude Beit, dessen intimere Bekanntschaft auch „Rat Schiller" zu seinem spätern Leidwesen in dieser kritischen Zeit machte, mußte mehrfach hilfreich eingreifen. Dies veranlaßte Körner, der bei allem Sanguinismus und aller Gutherzigkeit doch eben ein guter Haushalter, ein pflichttreuer, ernster Mann war, zu einem ersten Besinnen über die wunderliche Natur seiner Verbindung mit Göschen und über die Konsequenzen weiterer Beteiligung am Verlagsbuchhandel. Als Resultat seines Nachdenkens erscheint folgender charakteristische Brief, den er noch während der Jubilatemesse an den Leipziger Socius richtete.

Dresden, den 11. Mai 87.*)

Hoffentlich werden Sie, lieber Freund, nunmehr für diese Messe befriedigt seyn. Vassenge wird Ihnen 600 und Veit 200 Thaler gegeben haben und Schiller wird Sie über 150 Thlr. quittiren, ohne daß Sie seinen Wechsel einzulösen haben. Aber nunmehr lassen Sie mich Halte machen. Ich weiß, daß Sie zu keinen andern Unternehmungen Geld von mir verlangen werden, als die Sie auch für mich vorteilhaft glauben. Aber mich in meiner jetzigen Lage weiter darauf einzulassen, fängt mir an bedenklich zu werden. Unglücklicher Weise kommt mich die Aussaat immer etwas hoch zu stehen. Ich habe noch Schulden abzuzahlen, die ich zu 5 pCt. verzinsen muß, während daß meine meisten Kapitale sich zu 4 pCt. verinteressiren. Alle bisher eingegangnen Gelder, die ich zu Tilgung dieser Schulden hätte verwenden können, habe ich für die Handlung hergegeben. Und was das schlimmste war, so traf sichs immer, daß sie nicht pünktlich die Zahlwoche eingingen, sondern 8 Tage oder mehrere Wochen später. So wars besonders diesmal. Sie konnten nicht warten. Was blieb mir da übrig, als mir ein halb Dutzend Körbe zu holen und am Ende für 20 pCt. bey den Juden Geld aufzunehmen. Wenn das nicht Studentenwirthschaft ist —

Verstehen Sie mich recht. Ich bin weit entfernt Ihnen Vorwürfe zu machen. Aber ich fürchte mich vor einem neuen Projekte, wenn Sie mit dem Göthe fertig sind und deswegen muß ich über diese Sache so offenherzig schreiben. Glauben Sie, daß es mir schwer wird mich zurück=
zuhalten und daß Ihr Hang zu Unternehmungen nicht größer seyn kann, als der meinige. Nur in meiner jetzigen Lage muß ich mir Gränzen setzen. Es bleibt also bey unsrer Abrede. Die 4000 Thlr. bleiben in der Handlung, aber die 1500 Thlr. für den Göthe, erwarte ich nach und nach, sowie er sich kostenfrey gemacht hat, zurück!"

Dieser in mehr als einem Betracht interessante Brief konnte begreiflicherweise Göschen nicht sonderlich erfreuen. Für alle Litteraturfreunde ist er ein interessantes Dokument der Mühen und Nöte, die mit dem Zustandekommen der ersten Gesamtausgabe der Werke unsers größten Dichters verknüpft waren. Hoffnungsvollen national=ökonomischen Schrift=
stellern, die eine Verteidigung des Wuchers beabsichtigen, kann das Aktenstück nicht dringend genug empfohlen werden. Da Göschens Geld=
bedürfnisse hauptsächlich durch die im Gange befindliche Goetheausgabe veranlaßt waren, Körner um seinen Socius zu befriedigen von dem vor=
trefflichen Veit zu unchristlichen Zinsen Summen aufnehmen mußte, so ist es leicht, wie folgt zu schließen: Hätte Göschen die Honorarzahlungen an den in Italien seiner künstlerischen Vollendung lebenden Goethe nicht pünktlich leisten können, wäre, um Göschen dazu in Stand zu setzen, der wackere Geldmann Veit dem Oberkonsistorialrat Körner nicht gegen einen

---

*) Die für diesen Aufsatz zum erstenmal benutzten handschriftlichen Briefe, befinden sich im Besitz der K. Dresdner Bibliothek.

mäßigen und erlaubten Vorteil beigesprungen, so hätte es wohl kommen können, daß Goethe seine italienische Reise früher abbrechen mußte. Hieraus geht hervor, von wie wohlthätigen, einer ganzen Nation bis in die spätesten Zeiten zu Gute kommenden Wirkungen unter Umständen der sogenannte „Wucher" sein kann u. s. f. mit Grazie in infinitum!

Scherz bei Seite — dem guten Körner war es damals nicht eben scherzhaft zu Mute. Im Frühjahr 1787 war es, wo er mit Schiller und Huber bei Sala in Dresden ein paarmal „englisch Bier" trank und sich mit den Herzensfreunden darüber verständigte, daß eine größere Klarheit in alle ihre Verhältnisse, Lebensbeziehungen und Ziele kommen müsse. Gegenüber Schiller bezogen sich die Verständigungen wohl hauptsächlich auf dessen sinnwirrende und seine poetische Arbeitskraft lähmende Leidenschaft für das schöne und kokette Fräulein von Arnim. Aber natürlich kamen auch die materiellen Fragen ins Spiel — Körner erschrak begreiflicher und berechtigter Weise vor der Möglichkeit, daß ihrer aller Beziehungen zum „Kaufmann Veit" noch enger werden und sich fortsetzen könnten. Auch mit seinen eignen Illusionen über die Ergiebigkeit der Handlung hatte er jetzt abzurechnen. Und da Schiller im Hochsommer Dresden verließ und nach Weimar ging, so betrachtete dies Körner mit Recht als einen entscheidenden Lebensabschnitt und entschied sich, gewiß erst nach manchem innern Kampfe, auf seine unmittelbare Thätigkeit als Verleger, auf den Gewinn, der ihm daraus erwachsen konnte, weise Verzicht zu leisten und dem Sperling in der Hand vor der Taube auf dem Dache den Vorzug zu geben. Mit sorgfältiger Schonung der Interessen und der zur Zeit noch einigermaßen kritischen Lage seines Socius schlug der besonnene Haushalter die Trennung der seitherigen Verbindung in nachstehenden Briefe vor:

Dresden, den 28. Juli 87.

Es scheint nicht, lieber Freund, als ob ich bald das Vergnügen haben würde Sie bey uns zu sehen. Ich muß Ihnen also schriftlich einen Vorschlag eröffnen, der mir nach reifer Ueberlegung für uns beyde der heilsamste scheint. Je mehr ich über die Societät nachdenke, wie wir sie uns ausgeklügelt hatten, je mehr stoße ich auf Schwierigkeiten in Auseinandersetzung unserer gegenseitigen Erwartungen und sehe in der Zukunft eine Menge Unannehmlichkeiten für uns beyde voraus. Lassen Sie uns bey dem einzigen stehen bleiben, daß unsere Absichten eigentlich ganz verschiedene sind. Ihnen ist es darum zu thun ein dauerhaftes Werk für die Zukunft zu gründen und für die Entbehrung des gegenwärtigen Gewinnes, halten Sie sich durch vortheylhafte Aussichten schadlos. Mir ist daran gelegen mein Kapital jetzt so gut als möglich zu nutzen, weil ich jetzt hauptsächlich von Interessen leben muß. Eine entfernte Aussicht, bey der ich mich jetzt häufigen Geldverlegenheiten aussetzt sehe, kann für mich wenig Reitz haben, da ich ohnehin an Aussichten zu einträglicheren Besoldungen und beträchtlichen Erbschaften keinen Mangel habe. Ich muß Ihnen gestehen, daß ich mir vom Buchhandel einen unrichtigen Begriff gemacht habe, der mich eine frühere Ernte hoffen ließ. Sie haben dabey keine Schuld, aber jetzt ist es noch Zeit unser Verhältniß auf einen Fuß zu setzen, der uns beyde befriedigt. Wie wäre es wenn wir annähmen ich hätte Ihnen ein Kapital zu 5 proc. in Ihre Handlung geborgt. Ich entsagte allem Anteil an der Handlung, wenn Sie mir das Kapital von der Zeit, da Sie es empfangen haben, verzinseten. Sie können mir abschläglich, doch nicht unter 100 Thlr. wiederbezahlen, soviel und wenn Sie wollen. Vor Ablauf eines größeren Termines kann ich das Kapital nicht aufkündigen. Alsdann aber kann ich auf alle Ostermessen 500 Thlr. fordern. Bis dahin haben wir gar keine Abrechnung miteinander als nach der Ostermesse, da Sie mir jedesmal die jährigen Interessen zahlen und mir, was ich an Büchern genommen habe, verrechnen. Ich habe nach dieser Idee einen Entwurf zu einer Verschreibung gemacht, den ich beylege. Haben Sie nichts dawider einzuwenden, so schicken Sie mir das Dokument vollzogen zurück. Wegen der Interessen von 85 will ich nicht in Sie bringen. Ich bin zufrieden, wenn ich sie künftige Ostern bekomme oder vielmehr was Sie mir von Michael bezahlen können nehmen wir als Interessen von 85 und als dann können wir nach und nach in Ordnung kommen, daß ich jede Ostern gewiß auf den Eingang der jährigen Interessen rechnen kann. Auf diese Art können Sie ganz mit der Handlung schalten und walten, ersparen sich die mühsame und gewiß sehr verwickelte Berechnung der Billanz und haben mich bloß als Ihren Gläubiger anzusehen. Ich habe den gewissen gegenwärtigen Vortheil, anstatt eines größeren, der entfernt und ungewiß ist. Sie haben die Aussicht binnen wenigen Jahren, wenn Sie glücklich sind, sich eine Handlung ganz zu eigen erwerben zu können. Kurz wir befinden uns gewiß besser dabey. Ich erwarte Ihre Gedanken hierüber und bin wie immer Der Ihrige

Körner.

Der Entwurf eines Schuldscheines, in dem sich Göschen zum Empfang eines mit 5 Prozent zu verzinsenden Darlehens von 5500 Thalern bekannte, lag diesem klaren, ruhigen und sicher nicht unfreundschaftlichen Briefe bei.

Wie besorgt um die Zufriedenheit des seitherigen Kompagnons sich aber Körner zeigen und wie bald Göschen erkennen mochte, daß auch für ihn die vorgeschlagene neue Gestaltung der Dinge mancherlei und sehr wesentliche Vorteile in sich schließe, für den Augenblick wurde Göschen über den plötzlichen Rücktritt seines Handlungsgenossen doch bestürzt und verstimmt. Er hatte freilich den Gewinn der Handlung künftig allein zu erwarten, aber mit diesem Gewinne sah es zur Zeit noch recht mißlich aus. Ein Kapital, das auf Gewinn und Verlust in seinen Händen gewesen, über das er bisher schon ziemlich so frei disponirt hatte, als es in Zukunft nur irgend der Fall sein konnte, verwandelte sich in eine zu verzinsende und abzutragende Schuld. Und was die Hauptsache war, Körner ließ nicht den leisesten Zweifel darüber, daß er künftighin nicht geneigt sein würde, seine übrigen Kapitalien — auf die Göschen für gewisse Eventualitäten und günstige Anerbietungen immerhin gerechnet haben mochte — dem schwankenden Glücke des Buchhandels anzuvertrauen. Es war natürlich und verzeihlich, daß er sich vom Unmute zu bittern Bemerkungen hinreißen ließ; auch an Schiller scheinen dergleichen gelangt zu sein, wenigstens bemerkt dieser in seinem von Weimar den 8. August 1787 datirten Briefe an Körner etwas trocken: „Dein Arrangement mit Göschen kann sehr recht gewesen sein, es hat mich ein wenig befremdet." Körner selbst, der immer liebenswürdige, prächtige, wackere Körner trug Sorge, linderndes Öl auf Göschens Wunde zu träufeln. Er ließ ein kurzes, aber herzliches Billet an den Freund abgehen, das nötigenfalls verriet, daß er keineswegs unbedingt auf seiner Forderung bestehe, sondern andern, entgegenkommenden Vorschlägen Göschens entgegensehe:

Dresden, 13. August 1787.

Bertuch hat mir gesagt, daß Sie wirklich Willens gewesen wären uns zu besuchen. Machen Sie es noch wahr und vergessen Sie meinen letzten Brief. Prenez que je n'ai rien dit. Wir sind die Alten, sobald Sie der Alte sind.

Inzwischen aber hatte sich der tüchtige Göschen gefaßt und die andere Seite der Angelegenheit in Betracht gezogen. Er ließ (wie ein Brief Körners vom 19. August an Schiller in Weimar mitteilt) durchblicken, daß ihm selbst die buchhändlerische Societät mit dem Oberkonsistorialrat drückend gewesen sei und sprach einen wohlgesetzten und, wie wir nicht zweifeln, wahrhaft empfundenen Dank für Körners Uneigennützigkeit und freundschaftlicher Rücksichtnahme bei den Festsetzungen bezüglich der Rückzahlung des Kapitals aus. Dem Dresdner Freunde aber fiel ein Stein vom Herzen, als die Angelegenheit sich friedlich und freundlich zu lösen begann. Umgehend schrieb er an Göschen:

Dresden, 17. August 1787.

Ich bin nunmehr vollkommen beruhigt, lieber Freund und es freut mich sehr, daß mein Vorschlag mit Ihren Wünschen übereintrifft. So uneigennützig bin ich übrigens nicht, als Sie mich schildern. Es war allerdings Rücksicht auf meine Lage, was mich zu meinem Vorschlage veranlaßte, aber freylich war mir daran gelegen, daß Sie dabey keinen Nachtheil haben sollten. Alle Mißverständnisse sind nun unter uns vorbey und Sie werden mir verzeihen, wenn mir bisher in einigen meiner Briefe weniger freundschaftliche Aeußerungen entfahren sind.

In der That gestaltete sich das neue Verhältnis der bisherigen Handlungsgenossen durchaus so, wie es der innern Tüchtigkeit und ehrenhaften Gesinnung beider Männer angemessen war. Die spätern, aus mehr als hundert längern und kürzern Schreiben bestehenden Briefe Körners an Göschen zeigen, in wie lebhaftem litterarischem Verkehre die Freunde blieben. Göschen besorgte Körners nicht unbedeutenden Bücherbedarf, und Körner bat ihn nach wie vor um die Ordnung seiner Geldangelegenheiten in Leipzig, wozu sich Göschen jederzeit liebenswürdig bereit zeigte. Die Verzinsung des Körnerschen Kapitals, das zunächst in der Handlung stehen blieb, verursachte keine Schwierigkeiten, seit 1788 gedieh Göschens Glück als Buchhändler besser und besser, zwischen 1790 und 1800 durfte er schon den hervorragendsten wie den intelligentesten Verlegern nicht nur Leipzigs, sondern Deutschlands zugezählt werden. Die Rückzahlungen des Kapitals selbst begannen schon in der Jubilatemesse 1789, wo Körner 600 Thaler empfing. Die einzelnen Posten der allmähligen Abtragung durch Göschen haben natürlich kein allgemeineres Interesse. Am 1. Dezember 1800 waren 5300 Thaler sammt allen Zinsen an Körner zurückerstattet, am 1. März 1801 empfing der längst als Appellationsrat zu einem auskömmlichen Amte Gelangte die letzte Zahlung von 100 Thalern.

Wichtiger und interessanter als die weiteren geschäftlichen Auseinandersetzungen über die ehemals in die Handlung eingeschossenen Gelder sind die Unterhandlungen, die Körner von Zeit zu Zeit als Autor mit dem Verleger Göschen anknüpfte. Schon bei Errichtung der „Societät" war es Körners geheimster Wunsch gewesen, als Mitbesitzer der Buchhandlung Gelegenheit zu haben, auch die Produkte seiner für die Zukunft beabsichtigten litterarischen Thätigkeit leichter ins Publikum zu bringen. Er hatte freilich seitdem Jahre verstreichen lassen, bald Übersetzungen, bald philosophische Abhandlungen geplant und doch nur vereinzelte Anläufe zu beiden genommen. Aber der alte Wunsch war in ihm lebendig geblieben, und als er im Jahre 1792 eine bittere Enttäuschung erfuhr, insofern ihm der im Briefwechsel mit Schiller viel erwähnte Erbonkel Ayrer in Zerbst statt der geträumten 12 000 Thaler nur 3000 testamentarisch vermachte, nahm er wieder einmal einen energischen Anlauf, seine feine, bequem aufnehmende und genießende Natur zu anhaltender litterarischer Thätigkeit und — litterarischem Erwerbe zu spornen. Da erging denn natürlich eine Anfrage an Freund Göschen in Leipzig:

Dresden, 28. September 1792.

Unter der Voraussetzung lieber Freund, daß Sie von Ihrer Reise zurück sind, frage ich bey Ihnen an, ob Sie mir etwa für den nächsten Winter eine einträgliche Schriftstellerarbeit verschaffen können? Nach dem Betrage des Ayrerschen Vermächtnisses darf ich nicht länger von meinen Capitalien zehren, sondern muß ernstlich darauf denken, was mir zu meinen Bedürfnissen an Einkünften mangelt durch Arbeit zu ersetzen, bis ich eine bessere Stelle bekomme. Aber diese letztere Aussicht ist verloren, sobald mein Name bey einer Autorschaft von großem Umfange bekannt wird.

Die Schlußwendung dieses Briefes wirft ein sehr helles Licht auf die damaligen Dresdner Verhältnisse. Körner würde einen guten Teil seiner Beliebtheit und vermutlich seine ganze „politische Wichtigkeit" eingebüßt haben, wenn man ihn als Autor eines vortrefflichen Buches gekannt und erkannt hätte. Einzelne da und dort verstreute Aufsätze konnten als Dilettantenarbeit betrachtet und demgemäß verziehen werden. Übrigens aber war wenig Gefahr, daß für Göschens Freund eine so schlimme Möglichkeit hätte eintreten sollen. Der Verlagsbuchhändler beeilte sich zwar, den Wünschen Körners entgegen zu kommen, und bot ihm die Fortsetzung des historischen Damenkalenders und die Bearbeitung einer Geschichte der Reformation für diesen an. Allein sowie Göschen Ernst machte, trat Körner zurück und beeilte sich am 10. November, für das gezeigte Vertrauen bestens dankend, die Arbeit zurückzuweisen: „Ihren Vorschlag lieber Freund erkenne ich mit Dank theils als einen Beweis Ihres Zutrauens, theils als die Wirkung Ihrer Bereitwilligkeit meine ökonomischen Wünsche zu befriedigen. Aber ich habe nicht Zutrauen genug zu mir selbst, um eine solche Unternehmung zu wagen."

Fünf Jahre später erneuert sich die kleine Komödie; diesmal war es aber Körner, der vornherein mit einer gewissen Selbstironie seine Verlagsvorschläge an Göschen brachte. Er schrieb ihm:

Dresden, 1. Oktober 1797.

Sie werden sich wundern, wieder einmal einen Brief mit schriftstellerischen Anträgen von mir zu bekommen, da Sie schon mehrere Erfahrungen haben, wie wenig bey mir fertig wird. Indessen wollen wir den nochmaligen Versuch auf eine Art machen, daß Sie auf keinen Fall dabei Gefahr laufen. Meine Vorschläge sind folgende.

Ich habe Materialien zu

einer Philosophie für Frauen,
einer Schrift über die Hoffnungen der Menschheit und
einer Abhandlung über die Grenzen des Zweifels.

Zum Ausarbeiten bedarf es bei mir eines äußeren Stoßes und dieser ist da. Ich brauche Geld. Was ich zu liefern habe, paßt eigentlich nicht für die Horen, auch weiß ich nicht, ob sie im künftigen Jahre noch fortgesetzt werden. Lieber wär mirs diese Dinge einzeln erscheinen zu lassen, aber ohne meinen Namen zu nennen. Mit der Philosophie für Frauen möchte ich am liebsten anfangen. Sie kann ungefähr ein mäßiges Octav bändchen ausmachen. In einigen Wochen hoffe ich Ihnen eine Probe schicken zu können, die einen Begriff von den Ganzen geben wird — und vielleicht könnte ich zur Ostermesse fertig werden. Inmittelst aber möchte ich gern erndten, ehe die Saat aufgegangen ist. Es wäre mir daher ein Gefalle, wenn Sie mir vor Weihnachten hundert Thaler schicken könnten. Haben Sie mir auf Ostern nichts für ein Mannskript zu bezahlen, so wird diese Summe von meinem Capital abgerechnet. Ich bitte um baldige Antwort über Ihre Entschließung.

Minna und Dora grüßen schönstens. Leben Sie wohl!

Körner.

Göschen schickte schleunigst die gewünschten hundert Thaler und hat dieselben wahrscheinlich schmunzelnd als Kapitalzahlung an Appellationsrat Körner gebucht. Daß die „Philosophie für Frauen" nicht vollendet, sondern nur allerhand „Gesammelei" (um Körners bezeichnenden Ausdruck zu brauchen, der im Briefwechsel mit Schiller ein paar Mal wiederkehrt) angefangen wurde, bedarf keines Wortes.

Dennoch sollte Göschen, zur Belohnung langer Geduld, am Ende noch Körners Verleger werden. Nach dem Tode seines großen Freundes Schiller, in den Jahren der Fremdherrschaft, wo es galt, sich um jeden Preis über das Elend des Tages zu erheben, entwickelte Körner eine gewisse litterarische Produktivität. 1808 konnte Göschen von ihm die „Ästhetischen Ansichten" drucken. In den nächstfolgenden Jahren erschienen im Göschenschen Verlag drei politische Broschüren, die den Übergang Körners zur politischen Thätigkeit signalisieren. Die anonym erschienenen „Briefe über das Großherzogtum Warschau," „Die Hilfsquellen Sachsens" und „Die Wünsche eines Geschäftsmannes" sind bedeutsame Zeugnisse für die Klarheit und Schärfe seines politischen Blicks.

Körner blieb sich durch den ganzen weitern Verlauf seines Lebens in Bezug auf seine Bereitwilligkeit, Männern von Talent zu helfen, vollständig gleich. In einem seiner letzten Briefe an Göschen vom 17. Februar 1807 trägt er dem Freunde den „Amphitryon" des unglücklichen Heinrich von Kleist an. „Der Verfasser ist jetzt als Gefangener in eine französische Provinz gebracht worden und seine Freunde wünschen das Manuscript an einen gutdenkenden Verleger zu bringen, um ihm eine Unterstützung in seiner bedrängten Lage zu verschaffen." Kleist war damals von den Franzosen in Chalons an der Marne interniert. Man fühlt sich unwillkürlich in die Tage von 1785 zurückversetzt, wo Körner so eifrig Schiller beigesprungen war; leider war der Ausgang hier ein minder glücklicher.

Im Jahre 1810 hatte Körner den eignen Sohn unter die Fittiche seiner Protektion zu nehmen. Er trug Freund Göschen die Sammlung von Theodor Körners Jugendgedichten „Knospen" an, zu deren Übernahme sich Göschen bereit finden ließ. So gönnte das Schicksal dem stattlichen Verleger die Freude, dem einstigen Mitgenossen seiner Handlung, dem hilfreichen Freunde der schweren Anfangsjahre, sich in einer Weise erkenntlich zu zeigen, die Körner zu jenen letzten Lebensfreuden verhalf, die ihm noch durch das aufblühende Talent seines Sohnes zu Teil wurden, bevor auch für ihn die Tage kamen, von denen er sagen mußte: sie gefallen mir nicht.

Aus den Tagen der Klassiker.

Karl von Dalberg, der Koadjutor und Fürstprimas.

Nächst den Gestalten und Lebensbeziehungen unsrer eignen Zeit sind der Mehrzahl der gebildeten Teutschen keine Menschen und Zustände so vertraut wie die unsrer klassischen Litteraturperiode. Die ausgebreitete Detailforschung, die gerade dieser Periode gewidmet worden ist und noch beständig gewidmet wird, eine Forschung, die es nicht verschmäht, gelegentlich zum Nichtigen oder doch ganz Unwesentlichen herabzusteigen, hat kaum eine Existenz, die jemals in Berührung mit der Goethes oder Schillers gekommen ist, unberücksichtigt gelassen, und selbst Karl Ruckstuhl und Anton Fürnstein der Naturdichter von Falkenau haben ihre Monographien und Abhandlungen erhalten. Menschen, Verhältnisse, Sitten, Lokale und Kostüme der klassischen Periode haben so eingehende Berücksichtigung erfahren, daß die Meinung verbreitet ist, hier sei überhaupt nichts Neues mehr beizubringen. Da wir alle und alles kennen bis zu Goethes vertrautem Diener und Sekretär Philipp Seidel, bis zu den Jenenser und Weimarer Druckern der Zeit und bis zu Cottas Setzern, da wir Goethes blauen Wertherfrack und Schillers „Schreibkommode" für zwei Carolin beständig vor Augen haben, so vergessen wir eben leicht, wieviel von den bergehoch gehäuften Mitteilungen bloßes Material geblieben ist und wie episodisch gar manche bedeutenden Lebensläufe behandelt worden sind, die nur eine Zeitlang neben denen der Weimarer Heroen hergegangen sind oder deren Wege gekreuzt haben. Als kürzlich die Briefe Charlottes von Kalb an Jean Paul durch P. Nerrlich veröffentlicht wurden, kam es uns empfindlich zum Bewußtsein, daß wir ein wirklich ausgeführtes Lebensbild der bedeutenden und originellen Frau nicht besitzen; als um dieselbe Zeit in einem vortrefflichen Buche von Otto Baisch „Der Landschaftsmaler Johann Christian Reinhart und seine Kreise" (Leipzig, Seemann, 1882) dargestellt wurden, besannen sich Hunderte, wievielemal sie den Namen und die originellen Briefe des Mannes in den Schillerbiographien erblickt hatten, ohne sich je weiter um das fruchtreiche und bedeutsame Leben des Künstlers zu kümmern. Und so wären Dutzende, vielleicht Hunderte von Stellen namhaft zu machen, an denen die allgemeine Kenntnis von allem, was das große Menschenalter zwischen 1770 und 1810 anlangt, recht unzulänglich ist. Es muß mindestens erlaubt sein, in einer Reihe von kleinern Lebensbildern zur Geschichte der klassischen Periode zerstreute Merkwürdigkeiten zu sammeln und verwischte Zeichnungen wieder aufzufrischen.

Zwar der Mann, mit dessen Gestalt wir diese kleine Porträtgalerie eröffnen, Karl von Dalberg, der letzte Kurfürst-Erzkanzler des hinsterbenden heiligen römischen Reiches deutscher Nation, der von allen Patrioten verhöhnte Fürst-Primas des Rheinbundes, der Koadjutor, wie er in den Briefen Goethes, Schillers, Wilhelm von Humboldts und Herzog Karl Augusts in den glücklicheren Zeiten seines Lebens hieß, hat keinen Biographen mehr zu erwarten. Nach Josef Becks Buche über „Johann Heinrich von Weffenberg" (Freiburg, 1862) und Karl von Beaulieu-Marconnays höchst gründlichem historisch-biographischen Werke „Karl von Dalberg und seine Zeit" (Weimar, 1879) stünde nur in einem Falle eine weitere allgemein interessante Publikation über Dalberg zu erwarten. Als Beaulieu-Marconnay sein abschließendes Buch veröffentlichte, hatte er das tiefste Bedauern auszusprechen, daß die Briefe der Herzöge Karl August von Weimar, Ernst von Gotha und August von Gotha, die Schreiben von Goethe, Wieland, Herder, Schiller, W. von Humboldt an Dalberg für uns verloren seien. Im Fall diese kostbaren Dokumente hochinteressanter Beziehungen noch irgendwo aufgefunden werden sollten, würden sie nicht nur Material zur Kulturgeschichte der klassischen Epoche bieten, sie würden auch sicherlich die erste und zweite Periode Dalbergs in ein besseres und glänzenderes Licht rücken. Daß sie an der Gesamtcharakteristik Dalbergs wenig mehr ändern könnten, ist freilich außer Zweifel. Denn es gehört zu den unerbittlichsten Gesetzen des menschlichen Daseins, daß man mit einem ehrenreichen und segensvoll wirkungsreichen Alter wohl eine von Irrungen und Schwächen erfüllte Jugend aufwiegen kann, aber umgekehrt die vielversprechendste und liebenswürdigste Jugend die Schuld des Mannesalters nicht wettmacht.

Karl Theodor Anna Maria von Dalberg, aus einem alten, vielberühmten pfälzischen Geschlecht stammend, das in die Geschichte der geistlichen Staaten am Rhein und der Kurpfalz schon seit Jahrhunderten verflochten war, ward als der Sohn des kurmainzischen Geheimrats, Kämmerers und Statthalters von Worms Franz Heinrich Freiherrn von Dalberg am 8. Februar 1744 zu Mannheim, wo der Vater damals wohnte, geboren. Sein jüngerer Bruder war jener Wolfgang Heribert von Dalberg, der gleichfalls in der Geschichte der klassischen Periode vielgenannt, sich als Intendant des Mannheimschen Hof- und Nationaltheaters in den achtziger Jahren des vorigen Jahrhunderts das unvergeßliche Verdienst erwarb, Schiller zuerst auf der deutschen Bühne heimisch gemacht zu haben. Karl Theodor war früh zum geistlichen Stande, das heißt zum Eintritt in jenen Kapiteladel bestimmt worden, aus welchem im alten Reiche die Fürsten wie die höchsten Würdenträger jener geistlichen Staaten gewählt wurden, die die Stürme des sechzehnten Jahrhunderts und des dreißigjährigen Krieges überlebt hatten. Zwei Dalberge waren Kurfürsten des Reichs, Erzbischöfe von Köln und Mainz gewesen. Johann von Dalberg, der bekannte Humanist, der Förderer der Altertumsstudien, regierte zu Ausgang des fünfzehnten Jahrhunderts als Bischof von Worms, ein andrer

Dalberg war 1730 der letzte „Fürstabt" von Fulda, bevor die Abtei des heiligen Bonifazius zum souveränen Bistum erhoben wurde. Die Zahl der Familienglieder, die als Domherren und hohe Würdenträger in den Annalen der geistlichen Staaten in Südwestdeutschland verzeichnet standen, war vollends Legion. Die Familie folgte demnach einer starken Tradition, wenn sie dem begabten Knaben die vielversprechende geistlich= weltliche Laufbahn eröffnete. Und die Dinge lagen so, daß Karl Theodor zwischen seinem zehnten und vierzehnten Jahre nacheinander Domizellar der Hochstifte Würzburg, Mainz und Worms wurde. Mit solchen Aus= sichten bezog der junge Dalberg 1760 die Universität Heidelberg und wurde, als er siebzehn Jahre alt war, auf Grund einer Dissertation, an der er sicher den geringsten Anteil hatte und haben konnte, Doktor beider Rechte. Mit neunzehn Jahren hatte er bereits die große Kavaliertour nach Italien, Frankreich und den Niederlanden hinter sich und trat in das kurmainzische Ministerium als Mitarbeiter ein.

Er war eben, wie Immermann im „Münchhausen" spottet, „geborner Geheimrat im höchsten Gericht". Der Ausspruch des alten Hesiod, daß die Götter vor die Trefflichkeit den Schweiß gesetzt haben, ein Ausspruch, der in unsern ehernen Tagen auch dem Höchstgestellten und Glück= begünstigten fortwährend gegenwärtig ist, war in den Kreisen, in denen Karl von Dalberg aufwuchs, so vollständig vergessen, daß selbst die natür= lichen Anlagen und die geistige Regsamkeit dem jungen Freiherrn über die Äußerlichkeit und Flüchtigkeit seiner Bildung nie hinwegzuhelfen ver= mochten. Dalberg blieb Zeit seines Lebens Dilettant im schlimmen Sinne des Wortes, ja man kann sagen, daß er den Typus des wohlmeinenden, strebsamen und doch nie zum Kern der Dinge dringenden Dilettanten in ungewöhnlich liebenswürdiger Weise repräsentierte. Auch als er mitten in der größten geistigen Bewegung des Jahrhunderts stand, mit leben= digem, ja rastlosem Anteile die Erzeugnisse der deutschen Dichtung ent= gegennahm und ihre Bestrebungen verfolgte, wollte er dennoch jederzeit die Resultate ohne die geistige Arbeit gewinnen und dem geistigen Genuß das Opfer einer Vertiefung des eignen Wesens nicht bringen. Es lag in seiner Natur wie in seinen Jugenderlebnissen, daß er die flüchtige Wärme, die ihn für alle Kulturbestrebungen erfüllte, die aufrichtig ge= meinten, aber unendlich matten Versuche zur Selbsttätigkeit mit der tief= gehenden Leidenschaft und Lebensarbeit gleichstellte oder verwechselte, durch die sich eben damals die bessern Geister der Nation zum Ideal echter, aber auch starker Humanität durchrangen. Dalberg gehörte zu den Naturen, auf welche die große Periode mehr anregend als bildend, mehr verweichlichend als seelenerhebend und stählend einwirkte. Der Grund davon lag zum guten Teil in der flachen, mühelosen Art seiner Ent= wicklung, in seiner dilettantischen, „genialisch flachen" Bildung. Der tapfere Ch. G. Körner, Schillers Dresdner Freund, äußerte schon 1791, als Schiller selbst noch eine große Meinung von dem Koadjutor hegte: „Selbst die Polyhistorie des Koadjutors ist in solchen Augenblicken be=

haglich, wo man immer nur abwechselnde Geistesbeschäftigung verlangt, ohne auf einer besondern Idee haften zu wollen. Noch kann ich mir keine deutliche Vorstellung von der Art seines Kopfes machen."

Karl von Dalbergs beste und erquicklichste Lebensperiode war ohne alle Frage seine Statthalterschaft des Fürstentums Erfurt, die er im Oktober 1772 antrat. Im achtundzwanzigsten Lebensjahre sah sich der junge Domherr durch das Vertrauen des Kurfürsten Emmerich Joseph (von Breidenbach=Bürresheim) von Mainz mit einer der wichtigsten Stellungen bekleidet, die im Mainzer Kurstaat überhaupt vorhanden waren. Die Stadt Erfurt mit ihrem Gebiet bildete einen der drei räumlich weit getrennten Teile dieses Staates, der nach dem Reichsrecht als der Staat des Kurfürsten-Erzkanzlers der erste im Reiche hieß, was freilich mit der Wirklichkeit gewaltig kontrastierte. Zum „Fürstentum" Erfurt gehörten außer der Stadt die Ämter Tondorf, Atzmannsdorf, Mühlberg, Vargula, Gispersleben, Vippach, Isseroda, Alach und Stadt und Amt Sömmerda, zu denen dann in den neunziger Jahren noch die Hatzfeldischen Grafschaften Kranichfeld und Gleichen als erledigte kur= mainzische Lehen kamen. Immerhin war es ein Schauplatz, auf dem Dalberg, nach Goethes Ausdruck, „Welt und Regiment probieren konnte". Mit der Ernennung zum Statthalter war Dalberg zugleich zu den gesandt= schaftlichen Geschäften bei den benachbarten kleinen Höfen, namentlich bei denen von Weimar und Gotha, beglaubigt worden. Der erstere Hof, oder vielmehr die kluge, geistvolle und weitsichtige Herzogin=Regentin Anna Amalie, hatte kurz vor Dalbergs Antritt seiner Statthalterschaft von Erfurt der verfallenden Universität dieser Stadt ihre bedeutendste, kaum erst gewonnene Zierde, den Regierungsrat und Professor der Philosophie Christoph Martin Wieland nach Weimar entführt. Für das neue Verhältnis des jungen Statthalters zu ihrem Hofe war es gut, daß die Übersiedlung Wielands bereits geschehen war, als Dalberg anlangte.

Die Situation des neuen Statthalters war insofern günstig, als Stadt und Landschaft eben damals die ersten Wirkungen der langen Friedenszeit, die dem siebenjährigen Kriege folgte, zu empfinden be= gannen. „Wohlfeilheit, heißt es in Beaulieus ‚Dalberg und seine Zeit', war auf drückende Teuerung gefolgt, die Fabriken waren in vollster Thätigkeit, der Handel blühte wieder neu auf." So hatte denn Dalberg keine durchgreifende reorganisierende, schöpferische Thätigkeit zu entwickeln; eine Anzahl verständiger Anordnungen, kleiner aber guter Neueinrichtungen entsprachen dem Bedürfnis und der Natur des neuen Regierungsstatthalters. Ohne seinen Eifer und einen gewissen jugendlichen Mut in Zweifel zu ziehen, darf man doch annehmen, daß er in den behaglichen, idyllischen Zuständen, die nach dem Frieden von Hubertusburg im deutschen Leben überwogen, in seinem eigentlichen Elemente war. Während der kurzen Gefahr des bayrischen Erbfolgekrieges ließ er sich allerdings von dem soldatischen Geiste des jungen Karl August von Weimar, seines Freundes, soweit anstecken, daß er kriegerische Maßregeln vorschlug und Regimenter errichten wollte. Gleichsam prophetisch für die Katastrophe von 1792 trat die erbärmliche Wehrverfassung des Mainzer Kurstaates und die völlige Wehrlosigkeit der Erfurter Festung Petersberg bei dieser Gelegenheit hervor. Da sich aber das Ungewitter des „Kartoffelkrieges", wie der kurze unblutige Zwist spöttisch getauft wurde, bald wieder verzog, war natürlich von den bei dieser Gelegenheit gemachten Erfahrungen weiter keine Rede.

Die kleine Regierungsthätigkeit jedoch, die so sehr den Kräften Dalbergs entsprach, genügte seinem brennenden Ehrgeize nicht. Er wünschte unablässig eine größere politische Rolle zu spielen und suchte auf die Mainzer Regierung reformierend einzuwirken. In Mainz fand man den Eifer des Erfurter Statthalters sehr unbequem, bei dem letzten Kurfürsten, Erzbischof Karl Joseph (von Erthal), welcher 1774 den Thron bestiegen hatte, stand Dalberg nicht in der Gunst, deren er sich bei Emmerich Joseph erfreut hatte. Das Flüchtige, unstät Wechselnde seiner politischen Pläne und das Weiche, Bestimmbare, ja Charakterlose seiner Natur entging auch schon damals selbst wohlwollenden Beurteilern nicht. Goethe, der seit 1776 mit Dalberg in lebendigem Verkehr stand, schrieb am 5. Mai 1780 an Frau von Stein: „Für mich ist sein Umgang von viel Nutzen. Durch die Erzählungen aus seinem mannichfaltigen politischen Treiben hebt er meinen Geist aus dem einfachen Gewebe, in das ich mich einspinne, das, obgleich es auch viele Fäden hat, mich doch zu sehr nach und nach auf einen Mittelpunkt bannt. Der Statthalter ist doch eigentlich auch kein rechtes Kind dieser Welt, und so klug und brav seine Pläne sind, fürchte ich doch, es geht einer nach dem andern zu scheitern." Wenn der Dichter gleich darauf die beneidenswerte „Leichtigkeit" Dalbergs rühmt, so schwebt über diesem Lobe wie ein Schatten die Ahnung, daß diese Leichtigkeit schweren Versuchungen und Prüfungen kaum gewachsen sein würde.

Eine Aufgabe, die ihm bei seinem zwischen Hofhaltung und stattlicher Haushaltung schwankenden äußern gesellschaftlichen Auftreten in Erfurt zufiel, löste Dalberg vortrefflich, ja glänzend. Diese soziale Aufgabe war in der großen Umschwungs- und Übergangsepoche des letzten Viertels des 18. Jahrhunderts in der That von Bedeutung. Die Bildung war eine durchaus veränderte, aber die neue Bildung hatte zumeist noch keine geselligen Formen; Standesunterschiede, die in der Anschauung wesenlos geworden waren, herrschten noch in den Gewohnheiten des persönlichen Verkehrs, man hatte gemeinsame Interessen und keine Mittel zum Austausch derselben, die Widersprüche zwischen der Empfindung der höher Gebildeten und einer aus gänzlich andern Zuständen stammenden Lebenshaltung fielen immer peinlicher und schärfer auf. In den ersten Jahren, in denen Dalberg seines erfurtischen Statthalterpostens wartete, schrieb Goethe im väterlichen Hause am Frankfurter Hirschgraben seinen Werther, und als das Buch erschien, waren die Scenen, in welchen geschildert wird, wie der Graf von C. den jungen Legationssekretär, den er schätzt, ehrt, ja liebt, aus seiner Gesellschaft wegweisen muß und wegweist, nicht die letzten, die die leidenschaftliche Teilnahme der damaligen Generation wachriefen. Der Aufschrei Werthers „Da möchte man sich ein Messer ins Herz bohren!" ward damals von tausenden geteilt.

Hier war Dalberg einer der Männer, die zum Guten eingreifen konnten und eingriffen. In seinem gesamten Verkehr mit Menschen zeigte er sich von aufrichtiger Humanität, von wahrhafter Schätzung nicht nur litterarischer, künstlerischer, wissenschaftlicher Bestrebungen beseelt, die gewinnende Liebenswürdigkeit seines Auftretens halfen ihm in seinen Umgebungen die neuen Gesellschaftsformen, die auf der Gleichheit der Bildung und der geistigen Interessen beruhten, rasch einführen. Beaulieu-Marconnay in „Dalberg und seine Zeit" berichtet: „Im nahen Zusammenhang mit der Förderung wissenschaftlichen Sinnes stand das Bestreben Dalbergs, den gesellschaftlichen Zusammenhängen Erfurts eine idealere Richtung zu verleihen. Seit dem Jahre 1786 führte er die Idee aus, an jedem Dienstag eine große Assemblee in der Statthalterei zu geben, er mochte nun in Erfurt anwesend sein oder nicht. Dazu war alles, was zur guten Gesellschaft gehörte, ein= für allemal geladen. Ebenso hatte jeder Fremde Zutritt, und es wurde nichts weiteres von den Gästen verlangt, als ein anständiger, wenn auch noch so einfacher Anzug. Man fand hier oft regierende Fürsten, Minister, Generäle, Staatsdiener aller Kategorien, Gelehrte, Künstler, Kaufleute und Handwerker bunt durcheinander gruppiert. Die Unterhaltung war ebenso verschieden und mannichfaltig wie die Gesellschaft selbst. Man sang Lieder zum Klavier, führte mitunter Chöre aus, Virtuosen auf den verschiednen Instrumenten ließen sich hören; ältere Personen fanden Spieltische bereit, die Jugend vergnügte sich an Gesellschaftsspielen — kurz, jeder fand, was ihm zusagte und zu fleißigen Besuchen dieser Soireen anregte. Der Statthalter bewegte sich teilnehmend und gemütlich in diesen Kreisen und übte den Zauber seiner anmutigen Persönlichkeit auf die Anwesenden aus. Ein Teil dieser letztern ward an solchen Abenden zum Souper eingeladen, welches nach der Entfernung der übrigen stattfand."

Eine sehr getreue und neuerlich vielbenutzte Chronik der gesellschaftlichen Vorgänge in der Erfurter Statthalterei und während der glücklichen Jahre Dalbergs ist das auf der Erfurter Bibliothek handschriftlich aufbewahrte Tagebuch des Erfurter Ratsherrn und Buchhändlers Kaspar Konstantin Beyer, aus dem unter anderm Borberger in der dritten Ausgabe des Briefwechsels „Schiller und Lotte" (Stuttgart, 1879) eine Reihe von Daten und Notizen bestätigt und vervollständigt hat. Beyer ist ein völlig unverdächtiger Zeuge, und er sagt ausdrücklich: „Karl von Dalberg war die Seele dieser ganzen trefflichen Anstalt. Er mischte sich stets mitten unter das bunte Gewühl, das den großen Saal und die drei anstoßenden Zimmer anfüllte, sprach mit jedem, der ihm aufstieß, einige Worte und freute sich herzlich, wenn die ganze Gesellschaft sich einer unbefangenen Fröhlichkeit überließ." Goethe, der oft bei diesen „Assembleen" und noch viel früher bei großen Festen, die Dalberg gab, zugegen war, gedachte dieser Feste in spätern Jahren und unter den bedeutendsten Verhältnissen nicht ohne eine gewisse sehnsüchtige Wehmut. In dem Bericht über die Audienz, die der Dichter 1808 während der Erfurter Monarchenbegegnung bei Napoleon I. hatte, erzählt er: „Ich trat etwas zurück und kam gerade an den Erker zu stehen, in welchem ich zwischen mancher frohen auch manche trübe Stunde verlebt. Ich hatte Zeit, mich im Zimmer umzusehen und der Vergangenheit zu gedenken. Auch hier waren es noch die alten Tapeten. Aber die Porträte an den Wänden waren verschwunden. Hier hatte das Bild der Herzogin Amalia gehangen, im Reboutenanzug, eine schwarze Halbmaske in der Hand, die übrigen Bildnisse von Statthaltern und Familiengliedern alle."

In dem mannigfachen Verkehr Dalbergs mit den Kreisen von Weimar, Gotha und Jena bewährte sich seine Liebenswürdigkeit und die besondere Leichtigkeit, mit der er sich in die veränderten sozialen Verhältnisse und veränderten Lebensformen fand. Gern hätte er etwas Großes für die deutsche Kultur gethan und geleistet, aber seine Statthalter- und Domherrneinkünfte wollten nicht einmal für die standesmäßige Repräsentation ausreichen. Um so freigebiger war er einstweilen mit Versprechungen und kleinen Aufmerksamkeiten. Wenn er nicht in der Lage war, sogleich Entscheidendes für Schillers Lage thun zu können und wenn Schiller wohl zu große und zu sichere Hoffnungen auf den „Koadjutor" setzte, so war doch der Verkehr beider ein nahezu freundschaftlicher. In Dalbergs Hause in Erfurt spielte ein Teil des Liebesromans Schillers mit Charlotte von Lengefeld, Dalberg hätte gern Schiller „die Hochzeit ausgerichtet" und malte wenigstens ein abscheulich-schönes Bild des Hymen zu derselben. Während eines längern Besuches bei dem Koadjutor in den Weihnachtsferien von 1790 zu 1791 faßte Schiller den Plan zur Wallensteintragödie, während desselben Besuchs aber kam auch jene Krankheit zum Ausbruch, die Schillers körperliche Gesundheit frühe brach, ohne seine geistige antasten zu können. Dalberg zeigte sich wahrhaft bekümmert um ihn, suchte ihm im Herbst 1791 die Rekonvaleszenzzeit in jeder Beziehung zu erleichtern und angenehm zu gestalten. Und wenn der Statthalter natürlich einem Schiller gegenüber mit besonderer Beflissenheit die Anmut seiner geselligen Formen und den Eifer der Teilnahme an des Dichters Leistungen und Plänen entfaltete, so daß Schiller, wie er am 30. Oktober 1791 an Körner schrieb, „im Umgang mit Dalberg viel Vergnügen genoß", so bethätigte er doch auch in hundert andern minder bedeutenden Fällen einen Teil jener Eigenschaften, die ihn zu einem hervorragenden Vertreter damaliger Geselligkeit, damaligen guten Tones machten. Die Geschichte unsrer Sturm- und Drangperiode und der ihr folgenden Zeit nach der sozialen Seite ist noch nicht geschrieben; wird sie es je, so muß Dalbergs Name auf jedem Blatte dieser Gesellschaftsgeschichte der Sturm- und Drangzeit erscheinen. Und es darf nicht vergessen werden, daß der Koadjutor unter allen Schwankungen und bedenklichen Wechselfällen seiner spätern Laufbahn die humanen Anschauungen und Auffassungen seiner sozialen Pflichten festhielt, die er in Erfurt zuerst erprobte. Lebendige Teilnahme an andern, freundschaftliche Fürsorge für seine Umgebungen, feingebildete Umgangsformen, das Bedürfnis geistiger Genüsse und Anregungen, kurz alle bessern Seiten seiner Natur, alle erfreulichen Wirkungen, welche die Bildungsperiode, in der er emporwuchs, selbst auf schwache Naturen hatte, blieben Dalbergs Eigentum. Seine litterarischen Neigungen konnten ihn nicht über den Mangel an Bestimmtheit der Anschauung, an Schärfe des Urteils und Tiefe des Gefühls, der ihm von Haus aus anhaftete, hinausheben. Doch wurden sie die Vermittler von persönlichen Beziehungen, mit denen der Koadjutor der deutschen Litteratur größere Dienste leistete als mit den „Betrachtungen über das Universum" und den „Grundsätzen der Ästhetik", die er in der Erfurter Zeit schrieb. Schiller war bekanntlich ein paar Jahre später bei Gründung der „Horen", zu denen er Dalberg als Mitarbeiter eingeladen und für die er pomphaft die Beteiligung „Seiner Erzbischöflichen Gnaden" angekündigt hatte, in gelinder Verzweiflung über die „unendlich elenden" Aufsätze, die von seiten des Koadjutors einliefen, und wußte sich schließlich nicht anders zu helfen, als daß er wider den Brauch seiner Monatsschrift bei einem allerdings polizeiwidrig seichten Elaborat „Über Kunstschulen" Dalbergs Namen hinzusetzte.

Bis zum Jahre 1785 blieb Dalberg nur das hochangesehene Mitglied mehrerer Domkapitel und der Statthalter der kleinen erfurtischen Provinz. Allein das gedachte Jahr brachte die Gründung des deutschen Fürstenbundes „zur Aufrechterhaltung der bestehenden Reichsverfassung", gegen welche man Übergriffe von seiten des unternehmenden und hochstrebenden Kaisers Josef II. fürchten zu müssen glaubte. Im Oktober 1785 trat auch der Kurfürst von Mainz rückhaltlos dem neuen Bunde bei, der damit über eine Majorität im Kurfürstenkollegium des Regensburger Reichstages gebot. Der Beitritt von Mainz war im damaligen Reiche ein Ereignis, und in Berlin mußte man bei der Beschaffenheit der geistlichen Staaten fürchten, daß über kurz oder lang dieser Bundesgenosse der neuen Union wieder verloren gehen könnte. Anders stand es, wenn bei Lebzeiten des Kurfürsten Karl Joseph dessen Nachfolger erwählt wurde und ein unzweifelhafter Anhänger des Fürstenbundes war. Für einen solchen Anhänger galt Dalberg, auf ihn lenkte Karl August von Weimar, das eifrigste Mitglied des Fürstenbundes, die Aufmerksamkeit König Friedrich Wilhelms II. von Preußen. Nach wundersamen Intrigen und Wahlkämpfen, die Ranke in seinem Werke „Die deutschen Mächte und der Fürstenbund" höchst anschaulich und drastisch schildert, und zu denen auch Beaulieu-Marconnay ein paar charakteristische Einzelheiten mitteilt, wurde Dalberg am 1. April 1787 gewählt. Es war nach altem Volksaberglauben ein verhängnisvoller Tag, an dem Dalbergs Wahl stattfand. Niemand zwar ahnte, daß eben jetzt der letzte „Cuadutter" (altmainzisch für Koadjutor) des alten Erzstiftes ernannt sei, und Dalberg wußte, wie es schien, nicht, daß seine Wahl der Krone Preußen 180 000 Gulden für Bestechungen des Domkapitels, „Douceurs" und „Präsente" gekostet. Im Gegenteil knüpften sich an seine Erwählung zum Koadjutor von Mainz alsbald auch gleiche Ernennungen zum Regierungsnachfolger in den Bistümern Worms und Konstanz, so daß es schien, daß Dalberg dereinst über eine gewisse, zu selbständigem Handeln befähigende Macht zu gebieten haben werde. Die sämtlichen Vorgänge bei Dalbergs Wahl und ihre nachfolgende Bestätigung durch den heiligen Stuhl, sowie die mit der Gründung des Fürstenbundes eingetretene Rührigkeit täuschten noch einmal darüber, wie morsch und haltlos die Zustände des heiligen Reiches geworden waren und daß der erste Stoß von außen die Existenz des Reiches selbst, vor allem jedoch der geistlichen Staaten, gefährden mußte.

Schon in dieser friedensseligen und hoffnungsreichen Zeit aber trat zu Tage, in welchem Widerspruch Dalbergs ehrgeizige Wünsche nach großer politischer Wirksamkeit und seine persönliche Befähigung für eine solche standen. Der bilettierende Schöngeist schlug den Staatsmann überall in den Nacken. Beaulieus mehrerwähntes treffliches Buch teilt aus dem Berliner Archiv den Entwurf eines Schreibens des Herzogs Karl August von Weimar an Dalberg vom 27. März 1787 mit, aus dem man wohl ersieht, daß gerade bei denjenigen, die Dalbergs Wahl eifrig betrieben hatten, die Zweifel schon vor der vollbrachten Thatsache erwachten. „Der Endesgesetzte, heißt es zum Schluß dieses denkwürdigen Aktenstückes, fügt noch den sehnlichen Wunsch hinzu, daß es doch endlich einmal dem Herrn Statthalter gefallen möchte, die Dinge dieser Welt so zu betrachten und so zu behandeln, wie sie es verlangen, oder wenn er finden sollte, daß dieses wider seine moralischen Grundsätze lauft, daß er sich entschließe, sich nicht mehr damit zu bemengen und nur ja nicht zu glauben, daß er im mindesten die Drehungen unsres Erdballs durch irgend eine menschliche Kraft oder Willen ändern werde." Vermöchte man irgend zu glauben, daß die scharfe Ansprache des willensstarken Herzogs sich nur auf Dalbergs kundgegebene Abneigung gegen das häßliche Intriguenspiel in den Domkapiteln bezöge, so wäre sie trotz alledem beinahe ein Ehrenzeugnis für Dalberg. Allein der neue Koadjutor offenbarte nicht nur die verhängnisvolle Eigenschaft, die Dinge nicht sehen zu können, wie sie wirklich waren, sondern alle Widersprüche und Zwiespälte mit unklaren, schönklingenden Phrasen ausgleichen zu wollen. Der harte Widerstreit realer Interessen war der weichen Natur des Erfurter Statthalters unbequem. So versteigt er sich dazu, den Fürstenbund alsbald in einen Bund des Kaisers und Reichs verwandeln zu können und sinnt, mit naiv schlauer oder schönseliger Bemäntelung der Thatsache, daß der Bund gegen die Autoritätsgelüste Josefs II. gerichtet war, dem Kaiser eine Versöhnung mit dieser Union an. Die feine Ironie, mit der Josef auf solche Phrasen antwortete, schloß eine vernichtende Kritik der politischen Unklarheit und der charakterlosen Nachgiebigkeit Dalbergs in sich ein.

Auch in den Kreisen, denen der Koadjutor als künftiger Beschützer, als erlauchter Mitstrebender galt und in denen man damals noch keine

Politik trieb, kam man gelegentlich zum Bewußtsein der bedenklichen Anlagen eben dieser vielversprechenden Natur. Schillers Schwägerin, Karoline von Beulwitz, die für Dalberg schwärmte und im Oktober 1791 an Schwester und Schwager schrieb: „Der liebe, liebe Schatz, sein Brief hat mich sehr gerührt. Wohl ist es ein engelschönes Herz, wert, daß man alles für ihn thue," und sich im Februar 1792 darauf vorbereitete, am künftigen Musenhofe von Mainz die Egeria des Numa Pompilius Karl von Dalberg zu spielen („Ich muß fühlen, was ich dem Schatz sein kann, und welche Gestalt mein inneres Sein gewänne, einem so hohen, schönen Wesen ein harmonisches Dasein zu geben — es wäre eine schöne, edle Frucht meines reifern Lebens"), mußte, von ihrer treuen Lotte und von Schiller gewarnt, bereits in einem Briefe vom März 1792 zugeben: „Ich glaube fast jetzt, daß Ihr recht habt und daß er keine Konsequenz in dieser Art von Gefühlen hat — doch muß ich noch gewisser werden, um meiner Seele eine andre Richtung zu geben." Noch deutlichern Einblick in die bedenklichsten Tiefen dieser schönen Seele verriet Körner, der bereits am 9. März 1790 bei Gelegenheit der Mainzer Pläne und Hoffnungen Schillers schrieb: „Rechne auch Du nicht zu viel auf diesen Mann. Der Antritt der Regierung ist ein gefährlicher Zeitpunkt und doppelt für eine gewisse poetische Denkart. Alle Schwierigkeiten scheinen unbedeutend, weil man sich nie die Mühe nahm, sie zu untersuchen. Listige Geschäftspedanten wissen alsdann bald tausend Steine des Anstoßes in den Weg zu legen. Man erschrickt über die Schreckbilder, die von allen Seiten emporsteigen und von denen man nie geträumt hatte. Dann ist es leicht, auf zwei Abwege zu geraten: Neronischen Trotz oder träge Resignation, die sich für höhere Kultur ansieht." Wer könnte angesichts dieser Worte und der spätern Entwicklung Dalbergs dem wackern Dresdner Appellationsrat einen gewissen prophetischen Blick absprechen?

Gelegentlich ist nun versucht worden, die Schuld dieses innern Mangels auf die weltbürgerliche Bildung und den ausschließlich ästhetischen Sinn unsrer klassischen Periode zu wälzen. Die Geschichte der nachfolgenden Zeit und das Leben und Wirken von Hunderten von Männern, die mit derselben Bildung genährt waren wie Dalberg, beweist, daß mindestens die Konsequenzen der angeklagten Bildung sehr verschieden waren. Es ist aber schon angedeutet worden, daß es sich in Wahrheit gerade umgekehrt verhielt. Dalberg vermochte seinen Neigungen und Lebensgewohnheiten, einer frühgenährten und geradezu verhängnisvollen Eitelkeit zufolge, den besten Teil des Geistes und der Bildung unsrer klassischen Periode eben nicht in sich aufzunehmen. Von Kant, von Herder wie von Schiller empfing er Anregungen, aber nicht den vollen und vertiefenden Eindruck, der von diesen mächtigen Naturen auf tausend mindermächtige ausgegangen ist. Auch im Ästhetischen blieb er ein Dilettant, auch im „Schwelgen" entfaltete er nicht die Kraft, die beispielsweise Arbinghello=Heinse auszeichnete. Wir müssen noch einmal an die Mitarbeit bei Schillers „Horen" und den unendlich elenden Aufsatz „über Kunstschulen" erinnern. Man muß sich vergegenwärtigen, daß, wenn Dalberg über irgend etwas klar nachgedacht hatte und irgend einer Frage mit mehr als flüchtigem, abspringendem Interesse gefolgt war, dies das Verhältnis der Kunst zum öffentlichen Leben, zum Staate sein mußte. Daß er in Erfurt während seiner Statthalterschaft nicht eben viel für die günstige Gestaltung dieses Verhältnisses hatte thun können, darf ihm kaum zum Vorwurf gemacht werden. Seine Macht war beschränkt, selbst seine Vorschläge, die herabgekommene Erfurter Universität wieder emporzubringen, scheinen in Mainz mit Mißtrauen oder wenigstens mit Kaltsinn aufgenommen worden zu sein. Die Mittel in allen diesen verrotteten und verfallenden geistlichen Staaten reichten eben nur für das Herkömmliche aus und standen für Neuschöpfungen selten zur Verfügung. Aber gedacht mußte der Mann, der noch im Jahre 1806 mitten unter den Stürmen des Krieges und großer politischer Wandlungen, in die er verstrickt war, Dialoge „Von dem Einfluß der schönen Künste auf das öffentliche Glück" drucken ließ, über die Wege und Mittel haben, durch welche man diesen Einfluß fördern könne. Und doch — wie dürftig nehmen sich alle Früchte seines Denkens aus und wie knabenhaft klingen die hohlen Sentenzen des mehrerwähnten Aufsatzes: „Der Kunstschüler soll den harmonischen Dreiklang des sinnlich Schönen, geistig Angenehmen und sittlich Rührenden zu vereinigen wissen, und alles vermeiden, was mit Recht mißfallen könnte. In Kunstschulen lernt der Schüler die Kunst, dem innern Guten und Wahren die Außenseite des Schönen zu geben. Durch gute Kunstschulen können die schönen Künste im Staate verbreitet und erhalten werden. Gute Regenten, Väter des Vaterlandes, wollt ihr in euern Staaten Wahrheit, Schönheit und Tugend vereinigen? wollt ihr auf dauerhafte Weise die schönen Künste, diese Blüten der Menschheit, erhalten: so errichtet gute Kunstschulen!" Wem fällt bei solchen Gemeinplätzen nicht der Politiker Karl Nathanael aus Immermanns „Münchhausen" ein, der nach schwerem Nachdenken den Satz gefunden hat: „Die Staaten teilen sich in Monarchien, Aristokratien und Demokratien." Wer aber kann sich der Einsicht verschließen, daß gerade diese ästhetische Trivialität Dalbergs und die gleichzeitige Unfähigkeit des Mannes, reale Verhältnisse zu erkennen und zu besiegen, in einem innern und ursächlichen Zusammenhang standen und auf einen gemeinsamen Ursprung zurückwiesen?

Kein Zweifel kann nach allem, was wir wissen, darüber obwalten, daß Dalberg in friedlichen Zeiten ein vortrefflicher Regent seiner geistlichen Staaten geworden wäre und Gelegenheit gefunden haben würde, in der Hauptsache nur seine guten und rühmlichen Eigenschaften zu entfalten. Neben aller milden Menschenfreundlichkeit und gesellschaftlichen Urbanität besaß er einen leidlich klaren Blick, nicht für große politische Verhältnisse, aber für die nächstliegenden Verwaltungsgeschäfte, und bethätigte diesen schon, als er, während seiner Statthalterschaft zu Erfurt, in den neunziger Jahren mehrfach nach dem Fürstbistum Konstanz gerufen ward (dessen Koadjutor er gleichfalls war), um die Verhältnisse des bedrängten, schuldenbeladnen Ländchens zu ordnen. Die Art, wie er dies angriff, und manche seiner spätern Organisationen beweisen hinlänglich, daß die Staaten, deren Fürst er werden sollte, bei Fortbauer der althergebrachten Ordnung nicht übel gefahren wären. Denn der dilettierende politische Ehrgeiz hätte in den alten Reichsverhältnissen und den Traditionen von Konstanz oder Worms kaum Nahrung gefunden, und selbst das Kurfürstentum Mainz hätte ihn in Zeiten, wie die seiner Statthalterschaft zu Erfurt waren, schwerlich zu Abenteuern verführt. Dem Koadjutor sollte es inzwischen nicht so gut werden. Es kam das verhängnisvolle Jahrzehnt zwischen 1790 und 1800, die Wirkung der französischen Revolution, die unglücklich geführten Kriege gegen das neue Frankreich, der Verlust des linken Rheinufers. Der Bau des heiligen Reiches krachte in allen Fugen, die Zerstörung war nicht länger aufzuhalten, und nahezu jeder suchte an sich zu raffen, was ihm zunächst unter der Hand war. Nur die kleinern norddeutschen Staaten und alten Dynastien mit altständischen Verfassungen hielten sich von dem allgemeinen Wettlauf um die Beute aus dem großen Zusammensturz fern. Die sämtlichen geistlichen Staaten, die Reichsstädte wurden zur reichlich bemessenen „Entschädigung" aller jener weltlichen Fürsten, die auf dem linken Rheinufer Gebiete verloren hatten, säkularisiert. Über hundert geistliche Staaten und kleine Gebiete, Erzbistümer, Bistümer, gefürstete Abteien und Propsteien, dazu 720 Domherrnpfründen verschwanden auf einmal. Dalberg aber, der fünfzehn Jahre hindurch Koadjutor von Mainz gewesen war, bestieg den „Thron" des alten Kurstaates in demselben Jahre 1802, in welchem durch den Frieden von Luneville bereits der Untergang der geistlichen Staaten im Prinzip entschieden und die Reichsdeputation für Entschädigungen nahezu bei ihrem berühmten Hauptschluß angelangt war. Als das Unwetter heraufzog, hatte Dalberg noch mannhaft und vollkommen uneigennützig den Grundsatz verfochten, daß keiner auf Kosten des andern zu entschädigen sei und jeder sein Schicksal tragen müsse. Und das in dem Augenblick, wo ihm das goldne Mainz, seine künftige Hauptstadt, der Rheingau, die linksrheinischen Teile des Mainzer Kurstaates und das Bistum Worms schon verloren gegangen waren! Wäre der Koadjutor und neue Kurfürst in den allgemeinen Umsturz hineingerissen worden — er würde sich gefaßt und gefügt haben, wie es viele der besten seiner Genossen gemußt und gethan hatten.

Aus der völligen Zerstörung tauchte jedoch Dalbergs Fürstentum wieder auf. Man meinte des Erzkanzleramtes nicht entraten zu können, man ließ Dalberg seine Residenz Aschaffenburg und das zu ihr gehörige Gebiet, man entschädigte ihn für Erfurt und Eichsfeld mit Regensburg und Wetzlar. In einer bedenklichen und verhängnisvollen Ausnahmestellung, als der einzige geistliche Kurfürst, beinahe als der einzige geistliche Fürst überhaupt, sah sich Dalberg aus dem ungeheuern Schiffbruch gerettet. Nach allem, was wir von dieser Natur wissen, konnte die isolierte Bedeutung, die ihr plötzlich gegeben wurde, nicht anders als verwirrend auf sie wirken. Der neue Kurerzkanzler eines deutschen Reiches, das schon nur noch dem Namen nach existierte, besaß nicht die Schärfe des Blickes, um zu erkennen, daß das allgemeine Wohlwollen, das man von bessern Zeiten her gerade seiner Person entgegenbrachte, eine Reihe von Zufällen und Intriguen und endlich der scharfe Instinkt eines unbarmherzigen Politikers, wie der erste Konsul und nachmalige Kaiser der Franzosen war, der in Dalberg ein brauchbares Werkzeug für seine Pläne witterte, denkwürdig und unselig zusammengewirkt hatten, ihm seinen Fürstenrang zu erhalten. Dalberg glaubte in seiner Person und Würde die große Tradition des alten Reiches, die besondre Stellung der Kirche, die bewährte Weisheit und den nationalen Gedanken geehrt, als deren Träger er sich naiv-eitel betrachtete. Er kam zu dem verhängnisvollen Irrtum, daß mit dem Fortbestande seines Staates gleichsam der Fortbestand Deutschlands gewährleistet sei. So allein konnte es geschehen, daß sich Dalberg willen- und widerstandslos in die wirren Veränderungen und Umwälzungen des napoleonischen Jahrzehnts hineinreißen ließ. Es läßt sich nicht ermessen, wieviel persönliches schweres Leid der Fürst-Primas des neuen über Nacht in Paris diktierten „Rheinbundes" seit 1806 innerlich durchlebte, wie lange trotz der herrisch despotischen Formen, in denen Napoleon I. gerade mit Dalberg verkehrte, die faszinierende Wirkung der Persönlichkeit des Imperators und das Vertrauen auf die Weisheit und Gerechtigkeit des „Protektors" in Wahrheit vorhielten, es bleibt gewiß, daß Dalberg bei sich selbst die Fiktion einer wirklich bestehenden „rheinischen Bundesverfassung", einer innern Notwendigkeit seiner seltsamen, durch und durch ungesund gewordenen politischen Existenz zu erhalten suchte. Als er im Herbst 1808 zu dem großen Monarchenkongreß in Erfurt anwesend war, drängten sich die Einwohner der Stadt an ihren ehemaligen unvergessenen Statthalter mit vielen Liebesbeweisen heran. Das rein menschliche Wohlwollen, das Dalberg auch in seiner neuen, inzwischen geradezu trostlos gewordenen Stellung bewährte — das einzige, was er bewähren konnte —, hatte in Erfurt eine halb freudige, halb wehmütige Erinnerung hinterlassen. Zugleich huldigte man ihm und schämte sich für ihn. Dem Fürsten-Primas aber mußte bei dieser Gelegenheit unwillkürlich die bittere Wahrheit vor die Seele treten, daß nicht eines seiner einstigen politischen Ideale erfüllt, nicht einer seiner Träume von einer großen und gesegneten Wirksamkeit verwirklicht worden sei.

Was wollte es unter solchen Umständen bedeuten, daß Dalberg fortfuhr, ein lebendiges Interesse an dem Gedeihen der deutschen Litteratur zu nehmen, daß er in Schillers letzten Lebensjahren durch ansehnliche Geschenke bei jedem neuen Werke, das ihm der Dichter sandte, die frühern Pensionsversprechungen wenigstens zum Teil einlöste, daß er späterhin Zacharias Werner, den er als ein Vermächtnis Schillers betrachten mochte, und Jean Paul durch Jahrgehalte vor der gemeinen Not des Lebens sicherzustellen suchte? Drückte doch seine politisch zweideutige Stellung schon 1804 in dem Maße auf ihn, daß er die kostbare

Widmung von Schillers Tell nicht anzunehmen wagte. Reinen Genuß
konnte er in seinen persönlichen Umständen auch dem Besten, was die
deutsche Dichtung noch darzubieten hatte, nicht abgewinnen, obschon er
gelegentlich die Miene annahm, als seien die Blüte der französischen
Fremdherrschaft und die Blüte der deutschen Litteratur ganz verein=
bare Dinge.

Es war eine unselige, verworrene, entsetzliche Zeit, durch welche
Deutschland damals hindurchging. Aber eine unglücklichere und haltlosere
Rolle, als sie Karl von Dalberg auferlegt war, spielte niemand. Selbst
wenn er den Egoismus besessen hätte, nur an sich und das kleine Land
zu denken, das er regierte und in dem er mancherlei Gutes zu schaffen
versuchte, durfte er auch nur dies Land als sein ansehen? Offen ver=
kündete Napoleon, den er als „erhabenen Protektor" zu verehren fortfuhr,
daß die „Grundsätze des Reichs" einer Vereinigung des Priestertums mit
irgend einer weltlichen Souveränetät entgegenstünden, und betrachtete, wie
er es mit allen seinen Bundesgenossen that, die ihm nicht einen Jahr=
hunderte alten Besitz entgegenzustellen hatten, die Gebiete Dalbergs als
Teile des großen Empire. Umsonst versuchten der Fürst=Primas und
seine Minister irgend ein festes Verhältnis zu begründen. Dalberg
bemütigte sich so weit, daß er den Kardinal Fesch, den korsischen Oheim
des Kaisers, dem Deutschland ungefähr so fern lag wie der Mond, zu
seinem Koadjutor ernannte. Die Ernennung selbst ward in Paris nie=
mals anerkannt; der kaum gegründete und durch Dalbergs Organisations=
statut vom 18. Juli 1803 einigermaßen geordnete Staat wurde durch
die freie Stadt Frankfurt und die ohne weiteres mediatisierten Lande des
Fürsten von Löwenstein=Wertheim vergrößert und wieder umgestaltet.
Dafür strebte andrerseits Bayern nach dem Besitze von Dalbergs Winter=
residenz Regensburg, und das Gefühl der Unsicherheit von einem Tage
zum andern war im primatischen Staate stärker vorhanden und weiter
verbreitet, als irgendwo in dem damaligen zerrütteten Deutschland. Im
Jahre 1809 ward zudem Regensburg von allen Schrecknissen des Krieges
betroffen, am 19. April von den Österreichern, am 23. April von den
Franzosen erstürmt. Dalberg fand abermals Gelegenheit, sein nie ver=
siegendes Erbarmen mit den Hilflosen und Bedrängten, den besten Grund=
zug seines Wesens, wieder zu bethätigen. Kurze Zeit darauf hörte er
auf, über Regensburg und sein Gebiet zu regieren. Höchst bezeichnend
für die Zustände der Zeit und die „Fürstenwürde" Dalbergs, an die er
sich so eisern klammerte, verwandelte sich der Fürst=Primas durch kaiserlich
französisches Dekret vom 1. März 1810 in einen „Großherzog von Frank=
furt", die letzte Phase seiner unerfreulichen politischen Entwicklung.

Das „Großherzogtum Frankfurt", eine der Willkürschöpfungen, in
denen sich die napoleonische Staatskunst gefiel, wurde in demselben Augen=
blicke errichtet, wo der Imperator durch seine Vermählung mit der Erz=
herzogin Marie Louise die Erbfolgehoffnungen, die sein Stief= und
Adoptivsohn Eugen Beauharnais wenigstens für das von ihm verwaltete

Königreich Italien gehegt haben mochte, gründlich zerstörte. Der Vizekönig von Italien ward infolgedessen zum Erbprinzen des neugebackenen Staates ernannt, eines Staates, der sich wunderlich aus den verschiedensten Reichstrümmern zusammensetzte. Da war nach wie vor das Fürstentum Aschaffenburg, der letzte Rest des Mainzer Erzstifts, da waren die Reichsstädte Wetzlar und das stolze Frankfurt, wo die reichsstädtische Gesinnung von vornherein die Ehre, als großherzogliche Residenz zu dienen, für einen vorübergehenden Mummenschanz erachtete. Da war das einstige Fürstbistum Fulda, die uralte Abtei des heiligen Bonifazius, das „Buchenland", das ein Jahrtausend unter der Herrschaft des Krummstabes gestanden hatte, zwischen 1803 und 1806 mit hastigem Eifer in ein weltliches Fürstentum des Prinzen von Oranien umgebildet und seitdem als Kriegsbeute unter der Verwaltung französischer Marschälle und Generalkommissare nach Möglichkeit ausgesogen war. Dazu fügte Napoleon noch das Fürstentum Hanau, das er von den früheren Besitzungen des Kurfürsten von Hessen, die sonst alle an seinen Bruder Jerome von Westfalen gefallen waren, in der eignen Hand behalten hatte. Auf diese Art war die Arrondierung eines „Staates" von etwas über 90 Quadratmeilen und wenig mehr als 300 000 Einwohnern erreicht. Man darf mit Beaulieu bezweifeln, daß es die ernste Absicht des Kaisers gewesen, nach dem Tode Dalbergs diese sonderbare politische Schöpfung zur Versorgung des Prinzen Eugen anzuwenden. „Wer weiß, ob nicht ganz im Hintergrunde der Plan verborgen lag, diese Landstriche einstweilen durch Gesetzgebung und Verwaltung dem französischen Reiche zu assimilieren, die Gehässigkeit dieser Maßregel dem Regenten aufzubürden und später die reife Frucht sich in den Schoß fallen zu lassen. Sein Verfahren gegenüber Holland und den norddeutschen Staaten zwischen der Nord- und Ostsee, welches im Laufe dieses Jahres 1810 an den Tag trat, läßt dergleichen als höchst wahrscheinlich vermuten."

Was auch die letzten Absichten des Weltherrschers gewesen sein mögen, der neue Staat Dalbergs überlebte nur wenige Monate das dritte Jahr seines Bestehens und brach mit dem ganzen, seit dem Frühjahr 1813 wankenden Gebäude des Napoleonischen „Systems" unmittelbar nach der Leipziger Schlacht zusammen. Die letzten Regentenjahre Dalbergs waren in allem Betracht die unglücklichsten, er hatte jeden Halt verloren, und der einstige Kurfürst-Erzkanzler des heiligen tausendjährigen Reiches erblickte seine Hauptaufgabe darin, die „Verfassung" seines nunmehrigen Großherzogtums Frankfurt mit der Verfassung des Nachbarkönigreichs Westfalen in Einklang zu bringen, die ihm schon darum eine Musterverfassung schien, weil sie Napoleon dekretiert hatte. Er konnte, so wenig wie irgend ein andrer, auch der beste Fürst des Rheinbundes, seine Lande im großen und ganzen vor dem ungeheuern Druck der Zeit schützen und sah sich auf Äußerungen und Beweise der Privatwohlthätigkeit beschränkt, die in einem kläglichen Gegensatze zu den unermeßlichen öffentlichen Übeln standen, die er zufügen mußte. Und während er der Erhaltung einer

politischen Stellung, die ihm in keiner Weise mehr eine Genugthuung
sein konnte, die Opfer seines wirklich teilnehmenden Herzens, seines so
hochgehaltenen Ruhmes brachte, unterließ er gleichwohl, das Seine aus
dem Schiffbruch seines Protektors zu retten. Durch das ganze Groß=
herzogtum Frankfurt ging eine Stimmung, die Unheil ahnte und weis=
sagte. Heinrich König, damals einer der bescheidensten Unterbeamten in
der Verwaltung des Departements Fulda, hat in seinem Buche „Auch
eine Jugend" (Leipzig, 1852) einige sehr interessante und bezeichnende
Züge zur Charakteristik jener schwülen Tage mitgeteilt. Ganz richtig er=
kannte Dalbergs kluger Minister Albini, daß es im August 1813 höchste
und letzte Zeit zu rettenden Verhandlungen mit den Verbündeten war.
Dalberg aber war von einem förmlich fatalistischen Glauben an den
„Stern" Napoleons I. beseelt. Seinem Generaldomäneninspektor Leonhard
rief er auf ehrerbietige Vorstellungen im Sommer 1813 zu: „Auch Sie
erliegen dem Wahn, auch Sie sind der Meinung verfallen, es werde der
Stern des Riesengeistes untergehen! Sein baldiger Sturz scheint Ihnen
sogar gewiß. Ich denke nicht so, ich nicht! Ich sage Ihnen nein! ich
will nichts davon hören. In meinem Glauben ans Schicksal bin ich fast
— ein Türke. Aller dieser voreiligen unnützen Sorgen wollen wir uns
entschlagen!"

Nur zu bald rückten die Sorgen in dröhnender, waffenrasselnder
Gestalt unmittelbar heran. Und nun mit jenem jähen Umschlag, der in
weichen Naturen nicht selten ist, erkannte Dalberg mit einemmal die ganze
Hoffnungslosigkeit seiner Lage. Er verließ sein Großherzogtum Frankfurt
am 30. September 1813, um sich „zur Ausübung seiner bischöflichen
Pflichten" nach Konstanz zu begeben. Selbst in dieser äußersten Bedräng=
nis aber, in der ihm seine geistliche Würde nach langen Jahren zum
erstenmal wieder als rettende Zuflucht erschien, versagte er sich einen
letzten verhängnisvoll falschen Schritt nicht: er dankte als Großherzog von
Frankfurt — zu Gunsten Eugen Beauharnais ab und erregte damit noch
einmal Erbitterung und tiefe Verstimmung bei allen Deutschgesinnten.
Mancherlei Unbilligkeit mochte in den bittern Urteilen, die damals und
später über Dalbergs ganze politische Existenz laut wurden, unterlaufen,
in der Hauptsache waren sie dennoch richtig! Selbst der milde, versöhn=
liche Wessenberg, Dalbergs Generalvikar, mußte zugestehen: „Wohlmeinend,
wie Dalberg war, wollte er allen gerecht sein und ward es niemand,
wollte alle befriedigen und befriedigte niemand, weil er sich in Wider=
sprüche verwickelte, die er nimmer zu lösen vermochte".

Die verhängnisvollsten Folgen der bonapartistischen Schleppenträgerei
Dalbergs machten sich auf dem Wiener Kongreß geltend, zu dem nun=
mehrige Erzbischof von Regensburg und Bischof von Konstanz, der sich
noch immer als Primas der katholischen deutschen Kirche ansehen konnte,
den milden und klugen Wessenberg als seinen Bevollmächtigten entsandte.
Aber umsonst mühte sich Wessenberg ab, eine feste Stellung der deutschen
Kirche Rom gegenüber zu begründen, umsonst kämpfte er für eine Neu=

ordnung der zerrütteten kirchlichen Verhältnisse, die spätern Tagen bis auf die unsern unselige und vergiftende Kämpfe erspart haben würde. Die Gegenstrebenden, die Partei der Hyperromantiker, die unbedingte Gefolgschaft für Rom wünschte und in Wien ihre Mittelpunkte in den Häusern Friedrich Schlegels und Pilats vom „Österreichischen Beobachter" hatte, bediente sich des politischen Verrufs Dalbergs mit großem Geschick und Erfolg, um alle Pläne einer deutschen Kirche auf fester gesetzlicher Grundlage zu vereiteln. In Becks „Wessenberg" finden sich zwar nur spärliche, aber immerhin genügende Mitteilungen über die Erfahrungen, die Wessenberg damals machen mußte und die wenigstens zu einem großen Teile auf das Mißtrauen und die Abneigung gegen Dalbergs politische Vergangenheit zurückgeführt werden konnten.

Und doch hat das Glück, das ihn seit seiner Jugend begleitet und in den letzten stürmischen Jahren so völlig verlassen hatte, Dalberg noch einen stillen, segensreichen, eine Art Verklärung über seinen Lebensabend werfenden Abschluß seines Daseins gegönnt. Von 1814 bis zum 10. Februar 1817 lebte er in Regensburg, seinen erzbischöflichen Pflichten genügend und in rührender unermüdlicher Sorgfalt um die bedrängte oder bedrohte Existenz andrer bemüht. Er durfte von sich sagen, daß er „keine treuen Angehörigen, keinen Freund seinem Privatvorteil aufgeopfert habe" (wobei er nur vergaß, wie viele er seiner politischen Charakterlosigkeit aufgeopfert hatte), der größte Teil der Summe, die ihm der Wiener Kongreß zu seinem standesgemäßen Lebensunterhalt überwies, floß in die Hände der Armen und Bedürftigen. Und da nun seine Privatwohlthätigkeit mit der stillen, anspruchslosen Privatexistenz in Einklang stand, da er keinen fremden Antrieben und Befehlen mehr zu folgen, keinen andern Interessen mehr zu dienen hatte, als den vollberechtigten, die mit seinem geistlichen Berufe zusammenhingen, so genoß er kurze Zeit hindurch eines innern Friedens, der ihm, trotz seiner fortdauernden Verblendung über sein politisches Thun und Treiben, während der ganzen Napoleonischen Ära unbedingt gefehlt hatte. So mochten nach seinem Tode die Freunde seiner Jugend wie die Menschen, unter denen er zuletzt gelebt hatte, sich seiner nicht ohne Anteil und Rührung erinnern. Und so ward es sein Geschick, daß man, wo seiner pietätvoll gedacht werden sollte, immer auf diese letzten ehrgeizfreien, resignierten und lebensmüden Regensburger Jahre oder auf die Zeit zurückweisen mußte, in welcher seine politische Rolle noch verhältnismäßig harmlos und unbedeutend war. Wilhelm von Humboldt, der aus seinen eignen Jugendtagen, aus der Erfurter Zeit, da er um Karoline von Dachröden geworben, ein herzliches Gedenken an den „Koadjutor" bewahrt hatte, schrieb 1831 an Karoline von Wolzogen: „Dalbergs auch nach meinem Urteil in seiner Zeit ganz einzig bastehendes Wesen der Vergessenheit entrissen und für die Zukunft hingestellt zu sehen, wünschte ich gar sehr. Nur Sie können es. Man müßte es aber so machen, daß man weder auf seine schriftstellerische noch auf seine politische Seite Gewicht zu legen brauchte. In beiden giebt er Blößen. Man muß ihn zeigen, worin er wirklich einzig war: in dem großen Adel des Gefühls und der Gesinnung, der unendlichen Grazie, dem regbaren Sinn, dem unerschöpflichen Reichtum an Anregung zu Ideen, wenn auch nicht immer wirkliche Ideen daraus wurden, woraus auch sein Witz entsprang, seine Freiheit von allen kleinlichen Rücksichten. Diese Seiten am Menschen verlöschen im Leben, die Geschichte deutet sie kaum an, sie sind aber doch die Angeln der Weltbegebenheiten, da sie von Geschlecht zu Geschlecht das Innerste der Menschen anregen."

Karoline von Wolzogen hat dies Idealbild ihres einstigen Freundes nicht ausgeführt, alle Späterlebenden haben, wie auch diese Skizze erweist, dem Porträt Dalbergs minder freundliche Züge und grellere Farben leihen müssen, sie können aber gern zugeben, daß dieser Wiedergabe wie Bildern, die nach Photographien und nicht nach dem Leben selbst gemalt sind, ein letztes Etwas fehle, das wohl verdient hätte bewahrt zu bleiben und nun für immer verloren scheint.

Amalie von Helwig.

Die Bibliothek der Schriften über die großen Jahrzehnte von Weimar und alles, was mehr oder minder mit dieser Zeit zusammenhängt, ist zwar schon bis zur Unübersehbarkeit angeschwollen, aber sie wächst noch immer fort, und der Reichtum jener Zeit an Menschen, Schöpfungen und Beziehungen bildet eine schier unerschöpfliche Fundgrube für Biographen und Verfasser von Denkwürdigkeiten, für Kommentatoren und Sammelwürmer. So oft man auch meint mit allem vertraut zu sein, was dieser Litteraturperiode angehört, so oft tauchen neue oder vielmehr vergessene Gesichter, Gestalten und Bestrebungen auf, die eine Erinnerung wohl verdienen und uns die Fülle der Wirkungen vergegenwärtigen, die von den großen und maßgebenden Naturen auf bescheidene Talente ausgeübt wurden. In diesem Sinne ist ein biographisches Denkmal, wie es neulich in dem Buche Amalie von Helwig von Henriette von Bissing errichtet wurde, wohlberechtigt und hochwillkommen. Ein eigentümliches weibliches Lebensschicksal führte die Verfasserin der „Schwestern von Lesbos", die Schülerin Goethes und Schillers, nach Schweden, sie ward durch ihre Übertragung der Tegnérschen „Frithjofssage" eine der ersten Vermittlerinnen zwischen deutscher und schwedischer Litteratur, ihre Verdeutschung der Dichtung des schwedischen Romantikers und die Stellen im Goethe-Schillerschen Briefwechsel, die sich auf Amalie von Imhoff beziehen, erhielten ihr den Namen der Dichterin, und das vollständige Lebensbild, das jetzt vorliegt, veranlaßt vielleicht einen und den andern Litteraturfreund einen Rückblick auf Amaliens Gedichte im „Musenalmanach", an denen

Schillers Hand und einen andern auf die „Schwestern von Lesbos" zu werfen, an denen Goethes Hand gebessert hat. Auf alle Fälle aber hat das Frauendasein, das uns in dem Bissingschen Buche geschildert wird, seinen besondern Reiz und erregt um so frischern Anteil, als es uns durch Briefe und Tagebuchblätter unmittelbar in Sitte, Stimmung und Ausdrucksweise einer vergangenen Zeit hineinversetzt.

Die Dichterin Amalie von Imhoff, am 16. August 1776 zu Weimar geboren, war die erste Tochter des Freiherrn Karl von Imhoff auf Mörlach bei Nürnberg aus dessen zweiter Ehe mit Luise von Schardt, der jüngsten jener drei Schwestern von Schardt, von denen die älteste, Charlotte von Stein, als Goethes Freundin, unsterblich geworden ist. Auf dem Leben und dem Andenken des Barons Imhoff ruhte ein dunkler Schatten, den auch Henriette von Bissing nicht hinweggenommen hat. Sie nennt Amaliens Vater „eine unruhige, aber bedeutend angelegte Natur, vielfach verkannt und verleumdet bei außergewöhnlichen Schicksalen", und hat dabei jene Episode seines frühern Lebens im Auge, die in den englischen Biographien des großen Generalgouverneurs von Bengalen, Warren Hastings, einen so breiten Raum einnimmt. Imhoff war Offizier in württembergischen Diensten gewesen, hatte sich als solcher mit einer jungen, sehr schönen Französin, Marianne Chapusset, vermählt und war mit dieser im Jahre 1769 nach Ostindien gegangen, um dort in einer oder der andern Weise sein Glück zu machen. Auf der Überfahrt nach Madras traf das Imhoffsche Ehepaar mit dem eben zum Gouverneur von Bengalen erhobenen Warren Hastings zusammen. Zwischen dem geistig bedeutenden und leidenschaftlichen Engländer und der jungen Frau von Imhoff entspann sich eine Neigung und ein Verhältnis, für das es tausend Entschuldigungen geben mochte, das aber den Gatten der schönen Marianne unter allen Umständen verpflichtet hätte, sein Geschick auf der Stelle von dem Mariannes und Warren Hastings zu trennen. Statt dessen blieb er mit ihnen zusammen, duldete Warren Hastings als Hausfreund und strengte von Kalkutta aus, nach Verabredung mit den Liebenden, eine Scheidungsklage bei den fränkischen Gerichten an, die mit dem beabsichtigten Erfolg gekrönt wurde. Imhoff kehrte dann nach Deutschland mit reichlichen Mitteln zurück, die er in Indien erworben hatte, kaufte das obengenannte Rittergut an und vermählte sich, während seine frühere Frau nunmehr als Mrs. Hastings im Gouvernementspalast zu Kalkutta thronte, mit dem Fräulein von Schardt. Der Familie seiner zweiten Frau und seinen deutschen Freunden stellte er die Vorgänge, die zur Scheidung von der ersten Gattin geführt hatten, natürlich in einem für ihn viel günstigeren Lichte dar, der Generalgouverneur von britisch Ostindien erschien darnach als der treulose Hausfreund, dessen Schutze Marianne von Imhoff anvertraut gewesen sei und der sie dem vertrauenden Gemahl geraubt habe. Immerhin hätte es auffallen müssen, daß der heimgekehrte Abenteurer einen in Indien gebornen Sohn in den Händen des Hastingsschen Ehepaars gelassen hatte, doch war es in jener

Zeit und bei der damaligen Art des Verkehrs sehr schwierig, wenn nicht schlechterdings unmöglich, über die Vorgänge im fernen Osten Genaueres und Wahreres zu erfahren, als Imhoff zu erzählen für gut fand.

Indem die Biographin Amalie von Helwigs, der Tochter Imhoffs, sich einfach die Überlieferung zu eigen macht, die in den deutschen Umgangskreisen des Barons galt, indem sie die Miene annimmt, die entgegenstehende Erzählung nicht zu kennen, begeht sie in jedem Falle ein Unrecht, entweder an der geschichtlichen Wahrheit oder an dem Andenken eines „verleumdeten" Mannes. Die Annahme, daß Imhoff seine erste Frau an Warren Hastings überlassen, gleichsam verkauft, daß er in der ganzen Angelegenheit eine unwürdige Rolle gespielt habe, geht durch ganze Reihen englischer Werke über den berühmten Nachfolger Imhoffs hindurch, sie hat durch Macaulays glänzenden Essai, der in hunderttausenden von Exemplaren verbreitet, in alle europäischen Sprachen übersetzt ist, eine gewaltige Geltung gewonnen. Wer dem dort gegebenen Bericht über die Fahrt Imhoffs nach Madras, sein Verhältnis zu Warren Hastings und die getroffenen häuslichen Verabredungen widersprechen, den Vater der Dichterin rechtfertigen will, müßte (wenn er es kann) der in der englischen Geschichtschreibung eingebürgerten Auffassung deutlich, bestimmt, entrüstet gegenübertreten, müßte die Gegenbeweise (wenn er deren hat) klar vorlegen, er wäre es dem Gedächtnis Imhoffs schuldig, nicht mit ein paar hingeworfenen Bemerkungen, die mehr auf die Unkenntnis der deutschen Leser, als auf die Widerlegung tausendfach wiederholter Anschuldigungen berechnet scheinen, gleichsam am Kern der Frage vorbeizuhuschen. Daß Briefe von Marianne Imhoff vorhanden gewesen sind, in denen sie ihr „strafbares Gefühl" eingesteht, ist leicht zu glauben, denn etwas derart mußte den fränkischen Gerichten vorgelegt werden, um die Scheidung überhaupt zu erwirken. Ein paar solcher Schriftstücke beweisen nichts gegenüber den ausführlichen Berichten der englischen Biographen des Warren Hastings, gegenüber den Jahrzahlen und gegenüber der Adoption des jungen Charles Imhoff von Daylesford durch Hastings. War es eben nicht möglich, eine gründliche Verteidigung des Freiherrn Karl von Imhoff zu unternehmen, so hätte die Verfasserin der Biographie seiner Tochter die geschichtliche Wahrheit mindestens durch Schweigen ehren sollen. Dies würde um so eher möglich gewesen sein, als in Wahrheit Amalie von Imhoff, um die es sich hier handelt, sehr wenig von den frühern Lebensverhältnissen ihres Vaters berührt worden ist. Sie war elf Jahre alt, als ihre Familie 1787 nach Weimar übersiedelte, sie verlor im zwölften Lebensjahre ihren Vater durch den Tod. Auf ihre Entwicklung und Bildung übte offenbar die Familie ihrer Mutter einen weit größeren Einfluß aus, als der abenteuerliche Vater. Sie ward in die weimarischen Lebenskreise gleichsam hineingeboren. In den Tagen, die ihrer Geburt unmittelbar vorangegangen waren, schrieb ihr Vater, recht wie ein gebranntes Kind, das das Feuer scheut, seiner jungen Frau: „Hüte dich vor den Herren und Frauen mit großen

Geistern, sie möchten dafür sorgen, daß du nicht zu viel Anteil an mir nimmst," schalt Goethe einen „Götzen in Menschengestalt" und fand das von Goethe gezeichnete Bild seiner Frau so schön, daß er „jaloux ward". Und Goethe spendete freilich Luise von Imhoff Rosen und küßte ihr die Hand, aber doch nur, weil es die Hand der Schwester Charlottens war. Er rang eben damals umsonst, die leidenschaftliche Neigung zu Frau von Stein zu überwinden. Sonnabend den 10. August 1776 rief er ihr zu: „Adieu Engel, ich mag dir nichts weiter sagen, du hast alles, was ich gethan habe, von dir los zu kommen, wieder zu Grunde gerichtet." Und dabei blieb es denn auch — die heranwachsende Amalie von Imhoff erblickte neben ihrer Tante Charlotte deren großen Freund, und das „höchst schöne Kind" zog Goethe nach seinem eignen Zeugnis lebhaft an. Er bewahrte dem jungen Mädchen auch nach dem verhängnisvollen Bruche mit Charlotte von Stein im Sommer 1789 seine Teilnahme und freute sich, daß sie in frühen Jahren doppelte Talente entwickelte. Der Sinn, die Lust und die Fähigkeit zum Zeichnen und Malen, die Amalie schon zu Eingang der neunziger Jahre an den Tag legte, waren von ihrem Vater ererbt, der sich vielfach als Porträtmaler versucht hatte, und wurden durch Goethes künstlerischen Freund, den Schweizer Heinrich Meyer (den „Kunscht-Meyer") weiter entwickelt. Meyer förderte die Studien des jungen Mädchens mit seiner gewohnten Sorgsamkeit, verliebte sich nebenbei ein wenig in seine Schülerin und sah es mit Eifersucht, daß die reizende Gestalt mit den schönen Augen und dem braunlockigen Haar auch andern eine wärmere Empfindung erregte. Ihres keimenden poetischen Talentes nahm sich zuerst Knebel an, der überall poetische Begabung witterte und jede Art davon aufrichtig bewunderte, dann zeigte Schiller an den noch unreifen poetischen Versuchen Amaliens einen freundlich ermunternden Anteil, schließlich erwärmte sich auch Goethe für die lyrischen Gedichte des liebenswürdigen Hoffräuleins. Denn zur Hofdame der Prinzessin Karoline war gegen den Ausgang des Jahrhunderts Amalie von Imhoff ernannt worden. Dies war ungefähr um die gleiche Zeit geschehen, wo sie mit ihrem ersten und besten größern Gedicht: „Die Schwestern von Lesbos" (in Schillers Musenalmanach für 1800) an die Öffentlichkeit trat. Das Andenken an die ernsten Prüfungen eines jungen Selbstvertrauens, die der Dichterin bei dieser Gelegenheit nicht erspart blieben, an die Schwierigkeiten, einen in seiner ersten Anlage dilettantischen Versuch zum Kunstwerke auszugestalten, hat der Briefwechsel Goethes mit Schiller getreulich bewahrt. Als Schiller am 19. März an Goethe meldete: „Dieser Tage hat mir die Imhoff die zwei letzten Gesänge ihres Gedichts geschickt, die mir sehr große Freude gemacht haben. Es ist überaus zart und rein entwickelt, mit einfachen Mitteln und ungemeiner Anmutigkeit," erwiderte Goethe freundlich, doch leise zweifelnd: „Von dem Imhoffischen Gedicht hat mir Meyer viel gutes gesagt. Es soll mir recht lieb sein, wenn unsre Frauenzimmer, die so ein hübsches Talent haben, auch wirklich avancieren." Und als dann gegen Ende Mai Goethe der Sache ernsthaft nahe trat, bekannte er mit einem gewaltigen Stoßseufzer: „Den ersten Gesang des Gedichtes habe ich von unsrer Freundin erhalten, gegen den aber leider alle Gravamina, die ich Ihnen schon vorerzählt, gewaltig gelten. Es fehlt alle epische Retardation, dadurch drängt sich alles auf und über einander, und dem Gedicht fehlt, wenn man es liest, durchaus Ruhe und Klarheit. In dem ganzen Gesange ist kein einziger Abschnitt angegeben, und wirklich sind die Abschnitte schwer zu bezeichnen. Die sehr langen Perioden verwickeln die Sache mehr, als daß sie durch eine gewisse Vollendung dem Vortrag eine Anmut geben. Es entstehen viel dunkle Parenthesen und Beziehungen, die Worte sind oft ohne epischen Zweck umgestellt und der Gebrauch der Partizipien nicht immer glücklich. Ich will sehen, das Möglichste zu thun, um so mehr, als ich meine hiesigen Stunden nicht hoch anrechne." Freilich hatte er unmittelbar darauf zu rühmen, daß sich weder die Dichterin noch deren Freundin, Schillers Schwägerin Karoline von Wolzogen, „vor seinen rigoristischen Forderungen entsetzten", und daß insbesondere Amalie (von Goethe erst über das Gesetz der Hexameter belehrt) sich zu tiefgehenden Änderungen und Neubearbeitungen entschlossen habe. Am 14. August nahm Goethe, nachdem die beiden ersten Gesänge druckfähig befunden worden, den dritten Gesang vor, gelobte, sein Möglichstes daran zu thun, setzte aber hinzu: „Da ich selbst gegenwärtig an einer strengen Revision meiner eigenen Arbeiten bin, so erscheinen mir die Frauenzimmerlichkeiten unsrer lieben kleinen Freundin noch etwas loser und lockerer als vorher, und wir wollen sehen, wie wir uns eben durchhelfen." Die von Zeit zu Zeit gehaltenen Konferenzen verminderten bald, bald belebten sie die Hoffnung auf eine glückliche Ausgestaltung des Gedichts, als Endurteil sprach auch Goethe aus, daß das Gedicht „viel Anlage und viel Gutes" habe, fürchtete aber, daß es „nicht in die Breite" (des Publikums) wirken werde. „Die barbarische Sitte als Gegenstand, die zarten Gesinnungen als Stoff und das unbulistische Wesen als Behandlung betrachtet, geben dem Ganzen einen eigenen Charakter und besondern Reiz, zu dem man gemacht sein oder sich erst machen muß" (an Schiller, 17. August 1799.)

„Unbulistisch" — schwankend, wogend, nennt Goethe die Ausführung der „Schwestern von Lesbos" und bezeichnet damit treffend wie immer den Eindruck, den Erfindung und Vortrag der Dichterin im Leser zurücklassen. Die Dichtung führt uns auf der Insel Lesbos, die sich vor allen wogenumrauschten Inseln lieblicher Weiber rühmt, ein Schwesterpaar, Simaitha und Likoris, vor, die, der Sitte des Eilands zum Trotz, durch tiefere Liebe mit einander verbunden sind. Denn auf Lesbos ist es hartes Gesetz, daß die Güter eines Ehepaares der ältesten Tochter zufallen, die Söhne vom Erbe ausgeschlossen bleiben, die jüngern Schwestern aber gar, zur Ehelosigkeit verdammt, als Dienerinnen im Hause der ältern begünstigten Schwester verweilen müssen. Die lesbischen Erbinnen haben auf diese Weise die Auswahl unter den schönsten, stattlichsten Jünglingen, und Simaitha hat sich dem gelbgelockten Diokles verlobt, dem sie am nächsten Tage vermählt werden soll, ihr steht es also wohl zu die barbarische Sitte zu verteidigen: „Streng ist jedes Gesetz; doch giebt auch jedes der Milde, der beglückenden, Raum." Sie selbst hat freilich mit dieser Milde auf ihr hartes Schwesterrecht über Likoris verzichtet, diese wie eine Gleichberechtigte fröhlich neben sich aufwachsen lassen, und so hat es geschehen können, daß das jüngere liebliche und leidenschaftliche Mädchen heimlich eine glühende Liebe für den Verlobten Simaithas gefaßt und genährt hat. Erst am Vorabend ihrer Hochzeit erlangt Simaitha durch die Plaudereien der Gespielinnen, durch Likoris selbstverräterisches Verhalten und eine gewisse befangene Scheu ihres Bräutigams Kenntnis von der Wolke an ihrem Glückshimmel. Diokles, der zwischen den beiden Schwestern etwa steht, wie in Grillparzers „Sappho" der junge Phaon zwischen Sappho und Melitta, empfindet für seine Braut mehr staunende Bewunderung als verlangende Liebe und täuscht sich noch über die Stärke seiner bereits erwachten Neigung für Likoris. Durch alle Szenen des Gedichts hindurch wächst nun die schmerzliche Erkenntnis in der Seele Simaithas, die Leidenschaft in Likoris und Diokles, und beim Hochzeitsfeste, als der Vater Filemos der jüngern Schwester feierlich ernst „Hymens heilige Fackel, die heiter lobernd den Zug führt," reicht, da erträgt Likoris die innere Qual nicht länger, „es sank aus zuckender Hand die lobernde Fackel, es sanken Fackel und Mädchen zugleich". Diokles wirft sich, alles vergessend, an der Pforte zu der heimlich Geliebten nieder, und als er seiner selbst wieder mächtig ist, gesteht er seine Liebe ein und will nun die Heimat fliehen. Simaitha aber hat schon zuvor ihren Entschluß gefaßt, sie durchbricht mit freiem Opfer die Schranke des harten Herkommens, erfleht des Vaters Einwilligung zur Verbindung der Liebenden, weiht am Altar sich der Hestia und fleht, ihr die Erinnerung des Leids zu tilgen: „und ich umwinde voll Dankes mir die erheiterte Stirn mit der Priesterin heiliger Binde."

Mannigfache Geister waren es, die in wunderlichem Reigen die „Schwestern von Lesbos" umschwebten. Eindrücke aus Goethes „Iphigenie", einzelne Bilder aus „Alexis und Dora" und dem „Neuen Pausias", fein nachempfundene Klänge aus Schillers antikisirenden Gedichten, Erinnerungen an Vossens „Homer", ein und der andere Nachhall aus Goethes „Hermann und Dorothea" (wie denn Simaithas frühere Liebe und Verlobung an das gleiche Motiv bei Dorothea erinnert), ja aus Vossens „Luise". Sentenzen, die Herders sittlicher Grazie entsprungen scheinen, Züge und Farben jener „Griechheit", die die bildende Kunst der Zeit in den Blättern von Rafael Mengs, Angelika Kaufmann, Füßli und Füger bevorzugte und in die sich auch Fräulein von Imhoff hineingesehen hatte, verbanden sich mit einer feinen Empfindung, einem beobachtenden Natursinn, die in der Seele des jungen Mädchens lebten, mit einer stillen Hoheit des Sinnes, die sie in lebendigen und wirklichen Menschengestalten ihrer Umgebungen vor Augen hatte. Wenn das poetische Hoffräulein den Meistern von Weimar doch immer nur als eine Dilettantin höherer Art galt, wie selbständig und reif erscheint gleichwohl ihr Gedicht gegenüber zahllosen Versuchen der spätern poetischen „Liebhaberei" männlichen wie weiblichen Geschlechts! Es geht in der That ein wohlthuender Hauch klaren und reinen Lebens= gefühls, milder Menschlichkeit und stiller Freude am Schönen durch die „Schwestern von Lesbos" hindurch, und es war kein Wunder, daß das Gedicht bei seinem Erscheinen bewundernden Anteil und, wo man wußte, daß die Verfasserin noch im ersten Vierteljahrhundert ihres Lebens stand, auch manche Hoffnung auf künftige Leistungen hervorrief.

Daß Amalie von Imhoff diese Hoffnungen teilte, war natürlich. In dem poetischen Anruf an Eros und die Musen, der den fünften Gesang ihres Gedichtes eröffnet, rühmt es die Dichterin, daß die „lieblich redenden Musen" vor Eros und seinen Geschossen durch den Zauber des Gesanges geschützt seien, daß ihren Busen allein der liebliche Wohllaut bewege. Sie sollte bald erfahren, daß sie in diesem Sinne keine Muse, sondern ein irdisches Mädchen war. Zwar erwiderte sie die Leidenschaft nicht, die sie Friedrich Gentz, dem genial=geistvollen Wüstling, einflößte. Gentz, der eben auf dem Sprunge stand, sich aus dem königlich preußischen Kriegsrat in den Publizisten der Wiener Staatskanzlei zu verwandeln, kam aus seinem Berliner Genußleben, aus den Armen der bestrickenden Schau= spielerin Christel Eigensatz und ähnlicher Schönheiten, in das stille Weimar und empfand den Einfluß der hier herrschenden andern Atmosphäre. Er war damals noch ideal und empfänglich genug, die Vorzüge der liebens= würdigen Amalie zu erkennen, er besaß Geist, Feinheit und Anziehungs= kraft genug, die junge Dame zu fesseln. „Er weiß," schrieb Amalie selbst an ihren spätern Verlobten, „daß ich lebhaften Anteil an seinem Schicksal nehme, er ist ein höchst interessanter, merkwürdiger Charakter, und gewiß ist es, daß er mein Wesen auf das richtigste durchschaut hat, mit einem Blick war er in mir zu Hause. Er gehört nicht zu denen, die nur ein augenblickliches Interesse erregen. Ich möchte sein Schicksal nicht aus den Augen verlieren, denn ich bin davon überzeugt, daß sich außerordentliche Kräfte in ihm vereinigen, doch fehlt ihm eine harmonische Ausbildung und der tiefere sittliche Halt der Seele."

Wenig später als Gentz tauchte am Hofe und in der Gesellschaft von Weimar ein stattlicher schwedischer Artillerieoffizier Karl Helwig (ein ge= borener Stralsunder) auf, damals Oberstlieutnant und kurze Zeit darauf Oberst in Diensten König Gustavs IV. Helwig war ein selbstgemachter Mann, der sich durch eigne Kraft auf die Höhe der Bildung und der gesellschaftlichen Stellung hinaufgearbeitet hatte, ein geistvoller, leiden= schaftlich ehrgeiziger Soldat, ein Mensch von großer Willensstärke, ja Schroffheit, dabei doch weich und zart in seiner Sehnsucht nach Liebe und Veredlung und mit seinen mannigfachen Bildungsinteressen ein echter Sohn seiner Zeit. Die Neigung, die er für Amalie faßte, wurde bald erwidert, einem unmittelbaren Bunde fürs Leben stellten sich aber mancherlei Hinder= nisse entgegen. Helwig reiste auf dem Kontinent in militärisch=politischen Aufträgen seines Königs, des fanatischen Hassers der französischen Revo=

lution und Napoleons I., er hatte zur Vermählung die Bewilligung
König Gustavs einzuholen. Amalie von Imhoff sah sich nicht nur durch
die Rücksicht auf eine schwerkranke Mutter in Weimar gefesselt, sondern
wollte ihrem Geliebten auch Zeit zur Besinnung, zur Überlegung, zur
Festigung seines Entschlusses geben. Mit der Trennung der Liebenden
im April 1802 begann ein lebhafter, wenngleich durch die Postverhältnisse
der damaligen Zeit erschwerter Briefwechsel, der tiefe Einblicke in die
Seelen der beiden trefflichen Menschen gewährt, aber in seinen Anfängen
verrät, daß neben Eigenschaften und Lebensrichtungen, die beide zu ein=
ander zogen, in beiden Naturen Elemente vorhanden waren, die sich
schwer zur Harmonie eines ganz glücklichen Ehebundes fügen. Amalie
bemüht sich zunächst, einen Ton anzuschlagen, der ihrem Geliebten noch
immer volle Freiheit lassen soll, aus ihren nebenhergehenden Tagebuch=
aufzeichnungen fühlen wir freilich heraus, daß ihr ganzes Herz schon au
dem starken, trotzigen Manne hing. Helwig, der es kurz nachher durch
die besondere Gunst König Gustavs IV. erreichte, an die Spitze der schwe=
dischen Artillerie gestellt zu werden (er erhielt einige Jahre später Rang
und Amt als Feldzeugmeister, wurde auch geadelt), warb in immer ent=
schiedenerer Weise um die Hand seiner Geliebten. Im Sommer 1803
gab ihm sein König neuen Urlaub und die Erlaubnis, zu seiner Ver=
mählung nach Deutschland zu gehen.

Als er Thüringen wieder erreichte, fand er Amalie von Imhoff nicht
in Weimar, sondern in dem kleinen, in der Nähe Eisenachs gelegenen
Bade Ruhla. Sie erklärte ihrem Bewerber, daß sie es nicht übers Herz
bringen könne, die dahinsiechende Mutter zu verlassen, Helwig sah selbst,
daß ihre augenblickliche Übersiedlung nach Schweden ein zu großes Opfer
sei. Von einem Aufschub der Heirat wollte er aber nichts mehr wissen,
und so erbat Amalie die Einwilligung ihrer Mutter zu einer stillen Hoch=
zeit in Ruhla, die am 30. Juli 1803 stattfand. Helwig verlebte mit
seiner jungen Frau ein paar beglückende Monate in Ruhla und darnach
in Weimar. Im Oktober ging er dann, nachdem er während der Wochen
in der Ilmstadt dem Weimarischen Umgangskreise seiner Gattin wieder
näher getreten war, nach Schweden zurück. Es war ein schwerer Ab=
schied, und schwere Tage folgten den Honigmonaten Amaliens. Im De=
zember 1803 starb ihre Mutter, in denselben Tagen Herder, der immer
zu ihren treuesten Freunden gehört und sich ihres neuen Glückes noch auf=
richtig erfreut hatte. Sie fühlte mit der Mutter ihre eigne pflicht= und
arbeitsvolle, aber doch so heitre Jugend scheiden. In den Trauermonaten,
die nun folgten, sah Amalie der Geburt ihres ersten Kindes entgegen und
schrieb ihrem Gatten nach Stockholm: „Ich war in Gefahr, die Welt zu
lieb zu gewinnen, sie kam mir so schön vor, keine Furcht faßte mich an
bei der Aussicht, dir einen Sohn, ihr einen Enkel zu schenken — es wäre
des Glückes zu viel gewesen, Gott hat mit mir geteilt, jetzt werde ich
nicht übermütig sein." Sie lebte mit ihren Schwestern einen einsamen
Winter, gegen Goethe und Schiller verrät sie in ihren Briefen nach Stock=

holm eine gewisse Empfindlichkeit; ein Zusammentreffen mit Frau von Staël und Benjamin Constant, den gefeierten Gästen Weimars im Winter von 1803 auf 1804, bei Karoline von Wolzogen, verlief ziemlich unerquicklich. So kamen für sie erst wieder frohere Tage nach der glücklichen Entbindung von einer Tochter, deren Taufpate Schiller wurde. Im September 1804 schieden dann Frau von Helwig, ihr Gemahl und die beiden jüngeren Schwestern Amaliens aus Karl Augusts Residenz, um die nach den damaligen Verbindungsmitteln und Begriffen weite und anstrengende Reise nach Schweden anzutreten. Die Familie ließ sich in Stockholm nieder, die junge Frau lebte sich rasch in die neuen Verhältnisse ein, sie gewann die freundschaftliche Teilnahme hervorragender und liebenswürdiger Männer und Frauen; der Rang und die besondre Stellung ihres Gemahls eröffneten ihr die besten Kreise der schwedischen Hauptstadt, ihre hohe Bildung und der Reiz ihrer Persönlichkeit wurden lebhaft empfunden. Sie selbst begann sich für Schweden zu erwärmen, wenn ihr auch die Hof= und Adelsgesellschaft zum Teil unheimlich blieb, in der das achtzehnte Jahrhundert, die Zeit der Adelsparteiungen, der Verschwörungen, der politischen Intriguen und Morde noch zahlreiche Typen und Spuren hinterlassen hatte. Daß unter den neuen schwedischen Freunden aufstrebende Dichter und Maler nicht fehlten, braucht kaum hervorgehoben zu werden; Amalie setzte die Ausübung der beiden Künste, in denen sie sich seit ihrer Kindheit versucht hatte, auch in den neuen Verhältnissen eifrig fort. Hatte sie doch als Braut ihrem Verlobten nicht verhehlt, daß ihre Gaben sie „immer in idealische Interessen ziehen" würden, daß sie nur den Mann glücklich machen könne, der liberal genug denke, ihr die künstlerische Weiterbildung auch durch „den ungehinderten Umgang mit Personen zu vergönnen, welche ihr dazu behilflich und anregend" sein würden. Immerhin aber trat die junge Frau in diesen ersten Ehejahren aus der Öffentlichkeit so gut wie zurück. In wunderbar veränderter Umgebung mußte sie ihre Weimarischen Erinnerungen hegen, im Park des Edelsitzes Edsberg las sie im Juli 1805 mit ihrer schwedischen Freundin Malla von Montgomery Schillers Tell und beweinte den Tod des großen Freundes, der soeben auch in Schweden bekannt geworden war, erschüttert erfuhr sie im Herbst 1806 die Schicksale der Weimarischen Heimat nach der Schlacht bei Jena; beglückt war sie, als während des Winters von 1806 auf 1807 Ernst Moritz Arndt, vor Napoleons tobbringendem Zorn aus Deutschland flüchtend, sich in Stockholm niederließ und alle deutschen Anschauungen und Beziehungen auffrischte. In elegisch freien Versen, die Schillers „Göttern Griechenlands" nachklangen, sprach sie im April 1808 ihre „Sehnsucht nach dem vaterländischen Frühling" aus, gleichwohl aber schien sie in Schweden heimisch zu werden. Zwei Söhne, Bror und Bernhard, wurden dem Helwigschen Paare geboren, Amaliens jüngste Schwester, Marianne, verlobte sich mit einem Schweden. Mitten in den Stürmen der Zeit entfaltete sich hier ein friedliches Glück, das nichts als Dauer bedurft hätte.

Die Katastrophe König Gustavs IV. im März 1809 brachte eine Erschütterung, deren Folgen nie ganz überwunden wurden, auch für das Helwigsche Haus. Der hochdenkende und männliche, aber wenig begabte und in seinem Trotz über die Machtmittel seines Reiches und die Opferwilligkeit seines Volkes ganz und gar verblendete König, wurde durch einen Aufstand des Heeres und eine Verschwörung seiner nächsten Umgebung gestürzt, mit seiner Gemahlin und seinem Sohne in die Verbannung geschickt, sein intriganter Oheim, der Herzog von Södermannland auf den Thron Schwedens erhoben und — was freilich dringend notwendig und unvermeidlich war — Friede mit Rußland und Frankreich geschlossen. Helwig hatte zu den persönlichen Günstlingen Gustavs gehört, die Versuche, die er machte, sich Stellung und Zukunft zu retten, waren von vornherein ziemlich aussichtslos, waren es unbedingt von der Zeit an, wo im Juni 1810 die neue Thronfolgeordnung mit dem plötzlichen Tode des zum Nachfolger Karls XIII. bestimmten Prinzen von Schleswig-Holstein wieder ins Wanken geriet. Aus den Ränken und Kämpfen, die dem Tode des Kronprinzen folgten, ging der französische Marschall Bernadotte als künftiger Erbe der Krone Gustav Adolfs und Karls XII. hervor. Es ist begreiflich, daß Personen, die so hart und schwer von dem Umschwunge der Verhältnisse betroffen wurden, wie Karl und Amalie von Helwig, den Argwohn teilten, der ganz Stockholm erfüllte, daß der Prinz von Schleswig-Holstein von seinen höfischen Gegnern vergiftet worden sei, ein Argwohn, infolge dessen der Reichsmarschall Graf Fersen beim Leichenbegängnis des Prinzen der Volkswut zum blutigen Opfer fiel; aber es ist unstatthaft, daß die Biographie mit keinem Worte andeutet, daß der Verdacht keineswegs zur geschichtlichen Wahrheit geworden ist. Wenige Wochen vor den letztbesprochenen Vorgängen hatte Amalie, deren tiefes Heimweh nach Deutschland in eine verzehrende Krankheit überzugehen drohte, Stockholm zu Schiff verlassen und war mit ihren Kindern und ihren Schwestern nach Deutschland gereist. Sie sollte Heilung und Erholung in der Heimat suchen, sie konnte beim Abschied von ihrem Manne nicht ahnen, daß es sich um eine Trennung auf eine Reihe von Jahren handeln würde.

Am 18. Juni 1810 meldete Schillers Wittwe an Goethe, der in Karlsbad verweilte, unter andern Weimarischen Neuigkeiten: „Vorgestern ist die Amalie Helwig mit zwei Schwestern und drei Kindern angekommen, sie ist sehr mager geworden, weil sie immer krank war, und ihr Äußeres ist sehr verändert, auch giebt ihr die Prinzeß Schuld, sie habe am meisten ihre Muttersprache verlernt; die Kinder sind allerliebst." Mit dem ersten Schritt auf deutschem Boden waren bei Amalie alle Empfindungen ihrer Jugend wieder aufgewacht, schon in Berlin lebt sie Weimarischen Erinnerungen, sucht Charlotte von Kalb, deren Tochter Edda und Fichte auf, lernt daneben Achim von Arnim und Clemens Brentano (den also die Weimarische Hofdame während seiner Jenaischen Genieperiode nicht zu Gesicht bekommen hatte), auch Karl Maria von Weber kennen, es drängt sie nach Weimar zurück, und sie ist glücklich, daß sie „in dem Goullonschen

Hause an der Ackerwand" Zimmer ermieten kann. „Ich schreibe dir in dem Zimmer," heißt es in einem Briefe an ihren Gatten, „wo die gute Mutter starb, wo unsre Lotte geboren ist, wo ich den herbsten Schmerz einer Tochter und die höchste Freude einer Mutter empfunden habe." Einige Wochen an der Ilm setzten die Heimgekehrte völlig in die alten Zeiten und Zustände zurück, zur Vermählung der Prinzessin Karoline mit dem Erbprinzen von Mecklenburg-Schwerin dichtete sie ein kleines Festspiel, das im Stern des Weimarischen Parkes, dem vielbeliebten Schauplatz solcher Festlichkeiten, dargestellt ward. Doch war ihres Bleibens in Weimar nicht, ihre Gesundheit erforderte den Besuch des Bades Schwalbach und die Niederlassung in milderer Luft, im Herbst 1810 ging sie mit ihren Kindern nach Heidelberg. Hier hatte sie das Unglück und den Schmerz, im folgenden Jahre ihr ältestes Kind, Lottchen, an der Halsbräune zu verlieren, und hierher erhielt sie auch immer trübere und besorgniserweckendere Nachrichten von ihrem Gemahl aus Schweden. Die zahlreichen Feinde, die sich Helwig durch eine gewisse Schroffheit und die Besserwisserei des Autobidakten zugezogen hatte, waren nur allzu geschäftig, ihn aus seiner Stellung zu verdrängen. Der kluge Gascogner, der jetzt Kronprinz von Schweden hieß, fand an Helwigs selbstherrlichem Wesen keinen Gefallen, und obwohl der Artilleriechef noch zu Anfang des Jahres 1812 zum Ritter des Schwertordens erster Klasse ernannt ward, so sah er sich doch täglich mehr in den Hintergrund gedrängt und vernachlässigt. Als Schweden 1813 zur Teilnahme am Koalitionskriege rüstete, wurde Helwigs Nebenbuhler Cardell mit dem Befehl der Artillerie betraut. Zu den bittern Empfindungen, die diese Niederlage des soldatischen Ehrgeizes erweckte, Empfindungen, die Amalie in Briefen zu teilen hatte, gesellten sich äußere Sorgen der peinlichsten Art. Schwedische Gelder und Wechsel, die Helwig nach Heidelberg gesandt hatte, waren in Deutschland nicht zu verwerten, Amalie geriet in mancherlei Bedrängnis.

In dieser Lage geschah es, daß Frau von Helwig wieder an die Öffentlichkeit trat und froh war, sowohl ältere Manuskripte als mancherlei neues, das sie jetzt schrieb, gegen Honorar drucken lassen zu können. Das Festspiel, das sie in glücklicherer Zeit für das erste große Fest in ihrem Hause in Stockholm gedichtet hatte, „Die Schwestern auf Corcyra" und die vier Idyllen „Die Jahreszeiten" brachten ihr ein Honorar von hundert Friedrichsdor, und es hat etwas Rührendes, wenn sie ihrem Gemahl mitteilt, daß sie dafür Winterkleider für sich und die Schwester wie für ihre beiden Knaben bestellt habe, oder wenn sie schreibt: „Verleiht Gott mir ferner Gesundheit, so denke ich diesen Winter sehr fleißig zu sein und mein volles Jahreseinkommen für mich und die Kinder zu erwerben; ich schreibe dir dieses nur, damit du für die weit wichtigeren Angelegenheiten der Familie, die bleibende Zukunftsexistenz freie Hand und frohen Mut behältst, trotz allen Kabalen der Jetztzeit." So schilderte Amalie von Helwig denn im Taschenbuch „Urania" für 1813 schwedische und deutsche Natureindrücke („Der Sommertag im Norden" und „Die Rheinreise"), gab mit Karoline de la Motte Fouqué, der Gattin des Romantikers, ein „Taschenbuch der Sagen und Legenden" in zwei Jahrgängen heraus und bearbeitete selbständig die „Sage vom Wolfsbrunnen", zu der ihr der Aufenthalt in Heidelberg Lokalfarben gab. In allen diesen poetischen Versuchen der Dichterin ist ein Fortschritt über das hinaus, was sie schon zu Anfang des Jahrhunderts vermocht hatte, nicht zu erkennen, ersichtlich gesellen sich Einflüsse der herrschenden Romantik zu den poetischen Elementen, die bei der Schülerin Goethes und Schillers früher vorgewaltet hatten. Der Beifall, den diese Dichtungen fanden, blieb auf kleine Kreise beschränkt; es war eine bitterböse Zeit, und nur die Bildung und Sinnesart der damaligen Menschen konnte unter dem Druck der Weltlage und der beinahe allgemeinen Verarmung noch Teilnahme für litterarische Erzeugnisse aufbringen.

Im Frühling 1813 fand sich Helwig plötzlich bei den Seinen in Heidelberg ein — es bleibt unklar, ob blos von dem Wunsche des Wiedersehens getrieben, oder ob mit Aufträgen des schwedischen Hofes. Die Franzosen, damals noch allmächtig in den Rheinbundstaaten, verhafteten den schwedischen Offizier als Spion und schickten ihn nach Mainz. Seine Gattin, die Beziehungen zum badischen Hofe hatte, wußte ihn durch das Fürwort der regierenden Großherzogin Stephanie (Beauharnais) zu befreien. Helwig ging unmittelbar darauf nach Prag, und es scheint darnach, daß sein Auftauchen in Heidelberg nicht so ganz harmlos und der Verdacht der französischen Gewalthaber nicht völlig grundlos gewesen sei. Jedenfalls wünschte und versuchte er am Kriege gegen Frankreich teilzunehmen und stellte sich im August 1813, leider ungerufen, bei dem schwedischen Heere ein. Damit gab er Neidern und Ohrenbläsern neuen Anlaß, ihm bei dem Kronprinzen Karl Johann zu schaden, er mußte auf Befehl des Kronprinzen in Berlin zurückbleiben, während die Schweden mit der Nordarmee der Entscheidungsschlacht bei Leipzig zuzogen und sich dann nordwärts zur Besiegung Dänemarks wandten. Daß der reizbare und tiefgekränkte Mann unter diesen Umständen, die auch seine äußere Lebenslage völlig zu zerrütten drohten, erbittert und ungerecht sogar gegen die treue Gefährtin seines Lebens ward, ist nur zu erklärlich. Er warf ihr Eigenmächtigkeit und Unweiblichkeit in ihrem Verkehr und Briefwechsel mit Schriftstellern, Malern und Verlegern vor, er vergaß, daß Amaliens Fürsorge und Arbeit während dieser schweren Jahre hauptsächlich die Familie erhalten hatte, er widersetzte sich der von ihr geplanten Rückkehr nach Schweden. Er hoffte auf Anstellung im preußischen oder russischen Dienst, während er noch nicht einmal seinen regelrechten Abschied aus dem schwedischem hatte. Er befand sich offenbar in einem Zustande hoher Erregung, der es der Frau zur Pflicht machte, für ihn zu handeln und eine Klärung der Verhältnisse herbeizuführen. Da Helwig sich unbedingt weigerte, nach Stockholm zurückzugehen, entschloß sich Amalie die Betreibung der Angelegenheiten dort, die Geltendmachung seiner berechtigten Forderungen und Pensionsansprüche, die Auflösung des schwedischen Haushalts, den

Verkauf der Bibliothek und des wertvolleren Eigentums, in die Hand zu nehmen. Im Sommer 1814, bald nach dem ersten Pariser Frieden, finden wir sie wieder auf schwedischem Boden. Zwei Jahre verweilte sie in Stockholm und ordnete mit weiblicher Klugheit und gutem Takt die Verworrenheit, die der Gemahl bei seiner übereilten Abreise nach Deutschland hinter sich gelassen hatte. Sie hatte die Genugthuung, daß ihr aus allem, was zu ordnen und materiell zu opfern war, die Ehrenhaftigkeit und Uneigennützigkeit ihres Mannes entgegentrat. Gleichzeitig fand sich auch Helwig selbst wieder, er erkannte, daß er der treuen Gattin schwere Kränkung bereitet habe, er würdigte ihre Umsicht und Thätigkeit und schrieb ihr im September 1814: „Mein unerschütterlicher Glaube ist, daß du alles, was ich dir übergeben habe, vollkommen und besser ausrichten wirst, als ich es zu thun im Stande wäre, daß du mir stets die volle Wahrheit berichten wirst und nichts versäumen, was zur Bewachung meiner Rechte notwendig ist. Ich verspreche hingegen auf meine Ehre, daß ich mich weder mündlich noch schriftlich in allen diesen Angelegenheiten an eine andre Vermittlung in Schweden wenden werde, als nur an dich allein und mit jedem deiner Schritte einverstanden sein will."

Helwigs Wunsch ging dahin, als geborner Pommer bei der Übergabe von schwedisch Pommern an Preußen in preußische Dienste zu treten. Trotz der gewichtigen Fürsprache Blüchers und des Prinzen August wurde ihm dieser Wunsch erst erfüllt, als nach dem siegreichen Feldzuge von 1815 Kaiser Alexander von Rußland nach Berlin kam und ihm durch seinen Gesandten Alopäus russische Dienste anbieten ließ. Da schrieb Helwig, der denn doch lieber seine Kinder auf deutschem Boden aufwachsen sehen wollte, an König Friedrich Wilhelm III. und erhielt alsbald zur Antwort, daß Se. Majestät ihm den Charakter als Generalmajor à la suite der Armee und bis zur wirklichen Verwendung einen Jahresgehalt von zweitausend Thalern gewähren wolle. Die Zukunft lichtete sich für das vielgeprüfte Paar, im Juli 1816 konnte Amalie mit ihrem allein noch lebenden Sohne Bror nach Berlin zu dem sehnlich nach ihr verlangenden Gatten heimkehren; im Februar 1818 wurde ihr noch ein Töchterchen, Dorothea, geschenkt, dessen Paten Gneisenau und die Prinzessin Wilhelm waren.

Während des letzten zweijährigen Aufenthalts in Schweden war die Dichterin dem Kreise der schwedischen Romantiker noch näher getreten, als früher. Sie als Deutsche brauchte auf den Unterschied, der zwischen den „Phosphoristen" und der „gotischen Schule" bestand, nicht sonderlich zu achten, sie war mit Atterbom, dem Herausgeber des „Phosphoros", wie mit dem Herausgeber der „Iduna", Erik Gustav Geijer (der in der Biographie immer Geyer heißt) aufrichtig befreundet. Aber ihrem innern Wesen und ihrer Kunstbildung standen natürlich die klareren und auf kräftigere Gestaltung gerichteten Gotiker (Tegnér, Geijer, Afzelius, Beskow) entschieden näher. Die lebhafte Teilnahme an der aufstrebenden schwedischen Poesie, das innerste Verständnis, das sie der Eigenart derselben entgegen=

brachte, führten sie schließlich zu jener Übersetzung des Tegnérschen „Frithjof", die, noch immer neu gedruckt, ihren Namen in lebendigerem Andenken erhielt, als ihre eignen Gedichte.

Ihren Lebensabend verbrachte Amalie von Helwig mit ihrem Gemahl in Berlin, wo sie in anregendem und lebhaftem Verkehr mit dem fürstlich Radziwillschen Hause, mit Gneisenau, mit Achim und Bettina von Arnim, mit Hegel und seiner Frau und zahlreichen andern Männern und Frauen stand, die ihren Charakter, ihr Talent, ihre Bildung und ihre reichen Lebenseindrücke zu schätzen wußten. Der Hauptsache nach fiel dieser Lebensabend mit den stillen Jahren der Restauration zusammen. Größere und kleinere Reisen nach Weimar, Bayreuth und Nürnberg, nach Schlesien, wo ihre jüngere Schwester Luise (seit 1817 an einen Baron von Kloch verheiratet) lebte, nach Dresden, wo sie an einer Anzahl Bildern der Galerie ihre Kunst des Kopierens übte, unterbrachen den Aufenthalt in der damals noch sehr stillen preußischen Hauptstadt. Daß Amalie von Helwig bis zuletzt an den Eindrücken und der Begeisterung ihrer Jugend festhielt, zeigt die Widmung ihrer Übertragung der „Frithjofssage" an Goethe. Wenige Monate vor dem Heimgange des Meisters starb die Schülerin am 17. Dezember 1831 zu Berlin.

Charlotte von Kalb und Jean Paul.

Es war im Februar 1796, in dem ersten Winter, in dem sich Nord- und Mitteldeutschland unter dem Schirm des Basler Friedens und der preußischen Demarkationslinie in unsicherer Sicherheit wiegten. Das altgewohnte Leben, das ohnehin durch die aufregenden Kunden von den Schrecknissen der französischen Revolution und die kriegerischen Aktionen am Rhein nur wenig unterbrochen worden war, kehrte völlig in die friedlichen Geleise zurück; über die Enge und die gelegentliche Langeweile des Daseins in den kleinern deutschen Städten suchte man sich mit idealen geistigen Vorstellungen, mit eifriger Lektüre bedeutender und unbedeutender Bücher zu erheben. An tausend Orten hatte man keine Vorstellung einer andern Existenz; an einigen wenigen besann man sich, daß vor einem Jahrzehnt und noch früher das Dasein bewegter, fröhlicher, genußreicher und schwungvoller gewesen sei, und murrte hörbar über die graue, eintönige Gegenwart. Zu den wenigen gehörte in erster Linie Weimar, dermalen die klein-große Residenz des Herzogs Karl August und im Verein mit der benachbarten Universität Jena das deutsche Athen. Hier konnte man sich, vom Hofe an abwärts, nicht in die fühlbare Veränderung finden, die gegenüber den genial bewegten Tagen, den poetischen Lebensstimmungen der siebziger und achtziger Jahre, in dem täglichen Thun und Treiben, im persönlichen Verkehr und im geistigen Genießen eingetreten war. Man fügte sich widerwillig in den ernsteren, gehalteneren Ton, in die reizloseren Pflichten, in die strengeren Anschauungen, die namentlich durch den Einfluß der Kantischen Philosophie in den Geistern herrschend wurden, man sah mit Verwunderung und Groll die intime Freundschaft, die sich zwischen Goethe und dem noch in Jena lebenden Schiller seit noch nicht zwei Jahren zu bilden begonnen hatte. Je entschiedener Goethes Abgeschlossenheit und Zurückhaltung seit der Rückkehr aus Italien gewesen war, je weniger man sich in die Wandlung seines ganzen Wesens wie seiner persönlichen Verhältnisse zu schicken vermochte, und je mehr man andrerseits doch fühlte, daß er der wichtigste und größte Mann dieser kleinen Welt bleibe, umsomehr wuchs die Verstimmung in den verschiedensten gesellschaftlichen Kreisen. Man empfand das Bedürfnis, den beiden Heroen, die so unbeirrt und unbeugsam ihren eignen Weg verfolgten und die Weimarische „Gemütlichkeit" auf so harte Proben stellten, hie und da einen kleinen Verdruß zu bereiten oder wenigstens andre Götter anzubeten neben ihnen.

Von dieser Stimmung der weimarischen Gesellschaft erfüllt war ein Brief, den unter dem 29. Februar 1796, also an einem Schalttage, Frau Charlotte von Kalb, geborne Marschalk von Ostheim, an den jungen Schriftsteller Johann Paul Friedrich Richter in Hof, der sich „Jean Paul" nannte, abgehen ließ und der also lautete: „In den letzten Monaten wurden hier Ihre Schriften bekannt, sie erregten Aufmerksamkeit und vielen waren sie eine sehr willkommene Erscheinung. Mir gaben sie die angenehmste Unterhaltung, und die schönsten Stunden in dieser Vergangenheit verdanke ich dieser Lektüre, bei der ich gerne verweilte, und in diesem Gedankentraume schwanden die Bildungen Ihrer Phantasie gleich lieblichen Phantomen aus dem Geisterreiche meiner Seele vorüber. — Oft ward ich durch den Reiz und Reichtum Ihrer Ideen so innigst beglückt, dankbar ergriff ich die Feder. Aber wie unbedeutend wäre dies einzelne Zeichen von einer Unbekannten gewesen! Also untersagte ich mir, an Sie zu schreiben, bis in einer glücklichen Stunde ich Ihr Lob von Männern hörte, die Sie längst kennen und verehren. Dann ward der Vorsatz von neuem in mir rege. Jetzt ist es nicht mehr die einzelne Blume der Bewunderung, die ich Ihnen übersende, sondern der unverwelkliche Kranz, den Beifall und Achtung von Wieland und Herder Ihnen wand! — Wieland hat vieles im Hesperus und Quintus ausnehmend gefallen, er nennt Sie unsern Yorik, unsern Rabelais; das reinste Gemüt, den höchsten Schwung der Phantasie, die reichste Laune, die oft in den anmutigsten, überraschendsten Wendungen sich ergießt, dies alles erkennt er mit inniger Freude in Ihren Schriften. — Vor einigen Tagen lasen wir in Gesellschaft das Programm vom Rektor Freudel. Sonst wirken Satiren, auf mich wenigstens, beschränkend. Mit kaltem Sinn, selbst in der Dämmerung, schwingen die meisten die Geißel der Satire willkürlich, oder der gereizte Affekt bewaffnet ein Vorurteil gegen das andere. — Ihrem Blick hingegen hat sich ein weiter Horizont eröffnet, Ihr Herz achtet jedes Glück der Empfindung, jede Blume der Phantasie. Es ist eine helle Fackel, mit der Sie die Thorheiten und Unarten beleuchten, und Scherz, Gefühl und Hoffnung folgen stets diesem Licht Ihres Geistes. — Sie finden hier noch mehrere Freunde, deren Namen ich Ihnen auch nennen muß: Herr von Knebel, der Übersetzer der Elegien von Properz in den Horen, Herr von Einsiedel und von Kalb. — Ihre Schriften gehören zu ihrer Lieblingslektüre, die noch lange ihr Lesepult zieren. Ja wir hoffen, daß bei dieser Empfänglichkeit für Welt- und Menschenkenntnis und diesem Talent, seine Individualitäten zu zeichnen, Sie uns noch viele Werke Ihrer Feder schenken. — Leben Sie wohl, beglückt durch die Freuden der Natur, erhöht durch die Genüsse der Kunst und machen uns mit Idealen bekannt, die den Dichter ehren und den Leser veredeln werden!"

Dieser enthusiastische Brief konnte als reiner Ausdruck der Freude an Jean Pauls geist- und phantasievollen Erstlingsschriften gelten, und würde auch eine für Huldigungen minder empfängliche Natur, als die des jungen Schriftstellers war, in freudige Erregung versetzt haben. Jean Paul verstand zwischen den Zeilen zu lesen und erblickte in dem Briefe eine Einladung, sich an dem Musensitze einzufinden um als neu aufgehendes Gestirn den Dioskuren der Horen, die so entschieden die Unzufriedenheit ihrer Freunde erregten, entgegengestellt zu werden. Zwar hatte Goethe eben erst „Wilhelm Meisters Lehrjahre" publiziert, aber diese bewegten sich ja in zu niedrigen Regionen, um den Geschmack, namentlich des Herderschen Kreises, befriedigen zu können. Freilich sah Goethe bereits wieder die herrlichen Gestalten von „Hermann und Dorothea" vor Augen und in der Seele, und Schiller zog die Grundlinien zur großen Wallensteintragödie. Aber davon wußten sie nichts, und wenn sie es gewußt hätten, sie wollten davon nichts wissen. Diese Kunst war ihnen zu streng, die Forderung des Vortrefflichen zu hart, und — alles in allem — sie sehnten sich, neue Götter anzubeten und schufen sich einen solchen „neuen Gott" in Jean Paul.

Der Verfasser des „Hesperus" und des „Quintus Fixlein" kam nach Weimar; er ward mit einer Art von Rausch, mit stürmischer Freude empfangen, in der zuviel Absicht und Tendenz unterlief, um eine völlig wohlthuende Wirkung zu hinterlassen. Die trocknen Sarkasmen in dem Briefwechsel Goethes und Schillers thun hie und da Jean Paul, vielleicht auch manchem seiner Verehrer, Unrecht. Goethe wie Schiller waren beide im Augenblick nicht in der Stimmung, die besondern Vorzüge der Jean Paulschen Schriften zu würdigen, und von dem Enthusiastenkreise wurde es ihnen nicht leicht gemacht. Die Situation war eine gedrückte, schwüle. Die Briefe Charlottens von Kalb an den Verherrlichten geben auch davon Zeugnis. Unter dem 19. Juni 1796 berichtet Charlotte aus Jena, wohin sie zur Pflege einer kranken Tante gereist war: „Ich war ernst, ging zu Schillern. Man fragte mich nach Weimar; ich sagte, Richter sei da. Er hat Sie in Ihren Schriften nicht erkannt, und sie kann es nicht. Das wußte ich schon, im Ton merkte ich's wieder. Ich sagte mit einem herausfordernden Blick und einem gepreßten Tone: er ist sehr, sehr interessant. Ja, sagte Schiller, ich verlange auch ihn kennen zu lernen. Über dies mündlich. So bald müssen Sie ihn nicht besuchen. Er muß Sie erwarten und der Eindruck, den Sie auf die Menge machen, muß ihn von dem Geist und beglückenden Sinn Ihres Wesens überzeugen, nein, ich streiche es wieder aus, so ist er nicht, aber sehr von seiner Individualität — mehr mündlich."

Die zweifelhafte Diplomatie dieses Briefes, der gereizte Ton und der unwillkürliche Durchbruch der besseren Einsicht und edleren Überzeugung von Schillers Wesen sind allesamt gleich charakteristisch für die Schreiberin dieser Zeilen. Wenn unsre Feuilletonisten wiederum mit löblichem Eifer betonen sollten, daß durch die Briefe Charlottens an Jean Paul allerhand Menschlichkeiten unsrer klassischen Litteraturperiode zu Tage träten, so mögen sie dabei nur nicht vergessen, von welcher Seite zuerst die Harmlosigkeit und das einfache menschliche Vertrauen verleugnet worden war. Es war eben nicht rein zufällig, daß Charlottens erster Brief alle Elemente der Opposition nennt, die sich in Weimar gegen den Freundschaftsbund und gegen die Kunstbestrebungen Goethes und Schillers zusammenschloß, nicht zufällig, daß sie Jean Paul und seinen Freund von Örtel mit Herders, Böttiger und Knebel zur Mittagstafel lud, nicht zufällig, daß sie Jean Paul den bildenden Eindrücken Weimars zu entziehen trachtete und ihm dafür das damalige — Leipzig empfahl. Für Jean Paul war es offenbar ein Mißgeschick, daß er zwischen die kleinen Parteiungen von „Weimar=Jena der großen Stadt" hineingeriet. Goethe und Schiller kann dabei viel weniger ein begründeter Vorwurf treffen, als die allzueifrigen, allzugeschäftigen Freunde und Freundinnen, die Richter fand. Unter den letztern war Charlotte von Kalb die bedeutendste, gewiß aber auch diejenige, welche den unglücklichsten Einfluß auf Jean Paul ausübte.

Während die Sammlung und Veröffentlichung der Briefe andrer Persönlichkeiten völligen Aufschluß über ihren Charakter und ihr Wesen giebt, erscheint Charlotte von Kalb auch nach den neuesten zum Teil höchst vertraulichen Mitteilungen, den interessantesten Selbstschilderungen, als eine vielfach rätselvolle, in sich so wenig zur Klarheit wie zum Glücke gediehene Frauennatur. Ganz abgesehen von der ruck= und sprungweisen Art ihrer Empfindung und ihres Ausdrucks, dem bald sibyllinischen, bald kapriziösen, zuletzt aber doch mehr kapriziösen Verhalten zu ihren Umgebungen, dem seltsam hastigen Wechsel zwischen dem leichten Ton der Weltdame und dem gewichtigen der poetischen Seherin, scheint sich Frau von Kalb selbst über ihre äußern Verhältnisse die Wahrheit jederzeit verhehlt und verhüllt zu haben. Es ist Jean Paul gegenüber unendlich viel von der bedenklichen Lage einer der beklagenswertesten Frauen in diesen Briefen die Rede, aber niemand, der nicht anderweit über die Situation unterrichtet wäre, würde je aus diesen Briefen eine Einsicht in die schweren Bedrängnisse der Ärmsten gewinnen können.

Charlotte von Kalb als Tochter der alten fränkischen Familie Marschall von Ostheim am 25. Juli 1761 geboren, war ein Opfer der gesellschaftlichen Zustände am Ende des vorigen Jahrhunderts. Ein paar Generationen hindurch hatte der deutsche Adel im großen Stil in immer zunehmender Verschwendungssucht gelebt, der Maßstab für die Ausgaben wurde durchaus den standesmäßigen Anforderungen und einem unsrer Zeit schier unglaublich dünkenden Selbstgefühl, beinahe nie aber den thatsächlichen Vermögensverhältnissen entnommen. Vor einem raschen wirtschaftlichen Bankerott war man in der Regel durch tausend Privilegien, Begünstigungen, die Rechtsgewohnheiten und die Lebensanschauung der ganzen Zeit gewahrt, aber tausende von hochadeligen Familien waren seit Jahrzehnten ruinirt und wußten es noch nicht, andere tausende suchten mit allen, oft auch den schlimmsten Mitteln, die Katastrophe hintanzuhalten und hinauszuschieben. Zu den Familien dieser Art scheint auch die Kalbsche gehört zu haben, in welche Charlotte Marschalk von Ostheim wenig älter als zwanzig Jahre hineinheiratete, oder besser gesagt, hineinverheiratet wurde. Der Präsident von Kalb auf Kalbsrieth (in der goldenen Aue an der Unstrut gelegen) hatte zwei Söhne, von denen der eine als der herzoglich weimarische Kammerjunker von Kalb jener Kavalier war, dessen Ausbleiben im Oktober 1775 Goethe beinahe von Frankfurt nach Italien, statt von Frankfurt nach Weimar geführt hätte, und mit dem der Dichter dann am Morgen des 7. November in seiner künftigen Heimat eintraf, derselbe Kalb, den Herzog Karl Augusts Freundschaft zugleich mit Goethe in eine wichtige Ehrenstellung erhob und der dann die Erwartungen und Hoffnungen seiner Freunde so gründlich täuschte, daß Goethe sein Verhalten als „abscheulich" charakterisiren mußte. Der andre war der Major Heinrich von Kalb, Charlottes Gemahl, ein gebildeter Offizier im Sinne seiner Zeit, den wir in französischen, herzoglich zweibrückenschen und demnächst in kurpfälzischen und kurbairischen Diensten sehen. Die Persönlichkeit des Mannes wird uns aus keiner der zahlreichen Veröffentlichungen klar, die über seine Gattin erfolgt sind. Er scheint bis zu einem gewissen Punkte ein Abenteurer gewesen zu sein, wenigstens behält seine militärische Karriere, sein Hin- und Herreisen an den verschiedenen Höfen, sein rasches Auf- und jähes Herabsteigen, sein tragisches Ende (er erschoß sich 1806 in München) für uns viel des Rätselhaften, schlechthin Unverständlichen. In seiner Ehe scheint von Haus aus der stärkere Wille seiner Frau entschieden zu haben, ein Wille, der an alles mögliche, nur niemals an die Klarstellung der wunderlich verworrenen Verhältnisse gesetzt wurde. Die Zeugnisse, die Schiller, Jean Paul und andre über den unglücklichen Mann abgeben, sind zu lückenhaft, vor allem zu sehr von momentanen Stimmungen und Beziehungen abhängig, um ihnen großen Wert beilegen zu können. Heinrich von Kalb muß liebenswürdige Seiten besessen haben; was aber seine Frau an ihn fesselte, waren offenbar nicht diese, sondern die leidigen äußern Verhältnisse, denen gegenüber sie rat-, hilf- und gelegentlich haltlos gewesen zu sein scheint. Es ist eine peinliche Thatsache, daß die furchtbare Zerrüttung der Kalbschen Familienzustände und die harten Prüfungen, denen die geistvolle Frau ausgesetzt war, tausendfach öffentlich erörtert wurden, aber unsers Wissens noch niemand den Versuch gemacht hat, diese erschütternde Tragödie wirklich aus ihren Anfängen zu entwickeln und mit allen handelnden und leidenden Gestalten in einer guten, klaren Darstellung vorzuführen. Schonend zu verschweigen ist da nichts mehr, psychologisch zu erklären wäre vieles.

Gewiß bleibt, daß Charlottes Ehe jedesmal dann in die Beleuchtung einer harten Zwangsehe tritt, wenn eine bedeutende Erscheinung ihren Lebensweg kreuzt. Als sie, erst kurze Zeit verheiratet, 1784 Schiller in Mannheim kennen lernte, trat ihr zum erstenmale der Gedanke nahe, das wunderliche Band zu lösen, 1787, als Schiller auf ihren Wunsch von Dresden nach Weimar übersiedelte, wäre es beinahe Ernst damit geworden. Aber die Leidenschaft für Schiller, deren letzte Wirkungen unerfreuliche Schatten in den Briefwechsel mit seiner Braut Charlotte von Lengefeld warfen, hatte der Frau von Kalb eine herbe und, wie wir fürchten, sehr tiefgehende Enttäuschung gebracht. Eine kaum minder harte, aber schwerer verständliche und — schwerer verzeihliche, erwuchs ihr gegen den Ausgang des achtzehnten Jahrhunderts aus einer neuen Leidenschaft für Jean Paul.

Es ist kein Zweifel, daß der Dichter des „Siebenkäs" und des „Titan" eine dämonische Anziehungskraft, einen außerordentlichen Zauber auf Frauen ausübte cum grano salis etwa, wie in unsern Tagen hervorragende Musiker, wie Mendelssohn oder Liszt. Charlotte von Kalb scheint durch den Umgang mit Jean Paul, durch ihre Versenkung in seine Romane zu neuer Jugendlichkeit entflammt worden zu sein. Es kam zu leidenschaftlichen Szenen und Erklärungen, Jean Paul schwankte einige stürmische Wochen und Monate, ob er sich der Leidenschaft der nahezu vierzigjährigen Frau überlassen solle, die ihm zwischen den Paroxysmen ihrer eignen Empfindungen zu einer schlichtbürgerlichen Ehe bald mit diesem, bald mit jenem Mädchen riet. Am letzten Ende riß er sich los und objektivierte sich in seiner Weise Charlottes Erscheinung, indem er sie als „Titanide" Linda im Roman „Titan" darstellte.

Gleichwohl kam es nicht zu einem eigentlichen Bruch, Frau von Kalb, die in den nächstfolgenden Unglücksjahren mehr und mehr verarmte und daneben vereinsamte, hatte das Bedürfnis, von den alten Freunden festzuhalten, was sich irgend festhalten ließ, und obschon es nicht an Empfindeleien, Verstimmungen und langen Pausen fehlte, erstreckten sich Charlottes Briefe bis zum Jahre 1821, wo sie, völlig erblindet, durch Vermittlung der Prinzeß Wilhelm von Preußen Aufnahme und Zuflucht für ihre alten Tage im Berliner königlichen Schlosse fand. Die Briefe wurden in späteren Jahren teilweise an Karoline Richter, Jean Pauls Gattin, gerichtet.

Es ist eine seltsame Natur und Unnatur, die uns diesen Briefen wiederum entgegentritt, eine Bildung, die im Guten und Bösen der Bildung unsrer Tage so fremd wie nur immer möglich ist. Die geistige Tiefe, der lebendig leidenschaftliche Anteil an tausend Dingen, die Beweglichkeit und der Schwung und daneben die formelle Unfertigkeit, die keine Sprache völlig beherrscht, deuten auf eine wunderliche Art der Erziehung hin. Charlotte von Kalb sagt selbst in einem ihrer interessantesten Geständnisse: „Einige spotten zwar über das gemeine mißbrauchte und vertändelte Leben der Frauen, aber sie glauben nicht, daß mit einer echten Geisteskultur auch die praktische Thätigkeit an Einsicht, Reinheit, Zweckmäßigkeit und richtiger Würdigung der Dinge nur allein gebildet werden kann. Ich hatte in diesem Betracht eine sonderbare Lage in der Jugend: ein Buch in der Hand und lesend; in der Küche, Keller, Boden, Kinderstube und am Krankenbette immer Beobachtung der Wirklichkeit; thätig und ordnend stand ich einem Hauswesen vor, wo mehr als dreißig Personen Nahrung und Aufsicht forderten. Mir schien jede Thätigkeit im Leben und selbst das Sterben so leicht, daß ich nichts für schwer achtete und fürchtete als die Geduld. Und dieser ernsten, strengen, stummen, lieblosen und tötenden Gewalt habe ich mein Lebenlang dienen müssen."

Wird mit dieser Äußerung manches in Charlottes hastigem, sprunghaftem, aus dem Schwungvollen ins Triviale zurückfallenden Wesen klar, so bleibt vieles darnach noch unverständlich. Die eigentümliche Art von Unnatur, die wir bei dieser Frau bis in ihren pretiösen, geschraubten Stil hinein wahrnehmen, muß ihre ganz besondern Ursachen haben. Charlotte repräsentiert hier eine Seite der Sturm- und Drangperiode, die bei dem allgemeinen Rufe nach Natur und Wirklichkeit nicht sehr zur Geltung gekommen war und die im Grunde erst in Jean Pauls Romanen oder besser in den empfindsamen und überschwenglichen Partieen dieser Romane ihre Rechnung fand. Sie vermochte daher Jean Pauls Talent als ein völlig kongeniales aufzufassen; nichts spricht mehr dafür, als die Briefreihe aus den Jahren 1798 und 1799, den eigentlich kritischen in dem wundersamen Verhältnis. Gewisse Stellen in jenen Briefen scheinen zu gleicher Zeit von tiefster Empfindung und von krankhafter Sucht nach Ungewöhnlichem diktiert zu sein. „Selige Amöne! glücklicher Otto", schreibt sie im Januar 1799. „Wenn mein Traum Wahrheit wurde und dreimal glücklich und selig ich! Ohne Euch werde ich bald von seinem Herzen verbannt sein. Er tritt in eine andere Welt, die meiner nicht bedarf, die ich nicht bedarf. Er tritt in eine Welt, die schon geschaffen ist, und nicht allbeseligt. Er kann eine Welt schaffen, die er beseligen kann, und wir brauchen keine Götter neben ihm. Er erkennt die Geister, die waren und sein werden. Aber ich vernehme auch den leisesten Laut, aus welcher Tiefe der Seele er auch entschlüpft. Darum bin ich so gern allein, weil ich ganz andere Dinge höre, wie die Getäuschten oder die Unbescheidenen anzeigen. Nur bei Euch werde ich aufgenommen, von Euch werde ich erkannt sein, nur von Euch wird er geliebt. — — Sollen die uns fremden, die er sein nennen wird, mit Gunst und Gnade auf uns, auf mich blicken? Soll das heiligste zum frechen Spott werden wie es schon ist? Denn ich höre den leisesten Laut, der aus der Tiefe der Seele kommt?!!" Und am 6. Januar: „Ich lese in meinen Briefen, ich mag schreiben was ich will, nur die Worte: Halte meine Seele fest, dann will ich den Flug ins Unendliche wagen! Ich will nichts, aber Dir will ich das Ölblatt und den Myrtenzweig bringen und Violen und Rosen um Dein Haupt winden. Die Sorge soll entfliehen und die Innigkeit soll jeden Augenblick des Lebens — er mag Namen haben wie er will, mit gleichem Wort fassen; und Dein Vertrauen, Deine Erinnerungen, die Du mir giebst, sollen gleich einer Perlenschnur seliger, bereichernder Ideen in meiner Seele verwahrt sein. Und nur Du sollst mich immer schöner dadurch geschmückt erblicken." Dann im Februar: „Nenne mich nicht Titanide! Man fühlt wenig Mitleid, Liebe und Schmerz für das Kühne, Sonderbare. Denke, daß das Leiden und die Freuden der Wesen sich nach ihren Kräften messen, und daß die Ruinen eines Pantheons noch trauriger an die Ungleichheit erinnern, als die einer ruhigen Hütte. Schon bemerkst Du die mächtigen Stürme der Seele, die meinem Wesen vorübergingen. Gebiete ihnen zu schweigen und fasse jetzo auf ewig die noch liebende Seele! Ich bin zufrieden und nicht traurig, aber mein Geist schwebt immer auf der Höhe, wo er in bodenlose Abgründe oder in die lichte Sternenhöhe des neuen Lebens schaut."

Bei solchen Aussprüchen empfindet Jedermann, daß ein Element der Unnatur, daß eine künstliche Seelensteigerung und Überhitzung mit wirksam ist. Herders Wort über Charlotte von Kalb: sie habe zwar eine gewaltige Einbildungskraft, eine ungewöhnliche Elastizität des Gemüts, aber sie sei behindert, die Wirklichkeit zu sehen, wie sie ist, und erhalte dieselbe immer nur in schwankenden Bildern gezeigt, gewinnt hier seine Bedeutung. Der Widerspruch in Charlottes Wesen machte sich übrigens auf dem platten Boden der Alltäglichkeit geltend. Diese Frau, die so kühn über Rechte des Herzens dachte, die bereit war, den amtlosen Schriftsteller Schiller und den äußerlich nicht sicherer gestellten Schriftsteller J. P. F. Richter zu heiraten, die es Jean Paul beinahe verübelte, daß er einen Legationsratstitel des Herzogs von Hildburghausen angenommen hatte („Du sollst den Namen Deines Gottes nicht mißbrauchen; das heißt, Du sollst Dir keine Titel geben lassen. — Jeder ausgezeichnete Mensch raubt sich jeden Rang und bekennt einen Unglauben, der sich einen Titel geben läßt. — Ein Titel ohne Amt ist mir so widerwärtig wie ein hölzernes Schaugericht. — Ich mag nicht den Herrn Rat Richter komplimentiren") sie, der es gelegentlich „schwante", daß „Titel, Rang, Adel und Prinzen nicht lange mehr genannt werden würden", sie hing andrerseits hartnäckig an gewissen Vorurteilen ihrer aristokratischen Erziehung, besann sich plötzlich harmlosen und liebenswürdigen Naturen gegenüber, daß sie eine geborne Marschalk von Ostheim war, und schloß sich in Berlin bis zur Vernichtung in ihrem Zimmer ein, weil „eine Frau, die in einer großen Stadt keine Equipage hat, nur in ihrem Zimmer existieren kann." Sie vermochte, als sie ihr Vermögen verlor, mit heroischer Ausdauer und Aufopferung für sich und die ihrigen weibliche Arbeiten anzufertigen und sich die härtesten Entbehrungen ohne Murren aufzuerlegen. Aber sie vermochte sich nicht in ein Gleichgewicht zu setzen und einen Zustand um sich zu schaffen, bei dem ihr wohl und warm geworden wäre.

Am auffälligsten ist die zähe Expansivkraft und leidenschaftliche Wandlungsfähigkeit ihrer Seele. In den Briefen an Jean Paul findet sich einer vom Februar 1802, auf dem Gute Waltershausen geschrieben, der gegenüber den heißen und liebevollen Ergüssen ihrer Seele aus den vorhergehenden Jahren wie ein Sturz eisigen Wassers auf den Empfänger gewirkt haben muß. „Sie werden ein etwas schmerzliches in den Zeilen finden, die Sie vielleicht schon mit der Post erhalten haben. Jedes Bekenntnis ist Erleichterung und so ist es auch etwas jetzo gemindert. Nun zur Entstehung dieser Stunden! — Sie waren mir, als ich nach Meiningen kam, schon seit zwei Jahren wie eine mir fremde, zwar vom Schicksal hingeworfene Erscheinung wie auch ich — um Geist und Gemüt durch Leiden zur Entwicklung zu bringen und eben dadurch dem Schicksal einen schnelleren Gang zu geben, damit das unbedeutende Spiel des Lebens schneller abrolle. Mehr Konsequenz konnte ich dieser unsrer gewesenen Bekanntschaft oder Unbekanntschaft nicht gewinnen. Ein Brief, den ich aus dieser Zeit zwei Jahre habe, wird Ihnen mehr von dieser Stimmung sagen, wenn Sie ihn einmal lesen wollen. Ich sah Sie, und Sie waren mir bei dem zweitenmal weit unbekannter, als Sie mir bei dem ersten Sehen waren, ob ich Sie zwar damals anredete: „Sie sind — sind Sie denn der J. P. R.?" Ich hätte diesen Zweifel meiner Seele nie merken sollen. Sie sagten mir nichts, aber ich ahndete es; oder habe ich mich betrogen, so sagen Sie mirs. Noch nie hatte Ihre Seele kalt zwar, und nur beobachtend — aber doch ist der Wunsch der Gegenwart um Charlotte in Ihnen. Dieser Wunsch ist nicht in mir, es sei daß über uns gegenseitig alles beantwortet werde und daß eine neue Wurzel des Daseins entstehet. Ich bin gerne in meiner Einsamkeit. Ich wurde in Meiningen krank, durch Versteinerung u. s. w. Das viele Reden in den Stunden, wo ich um Sie war, was ich nicht gerne mag und in meiner Natur nicht liegt, das Wort: Sie kannten mich und mir würde die Linda gefallen, die ich so innig haßte, wenn ich mir die Mühe geben möchte, selbst eine Idee zu fassen. — Ich habe eine Tiefe in der Gesinnung, die vielleicht nur ein Paskal und vielleicht u. s. w. verstehen würde. Den Abend und den letzten Morgen kam so vieles über mich wie Hagelschlag. Ich fuhr einsam, wie immer, den Winter weg und trat ins Zimmer. Kalb war freundlich, aber er sagte: Hast Du Deinen Verehrer (auch jetzo mit mehr Umschreibung, aber wie oft und viel habe ich es schon hören müssen) gesehen? Also dieser Gedanke ist auch in ihm, wie er in so vielen ist, die mich sehen. Wir müssen uns sprechen und bald und in Gegenwart von Kalb, wo nicht aller, doch vieler. — An einem Wintertage kann dieses am besten beredet werden. Wenn Sie wollen, kann ich Ihnen einmal die Pferde schicken. Schaden kann dieser Schritt nicht, aber inkonsequente Empfindung werden wir gewiß nicht verschwenden, Gerechtigkeit, insofern der Geist in diese Vergänglichkeit, sie über drei Wesen aussprechen kann." —

Man traut seinen Sinnen nicht, wenn man dergleichen mit den frühern Aussprachen zusammenhält. Und doch war es nur die Wiederholung eines unseligen Verhaltens, das Charlotte von Kalb im Jahre 1790 bei Schillers Verheiratung mit Lotte von Lengefeld beobachtet und welches Schiller den Ausruf abgepreßt hatte, sie sei nie wahr gegen ihn gewesen außer etwa in einer leidenschaftlichen Stunde, sie betrage sich nicht edel und nicht einmal höflich genug, um ihm nur Achtung einzuflößen. Die bemitleidenswerte Frau scheint eben völlig unter der Herrschaft ihrer Affekte gestanden zu haben, gleichviel ob dieselben gute oder schlimme waren. Sie entbehrte jenes Gleichmaßes, dessen Mangel auf die Länge niemals einer Frau verziehen wird. Wir haben den unheimlichen Eindruck, daß auch die Aufnahme der hier mitgeteilten spätern Briefe bei Jean Paul eine durchaus andre war, als die Schreiberin hoffen konnte. Denn selbst nachdem Charlotte sich (wie früher Schiller gegenüber) gefaßt und gefunden hatte, bleibt sie ein vulkanisches und eruptives Wesen, und der ungeheure faustische Widerspruch zwischen ihrem Begehren und ihrer Existenz muß allen Freunden und Bekannten weh gethan haben. Ihr eigentümliches Pathos mag der Zeit nicht so fremd gewesen sein, als es uns deucht, doch läßt sich nicht denken, daß die Geschraubtheit des Ausdrucks völlig unempfunden geblieben sei. Um die einfache Thatsache auszudrücken, daß sie von Gestalten wie Jean Pauls Lenette und überhaupt von vielen realistischen Momenten in ihres Freundes Dichtungen nicht beglückt sei, schreibt sie (Berlin, den 19. März 1815): „Aber keine Satire oder vielmehr üble Laune über Frauen nehme ich nicht auf, man giebt dadurch nur dem Leumund Worte und der Schwäche Waffen. Die Lieblichkeit und die Jugend der Sitten keimt allein in der Ruhe des Gemüts und in der Seligkeit eines liebenden Willens; aber wie schwer ist es, bis jeder Affekt gesondert ist. In diesem klaren Licht nur schaut eine Seele eine Seele."

Wir haben im Großen und Ganzen tausendfach Ursache, unsre klassische Litteraturperiode um ihre Männer und Frauen, um den stolzeren Schwung der Seele und die schlichtere Bescheidung in äußeren Lebensforderungen und Genüssen zu beneiden. Die Eigenart von Geist, die uns aus dem Leben und den Briefen Charlottes von Kalb entgegentritt, dünkt uns minder beneidenswert, obschon sie ohne Frage von der echten Farbe des achtzehnten Jahrhunderts und einer Periode ist, in welcher die fessellose Entwickelung der Individualität allgemeine Losung war, und in welcher es auf Naturanlage, Schicksal, Glück und Selbstzucht ankam, wie die Entwickelung schließlich ausfallen sollte. Bei der Austeilung all dieser Voraussetzungen ist Charlotte von Marschalk jedenfalls schlimm gefahren. Sie nahm sich selbst unter den Menschen ihrer Zeit trotz glänzender Geistesgaben und eines dunkeln Dranges zum Rechten und Wahren (eines Dranges freilich, der sich niemals zum festen Willen wandelte) „wie eine

Erscheinung aus einem andern Planeten" (Charlotte von Schiller) aus und muß der Nachwelt vollends so erscheinen. Ein mit Bewunderung gemischtes Mitleid ist auch bei der Lektüre ihrer Briefe an Jean Paul die Grundempfindung, die in uns zurückbleibt, und die bei der Mehrzahl der wenigen Leser, die wir diesen Briefen zu prophezeien wagen, erweckt werden wird.

J. Gaudenz von Salis-Seewis.

Wie dem Wanderer, der eine Bergkette hinter sich läßt, in der er anfänglich noch jede Spitze und jede Felsenstirn erkennt, dann aber nur die mächtigsten Häupter in dem blau verschwimmenden Höhenzug unterscheidet, ergeht es allmählig auch dem Freunde der deutschen Litteratur beim Rückblick auf das überreiche achtzehnte Jahrhundert. Die großen Gestalten der klassischen Periode sind uns noch deutlich genug (ja in einer gewissen, nicht überall erfreulichen Weise immer deutlicher geworden) und aus der fortgesetzten Beschäftigung mit ihrem Leben und Wesen, ihrem Schaffen und Streben erwächst eine gewisse Vertrautheit auch mit all ihren Umgebungen und selbst mit untergeordneten Persönlichkeiten, die zu dem Großen in Bezug getreten sind. Dafür rücken die Dichter und Schriftsteller, die nie, oder nur ganz vorübergehend in den Zauberkreis von Weimar-Jena getreten sind, unseren Augen ferner und selbst, wenn einzelne ihrer Schöpfungen sich glücklich erhalten haben, wissen auch die Gebildeten unsrer Tage wenig mehr von den Schicksalen und der Eigenart von Persönlichkeiten, die vor hundert Jahren nicht nur genannt, sondern gefeiert waren. Zu den Gestalten dieser Gruppe gehört auch der Graubündner „Johann Gaudenz von Salis-Seewis", dem ein schweizerischer Landsmann von heute Adolf Frey eine eingehende, aus den Quellen geschöpfte, dazu liebevolle und vortrefflich geschriebene Biographie gewidmet hat, die uns vollständig in die Zustände zurück versetzt, denen ein so eigentümlich bewegtes Leben entwuchs, wie das jenes von Höltys und Rousseaus Geiste durchhauchten, durchaus idyllischen Lyrikers. Der Salis, den Deutschland kennen lernte und dessen volkstümlich gewordene Gedichte „Traute Heimat meiner Lieben", „Nur ein Hüttchen still und ländlich", „Bunt sind schon die Wälder", „Wie schön ist's im Freien", „Das Grab ist tief und stille", mit einfachen Weisen noch immer und wäre es aus Kindermund erklingen, den die Litteraturgeschichte neben Matthisson stellt und dessen Poesie, mit ihrem frühen Anklingen an die Jünglingsdichtung des im siebenundzwanzigsten Lebensjahre gestorbnen Hölty gemahnt, hat die Stimmungen und Gefühle, die seine Lieder und poetischen Landschaftsbilder erfüllen, wahrhaftig durchlebt, so sehr diese

Stimmungen und Gefühle mit dem äußeren Verlauf seines Daseins in Widerspruch zu stehen scheinen. Dies Leben ist der landläufigen Erinnerung an Salis fremd. Ganz richtig hebt Frey hervor: „Er war Soldat, er lebte in einer Weltstadt, er sah die Vorboten der Revolution und diese selbst mit allen ihren Greueln, er erlebte den Zusammenbruch der alten Eidgenossenschaft, von deren stürzenden Trümmern er selbst verletzt wurde, er stand auf dem Schlachtfelde und bethätigte sich Jahrzehnte lang an der politischen Leitung und der Verwaltung seines Heimatlandes, aber von dieser Fülle von Eindrücken fiel für seine Dichtung beinahe nichts ab." Und doch war kein Widerspruch zwischen dem inneren und dem äußeren Leben des graubündischen Freiherrn und Poeten, denn die Sehnsucht nach dem Idyll stand der Generation, der er angehörte, über allem Kampf und Wechsel weltgeschichtlich bewegter Jahre.

So viel von dieser Sehnsucht in einem Winkel auch unseres Herzens verblieben und erhalten ist, so weit ist uns der schweizerische Lyriker ohne Frage eine vertraute und ganz verständliche Erscheinung. Um uns in seine seltsamen Erlebnisse hineinzuversetzen, bedarf es eines so kundigen und sorgsamen Führers wie Ab. Frey und einer gewissen Teilnahme an Kultur- und Gesellschaftszuständen, die nun für immer verschwunden sind, auch eines lebendigeren Anteils am Schweizervolk und seiner Geschichte, als die Sommergäste der großen Hôtels in Interlaken und auf dem Rigi mitbringen. Denn es sind fremdartige Voraussetzungen, die wir uns zum Verständnis, namentlich von Salis Jugendgeschicken, zu vergegenwärtigen haben. Die Schweiz des achtzehnten Jahrhunderts mit ihrem wunderbaren Gemisch von acht alten und fünf neuen Orten (Kantonen), ihren Unterthanenlanden und zugewandten Orten, mit ihrem Durcheinander von demokratischen und starr aristokratischen Verfassungen, mit ihrem Waffenadel, dessen Herrlichkeit auf fremden Sold, auf Dienst in den Schweizerregimentern in Frankreich, Sardinien, Holland, auf Pensionen vom Ausland gestellt war, ist der Schauplatz, das letzte Dritteljahrhundert dieser hoffnungslos verworrenen und verrotteten Eidgenossenschaft, die Periode dieser Schicksale. Von den drei Republiken, die zugleich der Schweiz zugewandt waren und doch den Anspruch erhoben, ganz selbständige Staaten zu sein, von Genf, Wallis und den „drei Bünden in Hohenrhätien", war die letztere die bedeutendste und die engere Heimat unseres Dichters. Die Familie Salis hatte in den Kämpfen, die seit der Reformation und das ganze siebzehnte Jahrhundert hindurch Graubünden zerrütteten, sich neben den Planta, Juvalta, Buol und anderen Adelshäusern der drei Bünde mannichfach ausgezeichnet, in Besitz, Ehre und Ansehen behauptet. „Des Dichters Vater, Johann Ulrich Salis-Seewis (1740 bis 1815), war wohl der begütertste Bündner seiner Zeit, da er durch seine Heirat den Bothmar (den Stammsitz der Malanser Linie der Salis) und nach dem Ableben seines älteren Bruders Herkules die Schlösser Seewis und Flims und die Güter zu Bergun, St. Margrethen und Meilen erhielt und der richtige schweizerische Landedelmann des vorigen Jahrhunderts, obenan in den politischen Angelegenheiten des Vaterlandes, dessen höchste Stelle, die eines Bundeslandammanns, er mehrmals bekleidete, eifrig bedacht, Gut und Wohl der Familie festzuhalten und zu äufnen, ein guter Rechner und vollendeter Praktikus, ein Kenner der Menschen und ihrer Verhältnisse, eigenwillig ehrgeizig und rastlos thätig. Ein Aufenthalt in Frankreich, wo er als Offizier in der Schweizergarde gestanden, und der Unterricht durch den Philosophen Lambert hatten seiner einfachen Frömmigkeit nichts anzuhaben vermocht, ihm aber in manchen weltlichen Dingen die Augen geöffnet, eine gute äußere Bildung und namentlich durch die Jahre in Paris, manche schätzbare Verbindung verliehen, die er für seine Kinder nicht ungenützt ließ." Für den am 26. Dezember 1762 auf dem Schlosse Bothmar über Malans geborenen nachmaligen Dichter, war von früh an die militärische Laufbahn so vieler Ahnen ins Auge gefaßt, er wuchs in Familienumgebungen auf, in denen sich die einfacheren Heimatsitten mit der Verfeinerung der großen Welt paarten. „Das feine und gewandte Anftreten der Erwachsenen, ließ deutlich erkennen, daß sie, meist als Offiziere, an dem ersten Hofe Europas gelebt hatten, und man konnte am Benehmen der Jungen merken, daß auch sie einst im Schlosse zu Versailles mit dem Sponton zu salutieren und in der feinsten Gesellschaft der Welt zu verkehren gedachten. Daheim ging es freilich nach den gemütlichen alten Bräuchen zu." Im sechzehnten Lebensjahre (1778) verließ Salis Graubünden, um seine weitere Ausbildung zu Lausanne zu suchen, im siebzehnten erhielt er eine Stelle als Fähndrich in der königlich französischen Schweizergarde, trat im August in Paris ein und teilte nun alle Vorzüge des leichten Dienstes dieser bevorzugten Truppe. Exerziert wurde wenig, die Paraden und Musterungen folgten sich gleichfalls in langen Abständen, die Besoldung war hoch, der Urlaub übertraf noch deutsche Universitätsferien, in den Jahren 1780 bis 1783 verbrachte Salis einmal die Zeit vom Oktober bis März, ein zweites mal vom Mai bis zur Mitte März, ein drittes mal vom Mai bis zum März in der Heimat, am geselligen Leben seiner Kreise den fröhlichsten Anteil nehmend, aber auch mit seinen ersten poetischen Versuchen beschäftigt. In Paris, wo er trotz aller Pflichten und Zerstreuungen viele leere Stunden hatte, bildete sich Salis zum fleißigen Leser aus und die Verzeichnisse seiner Lektüre in seinen Tagebüchern zeigen ein buntes Durcheinander deutscher und französischer Bücher, Zeitschriften, Romane, Gedichte, Reisen, mit entschiedener Bevorzugung des Poetischen. Zwischen 1785 und 1789 wurde sein Name zuerst genannt, es war jene wundersame Jugendzeit der deutschen Lyrik, in der man mit einem Dutzend Gedichte bekannt und berühmt werden konnte. Der Göttinger und der Leipziger Musenalmanach brachten die Erstlinge seiner Lyrik, einzelne wurden schon jetzt in Musik gesetzt. Die Freude, die er an der Hervorbringung und den bescheidenen Erfolgen dieser Gedichte hatte, befriedigte ihn mehr als alles, was er von dem glänzenden Leben sah, in dessen Mitte ihn seine Uniform und sein Degen immer wieder hineinstellten. „Ich war fünfzehn Tage bei Hofe, eine lange

Zeit, wenn mich nicht die sonderbare wilde Lage des Jagdschlosses Fontainebleau entschädigt hätte. Ich sah die Parforcejagd — und fühlte Patriotismus; ich sah einen Ball und Spiel Banko, wo 500 Louisdor auf die Karte gesetzt wurden und fühlte Patriotismus und dennoch gewiß kein Heimweh" meldete er in einem Briefe an den Pfarrer von Fläsch, Heinrich Bansi, zu dem er während der langen Aufenthalte in Graubünden in freundschaftliche Beziehung getreten war. Dafür aber war er von allen Anknüpfungen beglückt, die er seiner Dichtung zu danken hatte und pflegte den brieflichen Verkehr mit deutschen Schöngeistern und poetischen Naturen von Paris und seinen späteren französischen Garnisonen aus.

Die nährende Quelle seiner Lebensanschauung, seiner Naturbegeisterung, der Sehnsucht nach dem Idyll mitten im glänzenden Weltleben, seiner Abneigung gegen das in Frankreich herrschende System, sprudelte natürlich in J. J. Rousseaus Schriften. Mit tausenden der Zeitgenossen teilte er die Hingabe an Rousseaus Ideale, mit der Andacht eines Pilgers zu einem Gnadenbilde, unternahm er im Herbst 1786, als er, Hauptmann im Schweizerregiment Salis-Samaden geworden, von Paris nach Arras übersiedelte, eine Wallfahrt nach Ermenonville, der Begräbnisstätte Rousseaus. Er scheute die Mühen des Weges nicht, um seine Seele mit tiefer Wehmut um den gefeierten Toten zu erfüllen und trennte sich von der Pappelinsel, die das Grabmal trug, so ungern, als wäre es von seiner Heimat oder einem Freund. Wie ein Stück Werther lesen sich seine Beschreibungen des Weges und des Parkes. „Das Wasser umher war ruhig, es fing an zu dämmern, die Pappeln waren schon etwas gelblich, viele Blätter fielen, mir war so wohl, so unbeschreiblich wehmütig. Wir gingen durch eine Nußbaumallee längs dem Teich, bis wir gerade der Tafel gegenüber waren. Der Nachen war mit einem Hängeschloß angekettet — denn es war verboten, jemand Unbekanntes hinüberzuführen — ich hätte gewünscht, schwimmen zu können." Die Stimmung, die ihn hier ergriffen, kehrte in manchem späteren Gedicht wieder und der Einfluß Rousseaus hatte sich, wie wenige Jahre später klar ward, nicht auf die weich-träumerischen Stimmungen des Poeten beschränkt.

Mit einundzwanzig Jahren Hauptmann der Oberstenkompagnie im Regiment Salis-Samaden, verbrachte Salis die nächsten Jahre bis zum Ausbruch der französischen Revolution teils in Arras, teils auf den väterlichen Gütern, wie es scheint war die Lebenshaltung, das standesmäßige Auftreten der Schweizeroffiziere in Frankreich ziemlich kostspielig; auch unser Dichter machte keine Ausnahme von der Regel und verlor unbefangen, namentlich im Spiel, die großen Zuschüsse zu seiner Besoldung, die herbeizuschaffen dem Vater nicht immer leicht wurde, die er aber immer bereit und willig sandte. Dagegen zeichnete sich der junge Hauptmann wie der Lieutenant durch eine in seiner Zeit und vollends in seinen Umgebungen schier märchenhafte Zurückhaltung gegenüber den Frauen aus. Der junge Mann war, wie sein Biograph hervorhebt,

„von seltener Schönheit der äußeren Erscheinung, hoch, tannenschlank und ebenmäßig gewachsen, die aufrechte Haltung des Soldaten mit dem Benehmen des vollendeten Weltmannes verbindend, dazu bescheiden und liebenswürdig; er hatte eine mittelhohe Stirn und hohe Brauen, einen feingeschnittenen Mund mit schönen Zähnen und eine Adlernase." An Glück bei den Frauen, das von den meisten seiner Kameraden eifrig begehrt und gesucht wurde, würde es ihm nicht gefehlt haben. Er aber zog vor, eine lebendige Illustration zu Bürgers Lob der Keuschheit, durch alle Versuchungen hindurchzugehen, die natürlich von dem Augenblicke an keine Versuchungen mehr waren, wo eine tiefe, starke und beständige Liebe zu einem Mädchen in seinem Herzen Wurzel geschlagen hatte. Während seines Urlaubes vom Herbst 1787 bis zum Mai 1788 lernte er die damals sechzehnjährige schöne Tochter des in Malans wohnenden Obersten Pestaluz (oder Pestalozzi) kennen. Ursina Pestaluz war eben aus der Pension in Montmirail, in der auch die Schwestern des Dichters erzogen wurden, nach Bünden heimgekehrt, sie machte Salis einen so bleibenden Eindruck, daß der Widerstand, den er bei seinem Vater gegen eine Verbindung mit ihr fand, wohl seine Hoffnungen niederschlug, aber seine Liebe nicht minderte, und daß er sich in den folgenden Jahren schon darauf vorbereitete, die Zahl derer zu vermehren, die ihr Leben hindurch allein bleiben, weil ihnen der höchste Herzenswunsch versagt worden ist. „Von Anbeginn an", erzählt Frey, „stand über der Zuneigung der Liebenden kein günstiger Stern, weil der Vater Salis ohne wohl gegen Herkommen, Vermögen und persönliche Vorzüge Ursinas viel einzuwenden vermögend, einer Verbindung abhold und ersichtlich darauf aus war, seinen schönen und von den Frauen viel begehrten Sohn, der sich wohl im ganzen Lande nirgends eines Korbes zu versehen gehabt hätte, auf eine solche Weise zu verheiraten, daß eine erkleckliche Steigerung an Hab und Gut in der Familie und eine — was von den Pestaluzzi nicht zu erwarten war — kräftige Förderung des politischen Einflusses im Lande eintrat; er hegte auch in dieser Beziehung seine bereits genau bestimmten Pläne." Diese aristokratischen Republikaner der alten Schweiz und des alten Bünden fühlten sich eben als kleine Dynastenfamilien und der Dichter hatte vor der Hand Ursache, sich dem väterlichen Willen nicht zu widersetzen und erlebte den ersten herben Schmerz, der sich wohl unter dem Eindruck des Lebens und einer leisen Hoffnung, die von Zeit zu Zeit wieder erwachte, in süßere Wehmut wandelte, aber als solche die nächsten Jahre durchdrang und beherrschte. Der Vertraute dieser Wehmut wurde der Dichter, der mit Salis zumeist auf denselben Blättern der Litteraturgeschichte erscheint, Friedrich Matthisson, der damals in Nyon am Genfersee als Gast des bernischen Landvoigts K. V. von Bonstetten lebte.

Auch das Buch von Frey betont die Zusammengehörigkeit der beiden Dichter. Ja es betont sie meines Erachtens ein wenig zu stark, indem Frey bei Gelegenheit der ersten durch Matthisson veranstalteten Ausgabe der Salisschen Gedichte urteilt: „Eins sprang sofort in die Augen, dem Ver-

fasser und Herausgeber am meisten, daß diese Schöpfungen eine auffallende
Übereinstimmung mit denjenigen Matthissons aufweisen. Vielleicht kennt
die Litteratur keinen zweiten Fall von so überraschender Ähnlichkeit der
Physiognomie zweier Dichter, von denen doch keiner ein eigentlicher Nach=
ahmer des andern ist, sondern jeder in seinen eigenen Schuhen steckt.
Dieses gleiche Gesicht rührte davon her, daß sie beide von einem Dritten
beeinflußt waren, doch nur so weit, als es sich mit einem ausgeprägten
Grade der Selbständigkeit vertrug. Salis selbst bezeugt diese Verwandt=
schaft in dem Gedichte „Die Wehmut":

> Du neigst, wo Gräber grünen
> Dein Ohr zu Höltys Ton,
> Pflückst Moos von Burgruinen,
> Mit meinem Matthisson!

Alle drei repräsentieren eine außerordentlich mächtige Strömung jener
Zeit, jeder in der besonderen Färbung seiner Individualität: sie sind die
Sänger der Sentimentalität, der zarten Wehmut, sie sind ausgesprochen
elegische Naturen." Das alles ist zutreffend, fein und gut, und wenn es
auf den folgenden Seiten von Matthisson heißt, daß er „Höltys einfache
Weisen ins Pathetische übertragen und mit einem anspruchsvollen Apparat
kunstvoller und ausgesuchter Schilderung und wohlklingender Sprache aus=
staffiert" habe, so sieht man wohl, daß der Verfasser die falsche Eleganz
des poetischen Landschaftsmalers und das schwüle Parfüm, das in Mat=
thissons Gedichten den natürlichen Duft überbieten soll, ganz richtig wertet.
So hätte er auch den Vorzug größerer Frische, einfacherer Männlichkeit
und unmittelbarer Naturempfindung, den der Graubündener in seinen
Gedichten vor dem Sohne der norddeutschen Ebene voraus hatte, entschiedener
betonen dürfen. Es ist ja wahr, daß auch Salis seine lebendigen An=
schauungen und wahren Gefühle „in den Rahmen eines ausgebildeten Genres"
hineinpreßte und sich einer zeitgenössischen Mode allzusehr unterordnete, aber
wenn der Leser von heute die Gedichte von Salis und Matthisson gegen=
einander hält, so fällt der Eindruck größerer Wahrheit, schärferen Blickes
für die verborgenen Reize der Natur, runderer Plastik und sinnlicheren
Sprachgefühles durchaus auf Salis' Seite. Der Hohn gegen die Zu=
sammenschweißung idyllischer Schilderung und pretiöser Bildung, den
A. W. Schlegel Schmidt von Werneuchen in den Mund legte:

> Dich bewundr' ich, wo ich Dich versteh',
> Matthisson, doch Deine Basreliefer
> Die am Sarge sprießen in die Höh',
> Ist das eine Art von Mauerpfeffer?

trifft beinahe niemals auf Salis zu, der eben viel mehr aus einem Guß
ist, als sein Freund.

Salis ward, da er am Pfingstmontag 1789 aus der Schweiz nach
Paris und zu seinem dorthin gezogenen Regimente zurückkehrte, Augen=
zeuge der schreckenvollen Anfänge der französischen Revolution. Die Juni=
und Julitage, die dem Sturm der Bastille vorausgingen, waren für das
Regiment Salis=Samaden und alle Schweizerregimenter schwül, bis zur

Todeserschöpfung anstrengend (neunzehn Stunden ohne Nahrung, zwei Nächte ohne Schlaf, jeden Augenblick den Angriffen des zahllosen, zu tierischer Grausamkeit aufgestachelten Pöbels entgegensehend), für Salis doppelt peinlich, da er vom Recht der Erhebung durchdrungen, wenn auch von den Greuelthaten der Pariser Pöbelhorden vereckelt war. „Ich bin mit allem zufrieden, wenn nur die Freiheit aus den düsteren Rauchwolken emporsteigt, die diese Stadt bedecken", schrieb er am denkwürdigen 4. August 1789 an Schillers Freund und nachmaligen Schwager Wilhelm von Wolzogen, der eben im Auftrage des Herzogs von Württemberg in Paris verweilte. Nach der momentanen Versöhnung des Hofes und der Nationalversammlung wurde das Regiment Salis-Samaden in Garnison nach Rouen gelegt, und Salis hatte noch zwei Monate lang Gelegenheit, schweren und verantwortungsvollen Dienst bei der Bedeckung nach Paris bestimmter Korntransporte, die gegen Plünderer geschützt werden mußten, zu thuen. Dann wurde ihm der längst gehegte Wunsch einer größeren Reise erfüllt; im Oktober 1789 ging er über Boulogne und Calais, Gent und Antwerpen nach Holland, beabsichtigte einen kürzeren Aufenthalt im Haag und mußte infolge eines Nervenfiebers und der Rekonvaleszenz über zwei Monate daselbst verbleiben. Über Leyden, Harlem und Amsterdam setzte er seine Reise fort, in Münster betrat er deutschen Boden, ging über Paderborn nach Kassel, nach Göttingen, Gotha, Erfurt, Weimar, über Bamberg, Nürnberg, Augsburg und Lindau wieder in die Heimat, die er „ohne Hoffnung und Freude aufgesucht" hatte, und die ihm auch wenig Hoffnung und Freude gewährte. „Die Haltung des Vaters wandte sich nicht zum Besseren, da er sich fortwährend gegen die Verbindung mit Ursina stemmte. Solo e pensoso zeichnet Salis einmal auf, sei er spazieren gegangen, solo e pensoso verlebte er so ziemlich den ganzen Urlaub, den ihm d'Affry (der Oberbefehlshaber aller Schweizertruppen in Frankreich) auf die Verwendung des Obersten von Salis-Samaden bis Mitte Juni verlängerte. Einmal konnte er sich der seit Jahren ungewohnten Thränen nicht erwehren und empfand es bitter, wie hart es sei, mit seinem Schicksale zu ringen." In solcher Stimmung zehrte er von den Erinnerungen an die deutsche Reise, die ihn mit einer Reihe hervorragender und der Poesie zugewandter Persönlichkeiten bekannt gemacht hatte, in solcher Stimmung war er zu der endlichen persönlichen Zusammenkunft mit Matthisson wohl vorbereitet und feierte, als er Ende Mai nach dem Genfersee aufbrach, in Lausanne, Vevey, Montreux und Nyon ein paar Tage seligen Freundschaftsrausches.

In wunderbarem Gegensatz zu den Spaziergängen auf dem Kirchhofe von Montreux und auf der Schloßterrasse von Nyon, wo sich Matthissons tieffühlende Seele in die seinige ergoß, standen die Szenen, die ihm beim Eintritt in Frankreich begrüßten. Hier ging die revolutionäre Bewegung in immer höheren Wogen. Salis kam gerade rechtzeitig nach Rouen zurück, um am 14. Juli 1790 das große Föderationsfest, den letzten trügerischen Sonnenblick vor dem wildesten Gewitter, mit feiern zu helfen, und „der Nation, dem Gesetz und dem König" einen Eid zu schwören, den jede der Parteien anders auslegte. Seine persönlichen Empfindungen bannten ihn während des folgenden Jahres vielfach auf sein Zimmer oder ließen ihn völlig allein die schönen Umgebungen Rouens durchstreifen. Da allein war noch Frieden zu finden. Sonst durchtobte die Revolution Straßen, öffentliche Gebäude und Theater, die fieberhafte Leidenschaft und der politische Streit drang in jede gesellige Vereinigung. Salis hatte unter den Zerwürfnissen zu leiden, die sich aus seinen politischen Ansichten im Gegensatz zu denen der meisten Offiziere von Salis-Samaden ergaben, namentlich war der Kommandant des Regiments, Oberstleutnant Bachmann, ein schroffer Royalist alten Stils. Von einer Grenzbesetzung gegen Oesterreichisch Brabant und Lüttich wurde der Dichter im Herbst 1791 wiederum nach Malans an das Sterbebett und Grab der Mutter gerufen. Als er dann im Mai 1792 ein letztes mal in seine alte Garnison Rouen zurückkehrte, hatte der Krieg des revolutionären Frankreichs gegen Österreich bereits begonnen. Der Geist des Offizierkorps der Schweizerregimenter aber war „aristokratischer und revolutionsfeindlicher als je." Die von revolutionärgesinnten Hauptleuten befehligten Kompagnien wurden nach Habre dirigiert, wo Salis zumeist am Meeresstrande sechs friedliche Wochen verlebte. Aufs neue nach Rouen beordert, wurde er hier samt den Hauptleuten Burtorf und Burckhardt schlimm empfangen, Oberstleutnant Bachmann „mißhandelte einige Soldaten auf empörende Weise mit Säbelhieben und Schimpfworten und die drei Hauptleute fühlten wohl, daß die ganze Szene nur auf sie gemünzt sei, weil sie zu seinem blutigen Ärger aus ihren freiheitlichen Anschauungen kein Hehl gemacht hatten". Die drei Hauptleute, Salis an der Spitze, reichten auf der Stelle ihre Entlassung ein, ließen sich auch durch nichts umstimmen. Salis ging persönlich nach Paris, wo er im Juli 1792 seine Angelegenheit betrieb, und da er d'Affry durchaus nicht von seinem Recht überzeugen konnte, sich um eine Offiziersstelle unmittelbar im französischen Heere bewarb. „Hoffnung und Mut", schrieb Salis damals ins Tagebuch, beseelen den, der sich nichts vorzuwerfen hat und zu sterben weiß" er war entschlossen, in den Kriegsgefahren oder im Tod den ersehnten Frieden zu finden. Ein wunderbares Geschick wollte es, daß er am 9. August zum Hauptmann im Regiment Bahonne ernannt wurde — am 10. August bluteten seine tapferen Landsleute auf den Treppen und in den Höfen der Tuilerien, mit ihrem besten Blut einen König und ein Königtum verteidigend, die sich schon selbst kläglich aufgegeben hatten. Bis zum 8. September mußte er in Paris verweilen, er erlebte dort die greuelvollen Septemberschlächtereien, die Hinmordung von fünftausend Gefangenen, unter denen wiederum eine Reihe von Landsleuten waren, die den 10. August und den Tuileriensturm überlebt hatten. Er hatte Ursache aufzuatmen, als er dem Höllenkessel glücklich entronnen, sich dem französischem Süden zuwandte, aber mehr als ein Aufatmen war es nicht.

Salis sah nun erst, als er in dem gleichfalls revolutionärkochenden

Lyon saß, wie verzwackt seine ganze Situation sei. Er hatte sich von den „Söldnern" geschieden, er hieß nationalfranzösischer Offizier, aber mußte schon jetzt zweifelhaft sein, ob er den Dienst überhaupt antreten könne, denn es schien, als ob General Montesquiou Genf angreifen würde, was im Westen so an der Eidgenossenschaft hing, wie Graubünden im Osten. Und selbst als sich herausstellte, daß der Krieg nur gegen Sardinien und Österreich geführt werden sollte, fühlte er, daß er in diesem neurepublikanischen Heere nicht an seinem Platze sei. Er war freiheitliebend, aber hatte mit den Überzeugungen und Gesinnungen der aufstrebenden Jakobiner nichts zu schaffen. Er blieb geborener Aristokrat, ein Cidevant in des Wortes gefährlicher Bedeutung und glich in nichts den patriotischen Sergeanten, die jetzt die Offiziersepauletten erlangten und zu Befehlshabern der revolutionären Heere emporstiegen, während die Köpfe der ehemaligen Generäle von der Guillotine rollten. So nahm er am Feldzug nur bis zum Einrücken in die Winterquartiere teil, verließ von Chambery aus das französische Heer, um nie wieder in der Fremde zu dienen, ging zu Matthisson an den Genfersee und schrieb seiner Geliebten: „Auch Frankenfreiheit war nur ein Schatten, den blutgierige Hunde besudelten; eine Freiheit, die ich mir einst schön und hold dachte, wie meine Berenice, die aber je länger, je unwürdiger ist, mit einem Engel verglichen zu werden .. Frankenfreiheit ward Cromwellisch."

Wäre sie noch Cromwellisch gewesen! Das schreckengeknechtete, tiefzerrüttete und trotz allem Kriegsruhm aus tausend Wunden blutende Land, sollte noch sechs Jahre nach seinem Cromwell schmachten. Für Salis aber gestaltete sich dasselbe Jahr 1793, das ihn vom französischen Boden und auch endgiltig aus dem französischen Dienst scheiden sah, zu einem glücklichen. Sein Vater gab den Widerstand gegen die Heirat mit Ursina Pestaluz endlich auf, in den Weihnachtstagen 1793 fand die Hochzeit statt und das glücklich vereinigte Paar ließ sich zunächst in Chur nieder. Im gleichen Jahre war die von Matthisson bevorwortete Sammlung der Salisschen Gedichte bei Orell, Füßli u. Comp. in Zürich gedruckt worden, und Salis hatte jetzt Muse, sich sowohl der Anerkennung und der litterarischen Verbindungen zu freuen, als einige neue Gedichte aus der Fülle seines Glückes herauszuschreiben. Während die Unwetter des Krieges und der revolutionären Propaganda ihre Grenzen umtobten, waren der alten Eidgenossenschaft und ihren Bundesverwandten — freilich unter Sorgen und Zagen — noch ein paar ruhige Jahre gegönnt. Vor dem Ende des Jahrhunderts brausten Unwetter auch in die Schweiz und nach Graubünden hinein und brach der alte künstliche und längst morsche Staatsbau zusammen. Der Hereinsturm französischer Heere brachte einen mehrjährigen Bürgerkrieg, den erst 1803 Napoleons gewaltig eingreifende Hand beendigte. In den Kapiteln „Der Parteigänger", „Im Dienst der Helvetik", schildert Frey eingehend die wechselnden Schicksale, die Salis und seine hochherzige Gattin in diesen wilden Zeiten betrafen. Seinen Gesinnungen getreu, gehörte der Dichter zur Partei derer, die nicht nur an keine Herstellung des Alten glaubten, sondern auch die Wiederaufrichtung des so hilf- und würdelos zusammengebrochenen Regiments für ein Unglück hielten. Er mußte, da er für den Anschluß der alten graubündischen Republik an den neuen helvetischen Einheitsstaat, für das Beisammenhalten der Schweiz, stimmte und wirkte, aus der engeren Heimat flüchten. Er und seine Familie erfuhren die härtesten Prüfungen, die Glückverwöhnten lernten den Mangel, die in ehrenhaftem Stolz Erwachsenen die gehässige Verleumdung, die nach idyllischer Ruhe Verlangenden die Unsicherheit wilder Zustände, eines Flüchtlingslebens von einem Ort zum anderen kennen. Aber sie blieben aufrecht: er in treuer Hingabe an die vaterländische, frei erwählte Pflicht, die ihn bald auf die Schlachtfelder, bald in die wechselnden Räte und Behörden jener bewegten fünf Jahre führte, sie in vertrauender Liebe unter allen Wandlungen des äußeren Geschickes an ihm festhaltend, ihm das Dunkel der Gegenwart erhellend. Tief rührend ist es, wenn er sich um Ursinas willen freut, daß er aus den Schlachten und Feldzügen, an denen er teilnimmt, unverletzt hervorgeht.

Am Ende, als nach dem Vermittlungsakte des ersten Konsuls bessere Tage für die Schweiz aufgingen und es unbedingt entschieden war, daß Graubünden für immer mit der neuen Eidgenossenschaft verbunden bleiben würde, kehrte Salis 1803 nach seiner engeren Heimat, seinem Geburtsorte Malans zurück. Von 1803 bis zu seinem am 29. Januar 1834 erfolgten Tode, „wies sein Dasein jene Stille und Einförmigkeit auf, die dem Dasein eines Schweizers in kantonalen Ämtern eigen zu sein pflegt." Die selbstlose und rastlose Thätigkeit, die Salis im Dienste des Kantons Graubünden entfaltete, würde ihm Zeit und vielleicht auch Stimmung genug zu poetischen Schöpfungen gelassen haben, hätte er über die lyrische Begabung hinaus, irgend welche Gestaltungskraft besessen. Da er aber in der Jugend den poetischen Inhalt seines Wesens und Lebens nahezu vollständig ausgegeben hatte, und viel zu einfach und ehrlich war, um sich künstlich aufzustacheln und anzuspornen, so war die poetische Nachblüte seiner Mannesjahre nur karg, und die Vorrede, die er zur dritten Ausgabe seiner Gedichte (Zürich 1800) schrieb, klang schon wie ein Abschied von der Poesie, wie eine Entschuldigung, daß er in so ernsten drangvollen Zeiten überhaupt noch an lyrische Dichtung denke. Mit allem Recht betont der Biograph das Rühmliche dieses männlichen Verzichtes auf die inneren Beglückungen der Poesie und auf den litterarischen Ehrgeiz. Aber wie tüchtig, inhaltreich und bedeutend sein politisches Wirken für Graubünden und die Eidgenossenschaft auch gewesen sein mag: die Teilnahme für Salis, die ihm ein so vorzügliches litterarisches Denkmal verschafft hat, gilt am Ende doch weder dem General noch dem Landammann, sondern einzig und allein dem echten, liebenswürdigen lyrischen Dichter, dessen Bild Adolf Frey so gewinnend und anziehend im Gedächtnis der Nachwelt erneuert hat.

Friedrich Hölderlin.

Binnen wenigen Jahren erfüllt sich ein Jahrhundert, seit Schillers schwäbischer Landsmann und Schüler, Friedrich Hölderlin, jenen tief elegischen lyrischen Roman erscheinen ließ, in dessen Schlußbriefen die herbste Verurteilung enthalten war, die deutscher Idealismus jemals über das eigne Volk verhängt hat, den Hyperion. „Es ist ein hartes Wort, und dennoch sag ich's, weil es Wahrheit ist: ich kann kein Volk mir denken, das zerrissener wäre wie die Deutschen. Handwerker siehst du, aber keine Menschen, Denker, aber keine Menschen, Priester, aber keine Menschen, Herren und Knechte, Jungen und gesetzte Leute, aber keine Menschen — ist das nicht wie ein Schlachtfeld, wo Hände und Arme und alle Glieder zerstückelt unter einander liegen, indessen das vergossne Lebensblut im Sande zerrinnt? — Deine Deutschen bleiben gerne beim Notwendigsten und darum ist auch bei ihnen so viele Stümperarbeit und so wenig Freies, Echterfreuliches. Doch das wäre zu verschmerzen, müßten solche Menschen nur nicht fühllos sein für alles schöne Leben, ruhte nur nicht überall der Fluch der gottverlaßnen Unnatur auf solchem Volke!" Wenn Hölderlin zu Ausgang der neunziger Jahre des vorigen Jahrhunderts so empfand und urteilte, wie müßte er erst heute fühlen, wie würde er heute urteilen, heute, wo wir mehr als je „jede Kraft ersticken, die nicht zum Titel paßt," mehr als je „mit karger Angst, buchstäblich heuchlerisch" nur sind, was wir heißen, wo das „Fach" in ganz andrer Weise als vor hundert Jahren den Menschen verschlingt, und wo der Fluch nahezu erfüllt scheint, den schon Hyperion über den Deutschen schweben sieht, daß „bei ihnen eigentlich das Leben schal und sorgenschwer und überoll von kalter, stummer Zwietracht" ist, und daß „der Rausch wächst mit den Sorgen, und mit der Üppigkeit der Hunger und die Nahrungsangst; zum Fluche wird der Segen jedes Jahres, und alle Götter fliehn." Wie eine düstre Prophezeiung unsrer eignen Tage erklingen diese Klagen Hyperion=Hölderlins.

Je leichter es ist zu sagen, daß in ihnen der Wahnsinn, der den Dichter wenige Jahre später umnachtete, seine Schatten bereits vorausgeworfen habe, desto näher liegt die Erwiderung, daß der tiefe Seelenschmerz, den Hölderlin aus der Betrachtung und Erkenntnis der ihn umgebenden Wirklichkeit schöpfte, die wahre Ursache seiner spätern Geisteskrankheit geworden sei. Doch ist es müssig und unerlaubt, mit psychischen Vorgängen der Vergangenheit, die trotz allen aufgewandten Scharfsinns nie völlig erhellt worden sind, zu tendenziösen Zwecken von heute zu spielen; gewiß bleibt, daß eine Erscheinung wie die Hölderlins in unserm Zeitalter — wenn sie überhaupt möglich wäre — noch tausendmal fremdartiger und unverstandner sein würde, als sie selbst am Wendepunkt des achtzehnten und des neunzehnten Jahrhunderts gewesen ist. Wie fremd, wie gleichgiltig — läßt sich an der Vergessenheit messen, in die Hölderlins wunderbare, aus dem Innersten einer schönheitstrunkenen Natur ge=

quollene Lyrik gesunken ist. Verschwindend klein ist die Zahl derer, die mit Hölderlin geschwärmt und die selige Empfindung geteilt haben:

> Noch lächelt unveraltet
> Das Bild der Erde dir,
> Der Gott der Jugend waltet
> Noch über dir und mir!

die das tiefste Leid und die edelste Resignation in „Menons Klage um Diotima" in ihrer goldklaren Reinheit auf sich haben wirken lassen. In eben dem Maße aber, wie Hölderlins lebendige Dichtung dem Geschlecht von heute entrückt ist, und wie nur einzelne melodische und ergreifende Laute seiner Lyrik noch im Gedächtnis und auf den Lippen weniger leben, hat die Litteraturgeschichte von ihm Besitz ergriffen. Derselbe Dichter, mit dessen Namen die Mehrzahl unsrer Gebildeten nur noch eine undeutliche Vorstellung verbindet, hat einen liebevollen Biographen, einen sorgfältigen Sammler seiner Briefe gefunden und ist in die Reihe derer eingerückt, denen die „Forschung" ihre Beachtung zu teil werden läßt. Das vielgebrauchte Bild von der lebendig sprossenden und von der ins Herbarium gepreßten Blume trifft bekanntlich auf die litterarhistorische Besitznahme von einem Dichter nicht völlig zu: Goethes Dichtung hat nichts von ihrem frischen Duft verloren, obwohl wir bereits bis zur Zählung gewisser Wörter in seiner Lyrik, zur Publikation und ernsthaften Besprechung der Weinbestellungen und Waschzettel des alten Geheimrats gediehen sind. Aber unleugbar steht in weiten Kreisen des Publikums die biographische und kritische Darstellung in einem unerquicklichen Mißverhältnis namentlich zur poetischen Produktion. Sinn und Zweck großer Monographien, wenn sie über die engsten Kreise der Fachgenossen hinauswirken sollen, kann doch nur sein, ihre Leser für die dargestellte Erscheinung, für deren innersten Kern zu gewinnen, und was sollen am Ende Dichterbiographien, die fast für alle ihre Leser Grund und Vorwand abgeben, sich mit dem Kern eines Dichterlebens, seinem poetischen Schaffen fernerhin nicht zu befassen? Wer liest denn Spittas „Bach" zu dem Endzweck, keinen Ton des Leipziger Altmeisters mehr zu hören, wer Justis „Velasquez" mit dem Vorsatze, fernerhin die Bilder des spanischen Meisters in allen Galerien unbesehen zu lassen? Aber wie viele nehmen ein Buch wie: Friedrich Hölderlins Leben. In Briefen von und an Hölderlin von C. T. Litzmann. (Berlin, Wilhelm Hertz) mit der bestimmten Absicht zur Hand, sich daraus über einen so wunderlichen Heiligen zu unterrichten, womöglich einigen Klatsch über das Verhältnis des Dichters zu seiner „Diotima" zu schöpfen und damit den schwäbischen Magister für immer abzuthun? Wie viele und doch wie wenige und in gewisser Beziehung noch zu Lobende, gegenüber den Hunderttausenden von angeblich „Gebildeten", für die Hölderlin nie gelebt und gedichtet hat! Für die große Mehrzahl unsrer öffentlichen „Organe", auch derer, die sich ständig mit Litteratur befassen, ist ein Buch wie das Litzmannsche gar nicht vorhanden, und eine Minderzahl begnügt sich damit, zu registrieren,

daß der Dichter in einer vortrefflichen, aus dem besten Material ge=
zimmerten Lebensgeschichte eingesargt liegt und dort einer fröhlichen Ur=
ständ harren mag, bis — ja bis wann? Vielleicht bis zu dem Zeitpunkte,
wo zur Abwechslung der poetische Idealismus wieder einmal so einseitig
und sinnlos gepriesen werden wird, wie heute der Realismus und alles,
was man Wirklichkeit zu nennen beliebt. „Auf nichts versteht sich die
liebe Menschheit schlechter, als am rechten Punkte einzuhalten" (D. F. Strauß),
und so kann es wohl kommen, daß man eines schönen Tages mit den
Ausartungen realistischer Poesie alles objektive Leben und die Natur selbst
über Bord wirft und dann mit der ausschließlichen Lobpreisung der Dichter
von Hölderlins Art genau ebenso im Unrecht sein wird, wie mit der
gegenwärtigen Nichtachtung.

Wäre es wahr, daß den Dichter verstehe, wer in Dichters Lande
geht, wer teil nimmt an der Entwicklung einer poetischen Natur, so würde
Litzmanns Buch (das von seinem Sohne, dem Litteraturhistoriker Bert=
hold Litzmann, nach dem Tode des greisen Verfassers herausgegeben, nicht
von dem Sohne verfaßt ist) bei gar vielen Lesern Verständnis für
Hölderlins von dem Odem der Sehnsucht nach reiner Menschlichkeit um=
hauchte Gestalt wecken. Denn sie ist ein Buch, das im spätern Alter
seines Verfassers geschrieben, Begeisterung, Liebe und geistige Vertiefung
eines ganzen Lebens in sich einschließt. „Ich war fast noch ein Knabe,"
heißt es im Vorwort, „als ich in einer Zeitschrift — ich meine, es war
das Morgenblatt — zum erstenmale etwas über Hölderlin las. Unter
den mitgeteilten Gedichten befand sich ein in der Zeit des Irrsinns ent=
standenes, welches einen besonders tiefen Eindruck auf mich machte, daß
ich es nicht vergessen konnte!

   Mit gelben Blumen hänget
   Und voll mit wilden Rosen
   Das Land in den See u. s. w.

Meine Phantasie dachte sich den unglücklichen Dichter in einem einsamen
in den See hinaus gebauten Turme, traurigen Blickes hinstarrend auf die
öde Wasserfläche zu seinen Füßen. Erst später lernte ich die Gedichte
aus seinen gesunden Tagen kennen, deren Gedankeninhalt verwandte Saiten
in mir berührte. In ihrer Form, deren strenge Schönheit sie griechischen
Marmorbildern vergleichen läßt, verbunden mit dem ganzen Zauber
musikalischen Wohllautes, dessen unsre Sprache fähig ist, scheinen sie noch
heute mir das vollendetste zu sein, was auf diesem begrenzten Gebiete
geschaffen ist. Zugleich erfuhr ich einiges nähere über sein tragisches
Schicksal. Und wie ist seine Gestalt ganz wieder meinem Sinn ent=
schwunden, in kürzern oder längern Zwischenräumen kehrten meine Ge=
danken immer wieder zu ihr zurück. Als ich dann durch meinen ärztlichen
Beruf mit den Nachtseiten des menschlichen Geistes= und Gemütslebens
vertrauter wurde, gewann Hölderlins trauriges Los ein neues Interesse
für mich, und ich fing an, mich mit der Entstehung seiner Krankheit und
den Ursachen, welche den frühen Untergang dieser reich begabten Natur

verschuldet hatten, zu beschäftigen. Doch reifte erst spät in mir der Plan, von diesem Standpunkte aus das Leben des Dichters zu schildern." Wie aus dem Bericht Berthold Litzmanns hervorgeht, hat der Verfasser, nachdem er jahrzehntelang für seinen Zweck gesammelt und vorgearbeitet hatte, erst in seinem siebzigsten Lebensjahr mit der Ausarbeitung der Biographie begonnen und ist dann glücklich genug gewesen, diese seine Lieblingsarbeit zu vollenden und den Beginn des Drucks noch zu erleben. Eine bloß um des interessanten Materials willen unternommene Arbeit war hier in keinem Falle zu befürchten, die lebendige Hingabe an den Dichter ist Seele und Odem des Buches.

Gleich seinem erlauchten Landsmann und Gönner Schiller war auch Hölderlin auf dem Boden Altwürttembergs, des Herzogtums der Ulrich und Christoph, und unter der Regierung des despotischen Karl, Schubart-Schillerschen Angedenkens, geboren (am 20. März 1770 zu Lauffen am Neckar). Elf Jahre jünger als Schiller, erzogen als der Sohn einer jungen Witwe, die auch ihren zweiten Gatten in ihrem einunddreißigsten Lebensjahr verlor, hatte Hölderlin in früher Jugend nicht, wie Schiller, die rauhe Unbill der Verhältnisse, sondern die Wehmut des Lebens kennen gelernt. Litzmann meint, „Friedrich Hölderlin war ein phantasiereicher Knabe mit einem weichen Herzen. So wird es mit Recht als ein Unglück für ihn bezeichnet, daß auch der zweite Vater ihm so früh entrissen wurde und seine Erziehung allein weiblichen Händen anvertraut blieb. Das Gegengewicht, dessen seine Natur bedurft hätte, fand er bei der zärtlichen Mutter und Großmutter nicht."

Die Bildung, die der Knabe zunächst durch die lateinische Schule in Nürtingen (unter der Leitung des Präzeptors M. Kraz), dann in der niedern Klosterschule zu Denkendorf und der höhern zu Maulbronn empfing, entsprach völlig altwürttembergischem Herkommen, und dasselbe Herkommen führte den Jüngling in das Tübinger theologische Stift und stellte ihm die künftige Schul- und Pfarrstelle in Aussicht. Selbst die dereinstige Frau Pfarrerin war schon gefunden: eine Schülerliebe zu Luise Nast, der Tochter des Klosterverwalters von Maulbronn, wurde erwidert und führte zu einer Art von Verlobung. Und doch war Hölderlin innerlich bereits von der ganzen Welt, in der er lebte und der seine Zukunft gehören sollte, getrennt. Nicht weil er bei seinem Studium griechische Sprache und Dichtung bevorzugte — gar viele Tübinger Stiftler und schwäbische Magister waren „tüchtige Griechen" —, sondern weil jene Stimmung, der Schiller in dem Gedicht „Die Götter Griechenlands" Ausdruck gab, in der Seele des jungen Musensohnes gewohnt, noch ehe der frühbewunderte Landsmann gesungen hatte, „da die Götter menschlicher noch waren, waren Menschen göttlicher." Ein früher Ehrgeiz, sich als Dichter auszuzeichnen und, wenn er dies nicht vermöchte, sich selbst gleichsam aufzugeben, gesellte sich dem frühempfundnen und namentlich aus Platos Schriften unablässig genährten Enthusiasmus für die schönheitsvolle hellenische Welt und der immer wachsenden Abneigung gegen die „Entartung neueres Barbartums", wie sich der Pfarrer in Vossens „Luise" ausdrückt. Seine innersten Wünsche verriet er wenige Jahre nach Beginn seiner Universitätsstudien, wo er (Sommer 1791) an seine Schwester schrieb: „Um mich werb' ich immer weniger besorgt, wenn ich der Zukunft denke, denn täglich werde ich mehr überzeugt, daß kein Mensch leicht durch gute Tage übermütiger, durch schmale Kost aus der Hand des Glücks hingegen braver wird, als ich. Und da ist mein höchster Wunsch — in Ruhe und Eingezogenheit einmal zu leben und Bücher schreiben zu können — ohne dabei zu hungern."

Daß Hölderlin hierbei an etwas andres dachte als an ein Berufsschriftstellertum im heutigen Sinne oder selbst im Sinne Lessings, braucht kaum gesagt zu werden, und daß er voraussah, daß er auch das mäßige Vermögen nicht besitzen würde, das zu dieser ersehnten Führung seines Lebens gehört hätte, erfüllte ihn mit Trauer. Er wußte auch zu Zeiten recht wohl, daß in der Heimat und in der Stille einer württembergischen Landpfarre seine Träume nicht zum Leben reifen könnten, und dachte selbst daran, die Theologie mit der Jurisprudenz zu vertauschen, fügte sich aber alsbald wieder den Wünschen der Mutter, die ihn bat, im Stift auszuhalten: „Ich habe mich entschlossen, von nun an in der Lage zu bleiben, in der ich bin. Der Gedanke, Ihnen unruhige Stunden zu machen, die ungewisse Zukunft, die Vorwürfe, die ich von den lieben Meinigen verdiente, und die ich mich in redlichem Maße selbst machen würde, wenn mich die Hoffnung getäuscht hätte, der Rat meiner Freunde, das ekle Studium der Juristerei, die Allfanzereien, denen ich mich beim Advokatenleben ausgesetzt hätte, und von der andern Seite die Freuden einer ruhigen Pfarre, die Hoffnung auf gewisse bäldere Bedienstigungen, die Vorstellung, den Seinigen zu lieb vier Jährchen hindurch bei Beschwerlichkeiten gleichgiltig zu sein und über Narrheiten zu lachen, all dies bewog mich, endlich Ihnen, liebe Mama, zu folgen. Elternrat beruhigt immerhin. Geh es, wie es will, hab ich doch diesen Trost."

Der Biograph hat sicher Recht, wenn er diese Fügsamkeit des jungen Mannes auf die Liebe zu den Seinigen, das innige Verwachsensein mit der Familie zurückführt. Gleichwohl dürfte ihr noch etwas andres zu Grunde gelegen haben: die gefährliche völlige Gleichgiltigkeit gegen jedes Schicksal, das ihm im gewöhnlichen Gang der Dinge etwa blühen konnte. Wie er sich durch die Schönheit seiner leiblichen Erscheinung von der großen Mehrzahl seiner Landsleute und Kommilitonen unterschied („seine regelmäßige Gesichtsbildung, der sanfte Ausdruck seines Gesichts, sein schöner Wuchs, sein sorgfältiger reinlicher Anzug und jener unverkennbare Ausdruck des Höhern in seinem ganzen Wesen sind mir immer gegenwärtig geblieben," heißt es in Rehfues Erinnerungen) — so lebte in seiner Seele ein Schönheitsbedürfnis, ein lechzendes Verlangen nach innerer Harmonie und seligem Frieden des Daseins, denen gegenüber alle Zustände seiner Zeit und Umgebung hoffnungslos und drückend erschienen. Im Vergleich zu der Hoffnung, daß Begeisterung mit allmächtigen Wonnen, in goldnen Wolken den Frühling der Völker erneuern, das erwachte Gefühl des Göttlichen dem Menschen seine Gottheit und seiner Brust die schöne Jugend wieder bringen werde (Hyperion), war freilich jede Möglichkeit, die einem Tübinger Magister offen stand, bedeutungslos, die eine ausgenommen, in poetischer Vertiefung und Kraft für die raschere Verwirklichung des goldnen Traums zu wirken. In der That blieb die Sehnsucht nach dichterischer Ausbildung und Bethätigung der rote Faden, der sich durch Hölderlins Jugend= und Universitätszeit hindurchzieht. Die unwirklichen Träume waren seine Wirklichkeit, neben der die Realitäten seines Lebens unwirklich wurden.

Im Jahre 1790 erwarb er den Magistergrad und schrieb seiner Mutter, nachdem er ihr die Kosten dieser akademischen Promotion berechnet hatte: „Freilich ists ärgerlich, da die ganze Sache so unnütz ist. Meinetwegen könnten alle Magisters und Doktors Titel, samt hochgelahrt und hochgeboren in Morea sein." Er zitterte förmlich vor dem, was die Mehrzahl der Studierenden ersehnt, vor einer frühen Versorgung, und zog jede Hauslehrerstellung, der sich leicht wieder entrinnen ließ, und die wenigstens die Möglichkeit eines völligen Umschwungs seines Schicksals in sich einschloß, den Anerbietungen des Stuttgarter Konsistoriums zu einem Vikariat vor; er fragte sich selbst in einem Briefe an seine Mutter: „Ist es Glück oder Unglück, daß mir die Natur diesen unüberwindlichen Trieb gab, die Kräfte in mir immer mehr und mehr auszubilden?" Er wußte bereits, als er im Jahre 1793 durch Schillers Vermittelung als Hofmeister in das Haus Charlottes von Kalb gerufen wurde, daß die Ausbildung seiner Kräfte, vor allem der poetischen, sein einziges Ziel bleiben und jedes andre nur äußerlich und zufällig von ihm erreicht werden würde. Und obwohl er pietätvoll und weichherzig fortfuhr zu Mutter, Schwester und Bruder in der Sprache zu reden, die sie verstanden, sich ihnen als ein Mensch darzustellen, um dessen Zukunft sie nicht allzuschwere Sorgen zu hegen brauchten („es ist, wie ich glaube, weder Unbescheidenheit noch Träumerei, wenn ich für mein Wesen, soweit ich seine Bedürfnisse kenne, für jetzt noch eine Lage notwendig halte, in der ich mehr Möglichkeit vor mir sehe, an mannigfaltigen Gegenständen, ohne die Einschränkungen eines fixierten bürgerlichen Verhältnisses, meinen Geist und mein Herz zu nähren," schreibt er an seine Mutter am 1. Juli 1794), so muß er doch wohl gefühlt haben, daß ein Geist in ihm lebte, der ihn allem heitern Begnügen mit den engen und unschönen Verhältnissen entfremdete, in die ihn sein Schicksal gestellt hatte.

Der Aufenthalt im Hause der Frau von Kalb rückte den jugendlichen Dichter mit einemmale in den Mittelpunkt des geistigen Lebens, der geistigen Bewegung. Es waren weder gesunde noch erfreuliche häusliche Zustände, die Hölderlin beim Major von Kalb und seiner geistreichen Frau vorfand: eine Ehe, zu der die Frau aus Familien= und Vermögensrücksichten gezwungen worden war, und die in jedem Augenblicke von jedem Sturme der Leidenschaft bedroht wurde, der durch die Seele der Titanide brauste, ein kränklicher Zögling, der den unerfahrenen Erzieher anfänglich durch körperliche Schönheit und zutrauliches Anschlußbedürfnis bestach, und bei dem er doch bald erkennen mußte, daß alle Mühe und Sorgfalt vergeblich sein würde, ein Haushalt, worin aristokratische Bedürfnisse und Gewohnheiten beständig mit der Notwendigkeit der Einschränkung stritten, gaben, wie lange sich auch der Hauslehrer darüber zu täuschen suchte, seiner Lage im Kalbschen Hause etwas Gedrücktes. Dabei hate er doch Ursache, die Energie des Geistes, die reiche Phantasie, die vorurteilslose Empfindung Charlottes zu bewundern, und war zu jung, um die dunkeln Seiten in der Natur und der Seele der genialen und unglücklichen Frau klar zu erkennen. Charlotte zeigte sich gütig und teilnehmend, sie ehrte in dem jungen Hofmeister die bald erkannte poetische Begabung und den verwandten Geist, sie empfahl ihn an Schiller, Goethe und Herder, sie entschloß sich endlich, nachdem sie ihn schon im Oktober 1794 mit ihrem Sohne nach Jena geschickt hatte, ihn im Januar 1795 seiner Verantwortlichkeit als Erzieher zu entheben. „So erbot sich, meldete Hölderlin an seinen Freund Neuffer, die Majorin von selbst, meinem Jammer ein Ende zu machen, ich nahm sie beim Worte, sie wollte aber nicht, daß ich so plötzlich ginge, ich stellte ihr vor, daß ich meiner Gesundheit so bald möglich Ruhe schaffen, auch mein unterbrochenes Kolleg bei Fichte noch hören möchte, und sie gab endlich nach, versah mich noch mit Gelde auf ein Vierteljahr, will sonst alles thun, um mir einen längeren Aufenthalt hier möglich zu machen, bat mich, ja aller Monate ein par mal hinüber (von Jena nach Weimar) zu kommen und zeigte noch beim Abschiede ihren ganzen edeln Sinn und ihre, wie ich doch glauben muß, herzliche Freundschaft für mich."

Vom Oktober 1794 bis zum Juli 1795 dauerte Hölderlins Aufenthalt in Jena, wo Schiller eben von der Geschichte und der philosophischen Ästhetik zum poetischen Schaffen zurückkehrte und nebenbei die „Horen" und seinen Musenalmanach herausgab, wo Fichte eben seine Wissenschaftslehre vom Katheder herab offenbarte, und wo sich aus ganz Deutschland die empfänglichste und hochstrebendste Jugend zu der Hochschule Johann Friedrichs des Großmütigen drängte. Der Gedanke Hölderlins, sich womöglich unter die Lehrkräfte dieser Hochschule zu reihen, war eine flüchtige Anwandlung und im Grunde ein Verkennen seiner wahren Natur, er blieb mit aller philosophischen und philologischen Bildung ein Poet, er konnte sich in jede andre als die künstlerische Bethätigung seines Geistes fügen, aber nicht einleben. Die Nähe dessen, was in seinen Augen groß und verehrungswürdig war, bewegte, ja erschütterte ihn aufs tiefste. Im November 1794 schon meldete er an Neuffer: „Ich habe jetzt den Kopf und das Herz voll von dem, was ich durch Denken und Dichten, auch von dem, was ich pflichtmäßig durch Handeln, hinausführen möchte, letzteres natürlich nicht allein. Die Nähe der wahrhaft großen Geister und auch die Nähe wahrhaft großer, selbstthätiger, mutiger Herzen schlägt mich nieder und erhebt mich wechselsweise, ich muß mir heraushelfen aus Dämmerung und Schlummer, halb entwickelte, halb erstorbene Kräfte sanft und mit Gewalt wecken und bilden, wenn ich nicht am Ende zu einer traurigen Resignation meine Zuflucht nehmen soll, wo man sich mit andern Unmündigen und Unmächtigen tröstet, die Welt gehen läßt, wie sie geht, dem Untergange und Aufgange der Wahrheit und des Rechts, dem Blühen und Welken der Kunst, dem Tod und Leben von allem, was den Menschen als Menschen interessiert, wo man dem allen aus seinem Winkel mit Ruhe zusieht und, wenns hoch kömmt, den Forderungen der Menschheit seine negative Tugend entgegenstellt. Lieber das Grab, als diesen Zustand. Und doch hab ich oft beinah nichts andres im Prospekt. Lieber alter Herzensfreund! in solchen Augenblicken vermiß ich oft recht Deine Nähe, Deinen Trost und das sichtbare Beispiel Deiner Festigkeit. Ich weiß, daß auch Dich zuweilen der Mut verläßt, ich weiß, daß es allgemeines Schicksal der Seelen ist, die mehr als tierische Bedürfnisse haben. Nur sind die Grade verschieden."

In der ersten Hälfte des Jahres 1795 erfuhr Hölderlin den verhängnisvollen Widerspruch, daß die echte Poesie zwar ein Beruf, der unter Umständen den ganzen Menschen fordert, aber niemals ein Geschäft und nur in besonders günstigen Fällen eine nährende Kunst ist. Wohl hatte Schiller den jungen Landsmann, in dem er Züge seines eignen Wesens, seiner eignen Jugend erkannte, und der ganz offenbar die Keime einer bedeutenden Entwicklung in sich trug, freundlich, ja freundschaftlich bei sich aufgenommen, er hatte den Lyriker durch die Aufnahme einiger Gedichte (darunter „Das Schicksal") in die Thalia ehrenvoller und gewichtiger in die Öffentlichkeit eingeführt, als es durch Stäudlins schwäbischen Musenalmanach hatte geschehen können, hatte ihn durch die Aufforderung zur Mitarbeit an seinem eignen Musenalmanach beglückt und selbst dem Roman „Hyperion", an dem Hölderlin arbeitete (und von dem ein Bruchstück als Probe gleichfalls in Schillers „Thalia" erschien) durch seine nachdrückliche Empfehlung an Cotta einen Verleger gewonnen, aber der junge Dichter erkannte bald, daß ein halbes und ein ganzes Jahr nicht hinreichen würden, den Roman zu vollenden, daß er zu nichts ungeschickter sei, als seinen poetischen Ideen und Empfindungen um des Bedürfnisses willen Gestalt zu leihen. Er konnte nicht daran denken, sich durch den Ertrag des „Hyperion" ein Jahr in Jena zu behaupten, worauf es ursprünglich abgesehen gewesen war, kehrte im Hochsommer 1795 nach Schwaben zurück und richtete von Nürtingen aus jenen bekannten Brief an Schiller, in dem er ihm sagte: „Ich wußte wohl, daß ich mich nicht, ohne meinem Innern merklichen Abbruch zu thun, aus Ihrer Nähe würde entfernen können. Ich hätte es auch schwerlich mit all meinen Motiven über mich gewonnen, zu gehen, wenn nicht eben diese Nähe mich von der andern Seite so oft beunruhigt hätte. Ich war immer in Versuchung, Sie zu sehen, und sah Sie immer nur, um zu fühlen, daß ich Ihnen nichts sein konnte. Ich sehe wohl, daß ich mit dem Schmerze, den ich so oft mit mir herumtrug, notwendigerweise meine stolzen Forderungen büßte; weil ich Ihnen so viel sein wollte, mußte ich mir sagen, daß ich Ihnen nichts wäre. Aber ich freue mich, daß ich so gewiß mir sagen kann daß ich den Wert des Geistes, den ich achte, so weit ich ihn ermessen kann, in mancher guten Stunde rein empfand, und daß mein Streben, ihm recht viel zu sein, im Grunde nichts anderes war, als der gerechte Wunsch, dem Guten, Schönen und Wahren, sei es unerreichbar oder erreichbar, sich mit seinem Individuum zu nähern, und daß man nicht gerne dabei einzig sein Richter ist, ist gewiß auch menschlich, gewiß natürlich."

Sicherlich hat Litzmann Recht, wenn er die Zeit des Dichters in Nürtingen vom August 1795 bis zum Januar 1796 als eine trübe und unerfreuliche betrachtet. Ja er legt ihr vielleicht für die wachsende Verdüsterung von Hölderlins Geiste noch nicht genug Gewicht bei. Daß sich der Fünfundzwanzigjährige als ein Gescheiterter erschien, daß er den Abstand seiner heimatlichen Verhältnisse gegen das eben Erlebte bitterer und schärfer als zuvor empfand, daß er sich vorkam „wie ein hohler Hafen," nicht gern einen Ton von sich gab, von dem Unbestimmten seiner Lage, seiner Einsamkeit und dem Gedanken, daß er daheim allmählich ein lästiger Gast sein möchte, niedergedrückt wurde, daß er aufseufzte: „Wär ich doch geblieben, wo ich war. Es war mein dummster Streich, daß ich ins Land zurückging," daß er sich auch körperlich leidend fühlte, entfremdete ihn der Wirklichkeit immer mehr. Die Beseligung, die er in seinem zugleich überschwänglichen und wunderbar feinen Naturgefühl in sich trug, die Hoffnung auf freiere Flüge und höheres Gelingen als lyrischer Dichter erwies sich wirkungslos gegen die nagende Empfindung seines Alleinstehens, gegen die gesteigerte Wehmut über die Ohnmacht des Menschen, den es gelüstet, die Natter zu zertreten, „das kriechende Jahrhundert, das alle schöne Natur im Keime vergiftet," gegen die pantheistische Todessehnsucht, die mit dem heiligen Äther und dem brüderlichen Licht eins zu werden strebte. Scharfblickend hatte Schiller diesen Wurm in der Seele des jungen Landsmanns erkannt; als er im Juni 1797 Hölderlins Gedichte „Der Äther" und „Der Wanderer" an Goethe geschickt hatte und dieser den Gedichten „nicht ganz ungünstig war," bemerkte Schiller: „Es ist nicht das erstemal, daß mich der Verfasser an mich mahnte. Er hat eine heftige Subjektivität und verbindet damit einen gewissen philosophischen Geist und Tiefsinn. Sein Zustand ist gefährlich, da solchen Naturen so gar schwer beizukommen ist."

Und nun wollte es Hölderlins Verhängnis, daß er den unsühnbaren tiefen Zwiespalt zwischen seinem Verlangen nach höchster und reinster Harmonie des Daseins und der wirklichen Gestalt des gebrechlichen Lebens nicht mehr bloß innerlich träumen und vorempfinden, sondern in erschütternder Weise durchleben sollte. Im Januar 1796 trat er als Hauslehrer in das Haus des Kaufmanns Jakob Friedrich Gontard zu Frankfurt a. M., der mit der schönen Hamburgerin Susanne Borkenstein vermählt war, und dessen Kinder Hölderlin zu unterrichten hatte. Er zeigte anfänglich eine gewisse Vorsicht und Zurückhaltung gegenüber dem neuen

Familienkreis und wußte wohl, daß er die Neigung hatte, in gewöhnliche Naturen allzuviel hineinzutragen. Herrn Gontard gegenüber war auch die Vorsicht sicher am Platze. Unberührt von dem mildern Hauch der Zeit, von der idealen Anschauung, die in der Gemeinsamkeit der Bildung auch einen gemeinsamen Lebensboden erblickte, war er ein stattlicher Patrizier alten Stils, stolz auf sein Vermögen, sein angesehenes Haus. „Bezeichnend für den Sinn der Familie ist es, daß seine jüngste Schwester Margarete ihrer Liebe zu einem angesehenen Arzte entsagen mußte, weil die Mutter sowohl wie die Brüder in einer solchen Verbindung eine Erniedrigung ihres Hauses sahen," erzählt Litzmann. Anders stand es um die Gattin des stolzen Kaufherrn. Obschon auch sie aus reicher, angesehener Kaufmannsfamilie stammte, gehörte sie doch zu den edlen und seelisch tiefen Frauen des achtzehnten Jahrhunderts, für die die äußeren Glücksumstände wenig, die schöne Natur und der strebende Geist alles waren. Sie erkannte den innern Adel Hölderlins schnell, und der Sommer des Jahres 1796, wo der Dichter Frau Gontard und ihre Kinder nach Kassel und ins Bad Driburg begleitete, offenbarte ihm, daß wenigstens eines seiner Ideale verkörpert durch die Welt wandelte. „Lieblichkeit und Hoheit und Ruh und Leben und Geist und Gemüt und Gestalt ist ein seliges Eins in diesem Wesen." Die Schönheit, die Anmut, die Gemütswärme und der Edelsinn seiner Herrin ergriffen, fesselten und beglückten Hölderlin, er war in einer neuen Welt, er fühlte sich vom Frühlingslichte „verjüngt, gestärkt, erheitert, verherrlicht," ein Gefühl, dem er keinen Namen geben wollte und konnte, durchdrang ihn.

Auch in Litzmanns Biographie wird die alte Streitfrage wieder erörtert, ob Hölderlin für „Diotima" eine heiße und mannhaft niedergekämpfte Leidenschaft empfunden oder sich nur durch „eine ewige, fröhlich-heilige Freundschaft" mit diesem seltenen Wesen verbunden gefühlt habe. Während noch Wilbrandt in seinem vortrefflichen Aufsatz über Hölderlin („Hölderlin, der Dichter des Pantheismus." Historisches Taschenbuch, 1871) sagt, daß das als ideale Freundschaft begonnene Gefühl „in stiller Unaufhaltsamkeit zur Liebe wuchs, bis es ihm und ihr den Abgrund zeigte, der entweder ihr sittliches Dasein oder ihr Glück verschlang. Wie das alles sich entwickelte, wie weit — bei aller Reinheit der Gesinnung — sie doch die Leidenschaft führte, darüber klären uns keine unmittelbaren Zeugnisse auf, nur seine Dichtungen lassen uns den Schleier lüften und die Stärke, die Kämpfe und den sittlichen Heroismus dieser Liebe ermessen," liest Litzmann mit Bestimmtheit aus den Briefen und Gedichten heraus, daß „Diotima" dem jungen Dichter nur „schwesterliche Freundin" und „Schutzgeist" gewesen sei, meint: „keine Zeile, weder der Briefe noch der Diotimagedichte, läßt schließen, daß Frau Gontard andre als freundschaftliche Gefühle für Hölderlin gehegt habe." Bei der geistigen Anlage Hölderlins, bei dem erhöhten feierlichen Ausdruck, den er der zartesten Regung seines Innern giebt, bei der unbedingten rückhaltlosen Hingebung an dieses stärkste, unüberwindbarste Gefühl seines Lebens, heiße es nun hoffnungs-

lose Liebe oder heilige Freundschaft, wird die Streitfrage nie entschieden
werden, und um so mehr verschiedener unvermeidlich subjektiver Lösung
anheimfallen, als die unmittelbaren Zeugnisse, die etwaigen Briefe Dioti=
mas und Hyperions, d. i. Susette Gontards und Hölderlins, absichtlich ver=
nichtet worden zu sein scheinen. Für die Katastrophe in Hölderlins Leben
und die Wirkung der selig=unseligen Jahre zwischen 1796 und 1798
ist es überdies ganz gleich, ob man die Empfindung des Dichters für die
schöne und edle Frau, sein Ergriffensein von dem ganzen Werte dieser sel=
tenen Natur Liebe oder Freundschaft tauft.

 Hatten ihm glühende Träume, die nicht Leben werden durften, das
Glück gezeigt, eine solche Frau zu besitzen, mußte er eine Leidenschaft nie=
derkämpfen, so blieb ihm als tiefes Leiden die Gewißheit in der Seele,
daß kein zweites Wesen lebe wie die, die ihm versagt war. Hegte aber
Hölderlins Seele nur Freundschaft für sie, war ihm ihre Ruhe und ihr
Mutterglück heilig, genügte es ihm, daß sie seinen Genius ehrte und sich
in seiner geistigen Welt heimisch fühlte — um so viel schlimmer dann.
Leichter hätte eine glühende Wallung der Leidenschaft, ein Wagnis alles
vergessender Liebe Wirklichkeit werden können, als eine bleibende Freund=
schaft zwischen der Frau des patrizischen Kaufherrn und dem jungen
schwäbischen Magister. Er forderte die Freundschaft einer Dame, die nach
dem Willen ihres Gatten und den Lebensanschauungen ihrer Kreise in
ihm nur den ersten Bedienten ihres Haushalts sehen sollte. Er hätte vor=
aussehen müssen, daß dieser Seelenbund gegenüber den Verhältnissen und
Vorurteilen des Tages eine Unmöglichkeit war, daß der Versuch, ihn durch
Beharren in seiner Stellung zu erhalten, ihn selbst und die vergötterte
Freundin mit Bitterkeiten und brennenden Demütigungen bedrohte. Aber
freilich: „wie sehr der Mensch genötigt ist, um sein einzelnes, einseitiges,
ohnmächtiges Wesen nur zu etwas zu machen, gegen Verhältnisse, die ihm
widersprechen, die Augen zuzuschließen und sich mit der größten Energie
zu sträuben, glaubt man seiner eigenen Anschauung nicht, und doch liegt
auch hiervon der Grund in dem Tiefern, Bessern der menschlichen Natur,
da er praktisch immer konstitutiv sein muß und sich eigentlich um das,
was geschehen könnte, nicht zu bekümmern hat, sondern um das, was ge=
schehen sollte." Dies Goethische Weisheitswort, um eben diese Zeit bei ganz
anderm Anlaß gesprochen (Goethe an Schiller, Weimar, 10. Februar 1798),
traf auf Hölderlins Lage im Gontardschen Hause zu, kurz ehe der Bruch
eintrat.

 Gleichviel, ob es Wahrheit oder Sage ist, daß Susettes Gemahl in
einer rohen Eifersuchtsszene Hölderlin tief und tötlich verletzte, oder ob
man ohne Erklärungen scheinbar kalt und ruhig schied, gleichviel, ob er
Diotima von Homburg aus zu einem letzten Abschied wieder sah oder
Wonne und Weh dieses Abschieds nur träumte, er litt im September 1798
die Trennung von der Frau, die ihm seine Welt geworden war. Den
Nachklang dieser Tage vernehmen wir aus Hyperions Worten: „Da wollt
ich sterben, Diotima, und ich glaubt ein heilig Werk zu thun. Aber wie

kann das heilig sein, was Liebende trennt? wie kann das heilig sein, was unsers Lebens frommes Glück zerrüttet?"

Je reiner Hölderlins Verhältnis zu Frau Gontard gewesen war, um so tiefer mußte sich der Stachel in seine Seele senken, daß die Welt ihm auch das zertreten hatte, daß die Wirklichkeit keine Form für die Empfindung und das Recht tiefsinnigen Seelenverständnisses hatte. Mit der wachsenden Einsicht, daß er das Gelebte nicht noch einmal leben, nicht fortleben könnte, legte sich neuer Schatten der Schwermut über seine innere Welt. Alles, was er im Leben noch versuchte, sich emporzurichten, blieb vergeblich, die Gewalt der schmerzlichen Erinnerung beugte und zog ihn nieder, und schmerzlich bekennt Menons Klage um Diotima: Sie haben mein Auge mir genommen, auch mich hab' ich verloren mit ihr!

Er verlebte in Homburg, in der Nähe seines Freundes, des Regierungsrats Sinclair, ein stilles, den Musen gewidmetes Jahr, vollendete den „Hyperion", und dichtete an jenem Trauerspiel „Empedokles", von dem uns ein bedeutendes Fragment erhalten ist. Er versuchte unter Sinclairs beständiger freundschaftlicher Leitung dem Leben wieder näherzutreten, begleitete im November 1799 den Freund zum Kongreß von Rastatt, der freilich keinem Dichter und am wenigsten einem Dichter seiner Art etwas sein konnte, knüpfte selbst eine Verbindung mit dem kunstsinnigen kleinen Landgrafenhofe von Homburg an, erkannte aber doch wiederum seine Unfähigkeit, von dem Ertrage seiner Feder zu leben. „Weißt Du die Wurzel alles meines Übels? Ich möchte der Kunst leben, an der mein Herz hängt, und muß mich herumarbeiten unter den Menschen, daß ich so oft herzlich lebensmüde bin. Und warum das? Weil die Kunst wohl ihre Meister, aber den Schüler nicht nährt," hatte er noch in der letzten Frankfurter Zeit seinem Stiefbruder Karl zugerufen. So wurde ihm auch in dem letzten Jahre des Jahrhunderts der Sommer nicht zu teil, um den er die Parzen gebeten hatte:

> Nur Einen Sommer gönnt, ihr Gewaltigen!
> Und einen Herbst zu reifem Gesange mir,
> Daß williger mein Herz, vom süßen
> Spiele gesättigt, dann mir sterbe.

Das äußere Bedürfnis, das ihm, nach dem Leben der Frankfurter Jahre, armseliger und verächtlicher als je erschien, trieb ihn in die Heimat zurück, nach der Schweiz und nach Bordeaux, wieder und wieder in die Stellung eines Hauslehrers hinein, deren Druck er ausgekostet hatte, wie keiner. Sein Mißgeschick, vielleicht auch die merkliche Verdüsterung seines Sinnes führten jähe und gerade für ihn bedenkliche Wechsel seiner Stellungen herbei. Noch sah er klar genug, im letzten Briefe an Schiller (Nürtingen, 2. Juni 1801) zu sagen: „Nun finde ich, daß man wohl eine Auskunft treffen kann, wenn es versagt ist, der nächsten Bestimmung zu leben, daß aber eine falsche Resignation so gut ein schlimmes Ende nehmen muß, wie allzugroße Unklugheit." Gleichwohl blieb jeder — ohnehin matte — Anlauf, den er nahm, dieser Resignation zu entrinnen, ohne Folge. Seit der Rückkehr aus Bordeaux brach die geistige Zerrüttung unaufhaltsam über den Unglücklichen herein.

Es ist Litzmann gelungen, den Nachweis zu führen, daß Hölderlin nicht (wie immer wieder erzählt wird) den Tod der Geliebten, Unvergessenen in Bordeaux erfahren haben kann. Hölderlin hatte Bordeaux, nach dem seinem Biographen vorliegenden Reisepaß, bereits am 10. Mai 1802 verlassen, traf in der zweiten Woche des Juni, mit den ausgesprochenen Merkmalen des Wahnsinns, bei seiner Familie in Nürtingen ein, Frau Susette Gontard aber starb am 22. Juni 1802 nach nur zehntägigem Krankenlager in Frankfurt a. M. Ein nachweisbarer Zusammenhang beider Ereignisse, Diotimas Tod und Hölderlins Wahnsinnsausbruch, besteht also nicht; Litzmann sieht die unmittelbare Ursache in den Überanstrengungen einer Fußreise unter glühendem Sommerhimmel durch das südliche Frankreich und sagt selbst: „Wann und auf welche Art Hölderlin den Tod der von ihm verehrten und geliebten Frau erfuhr, ob er in dem Augenblick fähig war, die ganze Größe des Schmerzes zu ermessen, wissen wir nicht." Ich möchte sagen: jeden Schmerz um das Schicksal der Freundin, die in seinen Augen in unwürdiger Umgebung ein Leben lebte, das schlimmer als der Tod war, jedes Leid über den Verlust, der ihn getroffen hatte, hatte Hölderlin bereits vor dieser Zeit ausgekostet.

Die Geistesumnachtung, in die ihn der Widerspruch seines tiefsten Innern mit der umgebenden Welt, die Unvereinbarkeit seines edeln Selbstgefühls mit seiner äußern Lage, das leidvolle Ende seines einzigen Glückes gestürzt hatte, erwies sich unbesiegbar. Nicht die letzte Versenkung in litterarische Thätigkeit, zu der es Hölderlin selbst trieb, und die zu der Übersetzung zweier Tragödien des Sophokles („König Ödipus" und „Antigone") führte, die 1804 in Frankfurt a. M. erschienen und an mehr als einer Stelle ein trauriges Zeugnis seiner hinschwindenden Geisteskraft ablegten, nicht die wahrhaft freundschaftliche Hilfe, die ihm Sinclair bot, indem er ihn zum Bibliothekar in Homburg ernennen ließ und den Gehalt dieser Stellung vorläufig aus eigner Tasche zahlte, vermochten die innere Zerstörung aufzuhalten. Das leidvollste Ringen währte von 1802 bis 1806, im Herbst 1806 mußte der Ärmste von Homburg in die Heimat abgeholt werden, und da sich ein Heilungsversuch in Autenrieths Klinik zu Tübingen als vergeblich erwies, die bedenklichen Anfälle von Tobsucht aber einer stillen Verblödung Platz machten, so that man bekanntlich das beste, was man überhaupt für ihn thun konnte, man vertraute ihn der Pflege einer wackern Tübinger Bürgerfamilie an, die sich warmherzig und in nicht ermüdender Sorgfalt des Kranken annahm.

Im Hause des Tischlermeisters Zimmer verlebte Hölderlin die langen Jahre von 1807 bis 1843, ein Gegenstand schmerzlicher Teilnahme für tiefere, täppischer Neugier für flachere Naturen. Hindämmernd in verworrenen Selbstgesprächen und gelegentlichen kurzen Unterredungen, abgerissene Verse schreibend, in denen hie und da ein Funke des ursprünglichen Geistes aufzuckte, und in denen immer noch ein Rest des sichern

Blicks für die stillen Reize der Natur sichtbar wurde, in hilfloser Gefügigkeit gegenüber seinen Pflegern und Besuchern, rannen ihm die Tage, die Monde, die Jahre hin, für die er Bewußtsein und Unterscheidung verloren hatte. Mit tiefer Bewegung liest man, wie sich der Schatten seines Selbstgefühls in der unschädlichen Eitelkeit zeigte, daß er von seiner Umgebung den Bibliothekartitel verlangte, den er zuletzt geführt hatte, daß er den „Hyperion" aufgeschlagen auf seinem Tisch hatte und sich häufig Stellen aus diesem Gedichte in Prosa mit lauter Stimme vorlas und daß ihm, mitten in seiner Geistesnacht, Gefühl und Gewohnheit des Edlen und Wohlanständigen treu blieben, daß er in seinen verwirrtesten und heftigsten Augenblicken nie ein unschönes oder unfreundliches Wort sagte. Nur allzusehr hatte sich ihm erfüllt, was er aus der Tiefe seiner Liebe und seiner Menschenscheu heraus Hyperion im ersten Buche des Romans sagen läßt: „Ich überdachte stiller mein Schicksal, meinen Glauben an die Welt, meine trostlosen Erfahrungen, ich betrachtete den Menschen, wie ich ihn empfunden und erkannt von früher Jugend an in mannigfachen Beziehungen, fand überall dumpfen oder schreienden Mißlaut, nur in kindlicher einfältiger Beschränkung fand ich noch die reinen Melodien — es ist besser, sagt ich mir, zur Biene zu werden und sein Haus zu bauen in Unschuld, als zu herrschen mit den Herren der Welt und, wie mit Wölfen, zu heulen mit ihnen, als Völker zu meistern und an dem unreinen Stoff sich die Hände zu beflecken; ich wollte nach Tina zurück, um meinen Gärten und Feldern zu leben."

Seine Gärten und Felder hätten ihm die höchsten und reinsten Schöpfungen der Kunst bedeutet, denen Ebenbürtiges anzureihen die Sehnsucht seines Lebens gewesen war. Sollen wir sagen, die unerfüllte Sehnsucht? Wenn wir bedenken, wie verschwindend gering die Zahl derer ist, die sich in Hölderlins Seele, seine Lyrik (denn auch „Hyperion" ist Lyrik) versenken mochten und mögen, würden wir wohl so sagen müssen. Erinnern wir uns aber, daß es doch einzelne giebt und voraussichtlich immer geben wird, die sich dem Zauber seines Wesens nicht entziehen können, so gilt doch zuletzt, was er in der Ode „Dichtermut" gesungen hat:

    Wenn die Woge denn auch einen der Mutigen,
    Wo er treulich getraut, schmeichelnd hinunterzieht,
      Und die Stimme des Sängers
      Nun in blauender Halle schweigt:

    Wenn des Abends vorbei einer der Unsern kömmt,
    Wo der Bruder ihm sank, denkt er manches wohl
      An der warnenden Stelle,
      Schweigt und gehet getrösteter!

www.ingramcontent.com/pod-product-compliance
Lightning Source LLC
Chambersburg PA
CBHW030745230426
43667CB00007B/845